教育部人文社会科学重点研究基地重大项目"扩大来华留学政策研究"（课题编号：17JJD880005）

国际视野下的留学生教育政策研究

王英杰　刘宝存 等◎著

人民出版社

责任编辑:郭星儿

封面设计:源　源

图书在版编目(CIP)数据

国际视野下的留学生教育政策研究/王英杰 等著. —北京:人民出版社,
2020.12(2022.1 重印)

ISBN 978-7-01-022693-4

Ⅰ.①国… Ⅱ.①王… Ⅲ.①留学生教育-教育政策-研究

Ⅳ.①G648.9

中国版本图书馆 CIP 数据核字(2020)第 239876 号

国际视野下的留学生教育政策研究

GUOJI SHIYE XIA DE LIUXUESHENG JIAOYU ZHENGCE YANJIU

王英杰　刘宝存　等著

人民出版社 出版发行

(100706　北京市东城区隆福寺街 99 号)

北京兴星伟业印刷有限公司印刷　新华书店经销

2020 年 12 月第 1 版　2022 年 1 月第 2 次印刷
开本:710 毫米×1000 毫米 1/16　印张:23.5　字数:349 千字

ISBN 978-7-01-022693-4　定价:70.00 元

邮购地址 100706　北京市东城区隆福寺街 99 号
人民东方图书销售中心　电话 (010)65250042　65289539

总　序

　　在党的十八届五中全会上，习近平同志系统论述了创新、协调、绿色、开放、共享"五大发展理念"，强调实现创新发展、协调发展、绿色发展、开放发展、共享发展。牢固树立并切实贯彻这"五大发展理念"，是"十三五"乃至更长时期我国社会主义事业的发展思路、发展方式和发展着力点，是全面建成小康社会的行动指南、实现"两个一百年"奋斗目标的思想指引，也为我国的教育未来发展指出了方向。为了贯彻落实党的十八届五中全会关于"开放发展"的精神，2016年4月，中共中央办公厅、国务院办公厅印发了《关于做好新时期教育对外开放工作的若干意见》（以下简称《意见》），要求坚持扩大开放，做强中国教育，推进人文交流，不断提升我国教育质量、国家软实力和国际影响力，为实现"两个一百年"奋斗目标和中华民族伟大复兴的中国梦提供有力支撑。《意见》对做好新时期教育对外开放工作进行了重点部署，要求加快留学事业发展，提高留学教育质量；鼓励高等学校和职业院校配合企业走出去，稳妥推进境外办学；拓展有关国际组织的教育合作空间，积极参与全球教育治理；发挥教育援助在"南南合作"中的重要作用，加大对发展中国家尤其是最不发达国家的支持力度；实施"一带一路"教育行动，促进沿线国家教育合作等。

　　为了配合国家发展的整体战略，教育部人文社会科学重点研究基地北京师范大学国际与比较教育研究院选择"扩大教育开放与国家发展"作为"十三五"乃至更长时期的主攻方向，强调新形势下通过教育的开放发展来服务于国家发展的研究目标，围绕国际教育援助、全球教育治理、海外办学、来华留学和"一带一路"教育行动等领域，分析我国推行教育开放的现状及其效果，梳理并分析当前世界各国扩大本国教育开放、参与国际教育市场竞争与合作的政策措施，总结国际社会扩大教育开放的经验教训，探索为推进我国国家与社会发展而应采取的扩大教育开放战略的政策、措施与机制。该研究方向一方面探索教育开放在服务于国家发展的背景下所能采取的因应措施，通过梳理世界各国通过教育开放推动本国社会发展的经验，提出我国扩大教育对外开放的政策建议，更好地服务于国家发展的现实战略；另一方面能够在理念上加深人们对于教育开放与国家发展的关系的认识，总结教育开放在服务国家与推动社会发展中的规律与模式，同时推动国际教育和发展教育研究，拓展比较教育学科的研究领域。

"教育与国家发展"是基地长期的主要研究方向，而"扩大教育开放与国家发展"是基地基于比较教育学科特色和世界教育的改革与发展趋势，根据我国教育乃至社会经济发展战略的需要而在"十三五"甚至更长时期设立的主攻方向。为了开展研究，我们立足新时期教育对外开放工作中具有全局意义、战略意义的核心问题、热点和难点问题，设立了"一带一路"沿线不同类型国家教育制度与政策研究、国际教育援助发展态势与中国的战略选择研究、中国参与全球教育治理战略研究、中国高校海外办学战略研究、扩大来华留学政策研究五个项目，试图从不同方面对目前我国教育开放与国家发展的现状、存在问题和原因，教育开放与国家发展理论，世界各国（或国际性组织）推进教育开放、促进国家发展的经验，对新形势下我国扩大教育开放、促进国家发展的政策与措施等问题，进行系统深入的研究，从整体上把握扩大教育开放与国家发展的关系。

经过五年的研究，基地项目取得了丰硕的成果。现在呈现给大家的这套丛书，就是基地"十三五"课题规划成果之一。顾明远先生主持的"'一带一路'不同类型国家教育制度与政策研究"的系列成果，以"'一带一路'不同类型国家教育制度与政策研究"丛书的形式单独出版，基地其他相关课题研究成果则以"扩大教育开放与国家发展丛书"的形式出版。2020 年 6 月，《教育部等八部门关于加快和扩大新时代教育对外开放的意见》正式印发，要求坚持教育对外开放不动摇，主动加强同世界各国的互鉴、互容、互通，形成更全方位、更宽领域、更多层次、更加主动的教育对外开放局面；并以"内外统筹、提质增效、主动引领、有序开放"为工作方针对新时代教育对外开放进行了重点部署。我们深知，加快和扩大新时代教育对外开放是新时代教育改革开放的时代命题，也是需要不断深化的研究课题。我们研究团队将不忘初心，牢记使命，再接再厉，砥砺前行，不断探索教育对外开放中的新问题、新思路、新方法。现在我们把团队研究的阶段性成果奉献给大家，敬请大家批评指正。在丛书出版过程中，人民出版社王萍女士付出了大量的心血，再次谨致以衷心的感谢。

北京师范大学国际与比较教育研究院

王英杰

2020 年 9 月

目　录

前　言

　　从高等教育发展史来看，留学生教育萌芽于欧洲中世纪大学。博洛尼亚大学、萨拉而诺大学、巴黎大学、牛津大学、剑桥大学都是当时欧洲的学术中心，来自世界各地特别是欧洲各国的学生和学者聚集在这里共同探索学问、追求真理，学生和学者的国际流动频繁。直到中世纪后期，随着欧洲民族国家的形成，大学的国际性开始减弱，大学逐渐沦为服务于民族国家的地方性机构。这种状况一直持续到19世纪，欧美列强纷纷殖民扩张，依靠坚船利炮征服世界，一方面宗主国通过派遣殖民地学生到宗主国接受教育巩固其殖民统治，另一方面殖民地、半殖民地国家政府和人民也自觉到英国、法国、德国、西班牙、美国、日本等国留学，学习先进的科学技术和治国理念，留学生教育逐渐成为教育的组成部分。二战之后，随着科学技术的发展和交通工具的便捷化，特别是以美国还是苏联为首的东西方两大阵营的形成和冷战的兴起，无论是美国和苏联都为了扩大自己的影响力而招收大量的前殖民地国家或发展中国家的学生，政治取向成为留学生教育的主要价值导向。冷战结束后，随着经济全球化进程的加快，全球范围的学生流动更加频繁，留学生教育政治取向有所淡化，留学生教育成为教育服务贸易的一部分，通过留学生教育谋取经济利益成为发达国家招收留学生的重要考量，主导价值取向开始从政治取向转向市场取向。进入21世纪以来，随着知识经济的深入发展，人才成为社会经济发展和科技创新的最重要的资源，留学生教育又成为全球范围内的人才争夺战的前沿阵地,世界主要留学目的地国如美国、英国、澳大利亚、加拿大、法国、德国、俄罗斯、日本等纷纷采取各种措施扩大留学生教育规模。当然,当代留学生教育的发展动因是多方面的,政治的、文化的、经济的、人才的以及学术的、个人发展的动机交织在一起,成为推动留学生教育快速发展的因素,各国出台自己的留学生教育战略和政策,也不仅仅是处于某种利益的考虑,而是出于整体利益的考虑。

我国有着灿烂的文明和悠久的历史,对周边国家有着巨大的吸引力,历史上的遣隋使、遣唐使的到来可以看作来华留学的开端。但是明清的闭关锁国政策导致综合国力的衰退,在 19 世纪中期我国被西方列强的坚船利炮打开了国门之后,开始公派幼童出国留学,一些知识分子也纷纷通过各种途径到国外追求新知,以期通过留学生教育培养人才,推动国家的改革与发展。新中国成立后,我国留学生教育逐渐起步,除了向苏联和东欧国家派遣留学生外,也积极吸纳东欧国家以及亚非民族独立国家学生来华留学生教育。改革开放 40 年见证了来华留学生教育的迅速发展,在华留学生人数从 1977 年的 1217 人增加到 2017 年的 48.92 万人,我国已成为亚洲最大的留学目的地国。通过来华留学生教育,我国培养了大批知华、友华、爱华的留学生。截至 2017 年底,来华留学生规模累计约 400 万人次,毕业生中涌现出了埃塞俄比亚总统穆拉图、哈萨克斯坦总理马西莫夫、越南副总理阮善仁、泰国公主诗琳通等国家领导人。来华留学生教育在推动我国对外交往,增进我国人民与世界各国人民之间的了解与友谊方面发挥着不可替代的重要作用。

发展来华留学生教育一直是近年来我国教育改革与发展的重要政策走向。2010 年 7 月,《国家中长期教育改革和发展规划纲要(2010—2020年)》(以下简称《纲要》)发布实施。《纲要》确立了"进一步扩大外国留学生规模。增加中国政府奖学金数量,重点资助发展中国家学生,优化来华留学人员结构。实施来华留学预备教育,增加高等学校外语授课的学科专业,不断提高来华留学教育质量"的来华留学生教育发展思路和举措。2016 年 4 月中央办公厅、国务院办公厅发布的《关于做好新时期教育对外开放工作的若干意见》进一步提出"加快留学事业发展，提高留学教育质量"的指导意见以及"优化来华留学生源国别、专业布局，加大品牌专业和品牌课程建设力度，构建来华留学社会化、专业化服务体系，打造'留学中国'品牌"的具体举措。2017 年 3 月，教育部、外交部、公安部联合制定了《学校招收和培养国际学生管理办法》，对来华留学生教育的招生管理、教学管理、校内管理、奖学金、社会管理、监督管理作出了具体规定。2019 年 3 月中共中央、国务院印发的《中国教育现代化 2035》指出："实施留学中国计划，建立并完善来华留学教育质量保障机制，全面提升来华留学质量。"我国来华留学生教育政策的重点逐渐从来华留学生教育规模上不断扩大，结构上持续优化，逐步向高层次高质量发展。

在人才流动与智力争夺日趋激烈的全球化时代，如何适度扩大来华留学生教育规模，优化来华留学生教育结构，构建来华留学社会化、专业化服务体系，建立并完善来华留学生教育质量保障机制，全面提升来华留学质量，打造国际留学教育高地，并充分利用来华留学生教育与国际人才资源推动我国各项事业的发展，已经成为我国亟待研究的课题。因此，2015 年教育部人文社会科学重点研究基地北京师范大学国际与比较教育研究院"十三五"规划把"扩大来华留学政策研究"列为基地重大课题之一，并得到教育部社科司批准。在课题设计时我们认识到，虽然我国已经成为亚洲最大的留学目的地国，也是世界上第三大留学目的地国，但是离留学生教育强国还有一定的差距。因此，我国需要研究世界上传统留学生教育强国的经验。我们决定把美国、英国、澳大利亚、加拿大、德国、法国、俄罗斯、日本等留学发达国家作为案例，研究它们吸引留学生的政策与措施、留学生教育发展模式以及相应的制度、文化和支持系统，分析留学生教育政策与国家战略和社会经济发展的关系，以及留学发达国家留学生教育政策的实施效果，并在此基础上探讨世界留学生教育的整体趋势和基本经验，以及对我国来华留学生教育的启示。

现在呈现给大家的这部著作《国际视野下的留学生教育政策研究》，就是教育部人文社会科学重点研究基地重大课题"扩大来华留学政策研究"的阶段性研究成果之一。著作的整体框架由北京师范大学国际与比较教育研究院王英杰和刘宝存设计，但该著作是集体攻关的结晶。第一章"美国留学生教育政策"由北京体育大学教育学院安亚伦撰写，第二章"加拿大留学生教育政策"由北京师范大学国际与比较教育研究院张金明撰写，第三章"英国留学生教育政策"由浙江大学教育学院赵楠、华中科技大学教育科学研究院李函颖撰写，第四章"法国留学生教育政策"由北京师范大学国际与比较教育研究院张梦琦、高萌撰写，第五章"德国留学生教育政策"由北京师范大学国际与比较教育研究院肖军撰写，第六章"俄罗斯留学生教育政策"由北京师范大学国际与比较教育研究院郭广旭撰写，第七章"澳大利亚留学生教育政策"由澳大利亚昆士兰科技大学教育学院潘鹏飞撰写，第八章"日本留学生教育政策"由北京联合大学应用科技学院李润华撰写，第九章"留学生教育政策的全球发展与中国选择"由江苏师范大学教育科学学院张伟撰写，最后由王英杰和刘宝存统稿，北京师范大学国际与比较教育研究院康云菲做了一些基础性文字整理工作。在此，作为课题负责人，谨对他（她）们参与课题研究和著作撰写所作出的贡献表示衷心的感谢。

世界各国的历史传统和基本国情不同，全面、准确、客观地阐述各国的留学生教育政策实非易事，我们也只是从课题研究的需要做了一些初步的尝试。由于水平有限，我们深知本研究还有很多缺陷和问题，希望专家、学者和读者提出批评建议，我们一定认真聆听、学习和修改。在研究和撰写过程中，我们参考了国内外的许多研究成果，未能一一列出，敬请谅解。在著作出版过程中，人民出版社王萍女士付出了艰辛的努力，在此表示衷心的感谢！

北京师范大学国际与比较教育研究院　王英杰　刘宝存

2020 年 7 月 26 日

第一章　美国留学生教育政策

　　留学生教育作为一种特殊的国际交往活动，是全球各国间文化教育合作和交流的重要组成部分。留学生教育涉及资本、人员等要素的流动，体现了不同国家个体间思想、文化、观念和价值之间的互动和交流。纵观世界主要发达国家留学生教育政策，留学生教育一直被视为一个国家扩大其文化、政治、经济影响力的重要手段，是一国全球文化软实力和国际竞争力提升战略的重要组成部分。特别是在近代大学产生以后，无论是法国的巴黎大学、英国的牛津大学，还是德国的柏林大学、西班牙的萨拉曼卡大学等，它们都积极推动留学生教育发展，吸引海外优秀生源赴本国学习深造和交流。进入 20 世纪后，特别是在第二次世界大战结束以后，留学生教育更是被视为国家高等教育的重要组成部分。积极推动留学生教育，扩大留学生教育的规模和影响，已成为发达国家推进全球化战略，传播国家政治、经济和文化核心价值观，提升国家在全球文化软实力的重要战略手段。

　　留学生教育一直是美国扩大全球影响力、输出美国价值观、树立全球文化"巨无霸"地位的重要手段。特别是第二次世界大战结束后，从美国联邦政府到各州政府，制定了一系列留学生教育法案和有关政策，通过开展各种形式的教育合作和交流活动，吸引一大批海外优秀人才赴美国学习深造和交流，大力推进美国留学生教育的快速发展。在此背景下，美国在全球的政治、经济和文化的影响力得到了迅速提升，已成为全球文化软实力强国。为此，认真总结和梳理美国二战后留学生政策的演变，对于推动我国留学生教育事业发展具有重要的现实意义。

第一节　美国留学生教育政策的演进

随着经济全球化和科学技术的发展，国家间的交通与通讯越来越便利，各国间的文化交流和教育合作也日益频繁。美国作为世界上最大的发达国家，经济总量位居世界第一，在高等教育国际化方面也处于国际领先地位。自1776年通过《独立宣言》建国以来，仅有200多年历史的美国现已发展成为拥有4000多所高等院校的世界高等教育强国，并成为接收留学生的第一大国。作为高等教育国际化的倡导者和受益者，美国在吸引和培养留学生方面的能力是有目共睹的。然而，美国在留学生教育上的成功并非"与生俱来"，而是经历了从萌芽到成长再到调整的发展过程。美国联邦政府的宏观调控以及美国高校多元化的留学生接收政策，在一定程度上满足了不同申请者的需要，成为美国留学生教育成功的重要保障。

作为高等教育国际化的主要标志之一，留学生的接收成为扩大世界影响力，促进社会经济发展的重要武器，受到世界各国的重视。本节以二战、石油危机和"9·11"历史事件为时间节点，把美国留学生教育政策的历史演进分为四个阶段。

一、萌芽期（殖民地时期—1945）

1620年，载着102名清教徒的"五月花"号轮船由英国出发，在北美普利茅斯港口上岸，并把英国高校的教育传统移植到这片新的殖民地上。1636年，美国历史上第一所高等学府哈佛学院（Harvard College）建立。随后，威廉玛丽学院（College of William and Mary）、耶鲁学院（Yale College）、新泽西学院（College of New Jersey）等一批在殖民地时期建立起来的学院，效法英国牛津和剑桥大学的办学模式，课程均带有浓厚的宗教色彩，为培养社会精英和传教士服务，并无实质性的创新与改革。①

　　1862 年，美国国会通过莫雷尔土地赠予法案，规定联邦政府每年向赠地学院拨款。该法案的颁布，极大地刺激了"赠地学院"（Land-Grant Colleges）的建设与招生，提高了美国高校的办学水平和教学质量。各学院开设农业和机械工业相关专业，旨在培养国家亟须的工农业人才，成为吸引海外人才的重要资本。除美国高校的自身魅力外，这段时期，联邦政府还利用"退款兴学"的形式，将战后所得的赔款用于吸引海外学生赴美学习。其中最具代表性的就是 1901 年中国清政府与美、英、法等各国签订的《辛丑条约》中规定，清政府向各国赔款 4.5 亿两白银，史称"庚子赔款"。1908 年 5 月，美国国会通过"退还美国应得赔偿之余款"议案，将庚子赔款中超出实际损失的部分退还，并在中国设立清华学堂，用于培养和选拔中国优秀人才赴美留学事务，由此产生了中国最早的一批"庚款留学生"②。

　　此外，20 世纪伊始，美国的学院和一些私人组织也开始意识到留学生教育的重要性，并加强了学生的国际交流。1900 年，由 14 所授予博士学位的美国高校组成的美国大学协会（Association of American Universities）成立，加强和统一博士学位标准。1902 年美国女子大学协会设立罗德奖学金，促进通用英语国家之间学生的交流。③ 1905—1912 年期间，美国哈佛大学、芝加哥大学和威斯康星大学与德国、法国的多所高校签订了留学生交流协议，美国的留学生教育开始趋向于学院的制度，而非仅凭个人意愿的无序状态。1919 年，美国成立了非营利组织美国国际教育交流协会（Council on International Educational Exchange），意在促进同欧洲及拉丁美洲学生与学者的学术交流和相互理解，对美留学生政策

---

① Macarthy，Margaret Cain. *History of American Higher Education*. Peter Lang Primers，2011：13-17.

② 陈学恂：《中国近代教育史教学参考资料》，人民教育出版社 1987 年版，第 252 页。

③ S. Halpern. *The Institute of International Education：A history*. Columbia University，1969：27-28.

的制定提供帮助。

二、发展期（1945—1970）

1941 年珍珠港袭击事件将美国卷入第二次世界大战。二战是美国高等教育国际化的重要转折点，相比在战争中元气大伤的英国、德国、法国等资本主义国家，二战后的美国一跃成为世界上科技和经济最强国。科技的发展和经济的繁荣满足了高等教育发展的需要，为接收留学生创造了理想环境。

二战前，美国与海外学术机构并无任何正式的学术双向交流计划，直到 1946 年，美国国会议员富布莱特（J. William Fulbright）提出"富布莱特计划"（Fulbright Program），用美国在二战后的剩余财产设立研究基金和奖学金，其中的"富布莱特留学生项目"（Fulbright Foreign Student Program）和"富布莱特外语教学助理项目"（Fulbright Foreign Language Teaching Assistant Program）为赴美的留学生和研究人员提供部分资助，开创了联邦政府资助留学生的先例。在苏联卫星发射后的第二年，为更好地应对苏联挑战，加强与其他国家的合作，美国出台了《国防教育法》（*National Defense Education Act*），寄希望于通过外语研究和区域研究等措施，重新夺回世界领导权。《国防教育法》颁布后的四年里，国会共拨款 3200 万美元用于留学生奖学金和国际学术交流活动，占总拨款的 6.7%。[①] 该法案在推动高校国际化方面体现在扩大了高校的研究范围，使之不仅局限于本国和欧洲，而是面向全世界。美国高校中不断增加的外语课程数量，也为其接收更多留学生创造了条件。

自 1960 年开始，美国移民科学家数量逐渐减少，美国清楚地意识到，之前的庚子赔款和对外援助法案虽然吸引了大批中国留学生和海外流亡学者，但已经无法满足高速发展的美国对于高技术人才的持续性需求。

---

① FLATTAU，P. *The national Defense Education Act of 1958：Selected Outcomes*. Washington DC：Science & Technology Policy Institute，2006：23.

于是，为进一步加强国际教育交流，进行文化输出，美国国会于 1961 年在《教育与文化交流法案》（*Mutual Educational and Cultural Exchange Act of 1961*）的框架下，正式通过《富布莱特—海斯法案》（*Fulbright-Hays Act*），授权美国联邦政府资助国际问题研究和交流计划。修订后的《教育与文化交流法案》最初由美国国会直接拨款，以奖学金、合同或项目等方式为留学生提供财政支持，并第一次允许留学生携带家属赴美留学。该法案的颁布显然与当时美国的外交战略相关，意在缓和美国与世界其他国家的关系，通过吸引更多的留学生解决人才短缺的问题。

为进一步配合《国防教育法》，对校本国际化进行补充，美国于 1965 年通过历史上第一部《高等教育法》（*Higher Education Act*），其中第六款（Title VI）确立了"语言发展"相关条款，并为之设立专项奖学金，邀请国际学者参与语言研究中心项目，对美国高等院校海外招生影响重大。与此同时，美国开始战略性网罗国际专业技术人才，服务于自身政治、经济、科技发展。同年，《移民与国籍法修正案》（*Immigration and Nationality Act Amendments*）颁布，明确提出对于在科学和艺术方面具有特殊才能，并对美国经济、文化等方面作出重大贡献的人才，在签证时享有优先权。[1] 此法案出台后，吸引了大量优秀学生和专业技术人员移民到美国，在美国高校就职，从而推动了美国高等教育的多元化发展。

除联邦政府外，美国的各种基金会组织也成为推进美国高校接收留学生的主力军。比如 60 年代知名的福特基金会（The Ford Foundation）、卡内基基金会（The Carnegie Foundation）和洛克菲勒基金会（The Rockefeller Foundation）。这些货真价实的基金会对美国高校的区域研究和国际问题研究提供了雄厚的经费，成为美国实施教育援助计划的中坚力量。由亨利·福特（Henry Ford）和艾德赛尔·福特（Edsel Ford）成立的福特基金会是美国最富有的基金会之一。亨利·福特二世在新成立

---

[1] John K. Folger，Helen S. Astin Alan & E. Bayer. *Staff Report of the Commission on Human Resources and Advanced Education*：*Human Resources and Higher Education*. New York：Russell Sage Foundation，1970：11.

的以国际主义者为导向的共和党基金会理事会的帮助下，彻底修订了基金会的使命宣言，以反映国际主义者资助全球项目的决心。福特基金会主席罗文·盖瑟（Rowan Gaither）在 1951 年提交给理事会的报告中反复强调，接收留学生是促进国际理解的重要手段。在整个 20 世纪 50 年代，福特基金会都遵循这一战略方针，向美国国际教育协会（Institute of International Education，简称 IIE）、全美留学生事务联合会（National Association for Foreign Student Affairs，简称 NAFSA）和留学生友好关系委员会（Committee on Friendly Relations among Foreign Students，简称 CFRFS）提供了超过 200 万美元的财政支持，帮助它们开展有关留学生流动政策中的项目。再加上美国国税局（Internal Revenue Service）禁止免税基金保留不合理的累积收入的规定，该基金会每年至少要捐出 1 亿美元，甚至更多。在这些因素的共同影响下，留学生教育成为最幸运的受益者，1953 年至 1966 年间，福特基金会向大学提供了超过 2.7 亿美元的赠款用于包括留学生教育在内的国际教育，并将对这些机构的资助持续到 20 世纪 60 年代。① 据统计，当时有 66% 的东非赴美留学人员得到洛克菲勒基金会资助，该基金还资助了 107 位尼日利亚学生，82 位拉丁美洲研究生和 66 位来自泰国、马来西亚、菲律宾等亚洲地区的学者。②

三、成长期（1971—1999）

1973 年世界石油危机爆发，经历了战后经济繁荣发展的美国出现严重的经济衰退，通货膨胀率高达 12%。③ 在此危机的影响下，美国陷入了国民生产总值连续下降的境地，经济、政治和社会生活受到重创，也因此让美国联邦政府和社会各界意识到与世界各国合作的重要性，并倡议美国

① Ford Foundation. "1950 Annual Report"，2020-7-10，见 https：//www.fordfoundation.org/about/library/annual-reports/1950-annual-report/.
② 陈学飞：《高等教育国际化：跨世纪的大趋势》，福建教育出版社 2005 年版，第 39 页。
③ John R. Thelin. *A history of American Higher Education*. Baltimore & London：The John Hopkins University Press，2004：261.

高校在国际化的迅猛发展趋势中利用自身的优势，参与到留学生教育市场竞争中。

在内部经济因素和外部世界大环境的双重压力下，美国意识到必须采取积极措施，不断发展留学生教育，提高对留学生的吸引力。联邦政府于 1983 年发表了《国家处在危险中——迫切需要教育改革》(*A Nation at Risk：The Imperative for Educational Reform*)、《积极学习——发挥美国高等教育的潜力》(*Involvement in Learning：Realizing the Potential of American Higher Education*) 等一系列报告，指出美国教育质量存在严重问题，要求高校采取措施，提高学生的学业水平和道德标准，通过改革高等教育，吸引和培养更多世界创新技术型人才，满足美国从工业化社会向信息化与知识密集型经济产业的发展。

随着教育全球化的不断深入，美国高校逐渐摆脱对联邦政府的政策依赖，成为发展留学生教育的主力军。1988 年，美国州立大学与赠地学院协会 (National Association of State University and Land-Grant College) 在《为了 90 年代美国大学和国际事务就国际教育优先选项致新一届政府的声明》(*Statement to the New Administration on International Education Priorities For the 1990s：U. S. Universities and World Affairs*) 中明确指出，发展留学生教育、扩大国际学生交流，应该是美国公立教育机构的优先发展事务。[①] 与此同时，美国的高校也逐渐意识到单纯依靠联邦政府的几个法案推动大学的国际学生流动是远远不够的。因此，一些有条件的大学，尤其是研究型大学，纷纷采取措施对大学的留学生教育进行专门化管理，推动大学课程的国际化，为更多的留学生提供教学和实践的机会。

20 世纪 90 年代，全球贸易竞争加剧，作为国际贸易大国，美国为了应对日本和欧洲的经济竞争，迫切需要熟悉各国经济贸易规则的国际人才，以便在国际市场中谋取更大的经济利益。1991 年，时任总统布什

---

① KLASEK C. B. *Bridges to the Future：Strategies for Internationalizing Higher Education.* Carbondale，IL：Association of International Education Administrators，1992：6.

（George Herbert Walker Bush）签署了《美国 2000 年教育战略》（*America 2000：An Education Strategy*），再次强调高等教育国际化，通过设立奖学金等项目，吸引大量留学生。1992 年，联邦政府出台《高等教育法修正案》（*Higher Education Amendments of 1992*），扩大海外学习计划和文化交流，其项目资金超过 2 亿美元。① 另外，联邦政府还对吸引留学生的项目进行了战略调整，如将高等教育第六款项目经费从 1990 年的 4460 万美元提高至 1999 年的 6100 万美元，富布莱特—海斯项目经费也从 1996 年的 475 万美元提高至 1999 年的 620 万美元。②

四、动荡期（2000—至今）

进入 21 世纪后，全球格局再次发生剧烈变化，"9.11"恐怖袭击事件成为对国际格局影响最大的事件之一，造成美国举国上下恐慌，改变了美国高等教育国际化政策发展轨迹，接收留学生的政策经历了紧缩—放宽—调整的动荡历程。

事实表明，"9·11"事件并没有对美国的留学生接收政策造成持续性冲击。尽管美国在恐怖袭击后不久，为提高国土安全和保护边境，美国接连颁布了《美国爱国者法案》（*USA PATRIOT Act*）③、《航空和交通安全法》（*Aviation and Transportation Act*）和《加强边境安全和签证入境改革法》（*Enhanced Border Security and Visa Entry Reform Act*）等法案，意在加强出入境管理的审核，明令禁止在美留学生学习并驾驶超过一定重量的飞行器

---

① T.M. Vestal. *International Education：Its History and Promise for Today*. New York：Praeger Publishers，1994：7.

② Fred M. Hayward. *Internationalization of U.S. Higher Education：Preliminary Status Report 2000*. Washington：American Council on Education，2000：23-24.

③ 2001 年 10 月 26 日由美国总统乔治·沃克·布什签署颁布的法案。正式的名称为 "Uniting and Strengthening America by Providing Appropriate Tools Required to Intercept and Obstruct Terrorism Act of 2001"，中文译为《使用适当之手段来阻止或避免恐怖主义以团结并强化美国的法律》，由于该法英文原名的首字缩写成为 "USA PATRIOT Act"，而 "patriot" 在英语意为 "爱国者"，因此又译《美国爱国者法案》。

械，监控境外恐怖分子和在美留学人员，一度对推动留学生政策造成了负面影响。但是，美国很快意识到限制和削减国际人才流入对其经济发展、科技研究及国际地位的冲击，联邦政府随即出台一系列留学优惠政策，与英国、澳大利亚等主要留学目的国竞争，这也体现出美国联邦政府在洞悉国际形势上的敏感性和政策制定上的弹性。

为重塑美国在留学生心中的形象，美国参议院提交了《2006 财年劳工部、卫生福利部、教育部与相关部门拨款法案》(*Departments of Labor，Health and Human Services，and Education，and Related Agencies Appropriations for Fiscal Year 2006*)，重新调整赴美留学生签证制度和发放标准，加快人员识别速度及改进识别危险人员的方法，保证政府各部门之间的有效沟通，允许在课程开始前 120 天给留学生签发签证，并在正式开学前 45 天允许留学生入境。① 2005 年美国联邦政府修订"富布莱特计划"(Fulbright Program)，2006 年出台《2006 财年健康、服务和教育机会法案修正案》，都是为了进一步拓展高等教育服务贸易市场，挽救留学生人员数量下降的局势，使更多的海外资金流入美国。事实证明，接收留学生政策的松动，使得美国留学生教育市场再度回暖。

然而好景不长，2008 年的次贷危机又一次给美国的留学市场带来不小的冲击。为缓解金融危机带来的影响，美国时任总统奥巴马（Barack Hussein Obama）于 2009 年签署了《美国复苏与再投资法案》(*American Recovery and Reinvestment Act*)，加大对教育领域的投资。但是，多数州政府将资金投入到学前和基础教育中，而给公立大学的拨款仅占 20%。② 本来经费短缺的高校，面临更加严峻的财政考验，只能通过增加学费、扩大留学生招生规模、适当降低留学生录取标准，来缓解财政压力。次贷危

---

① 武山山、贺国庆：《浅析"9·11"以来美国高等教育国际化新进展》，《宁波大学学报》（教育科学版）2016 年第 2 期。

② Eric Kelderman. "Stimulus Money Helps Colleges Avoid Slashing Budgets Now，but Big Cuts May Loom"，2017-11-22，见 https://www.chronicle.com/article/stimulus-money-helps-colleges/44421.

机后，经济不断崛起的亚洲，尤其是中国，成为赴美留学的主要潜在市场。2009 年奥巴马访华，与中国签订《中美联合声明》（*China-U.S. Joint Statement*），加强与中国高校的交流与合作，建立新的双边机制，并表示美国将接受更多中国留学生赴美学习，并为他们提供签证便利。① 针对美国本土人才中 STEM 人才缺失严重的问题，美国参议院于 2013 年通过奥巴马提出的移民改革法案（Immigration Innovation Act）专门条款。在美国知名高校获得 STEM 专业硕士及以上学位的留学生毕业生可不受移民配额限制，在已有美国公司提供工作的情况下，STEM 专业的留学生将更容易获得绿卡，进而取得美国公民身份。

2017 年唐纳德·特朗普（Donald J.Trump）上任后，随即颁布了一系列关于接收留学生的行政命令，美国在接收留学生政策上又出现了限制和调整的新动向，给未来的留学生流入带来了很多不确定性。首先，特朗普在上任后的第一个月就宣布暂时禁止一些中东国家的公民前往美国。同年 9 月，他宣布扩大该禁令，将包括委内瑞拉和朝鲜在内的其他国家纳入其中。此外，特朗普下令暂停原有的免面签制度（Visa Interview Waiver Program），2017 年《防止外国恐怖主义分子进入美国、保护国土安全》（*Protecting the Nation from Foreign Terrorist Entry into the United States*）的行政令要求所有申请非移民签证的个人都必须前往美国大使馆进行面签。② 同时，特朗普签署了《2017高技能职业移民诚信与公平法案》（*High-Skilled Integrity and Fairness Act of 2017*），该法案取消硕士学位申请豁免权，并规定依赖 H1-B 员工的雇主在雇佣新的 H1-B 员工之前，必须先要善意地尝试雇佣美国国籍的求职者，只有在同等条件下招不到美国本土求职者以后才能雇用新的 H1-B 员工。此举旨在提高美国国民就业

---

① 中国新闻网："《中美联合声明》发表"，2017-11-22，见 http：//www.chinanews.com/gn/news/2009/11-17/1969069.shtml.

② The White House Office of the Press Secretary. "Executive Order：Protecting the Nation From Foreign Terrorist Entry into the United States"，2017-11-13，见 https：//www.whitehouse.gov/the-press-office/2017/01/27/executive-order-protecting-nation-foreign-terrorist-entry-united-states.

率，防止美国公司用国外人才取代美国公民，从而为本国公民创造更多的就业机会。

第二节　美国现行留学生教育政策

自 20 世纪 90 年代，经济全球化带动了高等教育国际化的发展，促使高等教育成为国际服务贸易的重要组成部分，一个真正意义上的以知识为中心的、竞争高度激烈的、国际化的世界开始兴起。[①] 进入新世纪，全球范围内对具有国际竞争力的人才的需求仍在不断增长，留学生教育成为一项规模宏大的产业，为人才接收国和高等教育机构带来可观的经济收益。据 OECD 统计，2012 年，全世界就有超过 450 万名留学生在高等教育阶段到海外攻读学位。[②] 从绝对数量看，美国高校接收了最多的留学生，占总人数的 16%。[③] 本节结合 21 世纪以来美国高校留学生的接收情况，分析美国联邦政府、州政府以及高校促进留学生教育发展的政策。

一、美国促进留学生流入的动因

学生流动是一国高等教育国际化进程中的重要表现形式，也是一国彰显其高等教育实力和文化影响力的重要手段。进入 21 世纪以来，越来越多的高等教育机构制定了国际化战略，其主要目的之一就是吸引更多的留学生，使大学从新的全球化环境中受益。有学者指出，推动学生跨国流动的动因主要涵盖政治、经济、社会 / 文化和学术四个方面，但随着知识产业在经济中的地位不断上升，许多留学发达国家在推广学生跨境流动的努力上将越来越受到经济因素的驱动。[④] 这一论断也在美国促进留学生流

---

① Kemal Gürüz. *Higher Education and International Student Mobility in the Global Knowledge Economy*. Albany：State University of New York Press，2008：76.

② OECD. *Education at a Glance 2014*：*OECD Indicators*. Paris：OECD，2014：393-395.

③ OECD. *Education at a Glance 2014*：*OECD Indicators*. Paris：OECD，2014：393-395.

④ Altbach，P.G. & Knight，J. "The Internationalization of Higher Education：Motivations and Realities". *Journal of Studies in International Education*，2007，11 (3-4)：290-305.

入的实践中得到验证，经济因素成为当下美国接收留学生最重要的驱动因素。

（一）满足高校自身经费需求

作为世界上最大的移民国家和接收留学生最多的国家，美国已经把留学生教育发展作为具有较大经济效益的产业。2008 年的金融危机导致美国整体经济损失 14 万亿美元，联邦政府对高校的财政资助和大学捐赠基金都大幅减少。[①] 在随后的几年中，全国各地的新闻媒体和教育学者都在强调，招募留学生可以为高校增加经济收入，因为大多数留学生，尤其是本科阶段的留学生是自费的，而且他们要比公立院校的州内学生支付更高的学费。[②] 金融危机后，美国大学纷纷加紧扩大在校留学生比例，接收的留学生数量直线上升，其主要动机之一就是追求经济利益。据统计，2009—2010 学年，在美国大学就读的留学生为美国贡献的学费、食宿费和生活费共计 187.8 亿美元，到 2016—2017 学年，这一数字已增加至 369 亿美元。[③] 毋庸置疑，学生跨国流动对美国学术机构和部门的经济影响是巨大的，随着知识产业在整个经济中的作用愈发重要，这种影响还会持续扩大。

（二）服务国家政治外交战略

在国家层面，维护国家的政治安全是接收留学生的一个重要动因。"9·11"恐怖袭击后，世界格局的急剧变革迫使美国比以往任何时候都需要一批具有国际技能、跨文化理解能力和通晓外语的国际人才来改进美国的情报收集和分析工作，从而达到维持美国全球军事活动的正常运作和保

---

① Macrander, A. "An international solution to a national crisis: Trends in student mobility to the United States post 2008". *International Journal of Educational Research*. 2017, （82）: 1-20.

② Hazen, H. D., & Alberts, H. C.. "Visitors or immigrants? International students in the United States". *Population, Space, and Place*, 2006, 12 (3): 204-206.

③ NAFSA. "NAFSA International Student Economic Value Tool", 2017-12-19, 见 http://www.nafsa.org/Policy_and_Advocacy/Policy_Resources/Policy_Trends_and_Data/NAFSA_International_Student_Economic_Value_Tool/.

卫国土安全的目的。因此，注重全球安全和保障美国全球领导地位，成为美国留学生教育最为重要的政策指向。2002 年 5 月，美国教育理事会发布了《超越 9·11：国际教育的综合国家政策》(*Beyond September 11：A Comprehensive National Policy on International Education*)，强调联邦政府应对留学生教育给予长期支持，增加留学生数量，使他们在塑造美国全球能力的行动计划中发挥作用。[①] 此外，作为世界上唯一的超级大国，促进学生国际流动已经成为美国外交政策中最有价值的工具和手段之一。美国留学生教育的基本价值取向是接收留学生到美国学习交流，使他们回国后处于有影响力的地位，再把从美国学到的政治、文化、价值观运用到自己的国家中。由于赴美留学人员在一定程度上被灌输了美国的价值观和意识形态，当他们回国后会发表有利于美国的言论，促进美国与学生来源国间的政治关系。因此，借助留学生教育的外交功能，有利于美国与世界各国建立一个友好的国际合作平台，继而维系美国国家安全和世界霸权地位。

（三）抢占科技人才竞争先机

接收留学生是满足美国科技发展对高技术人才需求的重要途径。在 21 世纪的今天，科技发展日新月异，对高科技和工程技术人才的需求急速增加。2006 年 1 月，美国总统布什（George Walker Bush）在国情咨文中公布了《美国竞争力计划》(*American Competitiveness Initiative：Leading the world in Innovation*)，提出培养具有 STEM 素养的人才是美国在知识经济时代保持全球竞争力的关键。然而在美国，STEM 领域缺少足够的本土学生，高新技术人才缺口较大。2008—2009 学年，在美国大学 STEM 领域获得博士学位的美国本土学生为 4308 人，而留学生为 5852 人，获得博士学位的留学生比例超过本土学生。[②] 面对这笔巨大的人力资源财富，

① American Council on Education. *Beyond September 11：A Comparative National Policy on International Education*. Center for Institutional Initiatives，Washington，D.C.，2002：21.

② Anderson，S. "Keeping Talent in America". *National Foundation for American Policy*，2011，(10)：1-17.

联邦政府出台了一系列移民政策，使这些世界尖端科技创新型人才为己所用，以确保美国在经济和科学技术方面能一直处于世界领先地位。实际上，许多 STEM 专业的留学生还在美国院校承担教学和研究助理工作，为 STEM 领域的教学和科研提供了支持。另外，他们给美国校园和当地社区带来的文化价值也是不可估量的。

二、美国促进留学生教育发展的相关政策

美国长期以来实施以联邦政府、州政府和高校三方驱动的国际化策略。联邦政府主要通过立法对留学生教育的发展进行宏观调控，州政府主要通过制定高校发展规划以及提供财政资助、指导和支持州立大学的留学生接收，而高校可以结合自身情况，采取各项措施吸引世界各地的优秀人才到校学习。

（一）联邦政府制定招揽人才的签证和移民政策

"9·11"恐怖袭击是美国接收留学生政策的重大转折点。受其影响，美国的签证和移民政策经历了"紧缩—放松—调整"的变迁历程。"9·11"事件后两年，美国笼罩在恐怖主义阴影下，联邦政府相继出台了《美国爱国者法案》《加强边境安全和签证入境改革法》等一系列签证紧缩法案，并启用了"学生与交流访问者信息系统"（Student and Exchange Visitors Information System，简称 SEVIS）和"签证审查机制"（Visas Mantis Reviews），对留学人员进行身份排查，一度阻碍了国际人才的流入。

诸多留学生紧缩政策很快引起了社会各界对于美国政府的强烈不满，人们逐渐意识到留学生的流失给美国带来的损失。为了再次加入世界留学生教育市场竞争，重塑美国在留学生心中的形象，挽救海外留学人员数量下降的趋势，美国参议院在《2006 财年劳工部、卫生福利部、教育部与相关部门拨款案》中提出，重新调整赴美留学生签证制度和发放标准，加快人员排查速度，改进危险人员识别的方法，加强对 SEVIS 的管理和使用效率，以保证政府各部门之间的有效沟通。2006 年，美国时任国务卿

康多莉扎·赖斯（Condoleezza Rice）与国土安全部部长迈克尔·切尔托夫（Michael Chertoff）在共同出席"关于保护信息时代下的美国边境安全与门户开放联合计划"（The Rice-Chertoff Joint Vision for Secure Borders and Open Doors in the Information Age）开幕式时表示，美国欢迎留学生和学者交流，并在未来几个月中，进一步提高办理签证的效率，延长留学生的签证时间，在课程开始前 4 个月给留学生签发签证，允许他们在正式开学前 45 天入境。① 留学生签证政策上的松动，使美国留学生教育市场很快回暖，2007—2008 学年，在美国学习的留学生数量达到 623805 人，比前一年增长了 7%，实现了自"9·11"事件以来的最大涨幅。②

　　作为世界第一强国，美国政府洞悉到 21 世纪以后的国家竞争不仅是经济资本的竞争，更是知识资本的竞争。为了网罗更多的海外高科技人才，占领国际人才争夺的制高点，民主党和共和党参议员于 2012 年 5 月共同提交了《创业法案 2.0》（Start（Up）Act 2.0），提议为在美国大学获得科学、技术、工程或数学硕士及博士学位的留学生提供新的 STEM 签证（EB-6），使他们可以获得绿卡并留在美国创业，进而为美国创造更多的工作岗位。同年 11 月，众议院通过《STEM 就业法案》（STEM Jobs Act），取消多元化移民签证（Diversity Immigrant Visa），并重新分配 5.5 万张绿卡给美国大学 STEM 相关领域毕业的留学生。③2013 年，众议院通过奥巴马提出的《移民改革法案》。该法案规定在美国知名高校获得 STEM 专业硕士或更高学位的留学生，如果在美国的公司找到工作，可以不受移民配额的限制，这意味着他们将更容易取得美国公民身份。一系列法案的出台，促使大量国际理工科人才涌入美国攻读 STEM 专业，其数量远远超

---

① 武山山、贺国庆：《浅析"9·11"以来美国高等教育国际化新进展》，《宁波大学学报》（教育科学版）2016 年第 2 期。

② Institute of International Education. "International Student Enrollment Trends，1948/49-2016/17"，2018-05-30，见 https：//www.iie.org/Research-and-Insights/Open-Doors/Data/International-Students/Enrollment/Enrollment-Trends.

③ House of Representatives. "H. R. 6429：STEM Jobs Act of 2012"，2018-05-28，见 https：//www.govtrack.us/congress/bills/112/hr6429/text.

过了本国学生。① 他们大多数人毕业后，选择在美国公司工作或实习，为美国的科研发展与创新创业作出了巨大贡献。

（二）州政府制定高校国际化战略规划和财政预算

影响美国接收留学生的政府力量并不全来自于联邦政府，作为公立高等教育的主要投资者，州政府通过制定全州的高等教育法规和发展规划，以及给公立高等教育拨款等方式，影响公立高校在留学生录取人数、录取标准、学费和奖学金等方面的核心决策，并根据自己州的政策环境，平衡学术和市场力量的影响。以俄亥俄州为例，俄亥俄州高等教育董事会对俄亥俄大学系统进行统一协调治理，其对全州高等教育国际化发展的要求和期望主要反映在年度《俄亥俄州高等教育情况报告》（*Report on the Condition of Higher Education in Ohio*）、《高等教育战略规划 2008—2017》（*Strategic Plan for Higher Education 2008—2017*）、《俄亥俄州财政年度执行预算》（*The State of Ohio Executive Budget*）中。

2008 年，俄亥俄州高等教育董事会发布了《高等教育战略规划 2008—2017》报告。该报告充分体现了州政府对于高等教育的价值观，提出对俄亥俄州大学系统的愿景："致力于提供最高质量的高等教育，提高俄亥俄州在全国和全世界的竞争力，吸引更多本州以外的专业人士学习，并将更多海外优秀毕业生留在俄亥俄州。"② 此外，在 2013 年提交的《俄亥俄州高等教育情况报告》中，俄亥俄州高等教育董事会向各个州立大学传达了优先发展国际教育的策略和建议，认为州立大学应当充分利用其高水平的教育成果，开发具有全球竞争力的人力资源，吸纳和培养更多的国际人才，以便保持和提高自身商业化能力，给全州带来持续性的经济和非经济效益。③

---

① 王媛、白华：《美国引进高层次海外留学人才政策调整动向解析——基于"多源流"理论的分析视角》，《黑龙江高教研究》2014 年第 8 期。

② Board of Regents. *Strategic plan for Higher Education 2008-2017*，Columbus：University System of Ohio，2008：5.

③ Ohio Board of Regents. *2013 Sixth Report on the Condition of Higher Education in Ohio*. Columbus：Ohio Board of Regents，2013：3-4.

为鼓励大学吸引和培养海外最优秀的学生到俄亥俄州学习和工作，敦促俄亥俄州州立大学提高毕业率和学位获取率，满足社会对日益增长的高质量人才的需求，俄亥俄州州长在《俄亥俄州 2014—2015 财年度执行预算》中，开创性地提出基于绩效的高校预算拨款改革政策，修改了对俄亥俄州立大学的拨款计算公式，将 50% 的高校预算划拨给可以完成学位的学生，保证优秀的留学生及其家庭能够负担得起大学学费。①

俄亥俄州政府以预算、报告等形式向州立大学表达的校园国际化发展期待具有强烈的约束性，州立大学出于经费和自身利益的考虑，通常会满足州政府的期待和要求。作为俄亥俄州所有州立大学的典型代表，俄亥俄州立大学积极响应州政府的高校国际化发展战略，提倡开放与创新，实现人员和思想的多样性，其哥伦布主校区拥有超过 7000 名留学生，名列全美高校第 14 位。② 2014—2015 学年，俄亥俄州共接收留学生 35761 名，比前一年增长了 10%，成为美国接收留学生的第八大州。③

（三）高校为留学生提供多元化财政支持和留学服务

除联邦政府和州政府对留学生的政策调控外，美国众多高校秉持国际化的办学理念，通过提供多元化的财政支持和高水平的留学服务，成功吸引了大批海外学生入校学习和交流。以纽约大学为例，自 1831 年建校以来，纽约大学始终坚持多元化的办学理念，为来自不同国家、宗教和社会背景的学生敞开大门，使他们在这个不断变化的、全球化的时代脱颖而出，成为独立且有创新精神的思想家。

针对留学生及其家庭最关心的学费问题，纽约大学不断尝试利用各种方法协调资源，为需要经济援助的留学生提供了包括新生奖学金、在校学生奖学金和校外奖学金等许多奖学金和助学金类型。其中最为典

---

① Ohio Higher Education Funding Commission. *Recommendation of Ohio Higher Education Funding Commission*. Columbus：Ohio Higher Education Funding Commission，2012：5-6.

② Institute of International Education. *2015 Fast Facts*. Washington：Department of State's Bureau of Education and Cultural Affairs，2015：1-2.

③ Institute of International Education. *2015 Fast Facts*. Washington：Department of State's Bureau of Education and Cultural Affairs，2015：1-2.

型的有安布赖斯奖学金（AnBryce Scholarships）、阿尔希奖学金（Arch Scholarships）、刘易斯·鲁丁城市奖学金（Lewis Rudin City Scholarships）、马丁·路德·金奖学金（Martin Luther King Scholarships）等。① 另外，纽约大学的各个学院也设有面向留学生的奖学金项目，如斯特恩商学院（Leonard N. Stern School of Business）的突破领导力奖学金（Breakthrough Leadership Scholarships）和帕梅拉·克雷格奖学金（Pamela Craig Scholarships）、坦顿工学院的尼古拉斯和安吉莉卡·罗曼内利奖学金（Nicholas and Angelica Romanelli Endowed Scholarship），斯坦哈特文化、教育和人类发展学院的教育奖学金（Education Scholarships）和艺术奖学金（Artistic Scholarships）等。②

为了更好地服务校内的留学生，纽约大学成立了全球服务办公室（The Office of Global Services，简称 OGS），为有意愿到纽约大学学习或交流的留学生及其家人提供全面的签证和移民指导，为已经在纽约大学学习的留学生提供住宿、医疗、旅游、实习方面的咨询和服务。OGS 还会帮助留学生管理个人资产，指导他们申请校外财政资助，包括富布莱特外国学生项目和休伯特·汉弗莱奖学金（Hubert H. Humphrey Fellowship Program）。③ 此外，纽约大学还成立了留学生中心（International Student Center），通过定期举办新生欢迎会、跨文化午餐交流、校友联谊会、探索纽约市、同伴辅导计划等活动，打造良好的校园国际化氛围，帮助来自世界各地的学生充分体验纽约大学的校园文化，加强他们与美国学生的接触与思想交流，改善他们在纽约大学的生活质量。④

---

① New York University. "Scholarships"，2018-05-29，见 https：//www.nyu.edu/admissions/undergraduate-admissions/aid-and-costs/scholarships.html.

② New York University. "Scholarships"，2018-05-29，见 https：//www.nyu.edu/admissions/undergraduate-admissions/aid-and-costs/scholarships.html.

③ New York University. "International Student Center"，2018-05-29，见 https：//www.nyu.edu/students/communities-and-groups/international-students/international-student-center.html.

④ New York University. "International Student Center"，2018-05-29，见 https：//www.nyu.

从纽约大学 2001 年至 2017 年的留学生招生情况可以看出（见图 1-1），纽约大学的留学生数量屡创新高，整体呈现出稳步上升的趋势。如今，纽约大学拥有来自全球 140 多个国家和地区的超过 1.7 万名留学生和国际学者，留学生比例占在校学生总数的 22%，成为美国大学中留学生人数最多、学生群体最多元化的大学。[①]

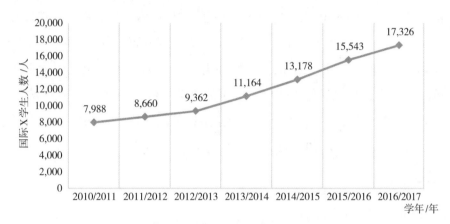

图 1-1　纽约大学历年留学生人数

资料来源：根据美国国际教育协会网站公布的门户开放（*Open Doors*）相关统计数据整理，数据详见：https://www.iie.org/Research-and-Insights/Open-Doors/Data/International-Students/Leading-Host-Institutions/Leading-Institutions.

三、美国留学生教育政策取得的成效

新世纪以来，在联邦政府、州政府和高校三方驱动的国际化战略作用下，美国高等教育的开放度和吸引力达到了历史新水平，在校留学生比例日益提升。通过对 2000 年至 2017 年多方面的数据分析，美国的留学生接收无论从规模上还是质量上都取得了明显成效，其具体表现如下。

（一）留学生数量与占比不断攀升

据国际教育协会（Institute of International Education）统计（见图 1-2），

---

edu/students/communities-and-groups/international-students/international-student-center.html.

① New York University. "History of NYU"，2018-05-29，见 www.nyu.edu/about/news-publications/history-of-nyu.html.

"9·11"事件后，美国联邦政府为保障国土安全相继出台的一系列紧缩政策，是对高校接收留学生的一次较为直接的干预，对留学生数量造成了负面冲击。自 2003 年起，美国的留学生增长率开始下降，并在随后的三年中持续下降（2003—2004 学年留学生数量为 572509 人，2004—2005 学年为 565039 人，2005—2006 学年为 564766 人）。到 2006—2007 学年，在美国高校注册的留学生数量累计下降了 3.75%。① 不过，由于联邦政府反应及时，在留学签证和移民政策上很快出现了松动，使得"9·11"事件并没有对留学生流入造成持续性冲击，从 2006 年起，赴美留学生数量开始回升。在之后的十年中，美国的留学生数量始终保持稳定增长，2006—2007 学年，共有 582984 名留学生在美国学习，到 2016—2017 学年，这一数字上升为 1078822 人，增长了将近一倍。② 值得一提的是，留

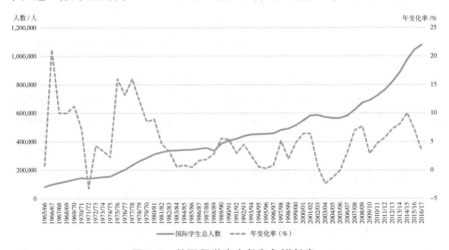

图 1–2　美国留学生人数和年增长率

资料来源：根据美国国际教育协会（Institute of International Education）网站公布的门户开放（*Open Doors*）相关统计数据整理，数据详见：https://www.iie.org/en/Research-and-Insights/Open-Doors.

---

① Institute of International Education. "International Student Enrollment Trends，1948/49-2016/17."，2018-05-30，见 https://www.iie.org/Research-and-Insights/Open-Doors/Data/International-Students/Enrollment/Enrollment-Trends.

② Institute of International Education. "International Student Enrollment Trends，1948/49-2016/17."，2018-05-30，见 https://www.iie.org/Research-and-Insights/Open-Doors/Data/International-Students/Enrollment/Enrollment-Trends.

学生占美国高校学生总数的比例也有所上升，2000—2001 学年，留学生在美国高校的比例甚小，只有 3.6%，到 2016—2017 学年，这一比例已经上升到 5.3%。[①]

　　从生源国方面看，2010—2017 年，中国、印度、沙特阿拉伯和韩国一直是向美国输送留学生最多的前四大国家（见表 1–1），且在人数上一直保持较大幅度增长。2008 年金融危机后，中国赶超印度，成为向美国输送留学生人数最多的国家。2007—2008 学年，共有 81127 名中国学生在美国留学，到 2016—2017 学年，上升至 350755 人，十年间赴美留学生人数增长 332%。2016—2017 学年，印度共派出 186267 名学生赴美留学，人数比十年前增长了近一倍。2016—2017 学年，有超过 60% 的赴美留学生来自中国、印度、韩国及沙特阿拉伯四个国家，其留学生人数占美国全部留学生人数比例为：中国 32.5%，印度 17.3%，韩国 5.4%，沙特阿拉伯 4.9%。[②]

表 1–1　美国留学生主要来源地分布

学年\国家	2007/2008	2008/2009	2009/2010	2010/2011	2011/2012	2012/2013	2013/2014	2014/2015	2015/2016	2016/2017
中国	81127	98235	127628	157558	194029	235597	274439	304040	328547	350755
印度	94563	103260	104897	103895	100270	96754	102673	132888	165918	186267
沙特阿拉伯	9873	12661	15810	22704	34139	44566	53919	59945	61287	52611
韩国	69124	75065	72153	73351	72295	70672	68047	63710	61007	58663

资料来源：根据美国国际教育协会（Institute of International Education）网站公布的门户开放（*Open Doors*）相关统计数据整理，数据详见：https：//www.iie.org/en/Research-and-Insights/Open-Doors.

---

① Institute of International Education. "International Student Enrollment Trends，1948/49-2016/17."，2018-05-30，见 https：//www.iie.org/Research-and-Insights/Open-Doors/Data/International-Students/Enrollment/Enrollment-Trends.

② Institute of International Education. "Fields of Study"，2018-05-30，见 https：//www.iie.org/Research-and-Insights/Open-Doors/Data/International-Students/Fields-of-Study/Fields-of-Study/2014-16.

（二）学历教育吸引力愈发强劲

数据表明（见图 1-3），近十年来，在美国学习的留学生中，学历生人数（包括本科生和研究生）与选择性实习训练生人数（Optional Practical Training）① 稳步增长。相比之下，非学历生（Non-degree students）数量增长速度缓慢，2014 年以后呈现出下降趋势（2014—2015 学年为 93587 人，2015—2016 学年为 85093 人）。2016—2017 学年，赴美留学生中学历生人数为：本科生 439019 人、研究生 391124 人，选择性实习训练生 175695 人，非学历生 72984 人，学历生人数占留学生总数的 77%。② 这表明，现阶段赴美留学人员的学历层次呈现较高水平，赴美留学主要是为了获得更高的学位，这与美国政府对高学历人才的吸引政策和高校对学历生的财政支持有很大关系。值得注意的是，选择性实习训练生人数有较大幅度的增长，从 2013 年的 105997 人到 2017 年的 175695 人，增长率为

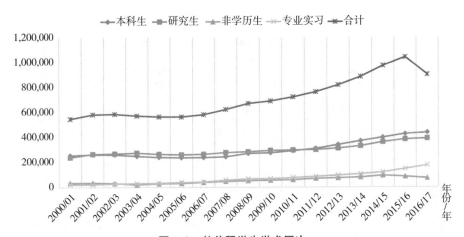

图 1-3　赴美留学生学术层次

资料来源：根据美国国际教育协会（Institute of International Education）网站公布的门户开放（*Open Doors*）相关统计数据整理，数据详见：https：//www.iie.org/en/Research-and-Insights/Open-Doors.

---

① 选择性实习训练生（OPT）是指持有 F-1 留学签证的学生，在学位完成前 90 天或完成后 60 天之内，被允许从事所学专业相关领域的实习，有效期为 12 个月。

② Institute of International Education. "Academic Level", 2018-05-30, 见 https：//www.iie.org/Research-and-Insights/Open-Doors/Data/International-Students/Academic-Level.

65.8%。① 由此可见，选择性实习已经成为美国吸引和培养国际人才的重要途径。加强对应用型人才的培养能使学生充分了解自己的专业，学以致用，有益于他们制定后期的专业学习规划，确定今后的研究或从业方向，同时，能够帮助他们积累宝贵的海外工作经验，培养相关工作技能为以后更好地适应工作打下基础。

（三）热门专业优势继续扩大

新世纪以来，赴美留学生在专业选择方面体现出紧跟时代步伐与符合社会发展需求的特点，所攻读的专业相对集中且热门专业持续升温。2015—2016 学年，美国高校吸引留学生的热门专业包括工程学（Engineering）、工商管理（Business and Management）、数学和计算机科学（Mathematics and Computer Science）、社会科学（Social Sciences）、艺术与应用艺术（Fine and Applied Arts）、物理与生命科学（Physical and Life Sciences），这些专业的留学生就读人数均有不同程度的增长（见图 1–4）。②

通过对热门专业的数据分析可以发现，攻读 STEM 领域的留学生数量增长最为突出，STEM 领域对留学生的吸引力不断增强。2015—2016 学年，就读工程学（涉及工程技术及技术员、物流运输、机械维修技术及技术员、建筑行业、精工制造和军事技术等多个领域）的留学生有 216932 人，占留学生总数的 20.8%；就读数学和计算机科学的留学生有 141651 人，占留学生总数的 13.6%。③ 在 STEM 所有专业中，就读工程学的留学生数量自金融危机爆发以来呈现出迅猛的上升趋势（从 2009—

---

① Institute of International Education. "Academic Level", 2018-05-30，见 https：//www.iie. org/Research-and-Insights/Open-Doors/Data/International-Students/Academic-Level.

② Institute of International Education. "Leading Places of Origin，1948/49-2015/16.", 2018-05-30，见 https：//www.iie.org/Research-and-Insights/Open-Doors/Data/International-Students/ Places-of-Origin.

③ Institute of International Education. "Fields of Study.", 2018-05-30，见 https：//www.iie. org/Research-and-Insights/Open-Doors/Data/International-Students/Fields-of-Study/Fields- of-Study/2014-16.

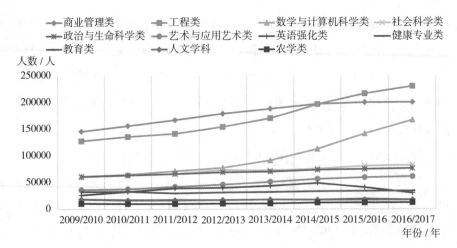

图1-4　赴美留学生主要就读专业变化趋势

资料来源：根据美国国际教育协会（Institute of International Education）网站公布的门户开放（*Open Doors*）相关统计数据整理，数据详见：https：//www.iie.org/en/Research-and-Insights/Open-Doors.

2010学年到2015—2016学年，就读人数增长了70%），2015—2016学年，选择工程学的留学生人数首次超过工商管理学，跃居第一位。[1]

　　STEM相关专业在美国留学生教育中持续升温，反映出美国政府对海外高科技人才在就业、移民等方面的优惠政策颇具成效，同时也反映出留学生在选择专业时愈发讲求实用性，会较为全面地考虑所选专业的发展前景和未来的职业前景。奥巴马在2010年参众两院联席会议上发表国情咨文，希望美国重视起数学和科学领域的研究，投入更多的资金发展新能源领域，以给金融危机后的经济注入新的活力。在美国西海岸的硅谷产业园区中，一半以上的高科技企业中的高精尖人才都与工程学紧密联系。尽管美国现阶段的移民政策和程序更加复杂，但美国还是会继续网罗世界高新技术人才，以增加自己的全球竞争力。

---

[1]　Institute of International Education. "Fields of Study.", 2018-05-30，见 https：//www.iie.org/Research-and-Insights/Open-Doors/Data/International-Students/Fields-of-Study/Fields-of-Study/2014-16.

（四）各州高校留学生录取数量和规模发展均衡

从美国各州接收留学生的数量上看，加利福尼亚州、纽约州和德克萨斯州凭借其发达的经济和教育体系依旧受到留学生的追捧，留学生数量稳步增长。此外，马萨诸塞州、伊利诺伊州、宾夕法尼亚州的留学生规模也在持续扩大，各州的留学生数量增长较为均匀。2016—2017 学年，加利福尼亚州接收了 156879 名留学生，其他接收留学生较多的州依次为：纽约州（118424 人）、德克萨斯州（85116 人）、马萨诸塞州（62926 人）、伊利诺伊州（52225 人）、宾夕法尼亚州（51129 人）、佛罗里达州（45718 人）、俄亥俄州（38680 人）、密歇根州（34296 人）和印第安纳州（30600 人）。[①]

具体到接收留学生的十大高校（见表 1–2），纽约大学赶超南加利福尼亚大学，自 2013 年以来，一直位居留学生入学榜首，其他热门高校的留学生人数排名虽然每年略有变化，但整体保持稳步增长态势，到 2016—2017 学年，在前十所高校注册的留学生人数均超过 8000 人。另外，排名前十位的高校在留学生占全部学生的比例也有所提高。例如，纽约大学 2010 年在校留学生比例为 16.8%，2016 年上升至 22%；南加利福尼亚大学 2010 年在校留学生比例为 22.9%，2016 年上升至 24.9%；哥伦比亚大学 2010 年在校留学生比例为 28.2%，2016 年上升至 39.3%。[②] 其他美国高校的留学生数量和规模增速也很均匀，并没有出现大起大落的现象。这说明，比起联邦政府在留学生政策上的摇摆，美国各州和高校近几年来的留学生接收政策相对稳定，呈现出较强的持续性。

---

① Institute of International Education. *2017 Fast Facts*. Washington：Department of State's Bureau of Education and Cultural Affairs，2017：1-2.

② Institute of International Education. *2017 Fast Facts*. Washington：Department of State's Bureau of Education and Cultural Affairs，2017：1-2.

表 1–2　接收留学生排名前十的美国高校

学年 高校	2010/2011	2011/2012	2012/2013	2013/2014	2014/2015	2015/2016	2016/2017
纽约大学	7988	8660	9362	11164	13178	15543	17326
南加利福尼亚大学	8615	9269	9840	10932	12334	13340	14327
哥伦比亚大学	7297	8024	8797	10486	11510	12740	14096
东北大学波士顿分校	5187	6486	7705	9078	10559	11702	13201
亚利桑那州立大学坦佩学院	4934	5616	6645	8683	11330	12751	13164
伊利诺伊大学厄本那—香槟分校	7991	8997	9804	10843	11223	12085	12454
加州大学洛杉矶分校	6249	6703	8424	9579	10209	11513	12199
普渡大学西拉法叶分校	7562	8563	9509	9988	10230	10563	11288
宾州州立大学	5207	6075	6693	7024	7728	8084	9134
波士顿大学	5464	6041	6615	7143	7860	8455	8992

资料来源：根据美国国际教育协会（Institute of International Education）网站公布的门户开放（*Open Doors*）相关统计数据整理，数据详见：https://www.iie.org/en/Research-and-Insights/Open-Doors.

第三节　美国留学生教育的经验、问题与走向

美国国际教育协会总裁兼首席执行官阿兰·古德曼（Allan E. Goodman）指出，"随着越来越多的国家积极接收留学生，并实施国家战略吸引他们，高等教育和劳动力市场上对于全球顶尖人才的竞争只会加剧"[①]。如上所述，美国政府、州政府以及高校实施的留学生教育政策取得了一定成效，美国的留学生数量在新世纪依旧雄居全球榜首。但是，我们可以看到，随着近年来国内外政治、经济形势的变化，美国的留学生教育面临着内忧外患。

一、美国留学生教育的经验

通过对美国留学生教育现行政策分析，可以比较清楚地了解其在留学生教育方面从兴起到蓬勃发展背后的缘由。二战前，美国招收留学生的目的比较单一，主要是出于对知识、人才和跨文化理解的需求；二战结束后，留学生接收政策开始服务于国家战略，其目的由单一转向多元，加入了对于政治、外交和文化输出的需求；进入新世纪以来，留学生教育政策在几度摇摆和调整后，更加注重实效性，在兼顾国土安全、应对经济全球化的同时，还要推动高等教育产业化以谋取更大利益。总体来说，美国作为传统留学目的地国，在长期的发展过程中形成了比较成熟的留学生教育政策，并根据世界留学生教育市场的情况以及本国经济政治等各方面需要，对留学生教育政策进行调整，才使得今日在吸引留学生方面形成较大规模。

（一）加强国际理解，促进知识文化交流

18 世纪中叶，随着北美殖民地和英国之间矛盾的激化，独立战争爆

[①] Institute of International Education. "IIE Releases Open Doors 2017 Data"，2017-11-14，见 https：//www.iie.org/Why-IIE/Announcements/2017-11-13-Open-Doors-Data.

发，1776 年美国宣告独立，其高等教育国际化也正式拉开序幕。建国初期，美国刚摆脱英国在政治、经济、文化等方面的控制，百废待兴，各州都需要推行新政，独立发展，这就急需大量的人才，以满足其资本主义经济建设的需要。独立战争初期，美国仅有 9 所学院，1782—1802 年间又建立了 19 所学院，在内战前夕，总数骤升至 250 所。① 从某种程度上讲，美国高校的兴起带有先天的国际化基因，这段时期推动美国高等教育国际化的动因是高层次教育在国家间流动的内在需求，这种内在需求源于知识的普遍性和开放性。② 美国高校在发展初期，对德国大学办学开放性的理念和特点多有借鉴，再结合自身情况加以创新，这也很好地体现出在高等教育上国家之间相互依存的道理。如果知识的需求与进步囿于国家的疆界，高校既不向其他国家学习，又不分享自身的科研成果，高等教育就不可能持续蓬勃发展。

1861 年爆发的南北战争为美国资本主义加速发展肃清了障碍，极大提高了美国工业生产效率。科学技术的迅速发展要求大学培养有实际技能的人才，但美国在殖民地时期创办的学院大多受教派控制，以培养神职人员为主，脱离实际，无法适应资本主义现代化需要。对高级人才的大量需求刺激了美国高等教育体系建设和学生的国际流动，于是，以国会会员贾斯丁·史密斯·莫雷尔（Justin Smith Morrill）为代表的一批有识之士，试图通过立法促使美国高等教育为社会发展和国家经济发展服务。此时的高等教育国际化体现了国家主义的特点，留学生教育主要为了满足美国工业发展过程中对于高水平、高文化的专业技术人才的需要。

（二）服务国家战略，促进美国文化输出

二战后，世界格局发生改变，以美苏争霸为主轴线，开启了分别以美国和苏联为首的东西方阵营长达 40 年的冷战局面。1957 年，苏联第一颗人造卫星的成功发射，使一向在科技领域自信满满的美国感到前所未有

----

① CHRISTOPHER J.LUCAS. *American Higher Education*：*A history*. New York：ST. Martin's Press，1994：117.

② 吴坚：《当代高等教育国际化发展》，人民出版社 2009 年版，第 36 页。

的威胁与挑战。美国开始深刻意识到非西方国家在科学技术上所取得的发展和成就，如果继续奉行一贯的孤立主义观点，将高等教育孤立于世界之外，自己在世界上的霸主地位终将不保。在这种形势下，美国迫切渴望通过利用高等教育的国际化职能与苏联角逐，故而迅速加大了高等教育的资金投入和改革力度。

在这个时期，美国招收留学生的主要动因是政治外交的需求。为保持自己政治、经济、科技发展在世界上的领先地位并与苏联抗衡，美国努力推进教育国际化，以开放的态度接收留学生，培养更多适应国家发展需要的人才。有知名学者指出："教育可以被看作是外交政策的第四个层面；它有助于改善一个国家的形象。"① 教育合作被视为外交政策的一种形式，接收国外有能力的人到美国学习，使他们回国后处于有影响力的地位，把从美国学到的文化、政治、价值观运用到自己的国家中，既可以促进美国与他国间的关系，又为美国国家战略服务。赴美留学人员在一定程度上受到美国政治和民主的影响，被灌输美国的价值观和意识形态。当他们回国后，会发表有利于美国的言论，这样可以提高美国的世界地位和国际影响力，有助于建立良好的国家外交关系。可以说，留学生教育政策已经成为美国对外关系中最有影响和价值的手段之一。

另一方面，一些落后的发展中国家开始兴起，在教育方面与美国积极开展国际交流与合作，向美国大量输送留学生，希望借助美国先进的高等教育发展自身人力资本，加速国内经济增长。此时，美国在文化渗透上强烈的使命感逐渐显露出来，成为影响该阶段高校留学生教育政策的另一个因素。为对抗苏联的渗透和影响力，美国加大对亚非拉地区的援助，借教育援助之名行文化渗透之实，以此在政治、军事、经济、文化等方面控制亚非拉地区，强化其世界霸主地位。从意识形态上看，美国人天赋使命的思想文化赋予他们希望引领世界的责任感，这种根深蒂固的思想让他们

---

① De Wit，H. *Internationalization of Higher Education in the United States of America and Europe: A Historical，Comparative，and Conceptual Analysis.* Greenwood Study in Higher Education，Connecticut: Greenwood Press，2009：34.

相信美国有义务按照上帝的旨意让世界其他国家和人民了解其文化和意识形态，并效仿他们的社会理想模型，追求世界共同利益与民主进步，重塑世界文明。因此，美国在制定国际化策略上受到其浓厚的理想主义影响，利用自身高等教育的世界领先优势，把留学生教育作为重要的文化和价值观输出的手段，以此达到文化霸权的目的。

（三）维护霸主地位，赚取政治经济利益

20 世纪 80 年代末 90 年代初，随着东欧剧变和苏联解体，世界政治格局出现重大调整。俄亥俄大学的理查德·米勒（R.I.Miller）教授曾指出，"进入 80 年代末 90 年代初，国际竞争已经从军事对峙转向经济，包括技术、知识与人才的竞争。美国的主要对手不再是苏联，而是日本与欧洲共同市场"[①]。面对全球化的发展趋势和其他国家的竞争压力，美国关注的焦点不再是国际理解，"竞争力"成为美国联邦政府关注国际教育的新焦点，美国在留学生教育政策中加入了对经济需求的重视。[②]

自美国遭遇财政危机后，经济发展停滞不前，大学适龄人口减少，很多公立高校出现录取率下降、科研经费不足、大量教职工面临被裁员的危机。1981 年罗纳德·威尔逊·里根（Ronald Wilson Reagan）总统上任后，在新保守主义意识形态的影响下奉行新自由主义经济政策，削减政府对高等教育的预算，鼓励高校主动参与到留学生教育市场的竞争中，面向全球招生，收取高额学费，以弥补政府拨款的不足。此外，美国终止通过提供无偿经济援助吸引留学生的政策，对来自发展中国家和欠发达地区的留学生也不再给予照顾。与此同时，纵观全球留学生教育市场，英法德日等国家异军突起，制定了优惠的留学生教育政策，积极加入到海外留学人才的争夺中，美国的国际竞争力相对减弱，这些因素都迫使美国高校进行

① R.I. Miller. *Major American Higher Education*：*Issues and Challenges in 1990s*. London：Jessia Kingsley Publisher，1990：69.

② De Wit，H.. *Internationalization of Higher Education in the United States of America and Europe*：*A Historical*，*Comparative*，*and Conceptual Analysis*. Greenwood Study in Higher Education，Connecticut：Greenwood Press，2009：29.

改革，积极拓展海外留学市场，将高等教育资源作为商品输出，以满足自身发展的经济需求。

进入 90 年代，美国的经济并没有像预期的那样开始复苏，衰退现象反而更加严重。在此情况下，美国高校的经费需求成为影响留学生教育政策的主要动因。高校通过招收大量留学生，获得更多学费和优质人才，能够完成更多的科研任务，进而争取到联邦机构或大公司的科研经费，而留学生所创造的商业价值和科研价值也归高校所有。这种把高等教育推进市场经济领域的潮流，使其拥有了在商业中的统治地位。在世纪之交，美国高校已经成为美国从海外市场中获取利益的第五大行业。[①] 正因如此，有学者指出，"高等教育已经成为一种国际化自由贸易的商品，它是一种私人利益，而不是公共责任"[②]。高校充分利用商业化，过于依赖留学生增加收入，使得高等教育变得更贵、更功利，也会违背高等教育的本质。

"9·11"事件后，美国联邦政府为保障国土安全相继出台的一系列紧缩政策，是对高校接收留学生的一次较为直接的干预。来自中东等国家的赴美留学人员，成为美国移民局和国家安全局的重点怀疑和调查对象，一部分学生甚至被强行终止学业和科研研究，遣返回国。美国政府认为一些"敏感"专业已经对国土安全构成潜在威胁，导致不可预测的后果。因此，美国加大了海外人员的入境难度，实行"签证螳螂检查机制"（Visa Mantis Reviews），对于申请和从事"技术警戒列表"（The Technology Alert List）中的包括核能、生化、军事、传统理工科等 16 个敏感学科和 200 多个专业的人员进行背景排查，并严格限制在美获得本科学历打算继续攻读硕士课程的学生签证，使得这些专业的留学生几乎不能继续获得留学签证。

---

① 陈文干：《美国大学与政府的权力关系变迁史研究》，浙江大学出版社 2015 年版，第 90 页。

② ［美］菲利普·G.阿特巴赫、［加］简·莱特：《高等教育国际化的前景展望：动因与现实》，《高等教育研究》2006 年第 1 期。

　　与此同时，英国、澳大利亚、法国和日本等发达国家出台吸引留学生的留学生教育政策，意图招收欲赴美国和被美拒签的留学生，分食国际留学这块诱人的蛋糕。由于一度缺少相关的国际化扶持政策，美国的高等教育服务出口发展落后于英国、澳大利亚等国家，引起美国学者和高校的强烈不满。在多方利益驱动下，美国的留学生教育政策才开始松动，重新强势参与到国际人才市场竞争中。

　　然而，2008年爆发的次贷危机又给美国刚刚回暖的留学生教育市场带来了沉重打击。受金融危机影响，美国对高校的资助能力变弱，学生的经济负担逐渐加重，这些都迫使美国调整留学生教育政策，增加海外招生名额，积极开展与其他国家和地区的教育合作与交流。留学生教育产业已经成为美国重要的经济增长点，巨大的经济利益刺激显然已经成为影响美国留学生教育政策的重要因素。

二、美国留学生教育面临的挑战与未来走向

　　新世纪以来，在经济利益、政治外交、文化传播和人才培养等多方因素驱动下，美国留学生教育发展迅猛，在校留学生总数屡创新高，高学历留学生比例上升，热门专业持续升温。这既得益于联邦政府和州政府的海外人才招揽政策，又得益于美国高校多元化的奖学金体系和完善的留学服务。然而，种种不确定因素可能影响到未来美国留学生教育的发展。首先，国际留学生教育市场竞争的日益白热化与特朗普政府推行的一系列紧缩留学签证、移民、就业的法案和政策会使赴美留学的负面预期和不确定性持续扩大。此外，美国高校的自治和自主地位一方面缓冲了政府的干预和影响，另一方面也使得美国缺少一个可以指导各州政府及高校制定留学生教育政策的统一政策，从而引发一些国家的留学生对赴美留学的疑虑。比如哈佛大学等常春藤名校最近就被爆出在亚裔学生录取上存在种族歧视，长期以来对亚裔申请者在亲和力、勇敢、善良、受到欢迎等"积极人格"（positive personality）的评分上打出低于其他族裔申请者的分数，以

此拉低亚裔学生的录取机会。[①] 同时，不断增长的高校学费和频发的校园安全事件也在不同程度上削弱了美国留学生教育的国际竞争力。基于上述因素，美国留学生教育的的发展方向不甚清晰，美国的留学生数量上升趋势或许出现拐点。

（一）特朗普政府收紧留学生签证和移民政策

特朗普上任美国总统后，颁布了一系列关于留学生教育的行政命令，在留学生教育政策上出现了限制和紧缩的新动向，给美国未来的留学生教育发展带来了很多不确定性。首先，特朗普在上任后的第一个月就宣布暂时禁止一些中东国家的公民前往美国。2017 年 9 月，他宣布扩大该禁令，将包括委内瑞拉和朝鲜在内的其他国家纳入其中。此外，特朗普下令终止原来的免面签制度（Visa Interview Waiver Program），2017 年《防止外国恐怖主义份子进入美国、保护国土安全》的行政令要求所有申请非移民签证的个人都必须前往美国大使馆接受面试。[②] 同时，特朗普签署了《2017 高技能职业移民诚信与公平法案》，要求雇主优先雇佣美国公民。2018 年 3 月，美国移民局宣布从 4 月 3 日起叫停 H-1B 加急审理程序，此后 H-1B 工作签证的审查日益严格化和限制化，审理的时间也越来越长。美国公民与移民署（U.S Citizenship and Immigration Services，简称 USCIS）公布的数据显示，2017 年 H1-B 签证的批准率为 58%，达到十年以来的最低水平。[③] 而在通过的 H-1B 签证中，更多的是美国公司帮助雇员的申请，这也意味着留学生通过美国公司申请 H-1B 签证的机会已经非常稀少了。由

---

① The New York Times. "Harvard rated Asian American applicants lower on personality scores than other students，study finds"，2018-06-25，见 http：//www.nytimes.com/2018/06/15/us/Harvard-asian-enrollment-applicants.html.

② The White House Office of the Press Secretary. "Executive Order：Protecting the Nation From Foreign Terrorist Entry into the United States"，2017-11-13，见 https：//www.whitehouse.gov/the-press-office/2017/01/27/executive-order-protecting-nation-foreign-terrorist-entry-united-states.

③ USCIS. "USCIS Strengthens Protections to Combat H-1B Abuses"，2018-02-22，见 https：//www.uscis.gov/news/news-releases/uscis-strengthens-protections-combat-h-1b-abuses.

于 H-1B 签证政策的收紧，大批留学生无法拿到工作签证，赴美留学的热情也随之消减。

　　特朗普上任后，美国的许多国际教育专家开始担心，特朗普政府所奉行的孤立主义观念和具有攻击性的签证移民政策，会让越来越多的留学生感到失望和恐慌，打击留学生赴美学习和交流的热情，长此以往将不利于美国政府一直积极倡导的"人才流入"（brain gain）模式。实际上，根据 250 所美国高校 2017—2018 学年留学生申请情况看，中东地区的留学生申请人数已经出现大幅下降，比前一年同期下降了 40%。[①] 如果特朗普政府继续奉行其国际化立场，可以预见，在未来几年内，美国的留学生人数将会呈现下降趋势。

　　（二）留学生教育市场面临严峻外部挑战

　　在过去的两年里，全球政治风向改变，许多国家民族主义抬头和反移民氛围渐浓，已经对留学生的流入产生了很大的负面影响。[②] 2016 年英国全民公投，支持英国"脱欧"，特朗普和特蕾莎·梅（Theresa M. May）对于留学生的敌意和歧视言辞、边境口岸的骚扰事件和签证及移民的收紧政策等，将把留学生"推"出西方国家。在欧洲，由于右翼民粹主义支持率上升，反国际化情绪高涨，这也会影响欧洲国家向美国派遣留学生。

　　相反，加拿大、澳大利亚等留学发达国家，由于选择继续开放门户，扩大国际项目以促进国际人员流动，并为国际毕业生提供实现公民身份的途径，而越来越受到留学生的欢迎。UNESCO 数据显示，2008 年至 2015 年间，加拿大留学生总数增加了 92%。[③] 与此同时，中国和印度等非传统留学目的地国也正在加强国际教育政策，旨在吸引更多的留学生。

　　此外，受到全球油价下跌和地方经济增速放缓的混合驱动因素的影

---

① ［美］罗伯特·罗兹：《特朗普时代的美国高等教育政策：六大要点》，《全球教育展望》2017 年第 8 期。

② Altbach，P.G. & Wit De，H. "Trump and the Coming Revolution in Higher Education Internationalization"，*International Higher Education*，2017（89）：3-5.

③ UNESCO. "Global Flow of Tertiary-Level Students"，2018-01-16，见 http：//uis.unesco.org/en/uis-student-flow.

响，2016 年，沙特阿拉伯和巴西教育部都取消了支持公民到海外留学的财政计划。奖学金项目的缩减导致两国赴美留学生数量出现大幅下降。2016—2017 学年，沙特赴美留学生数量排名从第三位滑至第四位，较前一年减少 14.2%；巴西赴美留学生数量在连续增长后，也出现较大程度下降，赴美留学生数量排名从第八位降至第十位，比前一年减少 32.4%。[①]

（三）高校学费的增长与奖学金的缩水

美国长期以来为优秀的留学生提供丰厚的经济资助，但绝大部分的赴美留学生仍属于自费留学，主要由学生本人和家庭支付学费，还有一些留学生通过在美国打工赚取学费。2016—2017 学年，有将近 83% 的留学生从美国以外的地方获得留学经费，其中 60.3% 的留学生是由学生本人和家庭支付赴美留学费用，16.5% 的留学生的学费是由在职工作单位资助的，还有 5.7% 的留学生从外派国政府或大学获得资助（见图 1-5）[②]。

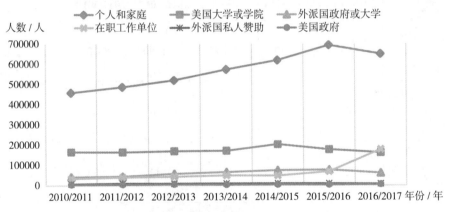

图 1-5　在美留学生主要经费来源（2010—2017 年）

资料来源：根据美国国际教育协会（Institute of International Education）网站公布的门户开放（*Open Doors*）相关统计数据整理，数据详见：https：//www.iie.org/en/Research-and-Insights/Open-Doors.

① Institute of International Education. "Leading Places of Origin，1948/49-2015/16."，2018-05-30，见 https：//www.iie.org/Research-and-Insights/Open-Doors/Data/International-Students/Places-of-Origin.

② Institute of International Education. "Primary Source of Funding. 2016/17."，2018-05-30，见 https：//www.iie.org/Research-and-Insights/Open-Doors/Data/International-Students/Primary-Source-of-Funding.

　　然而，美国大学理事会（College Board）在 2017 年大学费用趋势报告中指出，美国大学净学费价格（扣除通胀因素和学生助学金税收减免后的学费）在 2016—2017 学年和 2017—2018 学年继续上涨（见表 1–3）[1]。其中，四年制公立院校州外学费价格远远大于州内价格，非营利性私立院校价格最高。留学生被视为州外学生，收取的费用比州内学生高出 2—3 倍。在食宿方面的收费，无论是州内还是州外学校，都呈现出上涨趋势。以四年制公立学校为例，2017—2018 学年，留学生在美国留学一年的平均费用将达到 36420 美元。即使获得部分财政补助，美国院校的高额学费也会为留学生及其家庭带来相当大的经济负担。

表 1–3　美国各类院校全日制本科生平均学费水平（美元）

院校类型＼学年	学杂费			食宿费		
	2016/2017	2017/2018	增长率	2016/2017	2017/2018	增长率
两年制公立院校州内学生	3470	3570	2.9%	8170	8400	2.8%
四年制公立院校州内学生	9670	9970	3.1%	10480	10800	3.1%
四年制公立院校州外学生	24820	25620	3.2%	10480	10800	3.1%
非营利性四年制私立学校	33520	34740	3.6%	11850	12210	3.0%

资料来源：根据美国大学理事会（College Board）网站公布的《2017 年高等学校价格趋势》（*Trends in College Pricing 2017*）相关统计数据整理，数据详见：https：//trends.collegeboard.org.

　　与日益增长的高校学费形成鲜明对比的是，美国提供给留学生的奖

---

[1]　College Board. *Trends in College Pricing*. New York：College Board，2017：11.

助学金额度在特朗普上任后开始缩水。特朗普政府的实践证明，特朗普对于许多美国高校所倡导的培养"全球公民"（global citizenship）的理念并不支持，具体体现在他向美国国务院提交的关于削减国际交流的财政预算，削减支持留学生与学者交流的福布莱特项目转而加大对军费开支的投入。另外，美国高校为了吸引更优秀的人才，提高了奖学金申请者在 SAT 或 ACT 考试中的成绩标准，造成很多留学生因为达不到成绩要求而丧失获得高校奖学金的资格。据统计，获得美国高校或学院奖学金的留学生从 2015—2016 学年的 177453 人（占比 17.0%）降至 2016—2017 学年的 162134 人（占比 15.0%），而其中获得美国政府奖学金的人数只有 5941 人（占比 0.6%）。①

（四）校园安全与种族主义议题持续发酵

作为接收留学生最多的国家，美国的校园安全问题一直受到留学生及其家庭的密切关注。然而，自 2017 年大选后，美国屡屡爆出校园枪击、抢劫、爆炸、恐怖分子袭击等恶性事件，威胁留学生的安全问题层出不穷。仅 2017 年 10 月，就先后发生了拉斯维加斯音乐节枪击案、美国弗吉尼亚州立大学枪击案、德克萨斯州教堂枪击案一连串恶性案件，致使留学生及其家长的恐惧与日俱增。据美国非营利数据网站枪支暴力档案（Gun Violence Archive）统计显示，截止到 2017 年 11 月 15 日，美国当年共发生了 53856 起枪击事件，造成 13573 人死亡，27685 人受伤。② 2017 年，在美国发生的中国留学生章莹颖被绑架致死案件，更是对中国学生赴美留学造成很大的负面影响，很多中国家长忧心子女在美国的安全，甚至催促他们早日回国。

此外，在美国一些城市和大学不断增多的种族主义事件，使得外界

---

① Institute of International Education. "Primary Source of Funding. 2016/17.", 2018-05-30, 见 https://www.iie.org/Research-and-Insights/Open-Doors/Data/International-Students/Primary-Source-of-Funding.

② Gun Violence Archive. "Gun Violence Archive 2017", 2017-11-16, 见 https://www.gun violencearchive.org/.

对美国种族歧视的看法并未改观，赴美疑虑也并未消除。2017 年 8 月在美国弗吉尼亚州夏洛茨维尔市的弗吉尼亚大学爆发的示威游行演变成暴力事件，白人民族主义者在学校操场附近与反对者发生冲突，英国广播公司称这可能是"近几十年来美国最大的一次仇恨集会"①。无论是出于枪击事件的担心还是种族歧视的困扰，留学生在美国所面临的安全隐患都会影响他们赴美留学的决定。

---

① BBC NEWS. "White nationalist rally at University of Virginia", 2017-11-16, 见 http：//www.bbc.com/news/world-us-canada-40909547.

第二章　加拿大留学生教育政策

随着知识型经济时代的到来，智力资源成为一个国家经济建设与社会发展的潜能与动力，人力资本的竞争是学生流动增加的原因之一。国际留学生市场是人力资本竞争的重要阵地，传统留学发达国家如美国、英国、澳大利亚纷纷推出国际教育发展战略，大力推销国际教育服务，力求在竞争日趋激烈的人才市场中抢占先机。一个国家留学生教育政策会为该国留学生教育的发展指明方向，留学生政策的变化必然会影响留学生教育发展的态势。

然而，每一个国家的教育发展都深受该国历史、社会与政治等因素的影响，研究加拿大留学生教育政策与留学生教育的发展有必要了解加拿大的国情。加拿大属英联邦国家，曾于16—18世纪先后遭受法国、英国的殖民统治，2019年人口3758.93万人，多为英、法及其他欧洲移民的后裔。[①] 二战后，美国为了在美苏争霸中取得胜利，利用地缘优势向加拿大输入大量资本、人才和先进的科学技术来应对战时需要。因此，英国、法国、美国的教育制度对加拿大的教育发展都产生了一定的影响。根据《不列颠北美法案》(*The British North America Act*)，加拿大各省有教育立法的自主权，全国无统一的教育目标和课程标准。[②] 实行分权制的加拿大并

---

① The World Bank. "Population Total-Canada"，2020-10-24，见 https://data.worldbank.org/.
② 中华人民共和国中央人民政府：《加拿大国家概况》，2019-05-28，见 http://www.gov.cn/zhuanti/2016-09/13/content_5108033.htm.

没有明确统一的留学生教育政策，长期以来留学生教育基本上被划为外交事务的范畴，由外交与国际贸易部主导出台留学生教育相关政策和项目。由于采用软联邦制的国家政治体制，加拿大省政府在省内部事务中拥有极大的自主权。并且，加拿大并没有专门负责留学生教育发展的政府部门，而是由加拿大联邦政府、加拿大省级政府、加拿大移民部、加拿大全球事务部、加拿大就业和社会发展部等部门共同协作开展留学生教育工作。

截至 2019 年 12 月 31 日，加拿大共有 642480 名留学生，比 2018 年增长 13%，吸引留学生人数位列全球第三，仅次于美国和澳大利亚。[①] 加拿大留学生教育取得如此显著的成就，离不开加拿大留学生教育政策的不断改革和系统的留学生教育发展经验。一方面，加拿大政府任命咨询小组于 2012 年出台《国际教育：加拿大未来繁荣的关键动力》(*International Education：A Key Driver of Canada's Future Prosperity*) 报告，将国际教育上升为经济、贸易、移民、外交政策后的第五大政策，并且加拿大联邦政府于 2014 年颁布《国际教育战略（2014—2019年）》(*International Education Strategy—2014 to 2019*)、2019 年颁布《国际教育战略（2019—2024 年）》(*International Education Strategy—2019 to 2024*)。此外，还有一系列与留学生生活密切相关的签证、工作、移民等配套政策，这都为加拿大留学生教育的发展奠定了良好的政策基础。另一方面，加拿大发展留学生教育为加拿大带来了经济利益。据统计，在扣除加拿大奖学金和助学金后，2016 年中学后（Post-secondary）留学生的年度总支出高达 155 亿加元，对加拿大 GDP 的贡献值为 128 亿加元，这些支出可以在加拿大社会环境中创造近 16.9 万个工作岗位，同时，留学生总支出直接或间接地为加拿大增加了 28 亿加元的税收

---

① Kareem El-Assal. "642, 000 International Students：Canada now Ranks 3rd Globally in Foreign Student Attraction", 2020-07-27, 见 https://www.cicnews.com/2020/02/642000-international-students-canada-now-ranks-3rd-globally-in-foreign-student-attraction-0213763.html#gs.fdmnsh.

值。① 不仅仅是收获了经济利益，加拿大发展留学生教育也实现了人力资本的积累，留学生是加拿大政府最理想的移民对象。鉴于加拿大留学生教育发展的成功经验，本章将着重讨论二战后加拿大留学生教育政策的演进，梳理加拿大现行留学生教育政策，探讨加拿大留学生教育政策的经验、问题与走向，力求为我国来华留学生教育事业的提质升级提供借鉴与指导。

第一节　加拿大留学生教育政策的演进

为了更清晰地展示加拿大留学生教育政策的演进过程，本部分将按照留学生教育发展的重大历史节点将留学生教育政策的演进划分为三个历史阶段，以此来呈现每个历史阶段内留学生教育政策的特点。

一、起步及教育援助阶段（20 世纪初—20 世纪 80 年代）

加拿大留学生教育的起步及援助阶段主要是指一战后至 20 世纪 80 年代。20 世纪初期，加拿大留学生教育的发展与其殖民历史密切相关。加拿大在建国之前，曾于 16 世纪至 18 世纪受法国及英国的殖民统治，其教育的发展也深受英国及法国教育体制的影响。加拿大与前英、法殖民地国家在社会生活、文化传统及教育体制等方面都非常相似。前英、法殖民地学生赴加拿大留学更容易适应当地学习及生活。很多留学生在完成学业后，会考虑在较为发达的留学目的国移民，移民的便利性也会成为一个重要的考虑因素。加拿大移民政策与留学生教育政策密切相关，加拿大移民部负责留学生学习签证的申请、留学生工作许可发放以及留学生移民程序。在 1947 年以前，移民政策明确提出要优待英国移民，此后，1949 年，法国移民也包括在优待范围内。1952 年，加拿大移民部通过新的移民法，

① Roslyn Kunin Associates，Inc."Economic Impact of International Education in Canada 2017"，2020-08-16，见 https：//www.international.gc.ca/education/assets/pdfs/Economic_Impact_International_Education_in_Canada_2017.pdf#pf10.

继续"最惠民族"政策。因此，20 世纪五六十年代，加拿大接受的留学生主要来自前英、法殖民地，并且，留学生数量非常少，1960 年，加拿大招收留学生数量仅为7251 人。① 此外，英、法等主要殖民国家在第二次世界大战中力量被削弱，未被占领的盟国殖民地国家民族工业得到大力发展，反殖民运动在世界范围内兴起，尤其表现在前殖民地国家内人民反殖民主义情绪非常高涨，这些国家的很多学生选择去没有殖民历史的加拿大留学。就留学生教育政策来讲，加拿大联邦政府及省政府并没有出台统一的留学生教育政策，而是由加拿大外交事务部（the Canadian Department of External Affairs）负责处理与教育相关的国际政策，实际上该部门的职责主要是处理与维护加拿大的国际事务。

20 世纪 50 年代后，澳大利亚决定参加英联邦国家发起的"科伦坡计划"（Colombo Plan），旨在通过以资金和技术援助、教育及培训计划等形式的国际合作来促进南亚和东南亚地区的社会经济发展。② 加拿大作为英联邦国家，受该计划影响，国际发展援助成为加拿大对外政策的重要组成部分。这既彰显了加拿大坚持人道主义原则，也促进了加拿大留学生教育的发展。1960 年，作为外交与国际贸易部（the Department of Foreign Affairs and International Trade，DFAIT）的组成部分，加拿大对外援助办公室（the External Aid Office）成立，主要处理国际教育援助的相关工作。1962 年，加拿大将国际发展援助政策的重点放在印度锡兰地区，这也为加拿大的大学带回来了第一批印度留学生。③

二战后，加拿大经济迅速发展，为加拿大社会发展带来了重要机遇。加拿大紧邻美国，两国地缘政治与经济联系密切。随着美苏冷战格局的形成，加拿大自然地加入到以美国为首的"遏制共产主义扩张"的阵营

---

① 王仲达：《加拿大教育动态与研究（1996—1998）》，教育科学出版社 1999 年版，第 152 页。

② 张秋生、蒋启良：《略论澳大利亚在〈科伦坡计划〉中对东南亚的援助》，《东南亚纵横》2010 年第 10 期。

③ 付卫洁：《加拿大高等教育国际化政策研究》，硕士学位论文，武汉大学教育经济与管理系，2017 年，第 28 页。

中。一方面，加拿大为美国提供大量战略物资储备，以应对战事需要；[①]另一方面，美国利用地理位置优势增加对加拿大工矿企业的投资，以弥补美国国内资源短缺的情况，这就为加拿大的发展带来大量的外国资本和先进的科学技术。经济的迅速发展需要大量高素质的劳动者，这对教育培养的人才提出了更高的要求，必然带动教育事业的繁荣与发展。随着美国和加拿大政治与经济联系日益密切，美国也为加拿大输送了大批留学生。1970 年，加拿大留学生人数达到 2.226 万人，其中三分之一来自于美国。[②]

　　加拿大中学后教育（Post-secondary Education）的留学生在 20 世纪 70 年代开始迅速增长，在 1974—1975 学年有 20601 名留学生，在 1982—1983 学年有 43601 名留学生，年均增长率在 12% 左右。[③] 此外，加拿大招收留学生数量于 20 世纪 70 年代初首次超过加拿大学生赴国外留学的人数，并且来自发展中国家的留学生数量逐渐增多。这也意味着加拿大教育援助政策的实施取得了重大进展。在 1945—1969 年间，留学生数量的持续增长对加拿大社会发展产生积极的影响。一方面，留学生学费远远超过本国学生，其学费、住宿费、医疗保险等生活支出为加拿大社会带来巨大的经济利益；另一方面，留学生毕业后在加拿大工作会继续为加拿大社会发展作出贡献。同时，国际教育及招收留学生是加拿大对外政策的重要组成部分，加拿大留学生教育政策坚持人道主义援助，既提升了其国际形象与声誉，也促进了社会和经济的发展。在 1969—1975 年间，留学生的快速发展使得加拿大整个社会开始考虑社会发展平衡的问题，一部分人认为很多留学生通过赴加拿大留学的机会实现了移民，在一定程度上剥夺了加拿大本国人优质的社会福利及发展资源，加拿大国内出现了"反留

---

① 姜芃：《加拿大文明》，中国社会科学出版社 2001 年版，第 162-165 页。

② 王仲达：《加拿大教育动态与研究（1996—1998）》，教育科学出版社 1999 年版，第 152 页。

③ Immigration，Refugees and Citizenship Canada. "Immigration Overview：Permanent and Temporary Residents"，2019-10-17，见 http：//publications.gc.ca/collections/collection_ 2010/cic/Ci1-8-2003-eng.pdf。根据此报告数据整理而来。

学生思潮"现象。另外，20 世纪 70 年代，围绕着高等教育发展问题，加拿大出现了"加拿大化运动"，即人们在考虑所谓加拿大的大学到底是否在教授加拿大人关于加拿大的知识，加拿大大学培养的加拿大人是否在就业岗位得到妥善安置。① 在这种情势下，特鲁多（Pierre Trudeau）政府提出新的就业政策，并在政策中肯定了聘用加拿大人的重要性，这也维护了加拿大人的利益。

如表 2–1 所示，加拿大大学的留学生入学率在 1958—1977 年间经历了波动式增长，1958—1959 学年，加拿大大学留学生入学人数为 5988 名，占大学生入学总人数比例的 6.3%；1973—1974 学年，加拿大大学留学生入学人数为 14246 名，占大学生入学总人数比例急速下滑至 3%；在 1976—1977 学年，加拿大大学留学生入学人数为 28744 名，占大学生入学总人数比例的 5.3%。② 出现招收留学生数量下滑的现象，一方面是因为加拿大人抱怨留学生抢占本国人入学及就业机会，为维护加拿大本国人的利益，加拿大联邦政府及省政府开始控制招收留学生数量，一些高校也开始限制留学生招生人数；另一方面，联邦政府和省政府大幅度削减高等教育经费，高校通过提高学生学费与杂费来解决经费不足的困难，致使学生学费上涨。留学生学费本来就远超本国学生，高额学费在一定程度上对留学生数量的持续扩张产生了消极影响。

表 2–1　加拿大大学留学生入学率

学年	留学生人数 （单位：人）	学生总人数 （单位：人）	百分比
1958—1959	5988	94400	6.3
1961—1962	7900	128864	6.1
1973—1974	14246	479686	3.0

---

① ［加］Glen A. Jones：《加拿大高等教育国际化政策面临的三个挑战》，乐毅译，《复旦教育论坛》2010 年第 6 期。

② Max Von Zur-Muehlen. *The Foreign Student Zssues in 1976-77 Dttawa*. ON：Canadian Bureau for International Education，1977：30-31.

续表

学年	留学生人数 （单位：人）	学生总人数 （单位：人）	百分比
1976—1977	28744	543489	5.3

资料来源：整理自 Dominion Bureau of Statistics，Education Division. *University Student Expenditure and Income in Canada*，*1961-62*：*Part 1—Non-Canadian Students*. Ottwa：Dominion Bureau of Statistics，1963：7；Max von Zur-Muehlen. *The Foreign Student Issues in 1976-77*. Ottawa，ON：Canadian Bureau for International Education，1977：30-31.

二、教育援助转向教育服务贸易阶段（20 世纪 80 年代—20 世纪 90 年代末）

加拿大留学生教育迅速发展及教育服务贸易阶段主要指的是 1980 年至 2000 年。随着二战后加拿大抓住经济发展机遇并获得了完全意义上的独立主权，加拿大的高等教育事业也得到了迅速发展。据统计，20 世纪 80 年代末，全国 15 岁以上的人口中有 80% 以上受过中等或中专以上的教育，其中三分之一受过高等教育。[①] 此外，加拿大在原子能研究及新型飞机研制方面取得重大突破，加拿大科学研究与开发经费也由 1939 年的 500 万加元升至 1985 年的 65.3 亿加元。[②] 科技的发展需要大量的专业人员和高级技术人员。加拿大人口相对较少，面对 20 世纪 80 年代国内发展情况，每年需要有 10 多万名移民才能满足国内劳动力市场的需要。[③]1962 年，加拿大移民部取消移民的"最惠民族"政策。此外，1971 年 10 月，特鲁多政府宣布双语框架内的多元文化政策，并于 1982 年写入《加拿大权利与自由宪章》（*The Canadian Charter of Rights and Freedoms*）中。多元文化政策促进国内民族和谐与民族平等，同时也吸引了世界范围内各个国家的优秀人才。

20 世纪 80 年代后期，加拿大已经成为英联邦教育援助中的最大捐

---

① 姜芃：《加拿大文明》，中国社会科学出版社 2001 年版，第 166—167 页。

② 姜芃：《加拿大文明》，中国社会科学出版社 2001 年版，第 166 页。

③ 姜芃：《加拿大文明》，中国社会科学出版社 2001 年版，第 166 页。

赠国，主要途径是吸引发展中国家的留学生赴加拿大留学。关于加拿大化运动的争论一直在持续进行，一直到马尔罗尼（Brian Mulroney）政府将政策讨论的重点转移到全球化背景下自由贸易政策，这也意味着加拿大留学生教育的发展开始转向教育服务贸易阶段。在该时期，随着全球贸易联系的日益密切，加拿大与世界各国贸易往来与人员流动越发频繁，留学生人数不断攀升。一个显著变化是全国普遍调整了留学生学费，源于阿尔伯塔和安大略省首次提出提高留学生学费，全国各省紧随其后。高校纷纷看到留学生教育背后带来的利益。20世纪80年代中期，加拿大南北关系研究所（the North-South Institution）、加拿大国家财政咨询委员会（National Financial Advisory Council of Canada）对加拿大留学生教育问题进行了总结，强调留学生教育发展对加拿大高等教育发展的重要性，认为留学生教育不仅可以促进加拿大高校的多样化发展，促进世界范围内各国之间的学术交流，还能通过联邦政府对高校的资助帮助加拿大进一步解决高校财政危机的问题，为加拿大引进高层次知识型移民。[1]

　　同时，国内的"反留学生思潮"仍然在进行，加拿大联邦政府、省政府及高校为解决此问题也采取了行动。1978年，移民条例修正案（Immigration Regulations，1978）中对加拿大留学生提出了新的规定：非加拿大人凭借旅游身份入境不可以变更为学生身份；留学生在加拿大学习期间未经移民部门允许不可以改变专业和学校。[2]1993年，加拿大联邦政府取消了留学生在留学期间申请移民的政策，同时还取消了留学生工作的权力。[3]留学生如果想要工作，必须申请工作许可。工作权力被限制引起了留学生的极大不满，在加拿大国际教育局及留学生的努力争取后，加拿

---

[1]　付卫洁：《加拿大高等教育国际化政策研究》，硕士学位论文，武汉大学教育经济与管理系，2017年，第28页。

[2]　Government of Canada. "Immigration Regulations，1978"，2020-10-08，见 https://www.docin.com/p-723793153.html.

[3]　王仲达：《加拿大教育动态与研究（1996—1998）》，教育科学出版社1999年版，第152页。

大政府允许留学生可以在校园内工作。

1991 年，全球赴国外留学的学生人数已经超过 150 万人。[①] 最受留学生欢迎的美国、英国、澳大利亚等国纷纷制定了国际教育发展战略，在全球范围内大力宣传本国留学生教育，留学生市场竞争非常激烈。加拿大政府深切感受到自身留学生教育发展落后于上述国家，开始就留学生教育发展工作展开部署与规划。

1992 年，加拿大政府发布了题为《创造我们的未来：加拿大繁荣行动纲领》(*Inventing Our Future：An Action Plan for Canada's Prosperity*)，指出国际教育是加拿大未来繁荣的主要动力，特别是在创新、贸易、人力资本开发和劳动力市场等领域，同时政府要加强加拿大对其他国家的教育营销。[②] 该报告还提出加拿大招收留学生人数在今后两年提升一倍的目标，即从 8.3 万人提高至 16.6 万人。[③]1993 年 12 月，加拿大外交与国际贸易部发表了题为《国际教育：亚太地区与加拿大》(*International Education：The Asia Pacific Region and Canada*) 的教育营销报告，以主要亚洲国家、美国、英国等国家与地区为对象，梳理这些国家吸引留学生的政策和策略，在此基础上该报告提出了加拿大留学生教育发展的建议与策略，比如简化留学签证手续、设立不同种类的奖学金以吸引各国优秀人才等。[④]1994 年，加拿大外交与国际贸易部发布了题为《加拿大高等教育国际化：合作政策框架》(*The International Dimension of Higher Education in Canada：Collaborative Policy Framework*) 的政策报告，进一步确立了

① 王仲达：《加拿大教育动态与研究（1996—1998)》，教育科学出版社 1999 年版，第 153 页。

② Steering Group on Prosperity (Canada). "Inventing our future：an action plan for Canada's prosperity", 2020-07-07, 见 https：//www.voced.edu.au/content/ngv%3A7075.

③ 王仲达：《加拿大教育动态与研究（1996—1998)》，教育科学出版社 1999 年版，第 153 页。

④ Martin Rudner. "International Trade in Higher Education Services in the Asia Pacific Region-The Asean Experience and the Role of APEC", 2020-07-07, 见 https：//heinonline. org/HOL/LandingPage? handle=hein.kluwer/wcl0043&div=7&id=&page=.

各省内部关于高等教育国际化发展与咨询事宜。① 1995 年，加拿大颁布外交政策白皮书，再一次指出国际教育对加拿大经济发展的重要性。1999年，省提名移民政策（Provincial Nominee Program）出台，这是影响加拿大留学生教育的重要政策，根据该政策，各个省政府根据本省社会及经济发展的需要，可以自行决定省移民计划。②

　　此外，加拿大国际教育局提倡各个高校将国际化作为主要的战略目标，制定相关政策促进教育的国际化。联邦政府与高校都对该政策作出了回应，主要涉及资助政策、签证政策、打工制度、双语教学及学分互认等方面。第一，加拿大主要根据学生学习成绩、课外活动、社区服务等方面的表现综合评定留学生的奖学金等级；第二，学生进入加拿大的门槛不高，只要报名参加三个月以上的"作为第二语言的英语"（English as a second language）或"作为第二语言的法语"（French as a second language）课程，就可以申请旅游签证进入加拿大学习；第三，学生只要获得加拿大移民部的工作许可就可以打工，每周工作不得超过 20 小时；③ 第四，加拿大早在 1997 年就在葡萄牙里斯本正式签署了与欧洲国家相互承认高等教育学位的协议。另外，加拿大的多伦多大学、麦吉尔大学，中国的北京大学、复旦大学、香港大学，美国的密执安大学等 16 所研究型大学，于同年创立了"21 世纪大学"（21st Century University）联盟，协定成员校之间相互承认学分。④ 为促进留学生教育的发展，高校也纷纷出台各种政策，其中包括实行双语教学、促进课程的国际化、提供学生公寓等。⑤

――――――――――

①　Roopa Desai Trilokekar. "International Education as Soft Power? The Contributions and Challenges of Canadian Foreign Policy to the Internationalization of Higher Education". *Higher Education*，2010，59（2）：131-147.

②　Tom Carter，Margot Morrish，Benjamin Amoyaw. "Attracting Immigrants to Smaller Urban and RuralCommunities：Lessons Learned from the Manitoba Provincial Nominee Program". *Journal of International Migration and Integration/Revue de l'integration et de la migration internationale*，2008，9（2）：161-183.

③　聂映玉：《近年来加拿大吸引国际留学生政策述评》，《世界教育信息》2009 年第 2 期。

④　陈芳：《加拿大高等教育国际化政策及评析》，《煤炭高等教育》2005 年第 6 期。

⑤　张晓鹏：《加拿大积极扩大招收外国留学生》，《复旦教育》1992 年第 2 期。

三、教育服务贸易全面发展阶段（2000—2012）

1995 年 1 月，服务贸易总协定（General Agreement for Trade of Service）正式生效。教育是 12 个国际贸易服务部门之一，到外国留学就是境外消费服务模式中的典型表现，该模式在全球教育服务市场中分量最大且在持续增加。① 赴加拿大留学实质上是加拿大提供的教育境外消费服务。虽然加拿大发展留学生教育宣扬的是本国优质的高等教育及开放的人文社会环境，但是留学生教育发展的背后是受经济利益驱动，留学生"经济买卖"已经成为各个国家抢占留学生教育市场、争夺留学生资源的重要驱动力。留学生教育发展背后的巨大利益及留学生群体不断壮大，使得加拿大政府开始提高留学生教育发展的战略地位，改革留学生签证工作制度，组建留学生教育战略咨询小组。

2002 年 2 月 12 日，加拿大联邦政府新任工业部长艾伦·罗克（Allan Rock）在多伦多的集会上公布了加拿大联邦政府制定的创新战略（Innovation Strategy）。该战略强调了知识资源的重要性，将知识提高到国家战略的地位，主张提高加拿大的科研能力。②2004 年，作为加拿大创新战略组成部分之一的《追求卓越：投资于民众、知识和机遇》（*Achieving Excellence：Investing in People，Knowledge and Opportunity*）正式发布，明确提出加拿大将实施永久移居和临时性外国劳动者的计划，改进招聘外国人才的工作。③《加拿大创新战略》表明，加拿大的工作重点是从财政上鼓励和支持硕士生和博士生，要求各联邦资助理事会增加硕士生和博士生的奖学金数目，建立世界级别的奖学金计划以此吸引外国学生到加拿大留学。2002 年，加拿大国会颁布了《移民和难民保护法》（*The Immigration and Refugee Protection Act*），法案的宗旨是让访客、学生和外国劳工更加

---

① ［加］简·奈特：《激流中的高等教育：国际化变革与发展》，刘东凤等译，北京大学出版社 2011 年版，第 172—175 页。

② Government of Canada. "Innovation Strategy"，2019-06-18，见 http：//publications.gc.ca/site/eng/9.663737/publication.html.

③ Government of Canada. "Achieving Excellence：Investing In People，Knowledge And Opportunity"，2019-06-18，见 http：//publications.gc.ca/site/eng/9.663519/publication.html.

便捷地入境，促进加拿大经济的繁荣和各地区的均衡发展。① 2008 年，加拿大教育部长理事会讨论通过了加拿大进入 21 世纪以来的第一个中长期教育发展规划纲要——《学习型加拿大：2020》（*Learn Canada 2020*），力图在加拿大建立终身学习型社会。该纲要的目标是扩大加拿大教育的国际影响力，传播加拿大教育研究成果，为国际教育学习评估提供支持。② 加拿大教育的全球品牌化目标对加拿大教育政策产生了重要影响，要求课程学习国际化，学习测试更加迎合留学生的需求。2005 年，加拿大移民部简化了留学生的签证申请手续，中学毕业后留学生可以直接在加拿大继续学习，无须再重新申请学习签证。该政策为留学生在加拿大继续学习打开了绿色通道，节省了时间、精力与金钱。同年，加拿大开始实施毕业后工作许可项目（Post-Graduation Work Permit Program，PGWPP），除蒙特利尔、多伦多、温哥华之外，指定院校的留学生毕业后可以申请在加拿大工作，他们在未找到工作前的合法居留期限为两年。申请者需要满足的条件是必须在国家职业分类表的范围内找工作。③2006 年，加拿大实施留学生校外工作许可项目（Off-Campus Work Permit Program），在指定学校进行全日制学习的留学生每周可以在校外工作 20 个小时以内。④ 留学生可以通过这样的工作机会锻炼能力、补贴生活费用。2008 年 9 月，校外工作的许可范围扩大了，留学生申请的工作不局限于实体单位，也可以申请网上的校外工作。同时，加拿大移民部实施了"加拿大经验类"（Canadian Experience Class）移民政策，所有在加拿大专科以上高校毕业兼有一年本

---

① Government of Canada. "Immigration and Refugee Protection Act"，2020-07-08，见 https：// laws.justice.gc.ca/eng/acts/i-2.5/.

② 穆晓莉：《加拿大高等教育政策发展研究》，博士学位论文，华东师范大学教育史系，2012 年，第 128 页。

③ Government of Canada. "What is a Post-graduation Work Permit?"，2019-06-18，见 http：// www.cic.gc.ca/english/helpcentre/answer.asp？qnum=507&top=15.

④ Government of Canada. "Study permits：Off-campus work"，2019-06-18，见 https：//www. canada.ca/en/immigration-refugees-citizenship/corporate/publications-manuals/operational-bulletins-manuals/temporary-residents/study-permits/campus-work.html.

地工作经验的留学生，或于近三年内有两年在加拿大工作经验的临时外国工人，都可以递交"加拿大经验类"的永久居民申请。① 实际上，该政策面向人群主要是在加拿大学习的留学生。

2011 年，加拿大联邦政府组建国际教育发展战略咨询小组。2012 年 8 月，国际教育发展战略咨询小组发布了题为《国际教育：加拿大未来繁荣的关键动力》的研究报告。该报告的发布标志着加拿大政府将高等教育的国际化上升为经济、贸易、移民、外交政策后的第五大政策。该报告把教育部门看作未来的经济增长部门，继续促进加拿大的教育和研究机构国际化，推动加拿大的科学技术和创新发展，加强"知识外交"，解决加拿大的人口与劳动力市场问题，并且建议制定一个明确的长期战略来扩大加拿大在留学生教育的市场份额。该报告认为加拿大国际教育战略的总目标是使加拿大成为 21 世纪国际教育的领导者，以吸引顶尖人才，为全球化市场做好准备，为未来的繁荣提供关键的基石。该战略主要包含五个方面的内容：第一，成功的目标：到 2022 年使得全日制留学生人数翻一番，从 2011 年的 239131 人增加到 2022 年的 45 万人。同时，增加加拿大学生国际交流的机会，到 2022 年每年为 5 万名学生提供服务。② 第二，协调各方面的利益，确保高等教育的质量，解决教育质量的内在价值问题。报告建议把国际教育纳入加拿大的官方战略之中，成立国际教育研究委员会来为国际贸易、金融、公民与移民以及工业部门的部长们提供政策咨询与指导，确保高等教育的高质量和可持续发展。第三，推广加拿大的国际教育，优先选择市场，将教育国际推广活动集中在潜力比较大的市场，比如中国、印度、巴西、中东、北非、土耳其、越南和墨西哥；建立加拿大国际教育的电子媒体系统，打造一个国家门户网站来吸引留学生。第四，加

---

① Government of Canada. "Eligibility to Apply for the Canadian Experience Class (Express Entry)", 2019-09-18, 见 https://www.canada.ca/en/immigration-refugees-citizenship/services/immigrate-canada/express-entry/eligibility/canadian-experience-class.html.

② Government of Canada. "International Education：A Key Driver of Canada's Future Prosperity", 2019-09-23, 见 https://www.international.gc.ca/education/report-rapport/strategy-strategie/index.aspx? lang=eng.

大财政投资。其中包括为留学生中的本科生提供奖学金，为加拿大创新和繁荣项目的重点领域下的国际研究生和博士后研究人员提供助学金和奖学金。同时，加拿大教育部门与一些国家建立多维度的双边协议，适当资助研究生教育相关领域。第五，在基础设施和支持方面，简化签证办理程序，为优秀的留学生提供便捷及时的签证服务；加强加拿大大使馆、海外多元文化产品和学术规划处员工的培训工作，使得工作人员了解留学生学习的课程和文化知识；扩大和改善现有的加拿大经验类别移民项目，以满足技术移民及劳动力市场的需求；依靠各个部门协调合作来推动加拿大国际教育的进展，等等。①

第二节　加拿大现行留学生教育政策

加拿大留学生教育政策发展经历了起步阶段、教育援助阶段，现在已经进入教育服务贸易的全面发展阶段。在这个阶段，加拿大联邦政府正式出台了国际教育战略，要求树立加拿大国际教育的品牌形象，增加留学生招生人数，提高加拿大国际教育的影响力和竞争力。如上文所述，加拿大并没有明确统一的留学生教育政策，也没有专门负责留学生教育工作的政府部门。然而，留学生教育是一个复杂的系统工作，涉及学生培养、学生就业等环节。本节将重点论述进入 21 世纪以来与留学生教育相关的政策，主要包括留学生移民政策、打工政策、签证政策、奖学金政策。

一、国际教育发展战略与留学生教育

2013 年 11 月，加拿大出台《全球市场行动计划 I》（*The Global Markets Action Plan I*），将国际教育作为加拿大具有竞争优势的 22 个优

---

① Government of Canada. "International Education：A Key Driver of Canada's Future Prosperity"，2019-09-23，见 https://www.international.gc.ca/education/report-rapport/strategy-strategie/index.aspx? lang=eng.

先领域之一。① 2014 年，加拿大联邦政府出台《国际教育战略（2014—2019 年）》，这也是加拿大"全球市场行动计划"的重要组成部分。加拿大国际贸易部长艾德·法斯（Ed Fess）发表致辞，表示国际教育是加拿大目前和未来繁荣的核心，加拿大留学生人数比任何其他国家的增速都快。自 2007 年启动"教育—加拿大"项目以来，在加拿大学习的留学生人数增加了 51%，平均每年增长 8%。②

　　总体上，《国际教育战略（2014—2019 年）》是按照咨询小组报告——《国际教育：加拿大未来繁荣的关键动力》的规划逐步开展的，该战略取得了显著的成就，不仅创造了经济效益，提供了就业机会，还积累了优质的人力资源。加拿大国际贸易部部长詹姆斯·戈登·卡尔（James Gorden Carl）指出，2018 年在加拿大的留学生为加拿大国内生产总值贡献了 216 亿加元，并为加拿大提供了将近 17 万个就业机会。③ 为支持加拿大国际教育的发展，联邦政府预计在五年内拨款 1.479 亿加元，五年后每年继续提供 800 万加元资助其发展。④ 相比较 2012 年的数据，265400 名留学生在加拿大各地的社区中花费了 80 多亿加元，为加拿大提供了 86570 个就业岗位。⑤ 仅仅六年时间，留学生教育所提供的就业岗位数量

① Government of Canada. "Global Markets Action Plan and Market Access Plans"，2019-09-23，见 https：//www.canada.ca/en/news/archive/2015/06/global-markets-action-plan-market-access-plans.html.

② Government of Canada. "Building on Success：International Education Strategy（2019-2024）"，2019-09-23，见 https：//www.international.gc.ca/education/strategy-2019-2024-strategie.aspx？lang=eng.

③ Government of Canada. "Building on Success：International Education Strategy（2019-2024）"，2019-09-23，见 https：//www.international.gc.ca/education/strategy-2019-2024-strategie.aspx？lang=eng.

④ Government of Canada. "Building on Success：International Education Strategy（2019-2024）"，2019-09-23，见 https：//www.international.gc.ca/education/strategy-2019-2024-strategie.aspx？lang=eng.

⑤ Council of Ministers of Education，Canada. "Bringing Education in Canada to the World，Bringing the World to Canada：An International Education Marketing Action Plan for Provinces and Territories"，2019-09-18，见 https：//www.cmec.ca/Publications/Lists/Publications/Attachments/264/COF_Bringing_Ed_to_Canada_Eng_final.pdf.

增长了近一倍。

加拿大移民、难民和公民事务部部长胡森（Ahmed Hussen）表示，2018 年有超过 72.1 万名留学生在加拿大学习。① 大多数留学生具有加拿大学历和社会所需的劳动技能，而且精通官方语言，因此他们是永久居留的理想人选。事实上，近 5.4 万名留学生在 2018 年成为加拿大的永久居民。②

2019 年，加拿大联邦政府又出台了《加拿大国际教育战略（2019—2024 年)》。新的国际教育战略的目标是使教育部门多样化，提高加拿大的创新能力，提高劳动力素质和技能，创造中产阶级就业机会，促进加拿大经济的发展。该战略旨在吸引世界各地的学生到加拿大留学，创造加拿大学生去国外学习和工作的机会，帮助加拿大学校和企业设计和出口尖端教育服务。其具体目标如下：第一，鼓励加拿大学生在主要的全球市场，特别是亚洲，通过在国外学习和工作获得新技能；第二，促进加拿大留学生背景的多样化；第三，增加对加拿大教育部门机构的支持，帮助它们发展出口服务。由此，加拿大政府将继续推行国际教育战略，发展教育服务贸易，大力招收留学生。

二、留学生移民政策

加拿大是一个移民国家，具有非常完善的人才移民政策和开放的移民人文环境，人才移民在其国家经济发展中扮演着十分重要的角色。目前，加拿大约有四分之一的人口是外国移民，高技能人才、投资商业管理人才、受过高等教育的留学生是优先考虑的对象。从 1990 年至 2000 年，在加拿大 25 岁或以上的新增移民中，91% 的人（大约 86.3 万人）接受过

---

① Government of Canada. "Building on Success：International Education Strategy（2019-2024)"，2019-09-23，见 https://www.international.gc.ca/education/strategy-2019-2024-strategie.aspx？lang=eng.

② Government of Canada. "Building on Success：International Education Strategy（2019-2024)"，2019-09-23，见 https://www.international.gc.ca/education/strategy-2019-2024-strategie.aspx？lang=eng.

高等教育。[①] 自 2001 年以来，加拿大接受了大量的技术移民，技术移民占 60% 以上，其中，来自中国的技术移民人数最多，占总技术移民人数的 14%。[②] 移民与留学生教育政策密不可分，很多留学生会通过留学的途径选择移民加拿大。针对留学生的移民加拿大项目主要有经验类移民、省计划提名两项计划，政府通过这两项计划为留学生毕业后留在加拿大提供了便利的条件和渠道，同时也为加拿大留住了优秀的人才。2008 年 9 月，加拿大移民部出台"经验类移民"政策。据加拿大移民部公布的资料，加拿大"经验类移民"适用对象是拥有加拿大教育背景的留学生，以及境内持临时工作签证的人士。留学生申请条件包括：在加拿大完成至少两年专科以上的教育，并取得文凭或学位，申请移民前 24 个月里拥有连续 12 个月以上的加拿大工作经验，也就是说申请移民前两年有一年在加拿大工作的经验。[③] 留学生向加拿大联邦政府提交工作申请，可以在毕业后获得 3 年的工作许可证。[④] 留学生所从事的工作必须是国家职业分类所列出的 0、A 或 B 类。[⑤] 一般来说，申请移民者从事的职业的社会需求量越大，该项得分越高。语言测试需达中等水平以上，即雅思语言成绩在 6 分左右。对持有临时工作签证的申请人而言，学历并无具体要求，只要在申请前 36 个月内，拥有两年的加拿大工作经验（不包括厨师、农场帮工及一般劳工），语言测试达到基础水平即可。[⑥] 这类移民政策规定申请对象不需要

① 王辉耀：《国家战略——人才改变世界》，人民出版社 2010 年版，第 62—64 页。

② 王辉耀：《国家战略——人才改变世界》，人民出版社 2010 年版，第 62—64 页。

③ Government of Canada. "Eligibility to apply for the Canadian Experience Class (Express Entry)", 2019-09-23, 见 https://www.canada.ca/en/immigration-refugees-citizenship/services/immigrate-canada/express-entry/eligibility/canadian-experience-class.html.

④ Government of Canada. "Eligibility to apply for the Canadian Experience Class (Express Entry)", 2019-09-23, 见 https://www.canada.ca/en/immigration-refugees-citizenship/services/immigrate-canada/express-entry/eligibility/canadian-experience-class.html.

⑤ 技能类别 0，包括行政和金融服务经理等管理工作；技能级数 A，包括医生、牙医、工程师和教师等通常需要大学学历的专业工作；技能级数 B，包括木匠、警察、消防员、建筑和修车技工等通常需要学院学历或学徒训练的技术工作。

⑥ Government of Canada. "Eligibility to apply for the Canadian Experience Class (Express Entry)", 2019-09-23, 见 https://www.canada.ca/en/immigration-refugees-citizenship/services/immigrate-canada/express-entry/eligibility/canadian-experience-class.html.

身在加拿大，也不需要有临时居住证，这对于加拿大挽回因受居留限制而离境的各类人才十分有用。在境外通过"经验类移民"申请的毕业生，也可以再申请工作签证或学生签证来加拿大，补充满足所需的资格，以便在加拿大境内申请。中国向来是"加拿大经验类计划"吸纳海外移民的最大来源国。例如，在 2012 年，共有 1000 多名来自中国大陆的申请人成功地通过该类计划获得永久居民的身份。①2013 年 11 月，加拿大联邦政府宣布删减加拿大经验类别中的 6 项职业，即将厨师、食物服务监督、行政人员、行政助理、会计技术人员与簿记、零售销售监督这 6 项职业排除在外，这在很大程度上影响了留学生移民，选择这些专业的留学生只能选择别的移民途径。

长期以来，加拿大移民选择定居的三大城市主要是蒙特利尔、多伦多和温哥华。1999 年，为了调节加拿大移民定居地分布的不均衡性，加拿大移民部出台"省提名计划"政策。加拿大联邦政府允许每个省根据自己的经济、社会发展的需要确定移民计划，然后经由移民局签发移民签证，申请人就可以到所申请的省定居。其中，省政府负责移民资格的审查，联邦政府移民部只负责申请人的健康、安全背景审查，并签发移民手续。省提名计划主要包括商业移民和技术移民两大类，与留学生密切相关的是技术移民。联邦商业移民申请需要等待漫长的时间，有的申请者需等待 4—5 年才会面试。相比较来说，"省移民计划"处理时间基本上在 12 个月左右。②

每个省关于省提名的要求各不相同，比如安大略省要求留学生在本省取得硕士学位（至少一年学制），技术类只需雅思 7.0 分，单项不低于 7 分，即可直接申请移民资格；如果取得博士学位（至少两年学制），无须任何条件，可直接申请移民资格，每年大约各有 1000 个名额。③再如

① 中国新闻网：《加拿大中国留学生另谋移民新出路转战省提名计划》，2019-08-23，见 http://www.chinanews.com/lxsh/2014/07-14/6382464.shtml.

② Manish Pandey, James Townsend. "Quantifying the Effects of the Provincial Nominee Programs". *Canadian Public Policy*，2011，37（4）：495-512.

③ Canadian Citizenship & Immigration Resource Center (CCIRC) Inc. "Ontario Immigrant Nominee Program (OINP)"，2019-08-23，见 https://www.immigration.ca/ontario-immigration.

曼尼托巴省（以下简称曼省）于 2018 年修订"省移民计划"政策，主要包括四大类：国际教育类（International Education Stream，IES）、商业投资类（Business Investor Stream）、曼省技术工人类（Skilled Worker in Manitoba Stream）、海外技术工人类（Skilled Worker Overseas Stream）。其中，国际教育类项目面向对象是留学生，为留学生提供了三条移民路径：第一，职业雇佣路径（Career Employment Pathway），申请人近三年在曼省指定中学后教育机构毕业，满足语言及半年的定居资金要求，并获得曼省紧缺职业列表（In-Demand Occupations list）上 O、A、B 类中一年以上的全职工作，就可以具备移民资格；第二，研究生实习路径（Graduate Internship Pathway），申请人近三年在曼省获得硕士或博士学位，满足语言及半年定居资金要求，并参与加拿大信息技术与综合系统数学组织（Canadian Organization for Information Technology and Comprehensive Systems Mathematics，Mitacs）的项目实习，不需要找到工作就可以申请移民；第三，学生企业家路径（Student Entrepreneur Pathway），申请人接受至少 2 年的曼省中学后教育，必须具备半年以上以企业高级管理人员身份参与曼省企业管理的经验（股权占比至少 51%），且提供 12 个月最低流动资产作为定居资金。同时，申请该项目的留学生年龄需要在 21—35 岁之间。①

三、留学生打工政策

打工政策对于任何一个国家留学生来讲都非常重要。就加拿大而言，一方面，留学生通过打工可以贴补学费与生活费，同时也为加拿大的经济发展作贡献；另一方面，留学生可以积累工作经验，为后续申请工作许可签证及移民做准备。

在很长一段时间内，加拿大联邦政府严格限制留学生打工行为。2005

① Manitoba Provincial Nominee Program，Immigration and Economic Opportunities Division，Manitoba Economic Development and Training. "MPNP Renewal"，2020-10-12，见 https://www.immigratemanitoba.com/immigrate-to-manitoba/mpnp-renewal/#02.

年 4 月之前，针对毕业于加拿大公立大学、公立社区学院、综合职业教育学院、公立商业或技术学校以及得到法律许可授予学位的私立教育机构并完成至少两年全日制课程的留学生，加拿大政府允许他们毕业后可以留在加拿大工作 1 年，并要求应届毕业生在毕业后（即课程成绩发布后）60 天内找到与所修专业相关的工作。[1]2005 年 4 月以后，留学生在接受完高等教育顺利毕业后可以在加拿大工作两年，但是在大温哥华地区、大多伦多地区和蒙特利尔毕业的留学生无法申请两年工作许可证。[2]2006 年，指定学校的留学生可以申请工作许可，每周工作时长不得多于 20 小时。[3]2008 年 4 月，为了吸引更多留学生赴加拿大学习并鼓励其毕业后留在加拿大就业，留学生毕业后工作许可年限被延长为 3 年，毕业生工作领域不再限于学生所修专业，毕业后可以在任何领域找工作。并且，毕业后留学生不必获得公司的录用就可以得到工作许可。留学生只要在加拿大公私立大专以上院校毕业前全日制就读 8 个月，就能够取得可以从事任何工作的开放工作许可。但是，毕业前全日制就读超过 8 个月的留学生取得工作许可的有效期不会超过全日制就读的时间。[4] 目前，留学生打工政策进一步放宽。在政府认可的高等院校注册的全日制留学生，在校内工作没有任何限制，只要持有合法的学生签证，不需要再申请工作许可。

所谓加拿大留学生打工政策主要包括四类：（1）校外工作（Work off Campus）。留学生具备全日制就读于政府指定学校半年以上的经历，就可以在校外工作。校外工作的时间有一定限制，留学生在学习期间每周最多只能工作 20 小时，放假时间可以全职工作。（2）校内工作（Work on Campus）。留学生全日制就读于公立高等学校或政府认可的私立学校，就可以在校内工作。（3）实习（Work as a Co-op or Internship）。留学生实习

① 聂映玉：《近年来加拿大吸引国际留学生政策述评》，《世界教育信息》2009 年第 2 期。
② 聂映玉：《近年来加拿大吸引国际留学生政策述评》，《世界教育信息》2009 年第 2 期。
③ Courtney Rae Cox. "International Students in Canada：Policies and Practices for Social Inclusion" 2020-07-15，见 https：//digital.library.ryerson.ca/islandora/object/RULA%3A3281.
④ Courtney Rae Cox. "International Students in Canada：Policies and Practices for Social Inclusion" 2020-07-15，见 https：//digital.library.ryerson.ca/islandora/object/RULA%3A3281.

工作必须是政府认可的学校中课程的必要组成部分，且工作量不能超过该课程时长的 50%，可以申请办理实习许可（Co-op Work Permit）。但是就读英法语言班及大学预备课程期间的留学生不能申请实习许可。(4) 毕业后留在加拿大工作（Stay in Canada after Graduation）。毕业后工作许可签证为留学生就业提供了便捷通道。留学生必须在政府指定的学校中完成至少 8 个月的课程学习，且在毕业后 90 天内才可以申请毕业后工作许可签证，其有效时间由留学生学习项目时长决定。如果课程学习时长在 8 个月到 2 年之间，那么留学生的工作签证有效时间与学习签证有效时间一致；如果课程学习时长超过 2 年，那么留学生的工作签证有效时间为 3 年。① 相比较之前严苛的打工政策来讲，加拿大留学生的打工政策在逐渐放宽。

四、留学生签证政策

加拿大留学生签证是留学生进入加拿大学习的前提条件，有效的学习许可签证也是打工的必备条件。2003 年 9 月，针对中国、印度和越南申请去阿尔伯塔省留学的学生，加拿大政府声明将为上述人员加速办理签证，这将进一步提升阿尔伯塔省招收留学生的吸引力。加拿大移民部长和阿尔伯塔省的教育部长在卡尔加里签订了一项协议，该协议规定从下一年开始，申请阿尔伯塔省签证的学生可以在加拿大驻北京大使馆、加拿大驻新德里大使馆和加拿大驻胡志明市大使馆于 28 天内迅速完成签证办理工作。选择这 3 个城市是因为这些城市是阿尔伯塔省留学生的主要来源国的首都。②2005 年，加拿大联邦政府移民局简化了签证的办理手续，留学生选择在中学后继续在加拿大留学不用再重复申请签证。2017 年，为加强留学生教育与管理工作，加拿大移民部只为经过加拿大政府认证的教育机构的学生签发学习许可，获得学习签证学生就读学校必须与所取得学校的

---

① Government of Canada. "Studying and Working in Canada as an International Student", 2020-10-12，见 https：//www.canada.ca/en/immigration-refugees-citizenship/services/study-canada/work.html.

② 聂映玉：《近年来加拿大吸引国际留学生政策述评》，《世界教育信息》2009 年第 2 期。

录取通知书保持一致。此外，访问学生在加拿大境内短期留学，如果有正规全日制学校愿意接受学生入读，可以凭借入学通知书申请变更为学习签证。留学生在毕业后学习许可签证有限期为 90 天，如果没有获得工作许可或者顺利移民，留学生必须离境。[①] 在加拿大高中以上学校学习的留学生在毕业后，一旦开始申请工作签证，留学生就可以在加拿大全日制工作。

　　加拿大移民部规定，在加拿大接受少于 6 个月短期教育的留学生不需要申请学习许可签证。但是，大部分留学生还是会选择申请学习签证，因为没有学习签证不可以打工。加拿大移民部在官方网站上设立了信息咨询板块，根据申请者录取通知书、语言证明材料、担保资金状况等情况会优先推荐留学签证类型。

　　目前赴加留学签证有四种：（1）常规学习签证（Study Permit）。申请人只要凭借加拿大政府认可的具备招收留学生资格学校的录取通知书、有效护照证件及资金证明就可以申请学习签证。（2）学习直入类（Study Direct Stream，SDS）签证。申请人申请时必须居住在加拿大以外的地方，且必须是居住在中国、印度、摩洛哥、巴基斯坦、菲律宾、塞内加尔、越南任一国家的合法居民。此外，申请人需要获得加拿大政府指定中学后教育阶段的学校的录取通知书，提交身体检查结果、无犯罪证明、中学成绩单及语言成绩证明。[②]（3）中小学项目（Primary and Secondary Program）签证。申请人需要获得加拿大政府认可的中小学机构的录取通知书以及提交存款证明。[③]（4）高等教育项目（Post-secondary Program）签证。申请

---

①　Government of Canada. "Immigration and Refugee Protection Regulations（SOR/2002-227）", 2019-09-28, 见 https://laws-lois.justice.gc.ca/eng/regulations/SOR-2002-227/section-222.html.

②　Government of Canada. "Student Direct Stream：Who can apply", 2020-10-12, 见 https://www.canada.ca/en/immigration-refugees-citizenship/services/study-canada/study-permit/student-direct-stream/eligibility.html.

③　Government of Canada. "Applying to Schools in Canada as An International Student", 2020-10-12, 见 https://www.canada.ca/en/immigration-refugees-citizenship/services/study-canada/applying-school-international-student.html.

人需要获得加拿大政府认可的中学后教育阶段学校录取通知书，无须提交存款证明即可申请该签证。除常规签证外，留学生申请其他三种类型签证都须具备担保投资证明（Guaranteed Investment Certificate，GIC），并且预交一年学费。

五、留学生奖学金政策

加拿大在"创新战略""国际教育战略"中都提出为留学生设置助学金和奖学金，尤其是为优秀的硕士生和博士生提供奖学金。加拿大全球事务部、加拿大外交与贸易部主要负责加拿大政府资助的留学生奖学金项目，利用奖学金来吸引优秀留学生。奖学金可以减轻留学生的学费、生活费负担，也会在一定程度上激励留学生更加投入学习研究生活，因而，奖学金政策是加拿大留学生教育政策的重要组成部分。加拿大大学向留学生提供奖学金或助学金。除非极其出类拔萃者，加拿大一般不向本科阶段的留学生提供助学金或奖学金，但为研究生阶段的留学生提供奖学金或助教、助研津贴。由于留学生来源国的不同，加拿大留学生奖学金项目也不一样。如表2–2所示，这是加拿大为中国留学生设立的部分奖学金项目。

表2–2　加拿大政府为中国留学生设立的部分奖学金项目

项目	管理／资助
凡尼尔研究生奖学金（Vanier Canada Graduate Scholarships）	加拿大政府（Government of Canada）
班廷博士后奖学金（Banting Postdoctoral Fellowships）	
加拿大—中国学者交流项目（Canada-China Scholars Exchange Program）	加拿大全球事务部（Global Affairs Canada）
全球学者（Global Scholars）奖学金	加拿大高级研究所（Canadian Institute for Advanced Research）
博士生研究奖学金（Doctoral Research Awards）	国际发展研究中心（International Development Research Centre）

续表

项目	管理 / 资助
特鲁多博士生奖学金 （Trudeau Doctoral Scholarships）	特鲁多基金会 （Trudeau Foundation）

资料来源：Government of Canada. "International Scholarship opportunities for Non-Canadians"，2020-09-28，见 https：//www.educanada.ca/scholarships-bourses/non_can/index.aspx? lang=eng.

　　留学生奖学金分为不同的类型：（1）全额资助奖学金。申请者必须为以下国家的合法公民：阿塞拜疆、不丹、科摩罗、吉布提、斐济、哈萨克斯坦、基里巴斯、利比里亚、毛里塔尼亚、密克罗尼西亚、帕劳、汤加、乌兹别克斯坦、土库曼斯坦和瓦努阿图。来自约旦河西岸、加沙地带和东耶路撒冷的巴勒斯坦人也具备申请资格。申请者必须获得加拿大专上学院的录取通知书、具备奖学金期间医疗保险、语言沟通能力和优异的学术表现，并且不得同时享有加拿大政府资助的任何其他奖学金。该奖学金由加拿大外交与贸易部（DFAIT）捐赠，有效期为 8 个月至 2 年。奖学金数额由申请人的学习时间及学习表现决定，在 6—12 万加元之间。[①]（2）短期交换学习奖学金。代表性项目是成立于 2017 年 8 月的加拿大—东盟奖学金和教育交流促进发展协会（Canada-ASEAN Scholarships and Educational Exchanges for Development），也由加拿大外交与贸易部（DFAIT）提供捐赠。申请人必须来自东盟成员国，在加拿大政府指定的专上教育机构注册并支付学校规定的学费，精通英语或法语，提交与"2020 年可持续发展议程"主题相关的研究意向书。申请成功后，本科、硕士、博士留学生可以获得 1 万多加元的资助。[②]（3）在线学习奖学金。项目为加共体（Canada-CARICOM）虚拟大学奖学金。申请人需要具备大学学习要求的

---

① Government of Canada. "Study in Canada Scholarships"，2020-10-12，见 https：//www.educanada.ca/scholarships-bourses/can/institutions/study-in-canada-etudes-au-canada.aspx? lang=eng.

② Government of Canada. "Canada-ASEAN Scholarships and Educational Exchanges for Development（SEED）"，2020-10-12，见 https：//www.educanada.ca/scholarships-bourses/can/institutions/asean-anase.aspx? lang=eng.

语言能力，如果在另外一所院校已经全日制就读则不能申请该奖学金。①
（4）研究项目奖学金。典型项目是加拿大—巴西奖学金联合项目。申请人
必须是巴西、加拿大国籍公民或者永久居民，研究生项目成员必须在原籍
国专上学院全日制就读并支付学费，精通英语或者法语。

第三节　加拿大留学生教育政策的经验、问题与走向

加拿大国际教育局（Canadian Bureau for International Education）在
《2019 年度报告》（*2019 Annual Report*）中指出，在 2010—2019 年十年间，
加拿大国际留学生人数增加了 185%，其中来自印度的留学生人数最多，
占加拿大留学生总人数比例为 34%；其次是来自中国留学生，占加拿大留
学生总人数的 22%。最受留学生欢迎的三个省份为安大略省、不列颠哥
伦比亚省以及魁北克省，其中 48% 的留学生选择去安大略省接受教育。②
2017 年赴加拿大学习的留学生数量为 494525 名，其增加幅度最大，相比
前一年增加了 20.5%。这也是加拿大政府大力发展国际教育以来最具有里
程碑意义的一年，提前五年完成了加拿大政府制定的国际教育目标，即加
拿大在 2022 年招收留学生数量要超过 45 万人。③

那么，加拿大留学生教育政策的经验是什么？联邦政府是如何引导
各省落实留学生教育政策？在吸引留学生方面又存在哪些问题？未来加拿
大留学生教育政策的发展方向是什么？研究上述问题，有助于我们全面了
解加拿大留学生教育政策。

---

①　Government of Canada. "Canada-CARICOM Virtual University Scholarship Program
（CCVUSP）", 2020-10-12，见 https：//www.educanada.ca/scholarships-bourses/non_can/
ccvusp-pbuvcc.aspx？lang=eng.

②　Canadian Bureau for International Education. "2019 Annual Report", 2020-07-27，见 https：//
cbie.ca/wp-content/uploads/2019/11/CBIE-0299-%E2%80%93-AR-Eng.pdf.

③　Canadian Bureau for International Education. "2018 Annual Report", 2020-07-29，见 https：//
cbie.ca/who-we-are/annual-report/.

一、加拿大留学生教育政策的经验

加拿大留学生教育发展依赖于联邦政府、各省政府、各高等院校、加拿大大学与学院联合会、加拿大教育部长理事会等组织协同合作，就留学生教育发展开展相关调查，组织讨论会议，出台留学生教育政策。如表2-3所示，加拿大自20世纪90年代以来开始较为频繁地出台了留学生教育政策。

表2-3 20世纪90年代以来加拿大留学生教育重要政策文件

年份	政策文件	内容
1992年	《创造我们的未来：加拿大繁荣行动纲领》 *Inventing Our Future：An Action Plan for Canada's Prosperity*	1. 肯定加拿大国际教育的重要地位； 2. 加强加拿大对其他国家的教育营销； 3. 两年之内留学生招生人数增加一倍
1993年	《国际教育：亚太地区与加拿大》 *International Education：The Asia Pacific Region and Canada*	1. 考察10个亚洲国家的留学情况； 2. 分析英国、美国、澳大利亚等国家招收留学生的政策和营销策略； 3. 提出加拿大国际教育发展建议
1995年	外交政策白皮书 *Foreign Policy for Canadians*	通过国际教育促进加拿大经济发展
1999年	省提名移民计划 *Provincial Nominee Program*	允许各省根据经济发展状况及劳动力市场需求，决定申请移民的人数
2002年	《加拿大创新战略》 *Canada's Innovation Strategy*	1. 强调知识资源的重要性； 2. 主张提高加拿大的科研能力； 3. 改进招聘外国人才的工作； 4. 设立奖学金，招收优秀留学生
2002年	《移民和难民保护法》 *The Immigration and Refugee Protection Act*	简化访客、学生和外国劳工入境手续
2008年	《学习型加拿大：2020》 *Learn Canada 2020*	1. 建立加拿大终身学习型社会； 2. 扩大加拿大教育的国际影响力； 3. 支持国际教育学习评估项目

年份	政策文件	内容
2011 年	《国际教育营销行动计划》 *International Education Marketing Action Plan*	1. 宣传加拿大教育品牌及教育价值； 2. 简化留学生赴加拿大学习的签证手续及毕业后留加工作的手续； 3. 保障留学生教育质量
2012 年	《国际教育：加拿大未来繁荣的关键动力》 *International education：A Key Driver of Canada's Future Prosperity*	1. 将教育部门看作未来经济增长部门； 2. 优先选择留学生教育市场，大力吸引留学生
2013 年	《全球市场行动计划 I》 *The Global Markets Action Plan I*	1. 制定贸易政策，大力促进加拿大经济贸易发展； 2. 集中精力发展市场前景较好的业务
2014 年	《加拿大国际教育战略：利用知识优势推动创新与繁荣》 *Canada's International Education Strategy：Harnessing Our Knowledge Advantage to Drive Innovation and Prosperity*	1. 增加留学生人数及加拿大学生的国际交流机会； 2. 协调各方面的利益，确保高等教育的质量； 3. 推广加拿大国际教育； 4. 加大政府财政投资，设立奖学金； 5. 简化留学生签证办理手续
2019 年	《国际教育战略（2019—2024 年）》 *Building On Success：Canada's International Education Strategy（2019—2024）*	1. 鼓励加拿大学生出国学习及工作； 2. 注重留学生来源国的多样性； 3. 大力支持加拿大教育部门发展服务贸易

资料来源：根据加拿大政府网站资料整理而来。

（一）将国际教育纳入国家战略，重视留学生教育的发展

据经济合作与发展组织数据资料，全球留学生人数从 1975 年的 80 万人增加到 2017 年的 530 万人，增长了 6 倍之多，年均增长率 13%，到 2025 年全球留学生人数将达到 640 万人。① 由此可见，留学生教育市场未来发展空间非常大，留学生数量有继续增长的趋势。20 世纪 90 年代，

① OECD. "*Education at A Glance 2019*". Paris，2019：229-230.

加拿大政府已经意识到留学生教育发展与美国、英国、澳大利亚等国家的差距，相继出台了《创造我们的未来：加拿大繁荣行动纲领》《国际教育：亚太地区与加拿大》，从国家层面肯定留学生教育发展的重要性，研究分析传统留学发达国家留学生教育政策，提出留学生教育发展的相关建议。

加拿大战略咨询小组经过与加拿大联邦政府、各省政府、高等院校等部门广泛开展磋商并进行调查研究得出结论，国际教育是加拿大未来繁荣、创新、创业和国际贸易的关键驱动力。国际教育为加拿大带来的经济效益超乎想象，仅 2011 年，加拿大留学生学费、住宿和生活费等支出超过 77 亿加元（高于 2008 年的 65 亿加元），其中 21.8 万名长期留学生贡献了 69 亿多加元。此外，短期语言留学生为加拿大经济贡献了 7.88 亿加元。自此，国际教育已经上升为经济、贸易、移民、外交政策后的第五大政策，成为国家战略中重要组成部分。2014 年，《国际教育战略（2014—2019 年）》正式出台，2019 年，第二阶段国际教育战略也已经发布。

国家战略导向是一个国家在发展过程中重要目标的体现，它体现一个国家在某一个时期根据社会经济发展状况所作出的组织目标。加拿大政府将国际教育纳入国家发展战略，对留学生教育发展具有里程碑式的意义。首先，国际教育战略的实施将会从发展导向方面促使加拿大联邦政府、各省政府、大学与学院等教育组织意识到留学生教育发展的重要性。其次，加拿大联邦政府及省政府会向加拿大学校增加财政拨款，增设留学生奖学金，开设面向留学生的重点科研资金资助，这将从财政上刺激留学生教育的发展。最后，加拿大学校了解到留学生教育背后的利益。从学校内部竞争的角度，各个学校会加强留学生教育宣传、开发留学生课程、提供优质的留学生服务，来抢占留学生教育市场优势地位。同样，招收越多留学生的学校会获得更多数量的财政拨款。由此，国际教育战略的实施将促使加拿大整个社会集中力量发展留学生教育，构建社会与留学生教育发展的良性双向互动模式。

（二）推广国际教育品牌，树立良好的教育形象

21 世纪以来，加拿大政府逐渐加强教育营销，推广加拿大国际教育品牌。随着国际社会经济的发展，留学生教育逐渐呈现从援助发展方式转向基于经济创收为目的的教育服务贸易模式转变的现象。① 但是，无论是哪种形式，一个国家国际教育品牌与教育形象都是留学生选择留学目的国的重要考虑因素。"消费者"在加拿大购买国际教育服务的过程中，优先考虑的重要因素是加拿大作为安全型国家和包容性社会的特点。②2011年 6 月，加拿大教育部长理事会提出了《国际教育营销行动计划》。该计划围绕下列主要问题制定：如何吸引更多的优秀留学生到加拿大学习、工作、移民？如何通过教育吸引优秀人才进而促进加拿大各省区域的经济发展？此后，加拿大政府在国际教育战略中也多次提到树立加拿大教育品牌战略。

加拿大推广国际教育品牌的主要措施包括：第一，关注潜力较大的留学生教育市场，合理分配教育资源。2007 年，加拿大外交与贸易部同加拿大各级政府、教育机构就留学生教育市场发展重点问题进行讨论，经过分析留学生入境人数及其经济影响，加拿大政府最终确立了中国、印度、美国、巴西等 9 个优先发展国家及南亚、中东、非洲等四个优先发展地区。由于加拿大财政资源的有限性及留学生教育市场发展的不均衡性，加拿大政府优先将国际教育资源分配在中国、印度、巴西、中东和北非地区。中国及印度的留学生数量在加拿大留学生中是最多的，这也印证了加拿大教育营销策略的正确性。第二，创建加拿大教育品牌（Education in Canada），提升其教育品牌营销力度。加拿大本身具备发展留学生教育的优势，比如多元文化的氛围，安全稳定的社会环境、便利的移民政策等等。凭借自身优势及特色，加拿大政府建立加拿大教育品牌，利用多媒体

---

① ［加］简·奈特：《激流中的高等教育：国际化变革与发展》，刘东风等译，北京大学出版社 2011 年版，第 32—33 页。

② Canadian Bureau for International Education. "International Student Survey 2018"，2020-08-04，见 https://cbie.ca/infographic/.

等网络资源举办大型国际教育贸易展览会及品牌推广活动。第三，建立全面电子信息系统（Edu-Canada PRO），制定数字宣传计划。这主要为了实现信息共享、学生在线申请留学及学生签证处理的功能。① 留学生可以在该系统中了解到加拿大留学生教育政策、留学生学习及生活等情况。

（三）注重各部门协调合作，确保留学生教育质量

由于软联邦制的国家管理制度特点，加拿大联邦政府很难统一推进留学生教育发展。在留学生教育发展方面，加拿大联邦政府担任协调者，以便发挥联邦政府的权威作用与其他国家政府合作开展留学生教育工作。留学生教育的发展需要一个熟悉教育研究的高级协调部门，加拿大国际教育研究理事会（the Council of International Education and Research，CIER）由此成立，该部门每半年召开一次会议，广泛收集联邦政府、省政府、教育机构、专业协会等方面的意见，为开展国际教育战略提供政策方案。加拿大国际教育研究理事会已经建立确保各个部门参与的国际教育协调机制，联邦—省协调委员会负责联邦政府、省政府中国际教育利益分配及品牌活动的建设；加拿大教育部长理事会（政府间组织）负责行使省和地区教育的专属管辖权，提供各省之间留学生教育信息交换服务，制定和报告留学生教育发展状况，影响宏观留学生教育政策的制定；② 加拿大国家教育营销圆桌会议由加拿大外交与贸易部主持，成员涉及政府、高校及协会组织等，共同商议有关国际教育事宜的重要事件；③ 加拿大国际学生和移民咨询委员会为留学生教育利益相关者提供参与留学生移民事宜的平台；加拿大国际证书信息中心负责评估加拿大留学生证书及保障留学生教育质量。

① Government of Canada. "International Education：A Key Driver of Canada's Future Prosperity"，2019-09-23，见 https://www.international.gc.ca/education/report-rapport/strategy-strategie/index.aspx？lang=eng.

② Council of Ministers of Education, Canada. "Celebrating 50 Years of Pan-Canadian Leadership in Education"，2019-10-03，见 https://www.cmec.ca/11/About_Us.html.

③ 付卫洁：《加拿大高等教育国际化政策研究》，硕士学位论文，武汉大学教育经济与管理系，2017年，第47页。

留学生教育发展质量保障与数量规模同样重要，不应以牺牲留学生教育质量为手段扩大留学生教育规模。教育属于加拿大各省及地区内部管辖事务，各省及地区结合自身留学生教育发展状况，制定了留学生质量保证政策框架。此外，加拿大国际教育局会定期对留学生学习满意度、财务状况、生活质量及毕业后计划进行调查，建立沟通反馈机制，为留学生提供更多的教育与服务，提升加拿大国际教育竞争力。

（四）倡导社会各方参与，设立多种类奖学金

奖学金是加拿大吸引留学生的重要政策，也是加拿大政府对于国际教育发展的一种投资。加拿大政府倡导社会多方主体设立多种类型奖学金，以招收优秀留学生。目前，加拿大留学生奖学金种类较多，资助主体部门也不一样。

从发放主体看，大致可分为三类：（1）大联邦政府及省政府等部门全额资助的政府奖学金，主要面向加拿大重点科技领域内的硕士及博士研究生。比如加拿大政府于 2008 年面向自然科学、社会科学、人文科学、工程及健康领域博士留学生设立了凡尼尔研究生奖学金（Vanier Canada Graduate Scholarships），以便为加拿大高等院校招收优秀博士研究生。该奖学金是以加拿大第一位讲法语的省长乔治·凡尼尔（Georges P. Vanier）名字命名的，在博士三年学习期间每年资助 5 万加元，其考核标准包括学术成果、研究潜力及领导能力。每年大约有 160 多个获奖者，由加拿大卫生研究所（Canadian Institutes of Health Research）、自然科学和工程研究理事会（Natural Sciences and Engineering Research Council）及社会科学和人文研究理事会（Social Sciences and Humanities Research Council）三个赠款机构平均分配奖学金名额。① （2）大学或学院奖学金根据学生成绩评定，奖学金额度越高要求也高。多伦多大学面向最后一年攻读工程、计算机科学或商学学士学位并积极参与课外活动的学生，设立了埃森哲奖学金

---

① Government of Canada. "Vanier Canada Graduate Scholarships"，2020-10-12，见 https：//vanier.gc.ca/en/nomination_process-processus_de_mise_en_candidature_overview.html.

（Accenture Scholarship）。该奖学金要求上述学生学习成绩优秀，平均绩点至少 3.0，且积极参加至少两项课外活动，资助 1300 加元。① 加拿大本国学生和留学生都可以申请该奖学金，竞争比较激烈。（3）一般奖学金，是由一些基金会、政府、工会或商业机构设立。特鲁多基金会（Trudeau Foundation）设置博士生奖学金（Trudeau Doctoral Scholarships），集中在人权与尊严、人与自然环境、加拿大和世界等主题，关注留学生领导能力的发展。②

二、加拿大留学生教育政策存在的问题

自加拿大开始实施国际教育战略以来，加拿大留学生教育发展取得举世瞩目的成就，2019 年，加拿大吸引留学生数量仅次于美国和澳大利亚。在留学生教育快速发展的时代里，留学生教育政策也暴露出一些问题。

（一）软联邦制度导致加拿大缺乏全国统一的留学生教育政策框架

加拿大宪法规定教育事务属于各省级政府管辖。联邦政府不能够直接干涉各个省及地区的教育政策。由于留学生教育市场潜力巨大，大部分国家为了在留学生教育市场中夺得先机，都在强调联邦政府或者中央政府的监控、管理、规划、统筹作用。即使在分权制国家，各省级政府、州政府负责管辖教育事务，在国家层面也会有一个专门的政府部门负责留学生教育政策的制定。然而，加拿大留学生教育政策非常地方化，每个省政府在留学生教育政策制定方面高度自治。联邦政府只能通过经费拨款来间接干预留学生教育政策，更多的是在留学生教育招生目标、留学生质量管理等层面发出倡议。③ 目前，加拿大联邦政府中的很多政府部门在参与加拿

---

① University of Toronto. "Accenture Scholarship"，2020-10-12，见 https：//future.utoronto. ca/scholarships/accenture-scholarship/.

② Pierre Elliott Trudeau Foundation . "More Than a Scholarship"，2020-10-12，见 https：// www.trudeaufoundation.ca/.

③ ［加］Glen A. Jones、乐毅：《加拿大高等教育国际化政策面临的三个挑战》，《复旦教育论坛》2010 年第 6 期。

大留学生教育政策制定及留学生教育管理工作，加拿大人力资源与社会发展部管理学术交流相关工作，外交与贸易部负责统筹国际教育战略实施、国际奖学金项目及加拿大学生出国留学项目，加拿大移民部负责留学生签证、打工许可、移民等工作。学术交流、出国留学等工作难免存在重合，各部门在开展留学生教育工作面临标准难以统一、手续材料不一致的情况，会造成留学生教育政策的混乱，给开展留学生教育工作造成不便。

此外，留学生政策的制定仅仅依靠各个省级政府推动是不够的，更需要联邦层面定期考察国际教育市场状况、统筹规划留学生教育培养、监督保证留学生教育质量。21 世纪以来，加拿大联邦政府推出国际教育战略，对留学生教育招生、培养、服务及宣传活动都提出了更高的要求。在这种情况下，留学生教育发展更需要发挥联邦政府的统筹作用。如果拥有一套指导性留学生教育政策的文本，各部门按照指导文本总要求根据自身社会发展情况开展留学生教育工作，将更有利于各省政府、各大学推进教育国际化，招收优秀的留学生。由于宪法的规定，加拿大各省级政府非常反对联邦政府插手留学生教育政策制定。在留学生教育政策制定方面，联邦政府与省政府之间权力博弈还有很长的一段路走。

(二) 加拿大留学生教育资金投入不足，留学生学费压力大

加拿大自 20 世纪 70 年代开始提高学生学费，1975 年加拿大高校平均学费收入占学校运行费的 16.2%，学校每从学生手中收入 1 加元，加拿大政府拨款 5.02 加元。[①]1995 年，学校每从学生手中收入 1 加元，加拿大政府拨款仅 2.97 加元。[②] 在此时期，加拿大各省政府开始控制教育拨款，高等院校通过提高学生学费的措施来弥补大学运行经费不足的局面。加拿大社会就本国学生学费与留学生学费问题展开讨论，如果收取一样的学费，该政策将会损害加拿大本国纳税人的权益。解决上述争议的方法是进

---

① 王仲达：《加拿大教育动态与研究（1996—1998）》，教育科学出版社 1999 年版，第 105—106 页。

② 王仲达：《加拿大教育动态与研究（1996—1998）》，教育科学出版社 1999 年版，第 105—106 页。

一步提高留学生学费。据相关资料统计，2019—2020 学年多伦多大学艺术人文类专业中，留学生的学费大概是本国学生学费的 5 倍，[①] 留学生需要背负较大的经济压力。尽管加拿大留学生打工政策在逐步放开，仍然有部分私立院校的学生被禁止打工。对于这部分留学生来说，其留学生学费压力与生活成本压力更大一些。

2007 年 3 月，加拿大联邦政府为开拓留学生教育市场，决定两年内拨款 200 万加元加强国际教育宣传。同期，澳大利亚一年内在国际教育领域投入 2000 万加元，英国则在 2007—2008 年间在国际教育领域内投资 5000 万加元。[②] 相比较英国和澳大利亚来讲，加拿大国际教育投资明显不足。留学生培养及服务都需要大量资金投入，资金不足会使得留学生教育无法按照国际教育战略顺利实施。

三、加拿大留学生教育政策的走向

2019 年，加拿大联邦政府出台《国际教育战略（2019—2024）》，总结了上一阶段留学生教育发展所取得的成就，并作出下一阶段留学生教育发展的计划。从中可以预见，加拿大政府未来实施留学生教育政策的方向。[③]

（一）大力招收留学生，丰富留学生来源背景

加拿大政府已经深刻意识到加拿大留学生数量的持续增长给加拿大社会带来经济、科技、教育等方面的发展机遇。因此，加拿大《2019—2024 年国际教育战略》中指出，加拿大将继续大力招收留学生，另外，

---

① Universities Canada. "Tuition Fees by University", 2020-08-16, 见 https://www.univcan.ca/universities/facts-and-stats/tuition-fees-by-university/.

② 孙烨薇：《二战后加拿大高等教育国际化发展历程研究》，硕士学位论文，天津师范大学教育史系，2017 年，第 47 页。

③ Government of Canada. "International Education Strategy (2019—2024)", 2020-10-15, 见 https://www.international.gc.ca/education/strategy-2019-2024-strategie.aspx? lang=eng 如无特殊说明，加拿大留学生教育政策走向部分政策文件内容及数据都来自《国际教育战略（2019—2024）》。

要使得留学生来源更加丰富和多样化。加拿大全球事务部在五年内将拨款 2410 万加元，以吸引世界上不同国家的学生赴加拿大学习与交流。据加拿大国际教育局统计数据，赴加拿大的留学生来源国集中在亚洲，东亚和南亚赴加拿大留学的学生人数占比高达 67%，中国和印度留学生数量占据加拿大留学生总数的半壁江山。欧洲赴加留学人数占留学生人数比例为 8%，来自中东及北非地区、拉丁美洲及加勒比海地区的加拿大留学生人数比例都是 7%，还有少数留学生来自美国、东欧、中亚及澳大利亚地区。[①] 一方面，针对中国和印度，加拿大将重点招收这些国家不同地区、不同领域及不同学历水平的留学生；另一方面，加拿大着重开发新的国际教育市场，招收新的来源国的留学生，优先发展的国家包括巴西、哥伦比亚、法国、印度尼西亚、墨西哥、摩洛哥、菲律宾、泰国、土耳其、乌克兰和越南。

（二）推广加拿大教育品牌，支持教育部门发展教育出口服务贸易

2016 年，加拿大全球事务部和加拿大教育部长理事会共同推出加拿大教育品牌（EduCanada Brand）项目，并建立了网站。加拿大教育品牌代表的是加拿大高质量的教育水准，网站上为留学生展示留学生签证、打工、奖学金等相关政策，为留学生了解加拿大国际教育提供了一个信息平台。加拿大《2019—2024 年国际教育战略》表明，加拿大将继续推广加拿大教育品牌，举办国际教育品牌展，保障加拿大教育品牌质量，在国际社会上树立加拿大良好的教育形象。此外，《2019—2024 年国际教育战略》还指出加拿大发展国际教育要利用（Trade Commissioner Service，TCS）的平台，帮助加拿大教育部门和机构发展教育出口服务。加拿大贸易专员处是加拿大全球事务部的组成部分，与 160 多个外交使团都有密切联系。2018—2019 年，加拿大贸易专员处向 800 多个客户提供了加拿大教育出口服务，一直致力于推广加拿大教育品牌及教育出口服务工作。在

---

① Canadian Bureau for International Education. "International Students in Canada"，2020-07-29，见 https：//cbie.ca/wp-content/uploads/2018/09/International-Students-in-Canada-ENG.pdf.

未来五年，加拿大将加强对加拿大贸易专员处工作人员的教育技术培训，更大程度发挥加拿大贸易专员处的宣传平台作用，支持国内更多教育部门及机构走上国际教育服务的世界舞台。

（三）增加申请学习直入类签证国家，实施动态的电子移民申请管理模式

目前，中国、印度、菲律宾、越南等部分国家的留学生可以申请学习直入类签证（SDS）。与原来的担保投资签证（Guaranteed Investment Certificate，GIC）要求获得直接入读专业课学校的录取通知书的条件相比，SDS 签证放宽了录取通知的要求，申请人获得有条件的录取通知书（比如硕士研究生、本科生、非学位学生）也具备申请资格。此外，SDS 仍然保留了 GIC 签证原有的资金简化申请特点，即预交一年学费，在指定银行存入 1 万加元，再提供一定的担保证明材料即可。《2019—2024 年国际教育战略》明确提出，加拿大要为其他国家开放 SDS 签证申请资格，为更多符合申请要求的留学生提供更加完善的签证办理服务。

加拿大移民部将在 2019—2024 年拨款 1800 万美元支持开发使用电子移民申请程序，为赴加拿大学习、工作及生活的人们提供更加便捷的服务。留学生可以实时查看签证及移民手续办理进程，减少线下办理签证的繁琐手续，节省留学生时间和精力。通过该项计划的实施，加拿大移民部可以更加直观地了解移民及签证办理数据，为加拿大国际教育战略的实施提供数据支持。

第三章　英国留学生教育政策

　　学者为了探寻知识而离开故土到其他国家或地区求学的现象自古便有，最早可追溯到两千多年前古希腊时期的"游学"和"游教"。英国凭借一批表现卓越的顶尖大学，其高等教育在全球范围内一直享有很高的国际地位和声誉，加之作为英语的发源地，英国具有语言上的先天优势，因此一直在全球留学生教育市场中占据重要地位。英国留学生教育一直与国家利益诉求关系密切，但在不同时期的功能定位仍有所区别。

　　英国的高等教育始于牛津大学的设立。中世纪时期建立的牛津大学和剑桥大学作为欧洲的学术中心，吸引了一批学生和学者来到此钻研高深学问。彼时，个人游学之风盛行，留学主要以个人行为为主，是零散的、非制度性的，尚未形成规模，人员流动除了受知识的吸引外，还受到宗教的影响。英国最早的、成型的留学生教育模式可以追溯到18世纪英国殖民时期。这一时期的留学生教育是英国推行殖民统治的重要工具，留学生主要来自于英国的殖民地。"在帝国早期，英国对来自西非国家的年轻人的教育，被视为英国外交和商业利益的重要支持。"[1] 一方面，英国政府通过鼓励殖民地的贵族阶层子弟赴英学习，培养他们成为调解员、翻译员和其他各种能够推动英国贸易发展的职业，以此来培养亲英的政治、经济力

---

[1] Patricia Walker. "International Student Policies in UK Higher Education from Colonialism to the Coalition：Developments and Consequences", *Journal of Studies in International Education*，2014（4）：328-329.

量，从而保障英国政治战略在殖民地的落实；另一方面，殖民地的统治阶级，渴望他们的子弟通过求学英国而获得支持与权力，主动与宗主国保持联系的"需求"也进一步推动了英国留学生教育的发展。英国于1934年成立了英国文化协会（British Council），该机构的成立让教育的国际流动成为有组织的活动，但在当时所起的作用还是十分有限的。

第一节　英国留学生教育政策的演进

为了对英国留学生教育政策有更深入的了解，本节将以重大历史事件为线索梳理其历史脉络，按照时间节点将其历史发展分为三个阶段。在不同时代背景下，各阶段英国留学生教育都呈现出了不同的特征。

一、英国留学生教育的后殖民化时期（1945—1978）

英国留学生教育的后殖民化时期指二战结束后到20世纪80年代。这一时期英国留学生政策仍然是以政治为主导，对亚、非、拉国家实行带有政治目的的教育援助，但这一时期的赴英留学活动由个体行为逐步转为有组织的人员流动。二战结束后，全球留学活动掀起了第一个高潮，特别是来自亚洲以及原殖民地留学群体的崛起，加速推动了全球留学生市场的形成。多数国家因殖民关系与英国存在历史渊源，这些民族国家在独立后，仍倾向于选择英国作为留学目的地国。再加上欧洲一体化进程下欧洲各国教育间的往来增加，二战后赴英留学人数逐年递增，到20世纪70年代末，在英国学习的留学生人数高达8.8万人，仅次于美国、法国，居世界第三位。[①]

需要指出的是，这一时期英国留学生教育也发生了新的变化，即开始注重留学生教育的经济收益问题。1945年二战结束后，英国的帝国梦

---

① Patricia Walker. "International Student Policies in UK Higher Education from Colonialism to the Coalition：Developments and Consequences"，*Journal of Studies in International Education*，2014（4）：331.

破灭，其政治和军事地位迅速下滑，国内经济受到沉重打击。在经济困难时期，英国政府开始试图通过发展留学生教育，增加财政收入。20世纪60年代以前，英国对留学生收取和本国学生一样的教育费用，一小部分留学生还可以获得英国政府的资助，且资助力度与本土学生相差不大。1963年《罗宾斯报告》（*Robbins Report*）出台，其不仅促进了英国高等教育由精英走向大众，同时也吸引了众多非英联邦国家的学生来英求学，[①]导致英国留学生数量猛涨。由于英国留学生教育主要是国家资助模式，与留学生人数持续增长同步的还有政府对留学生拨款的增加，这使得留学生数量增加不仅没有解决英国的经济问题，还加重了政府的财政负担。[②]因此，1966年英国首次将来自非英联邦国家的留学生与本土学生在收费、资助等方面区别开来。1967年，英国开始实行差别性收费，即每年向本土学生收取70英镑的学费，非英联邦国家留学生的学费则为250英镑，对留学生的收费首次高于英国本土学生。[③]

　　差别性收费并没有缓解政府的财政负担。英国政府虽然开始增加留学英国的费用，但由于留学生拥有大量的补助，所以生均学费还是相对较低的，仍需要政府大量补贴留学生教育。1969年英国政府为减少公共开支，明确规定留学生与本土学生的不同收费标准，即本土学生的教育费用由政府税收支付，留学生需自行支付一部分学费。在1967年至1974年之间，英国政府并未持续扩大留学生与本土学生的教育费用差距，留学生数量在小幅下降后很快便又恢复了增长的趋势。[④]这一阶段英国留学生收费

---

① 刘晖：《从〈罗宾斯报告〉到〈迪尔英报告〉——英国高等教育的发展路径、战略及其启示》，《比较教育研究》2001年第2期。

② Patricia Walker. "International Student Policies in UK Higher Education from Colonialism to the Coalition：Developments and Consequences", *Journal of Studies in International Education*，2014（4）：331.

③ 杨振梅：《撒切尔夫人时期英国的留学生政策研究》，硕士学位论文，厦门大学教育研究院，2014年，第19页。

④ Patricia Walker. "International Student Policies in UK Higher Education from Colonialism to the Coalition：Developments and Consequences", *Journal of Studies in International Education*，2014（4）：331.

政策的变化显示英国政府逐渐重视留学生所具有的经济效益。

二、英国留学生教育的全费时期（1979—1996）

英国留学生教育的全费时代是从 1979 年玛格丽特·希尔达·撒切尔（Margaret Hilda Thatcher）上台执政，宣布引入"全额成本收费"政策后开始，一直持续到 1997 年工党替代保守党成为执政党。这一时期英国留学生政策发生了重大改变。1979 年 5 月，英国保守党在大选中击败工党，保守党党魁撒切尔夫人组建政府上台执政。这一时期，石油危机和世界性经济危机导致英国国内经济状况堪忧，通汇膨胀率居高不下、失业人数激增。撒切尔上台后迅速摒弃了此前政府一直采用的凯恩斯主义扩张性财政政策，采用新公共管理理论指导政府财政政策。同时，政府开始将恢复经济的希望寄托于高等教育，在高等教育领域推行教育市场化、教育私有化。虽然撒切尔夫人上台执政之际，英国迎来了留学生人数高潮，但是并没有带来想象中的经济收益，反而每年都需要政府专门拨款资助留学生教育。根据 1979 年的数据，英国政府对留学生的补贴每年至少需 1 亿英镑，约占教育总支出的 60%。[①] 这些资助留学生的资金都来自于英国纳税人，持续扩大的留学生规模加重了纳税人的经济负担，民众对此产生强烈不满。

在此背景下，撒切尔政府将目光投放在全球高等教育市场上，决定取消对留学生的财政补贴，通过向留学生征收全部留学费用来增加财政收入。1979 年 9 月英国政府宣布引入"全额成本收费"政策，同年 11 月在《1980—1981 政府预算报告》（*Government Budget Report 1980—1981*）白皮书中正式宣布自 1980 年 10 月起，不再为留英学生提供资助，所有新入学的留学生均将自行承担包括学费在内的一切费用，英国纳税人无须承担任何直接或间接成本。留学生全费政策自此开始正式启动。全费政策的出

---

① Lynn Williams. "Overseas Students in the United Kingdom: Some Recent Developments", *Higher Education Quarterly*, 1987 (2): 108.

台，改变了英国留学生教育传统的国家资助模式。据悉，按照高校预算经费总额除以在校生总人数的方法计算得出每位留学生所需学费，当时每位前往英国留学的学生仅学费一项便高达 1.3 万英镑 / 学年。① 不过，此时英国开始重视地缘政治，其外交战略重点从前殖民地国家转移到周边国家，所以欧共体国家的学生并未被纳入需要全额缴费的留学生行列，他们仍享有与英国本土学生相同的待遇。

留学生学费在高校财政收入中扮演着愈加重要的角色。1985 年 5 月，英国政府在《20 世纪 90 年代英国高等教育发展》（*The Development of British Higher Education in the 1990s*）绿皮书中强调留学生支付学费的必要性，进一步强化了留学生全费政策。同时，英国教育与科学部（Department of Education and Science）和高等教育基金委员会（Higher Education Funding Committee）将制定留学生收费额度的权力下放给高等学校。据估计，1979—1984 年英国高校留学生学费收入从 3400 万英镑增长到 1.04 亿英镑，在英国高校财政总收入中的占比由 2.8% 上涨到 5%。②1992 年，英国政府在《高等教育改革法》（*Higher Education Reform Act*）中提出英国高等教育转向全面市场体制。1995 年，英国政府颁布《大学校长委员会工作规范》（*University Vice President's Committee Work Specification*），鼓励大学向留学生收取高额学费。③ 为满足自身财政需求，英国各高校逐年提高留学生学费，留学生学费"水涨船高"。

在全费时代，在英留学生所需要支付的费用，通常是英国本土学生费用的两倍。在高额学费的压力下，除欧共体成员国的学生外，其他国家赴英国留学的人数不断下降。留学生总数从 1979 年的 5.7 万人下降到

---

①　Peter Soott. *The Globalization of Higher Education*. Buckingham：The SRHE & Open university Press，1998：211.

②　Lynn Williams. "Overseas Students in the United Kingdom：Some Recent Developments"，*Higher Education Quarterly*，1987（2）：109.

③　[英] 皮特·斯科特：《高等教育全球化：理论与政策》，周倩、高耀丽译，北京大学出版社 2009 年版，第 35 页。

1983 年的 4.2 万人，至历史冰点。① 全费政策对低收入国家留学生人数的影响最为明显，1981 年低收入国家留学生人数下降了 42%。② 在外交与联邦事务部（Foreign and Commonwealth Office）的支持下，海外学生信托组织（Overseas Student Trust）对全费政策的实施情况进行了调查，并发布了一份名为《留学生政策：分析、选择与计划》（*A Policy for Overseas Students：Analysis，Options，Proposal*）的报告。该报告呼吁"英国留学生低学费时代已经过去，为了英国的利益，必须对留学生进行奖学金资助"③。1983 年 2 月 8 日，时任外交和联邦事务大臣的弗朗西斯·皮姆（Francis Pym）公布了"皮姆一揽子计划"（Pym Package），宣布英国政府决定在未来三年内每年额外支出 4600 万英镑资助留学生。④ 为了加强英国与英联邦成员国的联系，"皮姆一揽子计划"在设立初期不仅向发达国家倾斜，还向与英国存在殖民渊源的英联邦成员国留学生倾斜。⑤1987 年的《高等教育：应对新的挑战》（*Higher Education：Responding to New Challenges*）显示，当时英国每年对留学生的资助已高达 8600 万英镑。⑥

　　与此同时，大学也参与到留学生教育宣传活动中来。在全费时代初期，英国留学生教育的宣传主要依靠政府，政府通过定期拨款资助英国文化教育协会（British Council）、英国留学生协会（British Students Association）等教育服务机构在海外开展相关宣传活动。1987 年的《高等

---

① Gareth Williams. *Changing Patterns of Finance in Higher Education*. Buckingham：The SRHE & Open university Press，1992：195-220.

② Alice Chandler. *Foreign Students and Government Policy：Britain，France，and Germany*. Washington：American Council on Education，1985：24.

③ Alice Chandler. *Foreign Students and Government Policy：Britain，France，and Germany*. Washington：American Council on Education，1985：26.

④ Francis Pym. "Overseas Students（Fees）"，2019-03-28，见 https：//api.parliament.uk/historic hansard/commons/1983/feb/08/overseas-students-fees.

⑤ 吕达、周满生：《当代外国教育改革著名文献》（英国卷·第一册），人民教育出版社 2004 年版，第 89 页。

⑥ Gareth Williams. *Changing Patterns of Finance in Higher Education*. Buckingham：The SRHE & Open university Press，1992：195-220.

教育：应对新的挑战》白皮书中明确提出，英国政府鼓励高校参与到招收留学生中来，寻求政府与高校、工商界的合作。[①] 在政府政策的鼓励以及经济效益的吸引下，英国大学积极主动地参与到留学生教育的海外宣传中，当时很多高校都设立了专门负责留学生招生的国际事务办事处，拨专款用于宣传活动。大学逐渐成为推动英国留学生教育进程的重要力量。

全费政策是英国留学生教育发展史上的一个里程碑事件。1979 年以前，留学生具有的经济利益尚未完全得到重视和开发，英国的留学生教育主要以政治战略为目的。1979 年以后，撒切尔政府在新公共管理理论的影响下出台全费政策，推动英国留学生教育由政治主导向经济主导转变。1994 年，英国签署了服务贸易总协定（General Agreement on Trade in Services），期望借助优质的高等教育资源抢占全球留学生市场，充分体现了其以留学生教育服务本国经济社会发展的政策调整。美国教育理事会主席艾丽斯·钱德勒（Alice Chandler）称撒切尔政府引领"英国的留学生教育进入了现代"[②]。这一时期，在经济利益的吸引下，英国政府将留学生视为创收手段，对待留学生的态度十分友好，不仅广泛开放门户，放宽签证通过率，大力招收留学生；而且还放宽移民条件，增加留学生移民英国的途径。[③] 此后的新工党政府基本延续了撒切尔政府招收留学生的理念。

三、英国留学生教育的全面市场化时期（1997—2009）

英国留学生教育的全面市场化时期是指自工党领袖托尼·布莱尔（Tony Blair）上台执政到联合政府上台的一段时期。20 世纪末，东欧剧变，苏联解体，冷战结束推动世界格局向多极化发展，世界贸易组织

---

① 吕达、周满生：《当代外国教育改革著名文献》（英国卷·第一册），人民教育出版社 2004 年版，第 89 页。

② Alice Chandler. *Obligation or Opportunity*，*Foreign Student Policy in Six Major Receiving Countries*. New York：Institute of International Education，1989：1.

③ Home Office. *International Migration and the United Kingdom*：*Recent Patterns and Trends*. London：Home Office，Research、Development and Statistics Directorate，Communication Development Unit，2001：37.

（World Trade Organization，简称 WTO）、欧洲联盟（European Union，简称 EU）的建立，加快了经济和政治一体化进程，教育已成为全球贸易中重要的服务性产品。高等教育国际化专家简·奈特（J. Knight）指出，"在知识经济时代，包括招收留学生在内的高等教育服务贸易是一项亿万产业"①。1997 年 5 月，英国工党在大选中获胜，布莱尔作为工党领袖担任英国首相。相比保守党，工党在留学生教育方面的政策更为开放。开拓留学生市场，大力发展留学生教育被写入了英国政府的政策文本。在这一时期，英国留学生教育政策的重点在于抢占留学生市场份额，以获取经济效益。

1997 年，英国政府发布《迪尔英报告》（*Dearing Report*），宣布在1998 年对来自欧盟成员国的留学生收取学费，留学生学费继续呈"一路高歌"的模式迅速增长。此时，许多大学 5%—16% 的收入要依赖留学生，英国政府和高校都更加重视留学生教育的发展。在 20 世纪末，留学生教育在知识经济中的战略地位已经引起各国的重视，在留学市场面对来自澳大利亚、美国、新西兰等国的竞争压力时，布莱尔推出了一项重要的留学生政策——"首相倡议计划"（Prime Minister's Initiative，简称PMI），主要目的就是为了扩大留学生规模，从而增加留学生的学费收入，为英国带来长期的政治和经济效益。②PMI 还提出资助创建英国教育品牌，突出英国教育的精英形象和高质量教育的传统价值观，开创了创立国际教育品牌的先河。③PMI 成为世界上第一项综合政府、教育机构及国际组织等各种资源和活动的国家政策。④ 在 20 世纪末，英国留学生数量便已突破

---

① Jane Knight. "Trade in Higher Education Services：The Implications of GATS"，*Higher Education*，2002（3）：39.

② Queen's University Belfast. "China UK Collaborative Partnership in Employability and Entrepreneurship"，2017-08-23，见 https：//www.qub.ac .uk/sites/PMI2/Background/.

③ Sylvie Elise Lomer. *International Students in UK Policy from 1999 to 2013：Rationales for Recruitment and Representations of Student*. University of Sheffield，School of Education，2016：2.

④ UK Home Office Border Agency. "Student Visas Statement of Intent and Transitional Measures"，2017-08-23，见 http：//www .uk ba.home office.gov.uk/site content/news articles/2011/march/65-student-visas.

20万人，成为仅次于美国的第二大留学目的地国。

在21世纪初期，由于英国政府一方面严格控制英国高等教育学费的上限，一方面严格限制高校本土学生和欧盟学生的招生人数，为了保证财政收入，英国高校更加依赖不受政府招生人数和学费限制的非欧盟留学生。根据英国高等院校招生办公室（University and Colleges Admissions Service）的数据，2003—2004学年，英国高校收取的非欧盟留学生学费是欧盟留学生的5倍，非欧盟留学生缴纳的学费占英国高等教育机构总收入的8.1%。[①]发展到布莱尔政府后期，不同学校、不同专业的非欧盟留学生学费虽有差别，但基本都已是英国本土学生学费的4—6倍，最高达到8倍。

布莱尔政府前期制定的一系列留学生教育政策主要是将目光集中在留学生数量的增长上，忽视了留学生教育质量的提升。随着参与国际留学生教育市场竞争的国家数量持续增长，英国教育品牌战略也很快被竞争对手国家所模仿。[②]在此背景下，为继续保持英国在国际留学生市场中的地位，英国启动"首相倡议计划"第二期（Prime Minister's Initiative on International Education，以下简称PMI2），开始关注英国留学生教育质量问题。PMI2时期英国教育品牌的重点转向突出英国教育的独特性及后期保障，由此展现英国重视留学生教育质量的形象。[③] 2007年，同样来自工党的戈登·布朗（Gordon Brown）接替布莱尔上台执政，其制定的留学生政策对于留学生教育质量的关注更甚。

在这一时期，英国留学签证政策呈现紧缩的趋势。虽然在20世纪末

[①]　Phil Vickers，Bahram Bekhradnia. *The Economic Costs and Benefits of International Students*. London：Higher Education Policy Institute，2007：11.

[②]　Geddie K. "*Policy Mobilities in the Race for Talent：Competitive State Strategies in International Student Mobility*"，*Transactions of the Institute of British Geographers*，2015（2）：235-248.

[③]　The Observatory on Borderless Higher Education. Bigger，Broader，Better? UK Launches the Second Phase of the Prime Minister's Initiative for International Education"，2018-12-27，见 http：//www.obhe.ac.uk/documents/download？id=242.

为追求经济收益，英国政府改进了签证服务，以保证留学生签证更容易申请，① 但也导致了严重的留学生签证滥用现象。为打击非法入境行为，2002 年，《安全的边界、安全的避风港与现代英国多样性的融合》（*Secure Borders*，*Safe Haven Integration with Diversity in Modern Britain*）白皮书强调，对那些有证据表明存在滥用英国入境系统的国家的国民使用严格的签证制度。② 此后，英国先后引入了使用视网膜扫描和指纹的生物识别卡，推出了生物识别技术的签证，用以杜绝以往申请签证时出现的"身份盗窃"和提供虚假材料的现象。③2006 年，英国政府颁布了《计点积分制：让移民为英国服务》（*A Points-Based System*：*Making Migration Work for Britain*）政策，提出简化现有复杂的签证系统，实行计点积分制系统（Points-Based System，简称 PBS）。④2008 年，英国边境管理署（UK Border Agency）正式公布了新的学生计点积分制签证系统，在留学资金、申请材料等方面的要求有所调整，在更加注重申请材料严谨性的同时，还引入了担保人制度，即由教育机构承担更大的留学签证监管责任。⑤

与此同时，这一时期的留学生工作签证政策也不断变动，愈发具有筛选性。在 20 世纪末，英国政府重新制定了移民标准并简化了签证之间

---

① Tony Blair. "Attracting More International Students"，2018-12-2，见 https：//webarchive. nationalarchives.gov.uk/20080909014251/http：//www.number10.gov.uk/Page3369.

② Home Office. *Secure Borders*，*Safe Haven*：*Integration with Diversity in Modern Britain*. The Stationery Office Limited，2002：17-18.

③ The Guardian. "Tony Blair's speech on asylum and immigration"，2019-03-25，见 https：// www.theguardian.com/politics/2005/apr/22/election2005.immigrationandpublicservices.

④ 计点积分制将原来入境英国的路径简化为五个主要的申请类别，分别为：第一层级（Tier 1）是对英国的经济和生产力发展有贡献的高端技术人才；第二层级（Tier 2）是持有雇主邀请函的技术工人；第三层级（Tier 3）是填补英国临时劳动力短缺市场的低技术工人；第四层级（Tier 4）是所有在英国学习的留学生，包括未成年学生和成年学生；第五层级（Tier 5）是青年交流人士和临时工。其中第一层级于 2008 年 2 月 19 日最先实行计点积分，第二、三、五层级同时在 2008 年 11 月 27 日实施，新的学生签证体系自 2009 年 3 月 31 日起实施。

⑤ Immigration and Nationality Directorate. *Fair*，*Effective*，*Transparent and Trusted Rebuilding Confidence in our Immigration System*. Home Office，2006：10.

的过渡，留学生可以在毕业后顺利切换到工作签证，这为留学生在英国学习提供了一个良好的发展前景，提升了英国留学生教育的吸引力。然而，随着留学政策重心的调整，英国政府一方面继续简化签证程序，另一方面也在不断调整留学生毕业后留英工作签证的对象与标准，旨在进一步精确引进。2004 年 10 月，英国政府推出了"理工科毕业生计划"（The Science and Engineering Graduates Scheme，简称 SEGS），允许攻读科学、工程、技术和数学学位的学生在毕业后留英工作一年。2007 年 5 月，英国政府又启动了"国际毕业生计划"（International Graduate Scheme，简称 IGS），替换了之前的 SEGS，允许非欧盟留学生毕业后留英一年，没有任何成绩和就业形式的限制，期间表现优秀还可能自动转为英国绿卡持有者。2008 年，英国政府又正式引入留学生毕业工作签证（Post Study Worker，简称 PSW），取代之前的 IGS 签证，允许留学生在毕业后可以暂留英国两年找工作或者开展商业活动。

此外，在奖学金方面，随着留学生来源国家的增加，英国逐渐扩大留学生奖学金的资助范围项目，奖学金形式也趋向多样化。英联邦共享奖学金（Commonwealth Shared Scholarships）、新多萝西霍奇金研究生奖（The New Dorothy Hodgkin Postgraduate Awards）等奖学金项目的设立，表明弱势国家和新兴国家的留学生群体受到关注。除传统奖学金外，2002 年，英国又发起了"真正英国运动"（Real UK campaign）和年度最佳留学生奖（International Student of the Year Award），通过比赛、评比等方式筛选出在英国取得较多成就和体验感的留学生进行奖励。双边友好技术合作与培训计划奖学金项目也是英国留学生奖学金的重要形式，PMI2 阶段的英国—印度教育研究计划（UK-India Education Research Initiative，简称 UKIERI）、英中伙伴关系计划（UK-China Partnership scheme）就是其中的典型代表。

布莱尔政府执政后，英国留学生教育开始全面推进市场化，奠定了英国在国际教育市场不可撼动的地位，开启了英国高等教育国际化的国家战略时代。这一时期新工党政府更加注重留学生的经济效益，在延续撒切尔夫人的留学生教育理念的基础上，继续提高留学生学费标准，完善签证政策，扩大对留学生的奖学金资助。但这一时期，一些已有留学生政策也暴露出了自身的问题。此后，留学生教育作为英国的一项国家战略，其重点转向规模扩张与质量提升二者的平衡发展。

第二节　英国现行留学生教育政策

留学生教育作为高等教育国际化的组成部分，对国家政治影响力、经济竞争力、文化软实力均有重要意义，招收留学生的数量已成为衡量一个国家、一所大学教育国际化程度的重要指标。[①] 从 21 世纪开始，高等教育的国际化和留学生教育市场的争夺日趋激烈，世界高等教育产业市场进入白热化的竞争阶段，无论是片面追求商业利润，还是旨在维护国家战略安全，或是提高国际竞争力，经济因素在推动各国高等教育国际化发展的过程中扮演着越来越重要的角色。[②]2010 年，保守党与自由党组建联合政府，取代了工党政府上台执政，结束了工党连续 13 年的执政历史，保守党党魁戴维·卡梅伦（David Cameron）担任首相，英国留学生教育也进入了全新的发展阶段。2016 年 7 月，因脱欧公投结果时任英国首相卡梅伦提前正式辞职，同为保守党的特蕾莎·玛丽·梅（Theresa Mary May）继任英国首相。因脱欧谈判陷入僵局，特蕾莎·梅于 2019 年 6 月辞去执政党保守党领导人一职，同年 7 月，保守党人鲍里斯·约翰逊（Boris Johnson）接任特蕾莎·梅成为英国新一任首相。尽管历经多位首相更迭，但保守党仍然延续了其英国国内的执政党地位，一定程度上保障了部分留学生教育政策的连续性，但这一时期英国面临更加复杂的国际环境，留学生教育的复杂性及其与国际环境的高度相关性也使得英国留学生教育政策的变动较为频繁。

---

① 马佳妮：《欧美发达国家留学生教育发展探析》，《比较教育研究》2016 年第 7 期。
② 黄福涛：《全球化时代的高等教育国际化——历史与比较的视角》，《北京大学教育评论》2003 年第 2 期。

留学生教育是一个非常复杂的综合体，涉及招收、培养质量保障、就业、社会保障等诸多领域，本节将聚焦 2010 年联合政府上台以来的英国现行留学生教育政策，包括留学生教育政策理念、宣传政策、奖学金政策、留学签证政策和工作签证政策等内容。

一、英国留学生教育政策的理念

全费政策的出台不仅推动了英国留学生教育政策的主导因素由政治转为经济，而且在经济因素的影响下，扩大留学生规模、谋求留学生潜在的经济利益成为当时英国政府制定留学生教育政策的重要指导理念，之后的工党政府也一直延续广泛开放、欢迎留学生的理念，在此理念的指导下实行了两期首相倡议计划。

虽然工党政府实行的 PMI 产生了良好的效果，在留学生教育市场竞争中表现强劲，如在 2009—2010 学年，英国高等教育机构的学生总数为 2493415 人，留学生占英国高等教育在校生总数的 16.3%，其中非欧盟学生占 11.3%，[①] 但是这种情况不太可能持续下去。一方面是因为首相倡议计划在保障英国留学生数量持续增长、提高留学生就业能力、改善留学生满意度的同时仍存在着一系列问题，如并没有平衡好规模扩大和提升质量的关系；另一方面金融危机的冲击使得英国经济迅速萎缩，国内经济持续低迷，失业率居高不下。英国高等教育经费继续缩减，大学被迫进行留学生扩招，但是针对留学生的教育服务配套设施并不完善。根据英国大学教师联盟的统计，1980 年英国高等教育的生师比是 9.1：1，而到了 2010 年已经扩大至 18.5：1，严重影响了英国高等教育机构的教学质量。[②] 与此同时，工党政府在未进行民众公投的情况下签署了被戏称为"欧洲合众国的联合

---

① Patricia Walker. "International Student Policies in UK Higher Education from Colonialism to the Coalition：Developments and Consequences". *Journal of Studies in International Education*，2014（4）：327.

② 陈凡：《英国扩大留学生规模背景下的质量问题及反思》，《北京航空航天大学学报》（社会科学版）2016 年第 2 期。

宪法"的《里斯本条约》（*Treaty of Lisbon*），激起了英国人民强烈的反欧情绪。另外，国际留学生市场的竞争依旧激烈，不光是美国、澳大利亚、加拿大等老牌留学目的地国纷纷通过立法等手段为留学生教育的发展提供政治保障，以此更好地竞争留学生教育市场，中国等传统的留学来源国也制定了相关政策，积极参与到留学生教育市场的竞争。

在此背景下，2010年联合政府上台执政，保守党党魁卡梅伦担任首相。基于国际形势和国内背景以及首相倡议计划的经验与教训，联合政府转变了招收留学生的理念。相比之前的撒切尔政府和新工党政府，联合政府的留学政策理念更多了一种"限制"的意味，放弃了一直宣扬的"招收留学生人数没有上限"的理念，由广泛开放转为质量导向。卡梅伦政府强调"限制访问"的目的是减少制度滥用，恢复公众对留学生教育系统的信心，并减少社会压力。不过政府也进一步强调对优质人才的需求，即"以英国为留学目的地国的合法学生人数始终没有上限，学生可以凭借为英国作出贡献的能力来获得在英国学习的权利"①。政策理念的转变虽然有可能导致英国经济收益的减少，但政府认为"这是可以接受的成本"。

2013年英国政府在《国际教育：全球增长与繁荣》（*International Education：Global Growth and Prosperity*）中提到，政府将与高校、英国文化教育协会和其他合作伙伴合作，继续宣扬不限制合法留学生人数的理念，鼓励优秀人才来英。② 卡梅伦取得连任组建的保守党政府，以及之后的特蕾莎·梅政府都延续了联合政府"质量导向"的留学生招收理念。在质量导向理念的指导下，秉承"我们需要确保只有最聪明、最好的学生才能来"的原则，③ 英国留学政策趋向紧缩，旨在筛选真正的、优秀的留学生来英留学。

① HM Government. *International Education：Global Growth and Prosperity*. London：Department for Business，Innovation and Skills，2013：4.

② HM Government. *International Education：Global Growth and Prosperity*. London：Department for Business，Innovation and Skills，2013：37.

③ Theresa May. "Immigration"，2019-01-12，见 https://www.gov.uk/government/speeches/immigration-home-secretarys-speech-of-5-november-2010.

与此同时，高校扩招留学生的理念并没有受到影响。当今高等教育的规律就是：教育质量越高，价格越高，英国大学是佐证这一规律的典型代表。罗伯特·哈里斯（Robert Harris）曾提到，全费政策赋予留学生支付大学基础设施费用的经济重任，使得留学生成为大学间竞争的焦点。为保证本土学生在高等教育层面享有良好的福利待遇，来自留学生的收入成为英国高校创收的主要来源。同时，为避免留学生人数受到高昂费用的冲击，政府也出台了一系列宣传、奖学金以及签证政策来吸引留学生，为征收高昂的留学生费用提供强有力的支持。

二、英国留学宣传政策

全费时代以来，英国政府致力于推动高等教育市场化。宣传政策是英国留学生教育的重要辅助性政策，在吸引海外留学生方面提供了强有力的支持。

在这一时期，依据留学生教育市场的变化，英国教育品牌的重点再次发生更迭，留学宣传政策的重心也随之由凸显教育优势转向彰显国家整体实力。2013年7月英国政府发布了《国际教育：全球增长与繁荣》报告，概述了"打造英国品牌"的新方法：要求政府、个别机构和高等学校在关键市场积极推广英国；坚定对高质量教育的承诺，促进经济、个人和文化的发展；强调宣传活动是向留学生推广英国留学生教育的主要工具。在这份报告中，英国教育品牌被纳入中央协调的"伟大英国"运动，通过"为整个英国提供一个单一、可识别和独特的身份"，吸引留学生。这场运动被描述为"推动英国海外教育的首要工具"[1]。这一时期的教育品牌有着强烈的经济重点，更关注合作伙伴关系，而不是直接的招收留学生和学生体验；它几乎完全是一场宣传运动。[2]

---

[1]　HM Government. *International Education：Global Growth and Prosperity*. London：HM Government，2013：57.

[2]　National Audit Office. "Exploiting the UK Brand Overseas"，2019-03-21，见 https：//www. nao.org.uk/report/exploiting-the-uk-brand-overseas/.

　　这一时期英国教育品牌的重点不在于如何塑造品牌形象，而是如何利用一个已经存在的强大民族品牌来进行国家品牌推广。政府耗资 1.135 亿英镑，将教育品牌宣传活动纳入到政府统一协调的运动中，由多个部门共同合作，通过把教育品牌战略与文化、媒体和体育相关的视觉宣传活动结合起来，将教育与旅游业和工业推广活动联系在一起，共同打造英国国家品牌形象，从而最有效地促进跨国教育、教育产品和服务。[①] 此举旨在促进英国的贸易和投资，帮助全世界了解为什么英国是一个值得参观、学习、工作、投资和开展业务的目的地。

　　除了政府在留学宣传中发挥的政策引领作用，高校、海外代理机构等也是留学宣传活动的主力军。高校参与留学生教育宣传的方式多样，除了资助英国文化教育协会，委托其在海外进行留学生咨询和宣传外，还设立专门负责留学生招收的办事处，发展到后期，高校甚至亲自设立海外办事处来招收留学生。例如，2016 年 7 月，牛津大学在香港开设中国香港办事处，这是继纽约、东京之后，牛津大学在全球设立的第三个海外办事处，有助于牛津大学加强与中国的联系，招收更多的香港及内地学生。[②] 就海外代理机构而言，虽然大部分代理商与英国建立了友好的合作关系，但还是有一小部分代理商为牟利采取非法手段为不符合条件的移民申请者进入英国弄虚作假。为解决这一问题，英国文化教育协会代表英国政府与澳大利亚、爱尔兰、新西兰等国代理机构签署了代理道德准则——"伦敦声明"（London Statement），旨在增加代表英国高校进行招生和宣传的代理机构数量，培养代理机构的服务能力和职业精神，提高代理机构的有效性和质量。

---

① Sylvie Lomer, Vassiliki Papatsiba, Rajani Naidoo. "Constructing a National Higher Education Brand for the UK: Positional Competition and Promised Capitals". *Studies in Higher Education*, 2018（1）: 143.

② 中华网考试：《牛津大学在香港开设办事处，拟招收中国学生》，2019-03-10，见 https://kaoshi.china.com/england/learning/514284-1.htm.

三、英国留学生奖学金政策

英国学者的一项研究表明，设立留学生奖学金是除降低学费以外吸引留学生的最好方式。[①] 英国留学生奖学金设立之初，是为了缓解全费政策带来的困境，减轻留学生在英求学的经济压力。随着中国、印度等发展中国家到英国留学人数的增多，在国家政治经济利益的驱动下，英国留学生奖学金项目逐步增多，受众范围逐步扩大。需要重点说明的是，英国留学生奖学金政策一开始便带有明显的国家利益导向，这一导向一直主导着奖学金政策的制定。

2013 年的《国际教育：全球增长与繁荣》中提到，英国政府会为那些希望通过政府奖学金计划向英国输送大量学生的国家提供经济支持，进一步增加与新兴大国建立的双边合作项目。英国商务、能源和产业战略部（Department for Business，Energy & Industrial Strategy）、外交部（Foreign Office）、高等教育国际处（Higher Education International Unit）和英国文化教育协会将与海外合作伙伴共同管理这些奖学金项目，并持续探索与其他新兴大国建立类似计划的机会。[②] 此后，英国与其他国家合作设立的一系列大型国际奖学金项目取得显著成效。英国留学生奖学金资助对象的边界不断外扩。

专门针对扩大留学生奖学金项目受众范围的政策文本并不多，其资助范围的外扩主要通过具体措施展现。例如由英国政府与巴西政府共同推出的"科学无边界"（Science without Borders）计划，这一奖学金计划旨在向 10 万余名巴西学生提供联合培养学士、联合培养博士以及全日制博士课程，资助学生们完成科学、技术、工程、数学和创意产业等课程。英国政府以高等学校在这些重点领域的卓越表现、学生的满意度以及相关

① Arnaz Binsardi，Frances Ekwulugo. "International Marketing of British Education：Research on the Students'Perception and the UK Market Penetration". *Marketing Intelligence & Planning*，2003（5）：323.

② HM Government. *International Education：Global Growth and Prosperity*. London：HM Government，2013：38.

行业部门的认可度为标准，选取了 110 所英国大学参与"科学无边界"计划。许多企业也参与到这项计划中，为项目提供了资金支持。这是英国第一个大规模的学生流动计划，这项开创性的举措为英国带来 2 亿英镑的经济收益。[①]

2017 年底，英国文化教育协会又与来自英格兰、苏格兰、威尔士及北爱尔兰四个地区的 31 所高校合作，共同设立了"2018 非凡奖学金"（GREAT Scholarships 2018）项目。该奖学金项目是英国首次设立的专门针对中国留英学生的奖学金项目，主要资助那些希望到英国留学深造的中国留学生。该项目共有 150 个奖学金名额，涵盖包括工程、法律、商业、管理、艺术设计、生物科学及信息技术等多个热门专业，资助总金额近 100 万英镑。奖学金申请标准包括必须持有中国国籍；有意申请或已被录取、预计在 2018 年秋季入读；就读硕士研究生或以上水平课程；以及在该学期未申请其他奖学金，并且从来没有得到过英国资助的留学生。满足以上条件的中国留学生均可以申请。此后，为鼓励更多中国学生到英国留学深造，英国文化教育协会又携手 24 所英国高校在中国发起了"2019 非凡奖学金"。此次共设立 55 个研究生奖学金名额，奖金总额逾 60 万英镑，单个奖学金金额至少 1 万英镑，涵盖学科与前一年类似，依旧十分广泛，包括多个热门专业。由此可见，英国奖学金政策越发向留学生来源大国倾斜。

四、英国留学生入学签证政策

入学签证是留学生申请赴英留学的重要环节。近年来，英国为管理海外移民，频繁修改移民政策，留学生入学签证政策深受影响，不断变革的留学生入学签证政策在很大程度上成为海外学子选择是否赴英留学的风向标。在几十年的演变过程中，原有留学生入学签证政策由于监管不力导致留学生签证滥用现象严重，造成负面社会影响的同时也严重影响了英国

---

① HM Government. *International Education*：*Global Growth and Prosperity*. London：HM Government，2013：38.

留学生教育的国际声誉和吸引力。在签证系统愈发"失控"的情况下，英国政府提出要限制净移民人数，学生作为最大的移民群体也被包含在减少的目标之内。[①] 作为 2010 年竞选宣言的一部分，保守党承诺将净移民数量减少到"数万而不是数十万"，虽然这一承诺受到自由民主党成员的质疑，但它还是成为联合政府的一个决定性原则。[②] 在紧缩的移民政策的影响下，英国留学生入学签证政策发生了重大变迁，不仅申请条件难度加大，审查手段也更加严格。

2011 年 3 月 22 日，卡梅伦政府宣布对 PBS 的 Tier4 签证和 Tier1 签证的申请标准和要求进行修改，修改后的措施分别在 2011 年 7 月、2012 年 4 月和 2012 年底生效，意在打击留学生签证滥用行为和减少净移民数量到可持续水平的目标。[③] 其中包括提高留学生签证申请标准，尤其是英语要求。新规则中规定所有申请本科及以上阶段课程的学生必须至少获得 B2 等级英语测试成绩（相当于雅思 5—5.5 分）。当担保高校为学生发放确认接收的正式录取函时，它们必须确认学生具备适当的水平，担保高校可以自行选择评估申请人英语能力的方法，或者要求学生参加政府规定的英语测试考试。对于不能独立用英语进行交流的学生，英国边境管理署会拒绝其签证申请。

随着"虚假学院"丑闻的爆出，卡梅伦政府在对 PBS 中 Tier4 签证进行修改时也进一步提高招收留学生教育机构的审核门槛，引入了"高信任度担保机构资格"制度（Highly Trusted Sponsor，简称 HTS）。2011 年英国边境管理署发布的《确保边境安全：控制移民》（*Securing our Border：Controlling Migration*）提出了新的教育担保机构认证规定，针对尚未注册的新的教育担保机构以及原有的教育担保机构提出了不同的要求。只

① Sylvie Elise Lomer.*International Students in UK Policy from 1999 to 2013：Rationales for Recruitment and Representations of Student*. School of Education，2016：2.

② Melanie Gower.*Immigration and Asylum Policy：Government Plans and Progress Made*. Home Affairs，2012.

③ UK Border Agency.*Securing our Border Controlling Migration*. Home Office，2011.

有获得 HTS 的教育机构才有资格招收留学生，教育机构必须证明他们在招收和管理留学生方面有良好的记录。[①] 同时，英国不再接收签证函，所有申请入学签证的留学生都需要提供一个由教育担保机构发放的 CAS（Confirmation Acceptance of Studies），也就是由英国境内的教育机构出具的学习录取确认函，只有符合新认证要求且具有 HTS 资格的教育担保机构，才能无限制地发放 CAS。[②] 此外，在反恐战略下，英国外交部还出台了"学术技术审批计划"（Academic Technology Approval Scheme，简称 ATAS），旨在确保某些敏感学科的留学生不会获得可能用于大规模杀伤性武器计划的知识。ATAS 从侧面展现了英国在审核留学生入学签证时的严格态度。[③] 学生签证审核手段的演变旨在制定一个严厉的安全框架，打击未经许可的非法入境行为。

英国政府在 2017 年 4 月 27 日还颁布了《高等教育与科研法案》（*Higher Education and Research Bill*），通过立法的方式将留学生纳入净移民统计，并表示未来会对留学生群体加以限制。[④] 自卡梅伦上台后，保守党政府始终坚持"精英至上"的原则，旨在通过提高留学生签证申请条件形成有效的筛选机制，筛选出真正优秀的学生来英学习。

五、英国留学生工作签证政策

留学生的签证政策除了入学签证政策外，还包括留学生工作签证政

---

① International Visa Assistance and News. "UK Highly Trusted Sponsor Scheme for Tier4 Student Sponsors launched"，2019-03-25，见 https：//workpermit.com/news/uk-highly-trusted-sponsor-scheme-tier-4-student-sponsors-launched-20100327.

② International Visa Assistance and News. "UK Tier 4 Student Visa-Visa Letters no longer Accepted"，2019-03-25，见 https：//workpermit.com/news/uk-tier-4-student-visa-visa-letters-no-longer-accepted-20100225.

③ House of Lords. "International Science，Technology，Engineering and Mathematics (STEM) Students". *The Stationery Office Limited*，2014：52.

④ The Guardian. "How do we Show International Students they're still Welcome in the UK?"，2017-08-25，见 https：//www.theguardian.com/education/2017/may/17/show-international-students-welcome-uk-teaching-quality.

策，即留学生在读期间的工作时限以及毕业后暂留英国工作条件。工作签证不仅可以帮助其积累工作经验，提高其就业能力，毕业后的工作签证还能在很大程度上展现出留学生毕业后的工作前景，对留学生选择留学目的国产生深远影响，因此工作签证也是留学生教育政策的重点内容。

自撒切尔夫人政府开始，经济利益被视为招收留学生关键因素之一，英国政府对留学生的工作限制少之又少。随着移民系统的"失控"，留学生被认为抢占了英国本土学生的工作岗位。由于"合法"留学生和"假"留学生之间的二元分类取决于学生是否工作，留学生的兼职工作常被归类为可疑行为，其在英国留学期间的打工权利受到限制。除英国公立大学的留学生打工权利不变外，公立继续教育学院的留学生打工时间被缩短，其他院校的留学生则不允许兼职。同时，卡梅伦政府对留学生的学习时间也进行了限制。自 2012 年 4 月起，留学生要在规定的最长学习期限内完成课程，拥有博士学位的学生不受时间限制，但如果已在英国学习 8 年及以上时间，便无法再申请 Tier4 签证。延长签证有效期的学生必须由担保学校确认是否继续学历深造。2015 年 8 月 10 起，英国政府又将过去按照就读学位课程年限计算留英时间的方法变更为以签证时间为依据，18 岁以上读本科、硕士、博士课程的留学生，在英国停留时间最长年限为 5 年或 6 年（如本科学制为 4 年）或 8 年（如博士），旨在严格限制留学生毕业后在英国停留的时间，以此减少留学生对英国劳动力市场的冲击。

此外，卡梅伦政府取消了 PSW 签证，取而代之的是留学生毕业后必须符合 Tier2 签证的正常标准，且拥有一份最低年薪 2 万英镑的技术工作，才可以转换为 Tier2 签证暂留英国工作。留学生对 PSW 签证的取消十分不满意，并且对签证规则和指导的频繁变化感到困惑，这导致了海外留学生对英国好感度的降低，来自非欧盟国家的全日制留学生数量在 2012—2013 学年下降。[1] 尽管如此，英国还是为留学生毕业后留英工作

---

[1]　Sylvie Elise Lomer.*International Students in UK Policy from 1999 to 2013：Rationales for Recruitment and Representations of Student.* School of Education，2016：31.

提供了其他路径。卡梅伦政府增加了毕业生创业移民签证项目（Graduate Entrepreneur Scheme，简称 GES），即拥有 Tier2 签证的应届毕业生和博士后研究人员、具有独特创意和创业能力的国际精英人才毕业后可以申请这类签证暂留英国工作两年。2013 年 4 月，英国政府又针对博士毕业生推出了一项博士延续签证项目（Doctorate Extension Scheme，简称 DES），规定所有获得博士学位的留学生毕业后可留英一年找工作或积累创业经验。[1]2014 年 4 月修订出台的英国移民法中又新增"留学生实习计划"（International Student Internship Scheme，简称 ISIS），该计划允许毕业后 12 个月内在英国境内找到实习工作（工资满足最低工资标准）的中国留学生，直接在英国境内从 Tier4 学生签证转成为期 12 个月的 Tier 5 留学生实习工作签证，从而获得留英工作一年的机会。

2016 年 7 月，特丽莎·梅政府上台执政，英国移民局决定取消担保中介"留学生实习计划"的实习签证担保资格。此后，英国的留学生工作签证政策进一步向高质量学生倾斜，同时兼顾社会实际需求。例如，2016 年 7 月起，在英学习时间超过 13 个月并且毕业于牛津、剑桥、巴斯和帝国理工大学的硕士，有资格在毕业后申请延长 6 个月的签证。自 2016 年秋季开始，虽然对于第一次申请 Tier2 签证的人，最低薪资要求保持不变，但 Tier4 签证转 Tier2 签证的薪资门槛持续增长，不过部分与健康和教育相关的职业在 2019 年 7 月之前均不受新的薪资标准限制。2019 年，英国政府宣布攻读本科和硕士的留学生毕业后可以在英国停留 6 个月，而攻读博士学位的留学生最多可以停留 1 年，以最大限度地发挥英国教育出口的潜力。[2]

---

[1]　HM Government. *International Education：Global Growth and Prosperity*. London：HM Government，2013：38.

[2]　Study International. "UK extends post-study visa for international students to find work"，2019-03-28，见 https://www.studyinternational.com/news/uk-international-students-visa-extension/.

第三节　英国留学生教育政策的经验、问题与走向

招收留学生对国家政治影响力、经济竞争力、文化软实力的重要意义不言而喻，但不同国家的留学生教育政策各有不同。不同于美国和澳大利亚等移民国家，英国的人口密度、国内就业压力等因素导致留学生毕业后留英就业十分困难，即使在此背景下，英国仍凭借其良好的高等教育声誉，成为留学生海外学习的主要目的地国。[①] 英国留学生教育政策不仅为国家吸引了大量留学生，为英国带来了可观的直接和间接经济效益，而且也在历史发展中形塑了英国高等教育的品牌形象，对其特殊的留学生教育经验进行总结是十分必要的。前文梳理可以发现，现行英国留学生教育政策的形态与全费政策的影响密不可分，因此，本节将聚焦于全费时代以来的英国留学生教育政策。

一、英国留学生教育政策的基本经验

留学生教育政策的制定离不开政府、高校、市场等多主体的协同作用，不同主体间力量的博弈形成了不同的留学生教育模式，英国的留学生教育政策同样有自己的特色。

（一）政府主导留学政策的制定，政党交替推动政策变迁

英国高等教育管理体制呈现"小政府、大学校"的特征，高等学校虽多为公立，且通过中介组织接受政府经费，但学生招收等学术事务的主导权仍在学校手中，政府不能直接干预。但是招收留学生与招收本土学生不同，留学生招收政策的制定直接与国家的政治、经济发展战略以及国际定位息息相关。基于其特殊性，英国政府一直致力于留学生招收辅助性政策的制定及调整，在留学生的招收中一直发挥着不可或缺的作用。尽管不

---

① 桑锦龙：《当前英国高等教育改革的若干趋势及启示》，《北京教育》（高教）2017 年第 1 期。

同政党执政时政府的主导程度存在差异，但留学政策的制定仍呈现政府主导的特色。

撒切尔夫人政府出台的全费政策改变了英国留学生招收政策的指导理念，将其推入了新阶段，但是在全费时期，英国留学生教育依然采用各高校分别采取行动的方式展开，政府的政策导向作用并不明显。一直到布莱尔上台执政后，其领导的新工党政府强调政府的作用，试图通过政府发挥作用影响社会，呼吁"多元文化主义"。在这些政治诉求和教育理念的推动下，留学生教育作为教育国际化的一个方面，在布莱尔执政后成为高等教育的战略目标之一，在这一时期英国政府明确提出将提供留学生教育和培训服务作为一个重要的对外出口产业。[①]1999 年首相倡议计划第一阶段的启动是英国留学生教育政策中的一个分水岭，该政策也成为世界上第一项综合政府、教育机构及国际组织等各种资源和活动的国家政策。[②] 布莱尔政府制定"首相倡议计划"是英国政府有史以来第一次在最高政治层面认识到留学生教育产业对英国的重要性[③]，自此之后，英国高等教育国际化便结束了由各高校分别采取行动的历史，开启了英国高等教育国际化的国家战略时代，英国留学政策上升到国家战略层面。2010 年保守党与自由党组建联合政府，取代了工党政府，继承了之前保守党政府对移民问题一贯的"保守主义"意识形态，坚持"设置移民数量上限"，留学生作为最大的移民群体也被包含在减少的目标之内。特蕾莎·梅政府通过立法手段坚持将留学生纳入净移民统计数据，可以看出保守党政府对于留学生的态度相比工党政府更为保守，更多了一种"限制"的意味。保守党和工党的不同政治诉求和价值理念造成了其执政时期关注的重点存在差异，两

---

① 李娜：《英国布莱尔执政时期的重要教育政策研究》，硕士学位论文，华东师范大学教育学部，2008 年，第 54 页。

② UK Home Office Border Agency. "Student visas statement of intent and transitional measure"，2017-08-23，见 http：//www .uk ba.home office.gov.uk/site content/news articles/2011/march/65-student-visas.

③ Beatrice Merrick. "Preparation for success：key themes in the Prime Minister's Initiative for International Education". ISANA International Conference，Stamford Grand，2007.

党交替执政的形式也推动了英国留学生教育政策的变迁。

（二）市场波动对留学生教育战略定位的影响逐步增强

经济关系的变动是人的思想变动的主导因素，政策作为人们思想的产物，自然受到社会经济关系的制约，因此市场对留学生教育政策也产生了很大的影响。全费政策的出台即是最好的证明。20世纪70年代，石油战争引发全球性经济危机，加之凯恩斯主义指导下的福利资本主义逐渐失灵，英国经济陷入困境。在国内经济不景气的情况下，留学生规模的持续扩大加剧了英国政府的经济压力，撒切尔政府依据新公共管理理论在高等教育领域推行市场化改革，制定了全费政策。

实行全费政策后，英国留学生教育政策由政治导向转为经济导向，作为一项国际服务贸易，英国政府在制定留学生教育政策时充分考虑国际、国内的市场经济环境，经济因素对留学生教育政策的影响和制约愈发明显。2008年全球金融危机爆发，受全球金融危机冲击，英国劳动力市场发生萎缩，就业机会剧减，失业率节节攀升，尤其是大学毕业生面临着前所未有的就业困境，国内经济再次陷入了一个明显的衰退期。在此背景下，英国社会排外情绪弥漫，金融危机有转化为社会危机的趋势。同时，经济低迷又导致高等教育机构越来越依赖留学生的学费收入，基于此，联合政府在招收留学生的理念、留学签证等方面作出了一系列改变。

（三）高校在政策引导下自主开展留学生招收活动

作为学术权威统治高等教育系统的权力分配模式的典型代表，尊重院校自治和学术自由一直都是英国的传统，英国高等学校享有高度的学术自治。尽管"首相倡议计划"将留学生教育上升到国家战略层面，高校仍是其中不可或缺的主体。一方面留学生的录取标准、学业标准等学术性事务仍由高校决定，如英国许多大学都根据自身发展特点建立了自己的留学生奖学金项目，这类奖学金金额虽然数目一般较小，但与政府奖学金、社会团体奖学金共同构成了英国留学生奖学金体系；另一方面高校也积极参与到招收宣传等非学术性活动中，尤其是在英国政府将留学生学费的决定权下放至高校，留学生成为英国高校创收的主要来源后，许多大学都建立了从事国际宣传、招生、合同谈判、广告、资金筹集、校友联系以及福利资助等活动的团队。① 例如，英国著名的六所红砖大学之一的利物浦大学便设有国际发展办公室（international Development Office）和国际招生处（International Recruitment and Admissions），专门负责留学生招收和与世界各地研究机构、大学、工业、政府、基金会构建合作伙伴关系。还有不少高校通过直接设立海外办事处来招收留学生。如牛津大学在纽约、东京、中国香港直接开设了办事处。② 同时，英国高校还专注于开发校友链，支持在读留学生毕业后的就业。例如，英国伦敦卫生和热带医学学院就依靠 PMI2 的资助，建立了加强留学生与本国校友之间联系的项目。

此外，英国高校在留学生签证的审查方面也承担了重要职责，教育担保人制度的引入将监控留学生出勤和学生行为等任务转嫁给了高校，教育机构被置于边防警卫的位置。由此可见，英国高校对留学生的管理几乎是全方位的，与本土学生相较，至少从程序上而言做到了同质化管理；与其他国家，尤其是发展中国家的留学生管理相较，英国高校在留学生的开发与管理已十分成熟，几乎已经形成了完整的"产业链"。

（四）多主体共同打造留学生教育品牌

20 世纪末，留学生教育在知识经济中的战略地位已经引起各国的重视，知识的资本化、留学生教育市场的激烈竞争，使英国认识到在全球竞争中需要有创建教育品牌的意识，利用独特的品牌身份来吸引留学生的注意力。教育品牌的开发能为国家创造一个企业形象从而产生经济价值，强烈的文化认同是教育品牌的重要组成部分，开发教育品牌为英国留学生教育服务机构更加专业地向国外市场推广英国教育提供了依据，帮助维护英国的世界高等教育领先地位。③

---

① ［英］皮特·斯科特：《高等教育全球化：理论与政策》，周倩、高耀丽译，北京大学出版社 2009 年版，第 62 页。

② 中华网考试：《牛津大学在香港开设办事处，拟招收中国学生》，2019-03-10，见 https://kaoshi.china.com/england/learning/514284-1.htm.

③ Tony Blair. "Attracting more International Students"，2018-12-27，见 https://webarchive. nationalarchives.gov.uk/20080909014251/http://www.number10.gov.uk/Page3369.

　　留学品牌的塑造离不开优质教育资源与品牌维护活动的双重作用，优质教育资源属于既有产品，因此英国留学品牌塑造的重点在品牌重心的确定与维护，这些都离不开多主体的作用。在品牌重心确定中，在 PMI 时期，英国教育品牌的重点在于塑造一个具有优质教育资源的品牌形象。此后，依据留学生市场的调研，英国教育品牌的重点由凸显英国教育优势转为增强品牌区分度，关注教育质量。联合政府上台后，教育品牌的重点转为彰显国家整体实力。在品牌维护过程中，各行动主体通力合作，尽心宣传推广留学生教育，尤其是全费政策以来，英国留学生教育的宣传主体由留学生教育服务机构主导逐渐转向多元主体参与。例如，英国女王每年会对留学生发表新年讲话；首相每次赴外国出访，出访团成员都有高等教育代表，负责教育宣传和交流；英国大使馆也会组织留学英国的相关宣传活动等。此外，国际校友也是宣传英国留学生教育的重要力量。在殖民地时期，英国政府就资助殖民地国家的贵族阶层到英国留学，由此培养亲英政治力量，巩固殖民统治。实行全费政策后，国际校友的作用愈发凸显，他们被视为一项宝贵的资产，是高校形象大使。从意识到全球校友的作用到凸显校友的职业成就，再到构建全球校友网络联盟，英国充分保证了校友在英国留学品牌塑造中的参与度。

　　（五）留学生教育政策覆盖学生培养全过程，注重不同政策的功能互补

　　特定国家的政策在很大程度上可被形容为"体制"，"体制"内的政策相互关联，当互补性存在时，每一项政策的价值因其他政策的存在而增加。[①] 通过上文梳理可以发现，在英国留学生教育政策几十年的演变过程中，增强吸引力始终是政策核心目标，早期的留学吸引力是以教育质量及其宣传为主，发展到现在，政策覆盖面更加全面，以留学满意度为目标的政策地位获得提升。

　　从留学生留学意愿来看，除了教育质量之外，大多数留学生确实将

---

① 　［美］保罗·皮尔逊：《时间中的政治——历史、制度与社会分析》，黎汉基、黄佩璇译，江苏人民出版社 2014 年版，第 176 页。

其"获得签证的难易程度"和"学习期间或毕业后是否能获得工作机会"作为是否留英的决定性因素。[①] 教育质量是英国高等教育的传统优势，不言自明。因此，政府留学生招收政策的重点主要在宣传和入学签证领域。例如，撒切尔政府和新工党政府时期为了迅速扩大留学生规模，入学签证政策比较宽松。后期虽然提升了入学签证的筛选性，但也辅以更加规范的规模化宣传政策，用以换取留学生规模与质量之平衡。就过程性体验而言，由于留学生的学费普遍高于本土学生，因此奖学金政策和兼职工作政策就承担了缓解留学生经济压力的重要功能，而医疗保险、高校的学业支持、心理支持等具体政策则很大程度上扮演保障留学生权益、增强其学习体验的角色。调查显示，留学生对于英国留学生教育的满意度居于各教育出口国之首。[②] 此外，留学生毕业后的就业签证政策则承担了留学生未来期望的功能。由此可见，英国留学生教育各政策要素各有功能定位，围绕"提升留学生教育吸引力"这一政策目标，也已形成了相互配合、共同作用的平衡机制。

二、英国留学生教育政策存在的问题

虽然积极发展留学生教育为英国带来了政治、经济、文化方面的利益，并且形成了一条独特的发展路径，但是持续扩大留学生规模仍然存在一些问题，这使英国的留学生教育存在隐患，主要体现在以下几个方面。

（一）政策变动频繁，留学生教育政策环境不稳定

通过前文梳理可发现，英国留学生教育政策在某些方面存在频频变动的情况。一方面多番修改留学生教育政策是根据内外部环境对政策进行的改良，以期能够更好地吸引留学生和发展留学生教育；但另一方面，

---

① 杨晓斐：《英国高等教育国际化的程度、困境与战略对策——国际学生视角》，《高教探索》2016 年第 1 期。

② Universities UK International. "The UKs Competitive Advantage"，2018-06-21，见 https：//www.universitiesuk.ac.uk/policy-and-analysis/reports/Documents/International/UUKi-Competitive-advantage-2017.pdf.

频繁地修改留学生教育政策，特别是留学签证和留学生毕业后的工作签证政策的多次变动，严重影响留学生对选择英国作为留学目的国的前景预判。以英国留学生毕业后留英工作签证政策的演变为例，由 2004 年推出的 SEGS 到 2007 年启动的 IGS，到 2008 年又正式引入 PSW 取代 IGS，再到 2012 取消 PSW，以第 2 层级工作签证和 GES 替代，最后到现在的 ISIS 和针对牛津、剑桥、巴斯和帝国理工大学毕业的硕士的工作签证等，在 21 世纪以来短短十几年的时间里，英国留学生毕业后的工作签证政策发生了多次变动，这些变动在维护英国国家利益的同时，也给留学生选择留学目的地国造成了障碍。频繁变动的留学生教育政策使得留学生从中获得的信号越发模糊，因而留学生对于是否选择英国作为留学目的地国更容易产生困惑，十分不利于英国对留学生的招收。

（二）规模扩张与就业市场的反馈影响留学生满意度

英国的留学生教育已形成较为完整的产业链条，政府前期政策对留学生教育的经济效能过度重视，这导致留学生教育在规模与质量上的矛盾日益凸显，留学生满意度持续下降。尽管两期 PMI，尤其是 PMI2 以教育质量为核心目标的系列举措取得了一定成效，在增加留学生人数的基础上，改善了留学生在英国学习体验感，提升了留学生的就业能力，但是在经济危机及政党理念的影响下，英国政府持续削减对大学的经费投入，导致越来越多的学校必须将招收留学生作为缓解办学经费短缺问题的有效途径，从而不断地扩大留学生规模。留学生规模的增长需要相应教育投入的追加，但留学生教育的经济定位恰与这一逻辑相悖，留学生的增长速度远远高于配套设施及服务的配给速度。庞大的留学生教育系统导致英国高等教育的承受能力达到极限，既影响了留学生的培养质量，也影响到了本国学生的培养质量，整体英国高等教育质量面临着下滑的压力。尤其是在越来越多的留学生因英国留学生宣传政策和优质教育传统的吸引而大批量涌入英国后，高昂的学费并没有匹配相应的教育质量，学生的失落与不满就会加剧。

学生满意度除了受规模影响外，还与英国学制造成的间接影响有关。

英国高等教育学制的重心在本科与博士培养，硕士实行分流培养，其中授课型硕士的学制只有一年，课程安排比较紧凑，注重培养学生的实践能力。由于不同国家学制的差异性，不少留学生从英国获得授课型硕士后回本国就业，雇主期望与学生能力可能存在错位，导致英国硕士的含金量在就业市场的认可度和竞争力逐渐下降。就业市场的反馈是英国留学生教育的重要声誉来源，进而也容易影响留学生的满意度。

（三）留学生经济压力大

英国高校的经费主要来源于政府财政拨款、学生学费以及社会捐赠，在政府拨款不断削减、社会捐赠无法满足需求的情况下，高校只能依靠收取学费来缓解财政压力。20 世纪末英国政府便已将制定留学生收费标准的权力下放给高校，对于高校招收的留学生人数也不加限制，而本土学生和欧盟学生的招收名额及学费标准却受到政府的严格控制。因此，为缓解政府经费减少带来的经济压力，同时保证本土学生和欧盟学生的福利待遇，英国高校逐年提升留学生学费标准。例如，2020 年牛津大学对英国本土和欧盟学生的本科课程收费为 9250 英镑，而非欧盟学生的费用则在 25740—36065 英镑，几乎是本土学生的 3 倍。[①] 即使有奖学金的资助，面对飙升的学费和高昂的生活费用，留学生在英国求学面临的生活压力还是相当大。另外，为减少非法移民进入英国抢占劳动力市场，英国留学生签证政策严格控制留学生打工时间，除了公立大学的留学生外，其他类型院校的留学生打工时间受到严格的限制，这也从侧面加剧了留学生在英国留学的经济压力。

（四）社会文化对留学生不够友好

英国一直是非移民国家，二战后英国政府的移民态度一直是"零迁移"，虽然在经济利益的吸引下，英国政府对待留学生移民的态度十分友好，但是在社会"精英文化"的影响下，为了规范社会秩序、维护社会

---

① University of Oxford. "Course Fees for 2020-entry"，2019-12-2，见 https：//www.ox.ac.uk/admissions/undergraduate/fees-and-funding/course-fees? wssl=1.

稳定，英国政府也一直致力于控制外来移民数量，对于留学生的签证批准，特别是毕业后的工作签证批准始终比较严格。此外，英国是一个福利国家，精英主义的社会传统、本国国民的福利保障与资源总量的有限性使得英国国民的封闭性和排他性比美国、澳大利亚、加拿大等移民国家强得多。"现有的"群体害怕种族平衡会向着有利于新来者的方向变化。因此，在英国遇到政治、经济和社会问题时，移民就成为首当其冲被攻击的对象。各种恐怖袭击等暴力事件的发生，以及经济衰退导致的劳动力市场的萎缩，均被视作外来移民过多带来的问题。在全球化背景下，国际上所谓的穷国富国矛盾或"南北矛盾"，也在某种程度上助长了英国等欧洲福利国家的"反移民"种族主义。

（五）高等教育品牌优势显著度下降

20世纪80年代以来，争夺全球人才是知识经济时代积累人力资本的重要途径，积极招收留学生是提前争夺全球人才的主要方式，全球留学生市场竞争激烈。在世界范围内，跨国间的学生流动日益频繁，留学生人数不断攀升。根据OECD在《全球教育概览2019》（*Education at a Glance 2019*）中的统计，在过去几十年中，全球留学生人数从1975年的80万人增加到2017年的530万人，增长了6倍之多，年均增长率13%，并且有继续增长的趋势。其中在OECD国家的留学生人数为370万人，年均增长率5%。[1]

尽管英国教育品牌的开发开启了创立国际教育品牌的先河，但是随着参与全球留学生教育市场竞争的国家数量的持续增长，英国教育品牌战略很快被竞争对手国家特别是荷兰、新西兰和马来西亚等国模仿。[2] 与此同时，新兴国家高等教育质量的提升和全球知识中心的转移对英国高等教育的品牌优势造成了冲击。2017年全球留学生教育市场份额前五位已经

① OECD. "*Education at a Glance 2019*". Paris, 2019: 229-230.
② Geddie K. "Policy Mobilities in the Race for Talent: Competitive State Strategies in International Student Mobility". *Transactions of the Institute of British Geographers*, 2015 (2): 235-248.

由美、英、德、法、澳五个老牌留学生目的地国变为美、英、中、加、澳五国，其中英国的留学生教育份额从 2008 年的 13% 降至 9%。[①] 日本、加拿大、澳大利亚、意大利等留学生教育后起之秀以及新兴工业化国家在全球留学生市场的份额开始呈现上升趋势。知识经济和创新驱动成为经济体的技能需求，进而刺激了各国发展对高等教育的需求，一批留学生教育后起之秀以及新兴工业化国家在全球留学生市场的份额开始呈现上升趋势，尤其是以中国为首的一批发展中国家，作为传统的留学生来源国，也加入到了全球留学生市场份额的竞逐中来。在此背景下，英国不仅要与其他老牌留学生目的地国竞争留学生市场，还要应对非英语发达国家以及传统留学生生源国带来的挑战。此外，20 世纪全球知识中心从德国转移至美国，英国大学在各类世界大学排行榜中被美国大学全面压制，其在英语世界的学术吸引力被弱化。在激烈的国际竞争下，英国留学生教育的传统优势已愈发不显著，如何重新树立自己独特的教育优势，从激烈的全球竞争中立于不败之地是英国留学生教育迫在眉睫的任务。

三、英国留学生教育政策的走向

虽然在全费政策实施前期，英国留学生人数一度呈下降趋势，但在一系列留学生教育政策的推动下，1985 年之后英国留学生人数便呈现出稳定上升的趋势。由此可见，英国留学生教育政策取得了良好成效，帮助其在激烈的全球留学生市场竞争中脱颖而出。在未来的发展中，英国留学生教育政策在结构上应该不会发生太大变动，但也会基于外部环境等因素进行具体内容调整。

（一）进一步突出政府角色，加强留学政策的指导作用

在发展留学生教育、竞争全球留学生教育市场份额的过程中，各国留学生教育政策对具体实践的导向作用不可否认。英国留学生教育带有明

---

① Institute of International Education. "Open Doors 2019"，2019-12-2，见 https：//p.widencdn. net/6tpaeo/Open-Doors-Annual-Data-Release-2019-11-17-Print.

显的政府规划和导向痕迹，政府制定的各项留学生教育政策为留学生教育的稳步发展提供了合法性保障。撒切尔上台执政之后，依据新公共管理理论推动教育市场化，高等教育被当作产品出口，积极发展留学生教育成为英国政府的明确路线。作为国家经济需求主导型留学生教育模式的典型代表，留学生所具有的经济效益是推动英国持续扩大留学生规模、争夺留学生市场的强大动力。然而，一方面目前英国在全球留学市场的优势地位已不如从前显著；另一方面，2016 年 6 月 24 日英国依照全民公投结果宣布脱离欧盟，目前"脱欧"尚未完成，这也意味着英国、欧盟乃至世界政治经济教育格局在未来一段时间具有不确定性，如英国高校参与欧盟主导的各类大型国际教育交流合作项目和获得欧盟科研资金的机会可能减少，英国与欧盟国家间的人才流动可能受限等。因此，在未来一段时间内，为保障英国在激烈的留学生市场竞争中稳步前行，基于英国传统高等教育管理体制以及过去成绩的强化效应，英国政府应该会通过继续颁布留学生教育政策，加强政府领航力，以应对外部激烈竞争、脱欧等带来的变化。例如，在 2019 年发布的《国际教育战略：全球潜力、全球增长》(*International Education Strategy：Global Potential，Global Growth*) 中，英国政府就明确提出"到 2030 年，将英国教育出口总额扩大到每年 350 亿英镑，同时将留学生人数增加 30%，从 2018 年的近 46 万名留学生，提高到每年 60 万名"的战略目标。①

（二）注重人才质量，继续提高留学政策的筛选性

在全费政策之前，留学生教育受政治主导，服务于政治目的；而全费政策开始后以及新工党执政期间，留学生教育主要为谋求经济收益，很长一段时期内英国留学生教育政策的筛选作用都不明显。布莱尔政府在 PMI 时期宣称向海外学生开放留学生签证，保证所有潜在留学生更容易来到英国学习。开放的签证政策虽然有利于吸引留学生赴英留学，但也造

---

① HM Government. "International Education Strategy：Global Potential，Global growth"，2019-8-31，见 https：//assets.publishing.service.gov.uk/government/uploads/system/uploads/attachment_data/file/799349/International_Education_Strategy_Accessible.pdf.

成了留学生入学签证滥用现象的频发。大批非法人员进入英国，造成英国社会的恐慌。后期英国留学生教育政策开始注重增强筛选功能，为筛选真正优秀的留学生来英就读，英国政府提升了入学签证在申请材料、留学资金、语言等方面的要求，同时引入科技手段、签证信、担保人制度等规范留学生入学签证。尽管如此，英国高等教育留学生的总人数仍稳定在一定规模，也就是说，近年来逐渐紧缩的留学生教育政策既优化了人才质量，也并未对留学生教育的大局产生冲击。因此，未来英国留学生教育政策应该会继续提高筛选性，优化留学生教育的结构与质量。

（三）聚焦引才领域，持续向 STEM 领域倾斜

在知识经济时代，为了应对全球竞争，面对本土现状，英国在制定留学生教育政策时带有越来越明显的学科倾斜，在奖学金政策、留学生入学签证和留学生毕业后的工作签证政策方面表现得尤为明显。现阶段，英国政府非常注重留学生的质量，偏好理工科相关专业的精英人才，尤其是STEM 人才。不同于普通移民，这部分高端精英人才不仅不会对英国低端劳动力市场造成影响，可以有效规避普通民众的抵制浪潮，而且还能够弥补英国在相关研究领域研究人员不足的问题，推动英国高校的科研发展，为保证英国在新的科技与产业革命时代占据领先地位贡献优质人才。因此不论是工党政府还是保守党政府都致力于吸引优秀人才来英。出于这种考量，英国的留学生教育政策十分鼓励研究型大学招收 STEM 专业的学生，并为他们提供了毕业后在英国就业的良好条件。即使是具有"留学生杀手"称号的特蕾莎·梅在任期间也对高学历、高水平留学生多有照顾。这一政策偏好未来仍将在很长时期主导英国留学生教育政策。

（四）坚定战略重心，持续关注亚洲地区

英国留学生教育在政府的主导下一直带有很明显的国家利益倾向，不论是全费政策之前以政治战略为主要目的，还是全费政策之后以经济发展为主要目的，所有留学生教育政策都是为英国国家发展服务。因此，英国留学生教育的重点招收对象也根据其国家发展战略不断变化。例如，英国留学生奖学金在设立初期倾向于来自发达国家和英联邦成员国的学生，

之后英国政府又设立了一系列针对亚洲、非洲等中低收入国家、生源大国的奖学金项目。自 2012—2013 学年起，来自中国的一年级新生（涵盖本科及研究生阶段）数量已经超过了所有欧盟国家的总和。2017—2018 学年赴英留学的生源国与地区前五位分别是中国、印度、美国、中国香港、马来西亚。[①] 尽管现阶段英国高等教育的留学生生源不再以欧盟国家为主，但英国与欧盟具有天然的地缘优势，英国与欧盟关系日益紧张势必影响英国与欧盟在教育领域的交流，留学生教育领域也不例外。例如，英国可能将取消对欧盟留学生的学费补贴，欧盟留学生将与其他国家留学生一样受到各种留学生教育政策的限制；欧盟可能将取消对英国高等教育机构的科研经费支持；英国的学生和学者也可能无法再借助欧盟框架下的合作机制前往欧盟其他国家交流、深造。为了弥补其可能在欧盟国家遭遇的生源损失，英国未来可能仍会继续将亚洲地区作为其留学生教育的重要战略对象，加强宣传活动，调整奖学金、签证等系列政策。

（五）丰富国际教育形式，以跨境教育反哺留学生教育

全球高等教育的联动以及高等教育市场化的推进使得学生跨国流动与知识交换的形式更为多元。尽管跨境教育不是本书留学生教育政策的主要关注对象，但其在英国国际教育的版图中至关重要，且会对留学生教育产生潜在影响。英国很早就开始探索将优质教育输出海外的留学生教育形式，一方面可以弥补本土学校容纳能力有限的缺陷，更大程度地吸引留学生就近留学；另一方面也可以扩大英国高等教育的品牌效应，进一步吸引学生赴英留学。据统计，英国高等学校在 2016—2017 学年接收 44.2 万名留学生，同年，超过 70 万名学生在英国以外的地方接受英国高等教育学位教育。[②] 脱欧公投使得高等学校警觉到分散财源与风险的必要性。在此

---

① Higher Education Statistics Agency. "Where do HE students come from?", 2019-11-4，见 https：//www.hesa.ac.uk/data-and-analysis/students/where-from#tne.

② Universities UK International. "International Facts and Figures 2018", 2019-11-4，见 https：//www.universitiesuk.ac.uk/policy-and-analysis/reports/Documents/International/International%20Facts%20and%20Figures%202018_web.pdf.

形势下，高等学校在他国发展海外项目时，一方面会以海外据点为依托加强英国高等教育品牌的打造，另一方面也会加强对英国留学生教育的宣传，更大程度地发挥跨境教育对留学生教育的反哺作用。

时至今日，在全球留学生教育市场竞争愈发激烈、英国脱欧以及英国首相更迭的背景下，英国留学生教育政策将会何去何从、英国留学生教育按照特定路径发展能否继续谱写神话有待进一步观察。

第四章　法国留学生教育政策

作为传统的教育发达国家，法国在欧盟高等教育一体化和跨境教育国际市场的驱动下，将教育外交置于"法国国际战略的中心位置"。与此同时，法国在国际舞台始终保有鲜明的"文化例外"，更凭此成为仅次于美国、英国、澳大利亚的世界第四大留学目的地和非英语国家中最具国际留学吸引力的国家。2018 年，法国招收的留学生人数达 34.3 万人，成为招收留学生数量最多的非英语国家。[①] 这不仅由于法国是世界第六大经济体，法国国内生产总值在欧盟内部位列第二；法国企业在世界五百强企业中占据 29 席，并在世界各地拥有广泛的影响力；法国是全球创新能力发达和专利数量在全球占比较多的国家；法国重视新兴科技发展，积极扶植新兴企业，开创了一系列科学创新投资项目，更重要的是，法国一直以来将留学生教育作为对外传播文化、扩大法国在全球影响力的重要手段。[②] 同时，法国政府和社会力量投入大量精力发展留学生教育，吸引更多国际人才赴法。如法国政府委托第三方机构就"法国对留学生的形象和吸引力"等主题定期展开追踪调研，将研究发现作为了解法国高等教育国际化现状的重要手段，帮助政府制定有效的高等教育国际化发展战略，从

---

① Campus France. "Chiffres clés 2018"，2019-10-10，见 https：//www.campusfrance.org/fr/ressource/chiffres-cles-2019.

② Campus France. "Image et attractivité de la France auprès des étudiants étrangers"，2018-01-10，见 https：//ressources.campusfrance.org/publi_institu/agence_cf/notes/fr/note_54_fr.pdf.

而推出诸多增强本国高等教育国际吸引力和影响力的相关政策措施。

　　法国的语言文化与我国同样异于盎格鲁撒克逊世界，在高等教育发展领域与我国同样面临来自全球知识生产、人才培养与社会服务创新方面的激烈竞争。因此，梳理法国当前提升高等教育国际吸引力和留学生教育、服务质量的改革动议与政策实践，挖掘其留学生教育的发展经验、面临的挑战或存在的问题，以及未来发展趋势，对我国进一步网罗国际人才、提升高等教育国际化水平，提升高等教育国际吸引力具有积极的启发意义。

第一节　法国留学生教育政策的演进

　　法语是世界上使用人数排名第五的语言，也是国际组织第二大工作语言。法国在国际事务中地位显著，尤其对法语区国家而言。全世界60%的讲法语者来自非洲，非洲法语区国家对法国来说意义重大。1970年，法国国家联合起来创建了法语国家国际组织（Organisation Internationale de la Francophonie），在致力提升法语影响力的同时，国家间也加强交流合作，谋求发展，法国在其中扮演着重要角色，使得其国际影响力进一步提升。非洲法语国家成为法国最重要的留学生生源国。2017年，45%的在法留学生来自非洲，2018年这一比例上升至46%。[①]

　　法国高等教育的开放性最早可以追溯到中世纪，被誉为"欧洲大学之母"的法国巴黎大学正是在欧洲各国学者的跨境流动中逐渐形成。巴黎大学以学生原籍和语言为标志的四个"民族团"（Quatre Nations）是其重要的组织特征之一。这四个民族团是：诺曼底民族团、庇卡底民族团、英格兰民族团和法兰西民族团。这些民族团的划分界限并不是十分严格，如英格兰民族团中不仅有英格兰人，还有日耳曼人和斯堪的纳维亚人。来自

---

① Campus France. "Chiffres clés 2019"，2019-06-18，见 https：//www.campusfrance.org/fr/ressource/chiffres-cles-2019.

欧洲各地的师生普遍采用拉丁文传授知识，用拉丁语进行交谈。[①] 由此可见，早期的巴黎大学就具有国际性。然而，法国大规模开展留学生教育是从第二次世界大战之后开始的。二战以后，法国开始实行积极的留学生教育政策，吸引了大量第三世界国家留学生。但是，法国社会对留学生群体的文化身份始终持犹疑态度，因此其教育国际化进程相对滞后。90 年代后，受知识经济发展、欧洲一体化进程及全球化的影响，法国开始意识到教育国际化的必要性，出台了一系列法律与政策积极推进本国教育国际化进程。自二战后至今，法国的留学生教育政策的演变经历了三个阶段。

一、二战结束—20 世纪 70 年代的法国留学生教育政策

法国是二战的主要战场之一，因此国家发展受战争影响巨大，损失惨重。但二战后，在美苏争霸的世界格局影响下，美国开展马歇尔计划对西欧国家实行积极的经济援助。法国政府借此机会积极推出"装备和现代化计划"（Plan Modernisation de et d'Équipement），从宏观层面将恢复经济列为国家发展的首要任务，法国经济因此得以快速恢复。在 1949—1963 年间，法国的国内生产总值年平均增长率为 4.6%。[②] 同期，法国政府高度重视教育发展对经济增长的促进作用，并增加了教育投资。1954—1957 年间推出的国家计划将教育经费投入从国家预算的 6.65% 上升至 10.3%；1958—1961 年间推出的国家计划将国民教育列为国家优先发展项目；1962—1965 年间推出的"经济与社会发展计划"继续增加教育经费投入。[③] 在经济迅速恢复、国家高度重视教育的背景下，法国高等教育得到了快速发展并进入大众化阶段。1945—1970 年间，法国大学的学生数量增加了 7 倍，教师数量增加了 6 倍。

面对美苏争霸的国际背景，法国为恢复大国地位，戴高乐政府实行

---

① 李兴业：《巴黎大学》，湖南教育出版社 1988 年版，第 22 页。

② 姚椿龄、刘同舜：《战后美国和西欧的外交政策对西欧经济复兴的影响》，《复旦大学报》1985 年第 5 期。

③ 邢克超：《战后法国教育研究》，江西教育出版社 1993 年版，第 176 页。

独立自主的外交政策，积极拉拢第三世界国家。在教育领域，法国政府积极为第三世界国家留学生提供教育援助，并将其视为传播法国文化的使者。同时，法国政府将非洲法语区国家留学生视作国家发展的重要机遇，力求通过积极的留学生教育政策展现法国政府的慷慨大方，弥补殖民历史时期对殖民地国家造成的损失，维持法国在法语国家中的影响力并开发非洲国家的潜在市场。①

　　另一方面，原先的殖民地国家也将法国视作重要的合作对象，以谋求本国的快速发展。以北非马格里布国家为例，1962 年阿尔及利亚与法国签署埃维昂协议（Accords d'Évian）并于 1966 年继续签署了合作协议（Convention de coopération）。1955 年突尼斯与法国签订巴黎文化合作协议（les Conventions culturelles de Paris），两国于 1959 年共同规划了文化技术合作模式（protocole de coopération culturelle et technique）。1957 年摩洛哥与法国签署文化合作协议。通过签署合作协定，法国大学学制与模式继续在原先的殖民地国家发挥影响。60 年代，马格里布国家继续实行法式教育，旨在引领学生获得法国文凭。② 法国高等教育所拥有的丰富的学科门类和专业设置成为马格里布国家的教育制度设计的效仿对象。这些国家逐步改变了教育落后的状况，并输送学生到法国留学。这一做法满足了马格里布国家发展初期在人才培养上的国家需要。法国教育评估与预测司（Direction de l'Évaluation et de la Prospective et de La Performance，简称 DEPP）的数据显示，60 年代法国大学每年大约接收 4850 名来自非洲马格里布国家的学生。1962—1967 年间，至少 42% 的马格里布国家留学生受到法国政府的奖学金资助。③ 同时，法国政府针对马格里布国家启动

① Borgogno Victor & Streif-Fénart. "L'accueil des étudiants étrangers en France: évolution des politiques et des representations", 2019-7-20, 见 http://journals.openedition.org/urmis/415.

② Valérie Simon.La migration des étudiants maghrébins en France. "Une approche socio-historique（1962-1994）", 2019-5-7, 见 http://www.openedition.org/6540.

③ Valérie Simon.La migration des étudiants maghrébins en France. "Une approche socio-historique（1962-1994）" 2019-5-7, 见 http://www.openedition.org/6540.

了政府推荐程序（appui bienveillant de DGACT），由法国外交部文化技术事务管理总局（Direction Générale des Affaires Culturelles et Techniques，简称 DGACT）与法国驻马格里布国家大使馆共同负责，推荐部分留学生赴法留学。为了培养认同并支持法国的未来一代，政府选择的推荐对象主要是高级官员的子女或曾在殖民时期拥护过法国的长官的子女。①

除此之外，自 1968 年五月风暴后，法国大学受左派思潮的影响，积极接纳大批来自亚非拉国家的避难学生。巴黎、波尔多、格勒诺布尔、图卢兹等拥有众多大学的城市成为留学生们积极参与政治、反对独裁专制的阵地。② 与此同时，法国社会开始对留学生群体的留学动机产生怀疑，认为政治驱动多于学业因素，这影响了后来法国的留学生教育政策。

总之，二战后至 20 世纪 70 年代，法国高度重视教育对发展的促进作用，并以提升国家影响力、开发潜在市场为目的，积极实行教育援助，吸引亚非拉留学生赴法。战后至 60 年代末，法国的留学生总数不断上涨。根据联合国教科文组织的统计数据，1962 年在法国学习的留学生总数居于世界第三位，达 23089 人，占本国大学生数量的 8.2%，占全世界留学生总数的 8.7%；1968 年名次居世界第二，仅次于美国，共 36500 人，占本国注册大学生的 7.2%，占全世界留学生总数的 8.5%。③

二、20 世纪 70 年代—20 世纪 90 年代的法国留学生教育政策

1973 年中东地区石油危机爆发，法国经济受到巨大影响，直接导致法国国内对第三世界国家实行经济援助的态度转变；同时，伴随戴高乐下台，法国的外交政策改变，第三世界国家不再是法国优先发展的合作对象。同时期，马格里布国家爆发学生运动，大量学生前往法国避难谋求移

---

① Valérie Simon.La migration des étudiants maghrébins en France. "Une approche socio-historique（1962-1994）" 2019-10-17，见 http://www.openedition.org/6540.

② Vincent Geisser. "Le « double discours » des pouvoirs publics français sur l'accueil des étudiants étrangers：une si vieille histoire". *Migrations Société*.2018，174（4）：3-15.

③ William D. *Carter. Les études à l'étrangeret le développement de l'enseignement，Principes de la planificaon de l'éducaaon*. IIPE，les Presses de l'UNESCO，1974：15.

民。法国大学的留学生数量不断上涨，但留学生的普遍素养却在下降。法国社会对留学生群体的认知因此发生了巨大变化：留学生群体不再被视为国家发展的机遇，反而成为社会稳定的威胁；留学生来法的主要目的不是学业追求而是移民等政治因素。在此背景下，教育援助政策被视为社会负担，法国开始对第三世界国家学生实行限制性的留学生教育。

1974 年法国大学校长会议上呈交的《迪尚报告》（Rapport Dischamps）将留学生群体，特别是第三世界国家留学生，视为对法国高等教育质量与国际声誉的威胁，提议建立留学生筛选机制，优先吸引发达国家留学生，限制硕博阶段第三世界国家的留学生数量。① 此后，法国对留学生群体的行政管控更加严格。1977 年，法国出台了博内通报（Circulaire Bonnet），旨在减少大学阶段的留学生数量，并第一次将留学生群体视作特殊的移民群体对待。通报规定留学生完成学业后必须返回生源国，且即使学业失败、拿不到大学文凭也不可以更新居留证。1979 年，法国政府针对留学生群体出台安贝尔政令（Décret Imbert），要求所有首次注册法国大学的留学生进行预注册（pré-inscription）并接受法语语言考试，相关文化部门组织语言考试并就学生的申请注册文件给出录取意见。同时，法国成立全国委员会，对学生提交的文件进行分析，进而将学生分配至各个高校。但法国大学在留学生筛选与录取过程中不再有决定权。因此，改革使法国对留学生群体的管控更加严格，从而抑制了留学生移民法国的趋势。

此外，法国修改了 60 年代与法语区国家签署的合作协定，双方的教育合作不再基于教育援助，转而关注教育发展。1970 年至 1980 年间，马格里布国家受法国资助的留学生数量由 1970 年的 3098 人下降至 1980 年的 1724 人，人数下降了 44%。② 合作双方调整了教育合作经费的投入方

---

① Borgogno Victor & Streif-Fénart. "L'accueil des étudiants étrangers en France：évolution des politiques et des representations"，2019-10-17，见 http：//journals.openedition.org/urmis/415.

② Valérie Simon.La migration des étudiants maghrébins en France. "Une approche socio-historique（1962-1994）"，2019-10-17，见 http：//www.openedition.org/6540.

向，在人员培训等发展领域加强合作。法国继续向合作国派出专家进行短期考察，并派出教职人员在合作国的中等教育阶段担任职位。在高等教育领域，合作主要集中于医学、工程师、科学等领域的人员培养。法国还保留了合作国家中的法国高中，继续为法国输送留学生。

在 80 年代，法国国内爆发学生运动，反对以安贝尔政令为主的限制性留学生教育政策，法国的留学生教育政策由此开始转变。1980 年 4 月，法国政府取缔了博内通报并颁布了新的通报，取消了原先即使学业失败拿不到大学文凭也不可以更新居留证的规定，然而通报中明确提出留学生完成学业后必须立刻回国不得申请工作居留证。1981 年法国社会党执政后，政府对留学生群体的态度有所转变。外国留学生接待政令（Décret relatif à l'accueil des étudiants étrangers）取代了安贝尔政令，重新给予大学以录取留学生的权力，并对留学生群体持欢迎态度。1982 年颁布的政令废除了留学生完成学业后必须立刻回国的规定。尽管留学生教育政策有所放松，但法国国内持续的经济危机与失业问题使政府仍保留了对留学生移民法国的管控，第三世界国家留学生赴法留学均需接受严格的行政审查。

同时，伴随科技的进步与日益激烈的国际竞争，欧洲国家开始谋求合作，通过整合高等教育资源建设欧洲卓越中心。为此，法国政府强调发扬中世纪以来大学开放的传统，吸引并欢迎欧洲学生赴法留学。法国国家评估委员会（Comité national d'Evaluation）指出，亚非国家留学生仍是法国留学生中的主力，同时，法国应与欧洲其他国家开展教育合作，互相派遣留学生并发放奖学金以实现互利共赢。[1] 此外，法国政府留学吸引政策从提升数量转向关注质量。1987 年法国高等教育与研究部（Ministère de la Recherche et de l'Enseignement Supérieur）部长在《明日大学》（*Demain l'Université*）的报告中指出，面对当前科技的迅速发展，法国大学需加强

---

[1]　Borgogno Victor & Streif-Fénart. "L'accueil des étudiants étrangers en France：évolution des politiques et des representations"，2019-10-17，见 http：//journals.openedition.org/urmis/415.

应用科学研究，向外输出研究与实验成果。① 法国开始积极吸纳高层次、高水平的科技人才。然而，高等教育留学市场的竞争激烈，各国竞相采取措施吸引优秀人才，法国对发达国家留学生的吸引力仍相对落后。尽管政府采取了一系列限制性措施，法国的留学生群体仍以第三世界国家学生为主。

表 4-1　法国留学生生源地统计表

年份	马格里布国家	撒哈拉以南的非洲国家	亚洲	欧洲	美洲
1975	25%	23%	20%	20%	12%
1980	31%	23%	17%	18%	9%
1985	33%	25%	16%	17%	8%
1990	35%	21%	16%	20%	8%

资料来源：Alain Coulon，Saeed Paivandi. "Les étudiants étrangers en France：l'état des saviors"，2019-3-19，见 http://www.ove-national.education.fr/wp-content/uploads/2019/01/872e_rap_tr_ove.pdf_-1.pdf.

三、20 世纪 90 年代至今的法国留学生教育政策

20 世纪 90 年代，知识经济社会的兴起使高等教育成为国际竞争的焦点和各国发展战略的核心；同时，经济全球化扩展至高等教育领域，高等教育市场化发展趋势明显。1993—1994 学年法国大学接待留学生的数量达到历史新高，达到 139563 人，但此后这一数字不断下降并回落到 1997—1998 学年的 121624 人，留学生占全国大学生的比例也由 1993—1994 学年的 10% 跌落到 1997—1998 学年的 5%。同时留学生生源国家的地理分布存在着不均衡性，在 1997—1998 学年的留学生中，23% 来自欧盟国家，50% 来自非洲国家（其中 27% 来自马格里布地区），全部学生的 58% 均来自法语国家或受法语影响很深的国家（如黎巴嫩与罗马

---

① Borgogno Victor & Streif-Fénart. "L'accueil des étudiants étrangers en France：évolution des politiques et des representations"，2019-10-17，见 http://journals.openedition.org/urmis/415.

尼亚）。1996 年所有在国外留学的亚洲学生中，只有 2% 选择了法国，但却有 62% 选择了美国。[①] 可见，法国接待留学生受其历史背景和其对外政策倾向影响很大，忽视了留学生教育中最大的一块市场——亚洲尤其是中国。[②] 在此背景下，法国从 1998 年起引领建立了"欧洲高等教育区"（L'Espace Européen de I'Enseignement Supérieur），积极推动高等教育国际化进程，以应对知识经济时代的激烈竞争和数字化与人工智能革命兴起带来的挑战。

首先，欧盟的建立和区域一体化的推进促使法国与其他欧盟成员国在高等教育方面的交流与合作日益紧密。1998 年法国推出了《高等教育的欧洲模型》（Pour un Modèle Européen d'Enseignement Supérieur）报告，建议推广对精英和大众高等教育双轨制具有约束力的分级式大学学制及学位体系。[③] 学制改革思路随后被欧洲教育部长会议接纳，成为"博洛尼亚进程"（Bologna Process）的重要议题。同年，德法意英四国教育部长签署"索邦宣言"（Sorbonne Declaration），提出各国加强大学之间的合作，消除各国在学生和研究人员流动方面的障碍，实现证书文凭互认。1999 年，29 个欧洲国家签署"博洛尼亚宣言"（Bologna Declaration），建立欧洲高等教育区。法国于是从 2002 年起开始统一高等教育 3–5–8 学制，建构学分互认体系，并为赴法留学生设立埃菲尔奖学金，积极促进欧洲内部的人员和学术交流。上述改革有效打破了法国高校划分过细的学科设置，使教学课程得以重新梳理、整合，增强了不同高校间的联系，同时减少了欧洲境内学生与学者开展学术流动的障碍，使法国高等教育向欧洲化乃至国际化迅速迈进。

其次，法国政府积极调查法国高等教育国际吸引力的优势与不足，以保障政策制定的科学性。为了准确把握留学生的留学预期与留学体验，

---

① 安延：《新世纪国际留学市场中的法国》，《比较教育研究》2003 年第 8 期。

② 安延：《新世纪国际留学市场中的法国》，《比较教育研究》2003 年第 8 期。

③ Jaques Attali. "Pour un Modèle Européen d'enseignement Supérieur"，2019-10-4，见 http：//www.daniel-huilier.fr/Administration/Textes_Officiels/Rapport_Attali_1998.pdf.

　　法国高等教育署（Campus France）联合 Kantar Sofres 民调机构通过三次量化调查，对法国留学生教育现状进行了系统性分析。调查将受访者分为准备留学法国、正在法国留学、曾在法国留学三类群体，并以留学动机、留学体验及留学评价为主要内容展开。结果显示，教育质量始终是法国吸引留学生的首要因素，留学生普遍对在法留学经历评价积极，法国在留学生中的吸引力有所加强。与此同时，在法留学的生活成本、行政程序、学校融入等方面问题始终未得到有效改善。在三次调查中，近半数受访者表示法国的留学行政程序过于复杂。[①] 基于现实反映出的一系列问题，法国政府将改善留学生接待水平、提高法国高等教育的国际吸引力设定为留学生教育政策改革的主要方向，并着力于吸引高素质人才。

　　2005 年法国政府颁布《2020 的大学生与研究生：留学生流动与法国吸引力的关键》（*Etudiants et Chercheurs à l'Horizon 2020：Enjeux de la Mobilité Internationale et de l'attractivité de la France*）的报告，指出国际精英人才流动是法国国际竞争力和经济增长的关键所在，并提出增加奖学金数量、设立统一接待窗口等措施增强法国吸引力。[②] 2006 年法国新修订移民融入法令（Loi relative à l'immigration et à l'intégration），法令延长了留学生的居留签证，使政策进一步向赴法留学生敞开，尤其为硕士及以上学历留学生提供便利。2011 年，法国递交给欧洲委员会关于《2011—2014 年法国改革国家规划》（*Programme national de réforme de la France 2011—2014*）的报告强调，法国需参与建设欧洲高等教育区以推动区域国际化发展，促进留学生流动。[③] 此后，法国陆续对留学生居留政策作出调整，为其融入在法学习与职业生活提供便利。2013 年 7 月 22 日法国政府通过的高等教育与研究法（Loi rélative à l'enseignement supérieur et à la

---

① Campus France. "Image et attractivité de la France auprès des éudiants étrangers"，2018-12-1，见 https://ressources.campusfrance.org/publications/barometres/fr/note_54-2_fr.pdf.

② 赵翠侠：《提升国家软实力：法国高等教育国际化改革经验及启示》，《理论月刊》2009年第 11 期。

③ 张丹：《法国高等教育国际化的战略措施及其启示》，《国家教育行政学院学报》2018年第 5 期。

recherche）将留学生的暂时居留许可证的期限延长为一年。2016 年通过
的留学生权益法（Loi relative au droit des étrangers en France）规定留学生
可在法国高校学习满一年后提出多年居住证申请。① 此外，政府还向包括
年轻的外籍毕业生、国际学者、企业家等在内的外籍人才发放人才护照，
为其提供更多在法国工作的机会。居留政策改革旨在吸纳更多高层次、高
水平人才以增加法国经济的活力。

同时，法国重新将发展中国家日益庞大的留学生群体视为目标市场，
提出利用法语的影响力吸引法语区国家留学生。法国总统纽埃尔·马克龙
（Emmanuel Macron）在 2018 年访问法兰西学院时指出，"在未来几年中，
全球学生流动人数将急剧增加。法国必须扩大留学生人数，且来自新兴国
家的学生人数将翻一番，因为法语是将我们联系在一起的财富。来自印
度、俄罗斯和中国的留学生将会也必将更多。有时我们抛弃了法语，我们
必须尽一切可能提升其接待条件。……重新加强留学生来法国学习语言的
力度，和其他地方一样，在法语世界学习法语应当成为留学生教育开展的
基础，也是我们可以建立的基础。"②

伴随高等教育市场化的趋势，法国的留学生教育政策开始注重经济
效益，通过建立科学、系统的服务体系，吸引更多留学生以促进经济发
展。同时，知识经济的兴起与科技的快速发展使人才成为一个国家长远发
展的重要资源，高层次的优秀人才因此已成为法国制定留学生教育政策重
点关照的群体。

---

① Le Service Public de la Diffusion du Droit. "LOI n°2016-274 du 7 mars 2016 relative au droit des étrangers en France"，2019-3-8，见 https：//www.legifrance.gouv.fr/affichTexte. do？cidTexte=JORFTEXT000032164264&categorieLien=id.

② Emmanuel Macron. "Seul le prononcé fait foi" 2018-3-20，见 https：//www.elysee.fr/emmanuel-macron/2018/03/20/discours-demmanuel-macron-a-linstitut-de-france-sur-lambition-pour-la-langue-francaise-et-le-plurilinguisme.

第二节　法国现行留学生教育政策

进入新世纪以来，法国主要围绕人员、机构、课程和项目的国际合作提出了一系列政策措施，务求为高等教育在教学、科研和高校行政管理方面的国际化提供切实可行的方向与路径。

一、法国发展留学生教育的国家战略

法国历来重视吸引各国人才赴法留学。但在 1998 年以前，法国政府并未从战略的高度上意识到推广法国留学生教育的重要性，也尚未明确出台旨在吸引留学生的政策与措施。[①] 直到 1998 年，法国政府设立法兰西教育署（Agence EduFrance)[②] 专门负责法国高等教育国际化事务，特别是国际人员交流等事宜，并制定了一系列吸引留学生的新政策。1998 年，法国还颁布了 98-349 号外国人入境法国、在法国居留的新法案，提出简化留学生的签证手续等措施，抵消了由于没有技术移民传统而严格控制留学生赴法签证产生的不良影响。[③]1999 年，欧洲启动博洛尼亚进程。在此背景下，法国对传统高等教育学制进行了改革，逐步建立了与国际接轨的三级学位制度，并为赴法留学生设立了埃菲尔奖学金（Eiffel)，从此法国留学生教育迈入新的发展阶段。2011 年 7 月欧洲委员会发布的《2011—2014 年法国改革国家规划》指出，法国应当将建设欧洲高等教育区作为高等教育发展的主要战略，以推动区域国际化发展，推动留学生流动，加快综合大学、专科学校及研究机构的合作重组。[④] 为实现这一高等教育国际化改革转向，法国通过出台法规、完善政策积极推动留学生教育的发展。

---

① 安延：《新世纪国际留学市场中的法国》，《比较教育研究》2003 年第 5 期。

② 后更名为法国高等教育署（Campus France）。

③ 安延：《新世纪国际留学市场中的法国》，《比较教育研究》2003 年第 5 期。

④ Publications Office of the EU. "Programme national de réforme de la France 2011-2014", 2019-10-04, 见 http://ec.europa.eu/europe2020/pdf/nrp/nrp_france_fr.pdf.

　　进入 21 世纪，法国连续出台有关发展留学生教育的政策措施或报告，其中一些政策以高等教育相关法律制度为基础而确立。例如 2006 年的《研究规划法》（*Loi de programme pour la recherche*）提出要加强法国高等教育国际科研水平，推出高校与科研地区性合作项目；2007 年的《大学自由与责任法》（*Loi relative aux libertés et responsabilités des universités*）要求重建促进高等教育对外联络的法国高等教育署；2011 年，法国推出国家研究与创新战略及发展国际合作的多项举措；2013 年的《高等教育与研究法》将在高校实行英语授课作为促进高校国际化的具体措施，同时提出了国家高等教育战略（Stratégie Nationale de I'Enseignement Supérieur，即 StraNES），并将高等教育的国际化作为其中的重要举措。国家高等教育战略委员会于 2015 年发布《建设学习型社会》（*Pour une société apprenante*）报告，提出未来法国建设、促进公平、满足青年期待的五个轴心战略。其中一个核心战略是发展欧洲与国际高等教育空间。该报告还指出高等教育国际化是激发高等教育的创新活力、引领法国青年在公民与职业生活中更加面向世界、巩固欧洲高等教育空间的重要举措。欧洲化与人文性成为法国发展国际化战略的基础。[1] 此外，在萨科齐（Nicolas Sarkozy）总统执政时期，法国还提出"未来投资"计划（Investissement d'Avenir），该计划的一部分资金也用于发展高等教育国际化项目。这些法律制度成为法国鼓励国际精英人才流入、促进经济增长和提高国际竞争力的关键。[2]

　　还有一些政策是高等教育与研究创新部（M.E.S.R.I.）（下简称高教部）受到第三方机构所做的研究报告的启发，基于高等教育国际化发展状况提出的改进建议。例如，法国计划总署于 2005 年发表的《2020 年的大

---

[1]　Sophie Béjean, Bertrand Monthubert. "Pour une société apprenante", 2019-10-19, 见 https://cache.media.enseignementsup-recherche.gouv.fr/file/STRANES/12/2/STRANES_entier_bd_461122.pdf.

[2]　Macready, C.& Tucker, C. "*Who Goes Where and Why? An Overview and Analysis of Global Educational Mobility*". New York: the Institute of International Education, 2011: 78-80.

学生与研究生：留学生流动与法国吸引力的关键》（*Etudiants et Chercheurs à l'Horizon 2020：Enjeux de la Mobilité Internationale et de l'attractivité de la France*），坎塔尔—索福瑞（Kantar Sofres）等民调机构推出的《超越影响：留学生在法国的经济贡献》（*Au-delà de L'Influence：L'Apport Économique des Étudiants Étrangers en France*）、《留学生眼中的法国形象和吸引力》（*Image et Attractivité de la France auprès des Étudiants Étrangers*）等高等教育国际化战略报告。再如，法国国家战略中心（France Stratégie）于 2013 年发布的《十年后的何种法国?》（*Quelle France dans 10 ans?*）提出高等教育国际化是国家向世界开放的重要机遇，既能吸引人才又能在世界范围内传播法国模式。该报告同时提出应当使高等教育成为国家重要的收入来源。事实上，法国与澳大利亚接收的留学生数目相仿，但经济收益仅为澳大利亚的五分之一。因此，报告建议法国将经济效益作为发展高等教育国际化的一项重要指标。[①]2015 年发布的《投资高等教育国际化》（*Investir dans L'Internationalisation de L'Enseignement Supérieur*）则通过强调高等教育国际化带来的经济收益、人才资源的争夺以及对高等教育质量的提升等方面，将高等教育国际化视为向新兴国家年轻一代输出知识的重要机会和提升国家软实力的重要途径。

这些相关法律及制度为改革转向铺设了扎实的制度基础，不仅保障了法国高等教育加快融入欧洲一体化建设，推进了欧洲区域国际化发展进程，[②] 而且有效提升了法国高等教育在全球的影响力。

二、法国留学生教育的主要政策

目前，法国在发展留学生教育方面采取的政策措施类型多样，从宏

---

① France stratégie. "Quelle france dans dix ans? Les chantiers de la décennie", 2019-10-19，见 https://www.strategie.gouv.fr/sites/strategie.gouv.fr/files/atoms/files/f10_rapport_final_23062014_1.pdf.

② 张丹：《法国高等教育国际化的战略措施及其启示》，《国家教育行政学院学报》2018年第 5 期。

观的政策引导到微观的服务跟进，形成了相对完善的政策体系。总体上，法国主要通过设立以吸引高层次留学生为主的奖学金项目，实施公益性为主的学费政策，开展面向高技能和稀缺岗位人员的移民政策和 2011 年以后逐步放宽的海外留学生在法就业政策。[①]2018 年，法国在大量的前期调研和实践经验的基础上，出台"欢迎来法国"战略，对当前如何提升高等教育国际吸引力和影响力有了更加综合的政策规划。政策具体包括以下几个方面。

（一）提升法国科研竞争力，以国际科研合作吸引留学生赴法学习

科学研究作为高等教育发展的核心动力，不仅需要源源不断地生产新知识、提供新技术，而且要与社会需求和发展紧密相连，以服务地方、国家乃至全球的经济增长与文化繁荣。法国从 2009 年开始将高等教育领域科研力量的国际化与国家研究与创新战略（Stratégie Nationale de Recherche et d'Innovation，简称 SNRI）接轨。SNRI 通过相应的科研公共政策，从宏观层面提出激发技术创新、推动经济增长、提高生活质量、发展公民福祉和建构文明社会的国家使命。这些举措成为法国提升科研创新能力的主要路径。[②]2011 年，SNRI 为加强法国高等教育科研的国际合作与竞争力提出五项核心举措。[③] 其中特别提到应增加法国对科技人才的吸引力，提高对国际学生和学者的接待质量。

为此，法国积极吸引硕博士留学生赴法交流学习，为科学研究提供人才支持，促进知识的自由流动，并加强创新主体之间的交流合作。一方面，包括硕博士留学生在内的从事科研人员可以享受独特的签证优惠。法国面向科技和科创领域国际人才推出"科技签证"，有效期为四年，可以

---

① 赵翠侠：《法国接收留学生政策变化分析》，《学习月刊》2008 年第 22 期。

② Ministère de l'enseignement supérieur et de la recherche. "Stratégie nationale de recherche et d'innovation"，2019-02-13，见 http：//media.enseignementsup-recherche.gouv.fr/file/SNRI/69/8/Rapport_general_de_la_SNRI_-_version_finale_65698.pdf.

③ Ministère de l'enseignement supérieur et de la recherche. "La politique de coopération international"，2019-07-19，见 http：//www.enseignementsup-recherche.gouv.fr/cid56277/la-politique-de-cooperation-internationale.html.

续签，为其在法国工作、学习、生活提供更多便利。在签证办理中，这部分群体处于优先地位。另一方面，法国还推出诸如"休伯特·库里安合作计划（les Partenariats Hubert Curien）"的项目，在法国与国外科研团队之间建立合作，为项目提供资金支持以促进留学生赴法进行跨境交流。

此外，法国是欧洲研究区（European Research Area）的积极参与者，并在此框架内大力吸引留学生，特别是国际博士生。通过"玛丽·居里行动"（Maries Curie Actions）吸引更多具有良好教育和培训背景的博士留学生等科研人员到欧洲各国进行研究交流，并为其提供资助，从博士毕业生到经验丰富的研究者都可以申请。"欧洲科研人员网络"（EURAXESS）则是促进博士留学生等科研人员在欧洲范围内自由流动的主要工具，为有意愿在欧洲工作的博士留学生提供信息和服务，以实现欧洲区域内研究人员的供需平衡。

（二）变革高等教育组织，提升各类高校在留学生群体中的国际口碑

面对以优秀人才和高新技术为主的国际教育竞争时，法国的人才培养模式和科技创新能力并未显示出巨大优势，且大学的国际声誉有限，在吸引国际人才方面逊于美、英等高等教育强国。为此，法国着手优化大学治理，建立更具竞争力的世界级大学，提升法国大学的国际口碑，从而提高对留学生的吸引力。

伴随高等教育跨境流动规模的不断扩大，法国高等教育对外交流与合作愈加频繁。但1968年的"五月风暴"后，法国公立大学依据《富尔法》（La Loi de Faure）的"多学科"原则被划分为多所小型大学，一些旨在分担高等教育大众化压力的新大学纷纷建立，加之"大学校"（Grande Ecole）等其他高等教育机构数目繁多、类型多样。同时，法国高等教育在优化国家治理和刺激经济创新方面的影响力不足，对提升法国的国际竞争力所发挥的作用也十分有限。① 这些因素都影响了法国高校在国际高等

---

① Pierre Balme, Jean-Richard Cytermann, and Michel Dellacasagrande. "*L'université Française: une Nouvelle Autonomie, un Nouveau Management*". Presses universitaires de Grenoble, 2012: 33.

教育中的辨识度和能见度。

在此背景下，政府从 20 世纪末开始推动各类大学、"大学校"和科研机构相互靠拢，优化高等教育宏观治理，并在新千年以后，正式开启了大学重组的战略实践。①2006 年，法国建立旨在整合教育资源、扩大学校规模、发展科研合作的高等教育和研究集群；2008 年，在公债投资计划框架下启动"校园计划"（Opération Campus），支持高等院校和研究机构形成大型教学研究基地，以建立具有国际水准的卓越校园；2010 年，又推出大学"卓越计划"（Initiative d'Excellence）和"地方－经济－科学－创新计划"（Initiative Science-Innovation-Territoires-Économie，即 I-SITE）等项目，选拔优质的合作高校及其相关研究机构，给予包括发展国际化合作在内的特殊经费支持。在政府的制度推动下，法国一些大学也主动开展合并，希望强化地方高校在欧洲和国际层面的吸引力。2013 年，《高等教育与研究法》对高等教育组织结构予以规范，提出全国高校均需参与组建大学与机构共同体或高等教育联合会等的要求。同时，高等师范学校集团、高等工程师技术集团等一系列代表法国精英教育的机构联盟纷纷成立。各联盟根据自身特色提出促进教学、科研国际化发展的各项使命，并与国家签订多年期发展合同。各高校可以借助联盟内的 MOOC 平台、联合培养与科研合作等共享资源发挥集聚效应，提升自身的国际化发展水平。

此外，法国大力吸引国际教育资源，用于改善留学生教育条件。如巴黎政治学院等法国一流的高等院校与美国芝加哥大学发展深度合作，为国际化发展创造契机。美国芝加哥大学斥资 3700 万欧元，在法国巴黎打造一个总建筑面积达 9500 平方米的国际高教园区。该园区涵盖教学楼、学生宿舍楼、商业楼，不仅服务于美国学生，而且辐射欧洲、非洲和中东地区的高等教育合作。这项名为"UChicago"的国际校区，地址设在巴黎 13 区，毗邻法国国家图书馆。项目于 2020 年动工，预计 2022 年投入

---

① 张梦琦、刘宝存：《法国大学与机构共同体的建构与治理模式研究》，《比较教育研究》2017 年第 8 期。

使用。

（三）制定多项优惠政策，扩大高层次留学生人才的引进范围

法国总理菲爱德华·菲利普（Edouard Philippe）在吸引留学生战略介绍会上指出，由于发展中国家青年人接受高等教育的比例大大增加，到2025年，全球留学生流动人数将从460多万人增加到900万人。这对法国高等教育来说是一个提高对留学生吸引力的绝佳机会。[①]一方面，留学生选择赴法留学对法国"人才库"的形成具有决定性意义，并塑造着未来法国社会的就业市场；另一方面，人员的流动有助于促进科学移民，高端科技人才的引进将大力推动法国科技创新和学术成果转化的成效。因此，法国为进一步网络全球人才，基于"欢迎来法国"战略在2019年2月启动了相应的政策措施，并设立"欢迎来法国"基金（Fonds d'amorçage Bienvenue en France），启动经费达1000万欧元，主要用于资助引进高学历留学生人才。

优惠政策具体包括以下几方面。一是增加奖学金名额。法国政府承诺将目前的7000个奖学金名额增加至15000个，院校层面还将设立6000个奖学金名额，也即共四分之一的留学生将享受奖学金资助。与此同时，政府也将加大对学生的资金补助或学费减免力度。政府奖学金将优先发放给非洲国家，特别是马格里布国家的留学生。院校奖学金则将结合各院校具体的国际合作政策及国际吸引力政策。与法国院校有合作的国外院校的学生来法留学时，可享受与欧盟国家学生同等的注册费，尤其是以伊斯拉谟计划的形式来法留学的非欧盟国家的学生。在法避难的留学生或已经享受补助政策的留学生将继续享受学费减免政策。二是简化签证程序。法国高等教育部联合内政部推出简化签证新政策。如大使馆将优先处理留学生签证；开通"法国签证"电子门户网站，方便学生查询需提交的资料以及

---

① Discours de M. "Édouard PHILIPPE", 2019-09-09, 见 https：//www.gouvernement.fr/sites/default/files/document/document/2018/11/discours_de_m._edouard_philippe_premier_ministre_-_presentation_de_la_strategie_dattractivite_pour_les_etudiants_internationaux_-_paris_-_19.11.2018.pdf.

注册进展。留学生在法第一年将获得等同居留证的长期签证（VLS-TS），在其居留法国的第一年内不必再申请短期居留签证。法国从 2019 年中旬开始实行电子签证审批制度，学生不再需要前往法国移民局办理签证手续。随后学生将取得学生居留证，有效期等同于学生需在法学习的学年总和。为了方便学生取得居留证，法国将在大学周边及省会设置办公窗口。同时，从 2019 年 3 月起，曾在法国取得硕士文凭并返回原籍国的留学生将有机会申请获得特殊居留证，以方便其再次返法寻找工作。[①] 该措施是对已经实施的众多利好政策的补充，例如针对留学毕业生（职业型学士、硕士、博士、理学硕士、法国大学校联盟的硕士）开放的在法额外停留12 个月的政策，向硕士和博士毕业生开放的 5 年往返签证政策，以及面向博士生开放的"人才护照"政策。三是完善科技人才配套吸引政策。例如设立科技签证，或者在法国高校集中的地区建立外籍研究人员服务中心网络，为研究伙伴供个性化的接待和陪伴。[②]

（四）加强语言培训与英语授课，助力留学生培养的实践效果

由于科学知识无疆界，高水平的留学生人才成为国际学术交流的重要载体。因此，法国利用"欢迎来法国"的部分基金辅助优秀留学生的培养，特别是非法语国家的学生。一是通过资助法语语言教学和传播，提升非法语国家学生对法国高等教育的亲近感。这部分资金主要用于支持为非法语国家留学生开设法语培训课程的教学机构，为避难留学生和攻读特殊文凭的科技人才提供法语语言辅导课程。与此同时，远程法语教学将得到进一步发展，留学生在赴法之前可学习多种课程。二是支持英语或其他语种在法国大学课堂或联合培养项目中的使用。这部分资金将支持高校增

[①] Ministre de l'enseignement supérieur de la France. "Bienvenue en France：la stratégie d'attractivité pour les étudiants internationaux"，2019-05-10，见 http：//www.enseignementsup-recherche.gouv.fr/cid136251/-bienvenue-en-france-la-strategie-d-attractivite-pour-les-etudiants-internationaux.html.

[②] Ministre de l'enseignement supérieur de la France. "Accueil en France des scientifiques étrangers"，2019-09-09，见 http：//www.enseignementsup-recherche.gouv.fr/cid56284/accueil-en-france-des-scientifiques-etrangers.html.

加英文授课课程数量，以便在接收留学生时所有课程均可提供全英文授课。① 从 2004 年至 2018 年，法国大学英语授课课程已经增加了 5 倍，数量从 286 门增加至 1328 门。特别是 2013 年的《高等教育与研究法》允许各高校在与国外高校签订协议的情况下使用外语进行授课，从而使法国大学课堂突破只用法语教学的刻板界限。截至 2019 年 4 月，法国有 1015 门硕士课程采用全英授课，还有一部分课程为英法双语授课。有 237 所高等院校提供英语授课，主要集中在经济管理、工程技术、环境科学与健康几大专业领域。②

法国从加强法语语言培训和进行英语授课两方面双管齐下，弱化留学生在培养过程中可能面临的语言不通等问题，同时增加法国在高等教育教学吸引力方面的砝码。法国高校对此积极响应，如波尔多大学专门为留学生安排了每周的法语课程；巴黎综合理工学院在 2017 年创建新本科专业时，提出优先接收留学生、使用英文开展工程师精英教育的规划。此外，法国借助英语大力推动双学位或联合学位课程、MOOC 课程、国际硕士文凭项目等，吸引留学生赴法或鼓励学生向外流动。

（五）开展接待能力认证，保障留学生教育的管理服务水平

高等教育的国际化水平与高校的国际接待能力休戚相关。法国政府认为，高校可为留学生提供优质的教育服务，这是获得留学生青睐所必需的管理能力和促进国际交流活动得以开展的重要推动力。③ 为此，法国推

① Ministre de l'enseignement supérieur de la France. "Bienvenue en France"：la stratégie d'attractivité pour les étudiants internationaux", 2019-05-10, 见 http：//www.enseignementsup-recherche.gouv.fr/cid136251/-bienvenue-en-france-la-strategie-d-attractivite-pour-les-etudiants-internationaux.html.

② Ministre de l'enseignement supérieur de la France. "Bienvenue en France：la stratégie d'attractivité pour les étudiants internationaux", 2019-04-28, 见 http：//www.enseignementsup-recherche.gouv.fr/cid136251/-bienvenue-en-france-la-strategie-d-attractivite-pour-les-etudiants-internationaux.html.

③ Olivier Rollot. "Se forger un profil international-L'enseignement supérieur français acteur Mondial", 2019-07-19", 见 http：//orientation.blog.lemonde.fr/2019/06/17/lenseignement-superieur-francais-acteur-mondial/.

出"欢迎来法国"接待能力认证机制，希望进一步提升高校留学生管理的专业性。其中，高教部各单位结合实践经验，集体商议制定高校的国际接待能力标准。例如可以从高校获取各类信息咨询的便利度、留学生的接待质量、住房、住宿条件和校园生活，以及国际毕业生的跟踪服务等方面对其国际化水平进行评估认证。所有的高等院校都可申请能力认证。它们只需向高教部提供符合认证标准的申请文件，申请通过后便可取得盖有能力认可公章的认证书。通过认证的院校将获得"欢迎来法国"基金的资助，以进一步改善留学生的接待质量。而未通过申请的院校可以第二年继续申请，在此过程中，高教部也将帮助其完善接待机制。2019年共有70所院校满足条件并获得认证。①

此外，作为"欢迎来到法国"战略的一部分，高教部还面向全国高等院校公开征集旨在改善留学生接待质量的增值项目。如协助来法新生适应环境，帮助其解决常见问题，加强学生共同体融合的同辈支持项目；旨在促进留学生社会融入的语言文化辅导课程项目；以及针对行政人员的多语种接待能力培训行动或计划等。② 申请院校同样需要申请"欢迎来法国"接待能力认证。同时，政府鼓励院校开展合作，如在高校聚集区专设一站式服务窗口，方便留学生办理居留证等。"欢迎来法国"接待能力认证作为评定高校留学生接待质量的唯一认证机制，有助于高校努力开展高质量的留学生接待工作，促进其将行政管理服务纳入学校的长期发展战略中，进而保障高校服务管理的国际水准。同时，获得认证的高校也更易得到留学生的信任，这对提升法国高校的国际影响力大有裨益。

（六）实行学费差异化制度，实现公平且高质量的留学生教育

为促进教育公平、优化留学生教育质量，法国政府宣布对2019年入

① Ministre de l'enseignement supérieur de la France. "Appel à projets 'Bienvenue en France'"，2019-03-21，见 http://www.enseignementsup-recherche.gouv.fr/cid140055/appel-a-projets-bienvenue-en-france.html.

② Ministre de l'enseignement supérieur de la France. "Appel à projets 'Bienvenue en France'"，2019-03-21，见 http://www.enseignementsup-recherche.gouv.fr/cid140055/appel-a-projets-bienvenue-en-france.html.

学的非欧盟国家学生上涨注册费并实行差异化收费。非欧盟本科生的注册费用将从每年 170 欧元增加至 2770 欧元，硕士生项目从每年 243 欧元增加至 3770 欧元。但法国政府仍将承担实际教育成本的三分之二，同时增加的收费将用于提供留学生的奖学金项目，从目前的 7000 个名额增加至 15000 个。但是，以下几类留学生将不受学费差异化制度的影响：（1）欧盟或欧洲经济空间成员国及瑞士联邦公民；（2）持有"欧盟或欧洲经济空间、瑞士联邦公民家属居留证"的公民；（3）持有居民居留证或国际协定下为法兰西共和国所接受的同等效力居留证的公民，以及持有这两种居留证的公民的直系未成年后代；（4）注册学年开始前的 1 月 1 日前，本人或家庭曾在法国居住并交税至少两年的个体；（5）拥有避难身份或享受辅助保护的个体；父母或其他监护人拥有避难身份或享受保护的个体；（6）已与法兰西共和国政府缔结协定，可以享受与法国学生同等注册费的国家的学生，或者不用申请居留证的国家的学生。

高等教育部 2019 年 4 月 21 日出台的 344 号政令规定了学费减免的相关内容：外交部可结合法国科学文化政策及学生自身因素，对部分院校中申请国家文凭、工程师文凭的留学生减免部分学费；外交部、财政部及高等教育部将联合审议并决定学费最高减免数量，减免期限及总额；有实际困难的学生，特别是避难留学生及失业者，或者符合院校需求的学生将得到学费减免；院校负责人结合具体标准及院校发展战略对学生予以学费减免，减免人数不得超过注册人数的 10%。政令规定以下几种情况学生将享受学费减免：国际或欧洲交流项目的留学生；在欧洲经济空间外的国家接受远程教育的学生；在与法国院校缔结协议的国外院校就读的学生。"大学校"预科班学生在注册大学时不受学费差异化制度的影响。此外，鉴于留学博士生、国际研究项目的博士生导师对法国科研的重要贡献，这类群体也免于缴纳差异化学费，从而有助于法国吸引更多高层次留学生。

（七）借助离岸教育与境外教育服务，发挥法国高等教育的国际影响力

法国积极倡导离岸教育，在国外及其他地区与当地政府开展合作，主要通过建立附属学校（établissement franchisé）、卫星校园（campus satellite）及合作院系（établissement associé）三种方式向当地学生提供法国高等教育，以增加法国高等教育国际的吸引力。目前法国已在国外建立了 140 所院系，例如非洲地中海地区法国—突尼斯大学（Université franco-tunisienne de l'Afrique et de la Méditerranée）及我国的中法工程师学院（Ecole centrale de Pékin）。法国优先加强与非洲国家大学间的合作，在非洲国家提供远程法国高等教育。摩洛哥、越南、中国、黎巴嫩和突尼斯是赴法留学生的五大生源国，也是在这五个国家中法国建立了最多大学及相关机构。目前，法国在海外已经有许多大学合作伙伴，且分支机构遍布世界各地。如法国高等商业学校（École Supérieure des Sciences Économiques et Commerciales）在拉巴特和新加坡设立分校，中央理工学校（École Centrale）在卡萨布兰卡和北京设立合作学院，巴黎多芬大学（Université Paris Dauphine）在突尼斯、索邦大学在阿布扎比酋长国等国相继落地。① 法国总统马克龙在 2018 年 3 月 20 日的讲话中提出，到 2020 年要使海外院系接受的学生数量翻倍，为此法国将提高海外院校的办学能力，并通过政策扶植相关院系的发展。2019 年，法国建立了 500 万欧元的启动资金用以支持海外院校的建设。自 2020 年起，法国开发署（Agence Française de Développement）将投入预计 2000 万欧元的资金用以支持海外院系的长期发展。境外办学被视为法国加强高等教育国际吸引力战略的最后一个支柱。它有助于国外学生更加了解法国文化，从而选择赴法留学。赴法留学生数量的增加，也会促使法国在海外更加被当地认可。

法国历来重视吸引各国人才赴法留学。1998 年法国成立法国教育署（EduFrance），于 2007 年 5 月更名为法国高等教育署。法国高等教育署是法国留学生教育的官方管理机构，它以促进法国高等教育在海外的发展、改善留学生在法国的接待情况为主要职责，具体负责指导留学生建立

① Discours de M. "Édouard PHILIPPE"，2019-09-09，见 https：//www.gouvernement.fr/sites/default/files/document/document/2018/11/discours_de_m._edouard_philippe_premier_ministre_-_presentation_de_la_strategie_dattractivite_pour_les_etudiants_internationaux_-_paris_-_19.11.2018.pdf.

个人留学计划，帮助他们作出最终决定，以及推广法国高等教育。法国高等教育署全年组织各种类型的活动：如协助法国高等院校和博士生学院组织留学法国宣讲会、推广会和学生选拔会。学生可以通过法国留学宣讲会、主题论坛、参加教育展与法国高校代表见面。这些难得的机会可以为学生们答疑解惑，帮助他们建立适合的个人留学计划。法国高等教育署还负责陪伴学生完成赴法留学签证申请材料，设立留法校友会，帮助和陪伴留法归华人员等。留法校友会是留法归华人士在中国的联谊网络。自 2008 年 10 月创立以来，由法国驻华大使馆和法国驻各地总领事馆运营的联谊网络已覆盖了全中国。留法校友会经常组织各种职业发展或文化社交活动，使会员有机会相互交流并保持与法国的接触。为了方便会员进行有关职业规划等议题的交流，留法校友会还设立了航空、可持续发展、法律、金融、科学和健康等不同主题的分会。为帮助会员更好地就业，留法校友会每年都会在全中国组织一个招聘论坛邀请中法两方的招聘者。留法校友还设立了创业奖来鼓励创业精神，奖励拥有最佳创业计划的会员。①

第三节　法国留学生教育政策的经验、挑战与走向

法国之所以成为全球重要的高等教育留学目的地国，与其相对成熟的高等教育国际化发展思路和战略规划不无关系。根据 OECD 的分析，法国属于以高质量人才移民（les migrations de personnels qualifiés）为基础发展留学生教育的国家。因此，它既追求不同高等教育系统之间的相互理解，也以更主动和更具针对性的方式对留学生进行选择性招募。②综合其高等教育国际化的发展经验和最新探索，我们可以进一步挖掘法国留学生

---

① 法国留学：《法国留学的官方机构：法国高等教育署》，2019-10-21，见 http：//www.chine.campusfrance.org/zh-hans/campusfrance-faguo-liuxue.

② Vincent-Lancrin S. "L'enseignement supérieur transnational：un nouvel enjeu stratégique？". *Critique internationale*，2008（2）：67-86.

教育政策的经验、问题与走向。

一、法国留学生教育政策的基本经验

伴随全球化的深入，越来越多的学者开始探索各国高等教育国际化背后的战略动机和改革逻辑。一种观点认为自 20 世纪 90 年代后，政治、学术、社会 / 文化等因素持续推动着各国发展留学生教育，而经济因素成为鼓励留学生流入的首要驱动力。这些特点在美国和欧洲一些高等教育经费短缺的国家尤为突出。这些国家不断扩大留学生规模，占据了高等教育全球市场的绝大部分份额，成为高等教育国际化的中坚力量。[①] 也有观点认为随着知识全球化的不断加剧，学术层面的驱动力，包括战略联盟、人才培养、高校的国际品牌和地位将会变得愈发重要。[②] 总体而言，各国高等教育在回应国家经济、地缘政治、文化传播和发展援助等需求的过程中，形成了不同的高等教育国际化战略。法国通过一系列提升高等教育国际吸引力的改革，也在留学生教育方面积累了诸多经验。

（一）以提升高等教育的国际地位为基础

在历史上，现代法国在戴高乐主义的引导下走上了独立外交的道路，并在欧盟的建立与欧洲一体化发展过程中扮演着举足轻重的作用。大国情结将法国推向了国际舞台的中心。教育和文化事务也成为法国外交政策的"第四维度"。正如阿特巴赫（Philip G. Altbach）所言，发达国家通常将接受留学生与该国的政治外交政策联系在一起，把接受留学生视为保持其在第三世界之影响的手段。[③] 法国便是在确保充足的留学生生源——广大的法语国家学生的基础上，将留学生教育这一先导性服务产业拓展到全球，

---

① Der Wende，V. "Internationalization Policies：about New Trends and Contrasting Paradigms". *Higher Education Policy*，2001，（14）：249-259.

② De Wit，H. "*Internationalization of Higher Education in the United States of America and Europe：A Historical，Comparative，and Conceptual Analysis*". Westport，CT：Greenwood Press，2002：83-102.

③ 夏人青、张民选：《高等教育国际化：从政治影响到服务贸易》，《教育发展研究》2004 年第 2 期．

并将其作为提升法国在欧洲乃至国际影响力的对外窗口和重要支柱。

　　然而，法国由于自身经济困难和资源限制，在当前的国际关系中不具有绝对优势，因此灵活外交与寻求联盟是其保障其国家安全与参与全球治理的重要手段。作为法国外交的一部分，高等教育留学服务工作与国际局势和国家发展紧密相关，法国可以借助提升高等教育的国际影响力，发挥其在推动欧洲深化改革方面的主导作用；同时挖掘发展中国家的巨大高等教育市场，以开放的政策带动高等教育资源的全球流动。如法国很早便推动博士生国际化进程，积极倡导为留学生提供优越的研究条件。中央政府专门设立高等教育署，并在各国设立分支机构招揽优秀学生赴法留学。当前，面对债务危机突出、经济发展滞胀、英国脱欧、美国大范围挑起贸易战以及退出联合国教科文组织等单边主义做法，法国又进一步推出提升高等教育国际吸引力的众多利好举措。包容与开放的国际化战略使法国从英美国家之外的高等教育强国中脱颖而出，更增强了法国在世界舞台上被稀释的政治"软实力"。

　　（二）以促进高等教育的经济属性为驱动

　　20 世纪末，受新自由主义思潮的影响，高等教育作为"准公共产品"成为被市场化分配和售卖的产品，并在国际市场中自由流动。[①]1995 年《服务贸易总协定》签订生效，高等教育服务自此被纳入国际服务贸易的一部分，高校在一定程度上变为商业服务的场所。法国虽与澳大利亚、加拿大等通过贸易推进高等教育国际化的发展轨道不同，但经济利益也成为其提升高等教育国际吸引力的重要驱动力。

　　过去，法国一直秉承留学生与本国学生一视同仁的接待原则。二者在入学要求、注册费、大学生住房、伙食津贴、交通票优惠、奖学助学金和社会医疗保障等方面享受同等权利。这一政策确实吸引了大批留学生，也为法国带来了较大的经济、学术和人力资源收益。事实上留学生教育在法国公共财政开支中占据了重要部分，政府每年对每位学生的直接开支约

---

① 　Ron Scapp. "*The Product: Education*". New York: Palgrave Macmillan US, 2016: 54.

为1.4万欧元,[①] 且71% 的留学生就读于公立大学。[②] 2015年的《法国战略》(*France Stratégie*) 报告指出, 法国未来五年用于奖学金、提升留学生体验、发展国际化陪伴项目、投资数字化服务与提高招生吸引力方面的公共经费高达 8.5 亿欧元。[③] 而十多年来, 法国深受金融危机影响, 政府在缩减公共财政的基础上不得不考虑自己对高等教育能够承担的义务和所能得到的回报。[④] 因此, 向非欧盟等国家的留学生收取差异化学费成为财政紧缩时代法国高校的重要 "创收" 渠道。同时, 法国不断推出种类繁多的国际交流、特别是英文授课项目, 借助广告宣传活动和国际贸易展览会等方式对外推广本国高等教育, 简化针对目标人群的签证要求与移民条例, 改善促进外国人学习和生活的各种服务等。特别是大力吸引技术型学生学者作为知识创新人员, 助力本国高等教育和科研质量, 从而为法国经济发展和增强国际竞争力服务。正如法国前高教部部长所言, 提升研究和创新能力是摆脱经济危机的首要关键, 专注于研究和创新就是投资于未来。[⑤]

(三) 以回归高等教育的学术质量为本位

高等教育国际化的最终目的是丰富和创新知识生产的途径与内容, 培养服务于未来社会科技与人文发展的国际人才, 促进世界各国的文明对话。法国在提高高等教育国际吸引力的同时, 始终强调尊重高等教育的本

① Campus France. "Choisir la France", 2019-09-12, 见 http://www.burkina.campusfrance.org/sites/locaux/files/Livret%20Choisir%20la%20France%202018.pdf.

② 中国驻法国大使馆教育处, 旅法教育研究者协会:《法国高等教育体系留学生最新统计》, 2019-08-17, 见 http://www.education-ambchine.org/Portals/116/images/2018101001.pdf.

③ Nicolas Charles, Quentin Delpech. Investir dans l'internationalisation de l'enseignement supérieure. "France Stratégie", 2019-07-19, 见 https://www.strategie.gouv.fr/publications/investir-linternationalisation-de-lenseignement-superieur.

④ Benoît Floc'h. "Le classement de Shanghaï affole les universités, pas les étudiants", 2018-03-01, 见 http://www.lemonde.fr/education/article/2015/08/15/le-classement-de-shanghai-affole-les-universites-pas-les-etudiants_4725577_1473685.html.

⑤ Ministère de l'enseignement supérieur et de la recherche. "Stratégie nationale de recherche et d'innovation", 2019-02-13, 见 http://media.enseignementsup-recherche.gouv.fr/file/SNRI/69/8/Rapport_general_de_la_SNRI_-_version_finale_65698.pdf.

质，建构更具活力的知识经济社会。在人才培养方面，法国打通各类高等教育与科研机构之间的壁垒，支持大学联盟建立，投资慕课平台建设，加强跨境知识交流与共享，扩大留学生学术视野，并为其提供多样化的课程选择和学术交流通道，提升其文凭的含金量。同时，法国积极倡导高校与地方企业、"竞争力集群"密切发展伙伴关系，利用企业资源拓展学生的海外实习、创业培训机会，扩大学生培养国际合作的深度与广度，并直接导向知识实践与就业领域。在科研发展方面，法国鼓励高校重视发展国际团队合作，加强不同学科与专业背景师生的互动，发展跨学科研究。尤其是在以科研带动国际合作的大战略背景下，法国张开双臂迎接外国科研人才。2017 年法国拥有近 7.5 万名博士生，其中 41% 以上为留学生。① 博士阶段的留学生多选择工程科学、基础科学、环境科学和人文科学等法国的优势专业进行深造。

为提升留学生培养质量，法国重视高校的一流师资队伍建设，强调留学生法语水平的重要性；为吸引更多高学历高层次人才，使用法语不再是留学生完成学位论文的先决条件；为帮助留学生顺利度过学术适应期，高校免费提供语言文化课程和教师辅导机制；为加强留学生的社会融入，高校与社会合作推出留学生服务组织和跨文化活动……所有这些行动均旨在为留学生营造最优质的学术氛围和生活环境，从而为提升留学生教育质量保驾护航。

（四）以提升高等教育的治理效率为支撑

随着新公共管理理念的兴起，如何降低管理成本、提升管理效率，成为大众化高等教育所面临的一大挑战。国际化作为高等教育治理的重要组成部分，也需要从制度设计和实施层面做好统筹与协调，发挥各利益群体的能动性与最大效用。简·奈特强调，在高等教育国际化进程中，既注重学术活动策略，又注重组织因素策略，才是确保国际化成功的关键。② 法

---

① Campus France. "La France est un grand pays de recherché", 2019-08-18，见 http：//www. chine.campusfrance.org/fr/la-france-est-un-grand-pays-de-recherche.

② Knight，J. & De Wit，H. "*Internationalization of Higher Education in Asia Pacific*

国近年来推出的一系列高等教育组织结构改革就是打破高校原有的封闭的发展模式，向相互衔接、相互建构的地区高等教育一体化方向转型的探索。在此过程中，法国从宏观方面将不同类型高校的发展规划、课程、师资、科研与校企合作进行资源整合，以及将留学生办理居留等服务置于统一平台等做法，改变了过去学校散兵游勇、单打独斗开展国际合作与交流的局面，也有效提升了教育资源的利用率。从微观方面，法国充分调动高校的自主意识，在促进国际化领域盘活学校内部治理，形成针对留学生的全维度服务。如高校可根据其自身情况设立校级国际处或院所一级的国际合作机构，或将留学生管理，特别是博士生管理工作统归于博士生院进行等。

此外，法国还出现了以提升高等教育国际吸引力为目的的竞争项目与管理效益评估。由于高等教育国际化办学，特别是留学生教育存在多样性和复杂性的特点，其效益较难衡量。法国因此提出高校可以通过项目申请的方式发展自身的国际合作项目，创建学校国际化任务清单，在政府的精准经费支持下，提升学校的国际化管理，优化留学服务体验。同时，法国推出对高校留学生接待水平的等级评定工作，① 可以帮助高校发现治理中存在的问题，为其改进高等教育国际化管理指明方向。

二、法国留学生教育政策面临的挑战

法国从 20 世纪末开始积极推动赴法留学生教育，在高等教育领域积极引领欧洲建立"高等教育共同空间"、制订"法国吸引力计划"等，促使其高等教育参与国际竞争。但受教育全球化，以及法国高等教育体系的特殊性以及法语语言等问题的影响，法国在推进在法留学生教育的同时也面临诸多挑战。

（一）欧洲高等教育一体化深入发展对法国留学生教育提出新要求

欧洲高等教育一体化要求法国进一步加强与欧洲其他国家在高等教

Countries". Amsterdam：European Association for International Education，1997：6-8.

① Gouvernement Français. "Strategy to attract international students"，2019-5-13，见 https：//www.gouvernement.fr/en/strategy-to-attract-international-students.

育领域的交流与合作。1999 年"博洛尼亚进程"拉开帷幕，欧洲内部通过高等教育学分、文凭互认和学制改革，逐步建立起欧洲高等教育区。20多年来，欧洲高等教育已经基本形成"制度兼容、资源互通"① 的一体化样态，并促使法国打破高校划分过细的学科设置，重新整合高等教育课程，以增强不同类型高校间的联系，提升法国高校在欧洲的认可度。法国作为重要的留学目的地国，从战略角度吸引留学生并收到显著成效，留学生数量基本达到政府制定的目标。

　　然而欧洲高等教育一体化的深入发展对法国也提出了新的要求：法国如何在"欧洲地平线"（Horizon Europe）框架下有效处理与其他国家的竞争与合作关系？法国如何合理协调区域发展与高等教育一体化之间的关系和矛盾？法国如何确保欧盟各项教育举措落到实处，又如何有效解决欧洲内部高等教育国际化动力不足、竞争力有限和质量保证参与不够等问题？② 这些均是法国参与高等教育区发展不得不面对的挑战和需要重点解决的问题。同时，在当前英国脱欧的负面影响下，法国还需要避免国际政治与经济动荡对高等教育产生的掣肘，通过留学生教育进一步把握人才引进和人才回流的重要契机，稳步推进欧洲高等教育一体化、重塑欧洲文明，这也是其需要面对的新考验。

　　（二）国际高等教育的激烈竞争对法国留学生教育形成冲击

　　全球高等教育的激烈竞争严重影响法国保持和提升其高等教育的国际吸引力。一是世界大学排名对法国高校形成冲击。2003 年，上海交通大学发布世界大学学术排名，进入榜单 100 强的法国高等院校寥寥无几，进入 500 强的不足 20 所，这一结果几乎让所有法国高校"蒙羞"。③ 此后，法国开始反思与他国高等教育水平之间的差距。2005 年计划总署发布的

① 张地珂、杜海坤：《欧洲高等教育结构性改革及其启示》，《中国高等教育》2017 年第 17 期。

② 刘爱玲、褚欣维：《博洛尼亚进程 20 年：欧盟高等教育一体化过程、经验与趋势》，《首都师范大学学报》（社会科学版）2019 年第 3 期.

③ Anne Mascret. *"Enseignement supérieur et recherche en France：une ambition d'excellence"*. Paris：La Documentation Française，2015：8.

《2020 年的大学生与研究人员：国际流动与法国吸引力的关键》(*Etudiants et Chercheurs à l'Horizon 2020*：*Enjeux de la Mobilité Internationale et de l'attractivité de la France*) 报告，提出促进学生和研究人员国际流动的未来目标，并建议加强高校与科研机构的地区性合作。①

二是与德国、加拿大、俄罗斯等国相比，法国留学生的总体增速放缓。根据法国高等教育署的统计数据，2012 年至 2014 年，非洲学生选择留学法国的比例从 29.9% 下降至 23.3%。②2015 年，法国留学生数量虽位列全球第四，但留学生数量的增长率比过去三年下降了 11.9%，而德国留学生的增长率达 10.5%，俄罗斯、加拿大和中国的增长率均超过 30%。③

三是各国高等教育持续发力瓜分国际生源。尽管法国拥有众多知名学府、久负盛名的历史文化和良好的生活环境，但美、英、澳、加等英语国家始终对留学生保持着绝对吸引力。德国、中国、俄罗斯、土耳其等后来者居上，越发受到留学生的青睐。此外，摩洛哥、突尼斯、德国、沙特阿拉伯、印度等国家对非洲留学生的吸引力也大幅增长。④法国与这些国家在吸引留学生方面存在竞争关系的同时，也对这些国家的学生具有较高的吸引力。发展留学生教育成为法国与不同国家高校开展多层次、多领域合作的基础。在此背景下，法国就需要进一步发挥其高等教育魅力、提升留学生教育的质量，以保证和扩大国际高等教育的市场份额。

(三) 法国留学生教育服务与国际接待能力有待进一步提升

高等教育与科研的高质量发展需要法国进一步优化留学生教育，改

---

① Mohamed HARFI. "Etudiants et chercheurs à l'horizon 2020：Enjeux de la mobilité internationale et de l'attractivité de la France", 2019-08-10, 见 https：//www.ladocumenta tionfrancaise.fr/var/storage/rapports-publics/054000637.pdf.

② Campus France. "La mobilité internationale des étudiants africains", 2019-9-9, 见 https：// www.campusfrance.org/fr/ressource/la-mobilite-internationale-des-etudiants-africains.

③ Le monde. "La France est identifiée comme délivrant un enseignement de haute qualité", 2019-8-14, 见 http：//orientation.blog.lemonde.fr/2018/05/14/la-france-est-identifiee-comme-delivrant-un-enseignement-de-haute-qualite/.

④ Campus France. "La mobilité internationale des étudiants africains", 2019-09, 见 https：// www.campusfrance.org/fr/ressource/la-mobilite-internationale-des-etudiants-africains.

善国际接待能力，提升国际合作的有效性。法国通过优化教育资源配置，巩固学术和专业资格的国际流通性，加强各机构间教学与研究的互通性等行动促进了留学生教育的发展。但从目前水平看，法国若想维护其主要留学生目的地国的地位，就意味着未来十年需再接待 20 万名留学生。然而法国留学生教育服务与国际接待能力还有很多方面需要进一步提升、优化。

例如，法国高校主要靠政府财政拨款运行，经费资源十分有限。政府在发展高等教育国际化方面的专项资金不足，大学用于吸引留学生的经费主要来自所在地区高校联盟同政府签订的契约合同拨款，因此经费数额更是有限。尽管法国当前正通过发展科学研究的专项经费推动大学利用国际学术交流项目，提升对国际人才的吸引力，但这远不能满足学校国际化的需求。加之教师人数不足、房屋建筑硬件设备陈旧等问题凸显，这直接影响了高校的接待能力，也降低了留学生赴法学习的期望。[1] 再如，高校多以法语授课，学生赴法行政流程复杂，学生接待方案不够系统[2] 等虽正在改进却无法忽视的现实原因，使得法国与其他国家的高等教育国际合作难以有效开展。因此，法国只有进一步深化留学生教育发展、改善国际接待能力、提升国际合作的有效性，方可在高等教育国际化中掌握发展的主动权。

三、法国留学生教育政策的发展走向

经历多年发展，法国的留学生教育虽然取得了一定的成绩，但面对高等教育国际化过程中的各种挑战，法国在留学生教育方面还将进一步加强各部门、高校与社会的通力合作，通过完善顶层设计、提升高等教育国

---

① Nicolas Charles, Quentin Delpech. "Investir dans l'internationalisation de l'enseignement supérieure. France Stratégie", 2019-7-19, https://www.strategie.gouv.fr/publications/investir-linternationalisation-de-lenseignement-superieur.

② MES. "Résultats de l'appel à projets "Bienvenue en France"：152 projets retenus", 2019-12-1, 见 https://www.enseignementsup-recherche.gouv.fr/cid142427/resultats-de-l-appel-a-projets-bienvenue-en-france-152-projets-retenus.html.

际声誉、为留学生提供友好的学习环境和适应市场需求的学习经历，制定有针对性、稳定和透明的移民政策，发展兼顾公平与质量的高等教育国际化措施等，进一步加强法国高等教育的国际吸引力。未来，法国留学生教育政策也将围绕这些方面进行改善。

第一，将留学生教育纳入国家总体国际化战略，发展以国家引导为主的留学生教育。目前，法国已出台的关于留学生教育改革举措大多出自高等教育的系列性法律、调研报告或与移民相关的政策法律。尽管留学生教育在法国越来越受到重视，但政府并未将其纳入国家总体性战略规划中。作为施展文化外交魅力和实现国家发展战略的重要手段，留学生教育应当在提升法国国家地位中发挥更加重要的文化软实力作用。特别是当前逆全球化问题凸显、国际贸易增速放缓、贸易保护主义抬头、民粹主义思潮泛滥和非传统安全威胁上升，法国依然坚持对外开放，并将在法留学生教育与大国外交齐头并进；凝聚政府、高校和社会力量，制定高等教育国际吸引力提升战略，努力实现促进学术卓越和全球团结的国际化双重目标。[1] 特别是制定服务于经济社会发展的高等教育国际化战略，创新高等教育国际化的坐标体系，如主动适应产业发展趋势、经济转型升级需要，坚持留学生教育服务地方建设、国家能力建设乃至全球发展战略需求，发挥其对经济社会发展的带动作用，进而提升高等教育的国际影响力。同时，法国坚持把留学生教育和地方企业发展、国家科研创新相联系来确定战略措施，在优化大学发展国际化目标的基础上，将继续扩大留学生教育规模，提升留学生管理的能力，从而促使法国大学国际化的发展愿景与实践符合高等教育的总体发展方向和国家的战略需求。

第二，继续提升法国高校在国际留学生教育市场的知名度，以高等教育实力提升留学生教育吸引力。面对高等教育与研究机构类型多样、布

---

① Discours de M. "Édouard PHILIPPE"，2019-9-10，见 https：//www.gouvernement.fr/sites/default/files/document/document/2018/11/discours_de_m._edouard_philippe_premier_ministre_-_presentation_de_la_strategie_dattractivite_pour_les_etudiants_internationaux_-_paris_-_19.11.2018.pdf.

局分散的局面，法国以整合教育资源和推进科研创新发展为核心，从优化高校组织结构、引进与培养高层次人才、加强校企伙伴关系和汇聚国际团队力量等方面积极提升高等教育国际吸引力。这些政策与实践避免了一味将国际化与留学生人数规模等数据指标挂钩，而是瞄准高等教育的根本——知识生产、创新及转化，并将其作为吸引高层次留学生和国际教育资源的砝码，从而使提升高等教育与科研竞争力和打通留学生教育市场形成相互促进、互利共赢的发展局面。未来，法国将继续推动以知识与创新为主要驱动的经济发展模式，将人力资本作为国家发展的核心资源，通过各类高校，吸引不同类型的高层次留学生。OECD 在 2017 年的《教育概览》中将影响留学生流动的决定性因素分为了教育能力、教育收益与回报、经济因素和非经济因素，其中教育能力包括留学生生源国教育质量与留学目的地国高校的国际声誉。因此，法国应当进一步提升高等教育质量与科研发展水平，发展优质教育资源，提升其高校在国际留学生教育市场的知名度。在此过程中，如何进一步调动各类资源和手段，投资知识与技术的创新发展，并建构由科技革新推动的高等教育与研究"利益共同体"，以吸引更多优秀的留学生赴法学习、从事科学研究，是法国未来需要进一步考虑的议题。

第三，提高留学生管理服务品质，发挥多元主体共治在保障留学生教育质量方面的作用。伴随大学自治改革的深入，法国认为高校只有通过优化治理方式、充分调动各方资源并对高校进行质量问责，才能保证高等教育国际化集体战略的实施与成效。[①] 因此，法国将留学生事务管理服务工作下放至高校或高校联盟，由学校自行制定规章和标准；对留学生的生活管理与本国学生采取一视同仁的原则，并在此基础上简化留学生行政手续，为其提供个性化帮助；联合第三方机构定期追踪高等教育国际化发展状况，推出高校留学生接待水平认证机制，并借助国际评估机构的力量为

① Nicolas Charles, Quentin Delpech. "Investir dans l'internationalisation de l'enseignement supérieure. France Stratégie", 2019-7-19, 见 https://www.strategie.gouv.fr/publications/investir-linternationalisation-de-lenseignement-superieur.

政府和高校善治提供有力支持。未来，法国将在此基础上进一步优化留学服务质量和服务效率。在国家层面，政府继续转变管理职能，简政放权，调动多元主体共治在留学生教育与管理中的积极性和有效性；建立高校的国际合作联盟，整合和共享地区高等教育资源。在高校层面，法国为避免政府对学校统得过死、直接干预过多，鼓励高校充分调动各类教育资源和手段，依据自身特色调整高等教育结构，发挥创设国际一流高等教育平台的主动性与能动性；吸引社会力量支持留学服务工作，提升留学生教育的整体管理水平；注重数字化等先进技术在教育中的运用合作，拓展教育合作渠道，创新留学生教育的教学方式等。同时，法国将积极完善留学生教育质量保障与评估机制，提高留学生管理服务品质，优化留学生就读体验。

第四，增强法国高校在新兴经济体国家中的影响力也成为法国发展留学生教育重点关注的议题。特别是新兴经济体国家正处在经济相对高速发展的阶段，对人才的需求更加迫切，但其高等教育与研究水平又相对落后。有鉴于此，这些国家一方面设立国家奖学金项目，资助优秀学生出国留学，如巴西的科学无国界项目和我国留学基金委公派留学项目。另一方面，这些国家鼓励学生以自费的方式留学，鼓励学生拓展国际视野，提升国际素养和对外交往能力。所以，发展对这部分群体的教育吸引力也是法国未来要继续努力的方向。

此外，坚守平等、自由、博爱的法兰西民族在推进留学生教育的过程中也不得不权衡公平与效率的优先性。目前，法国为了进一步提升高等教育国际吸引力，将政策的重点着眼于吸引高层次国际人才。因此采取"差异化对待"的方式，对非欧盟国家留学生、非法语国家的非洲留学生等群体收取与本地学生不同的学费。尽管2015年时任高等教育与研究部国务秘书芒栋（Thierry Mandon）甚至曾宣布不会增加留学生学费，法国会尊重每位学生平等的权利[1]，但事实上，法国政府坚持给予留学生

---

[1] Adrien de Tricornot. "Pas d'augmentation des frais d'inscription pour les étudiants étrangers", 2019-06-20, 见 http://www.lemonde.fr/campus/article/2015/07/16/pas-d-augmentation-des-frais-d-inscription-pour-les-etudiants-etrangers_4685714_4401467.html.

同等待遇的这一理念已经被推翻，并在法国社会引起巨大争议。法国将在这一政策之下继续推进留学生教育。未来，法国的留学生教育会何去何从，人们拭目以待。诚如法国总统马克龙所言，当前世界正处在地缘政治和战略重组、新兴经济体国家崛起，技术革命带动智能全球化（mondialisation de l'intelligence）发展的重要转型期……各国通过合作寻求应对经济危机、解决环境污染、加强国家防务、妥善处理移民、制约霸权主义和极端民粹主义之法门，已成为必然选择。① 因此无论怎样，坚定发展留学生教育已经是并且将一直是法国在教育领域应对未来国际变化和社会危机的一个重要杠杆。

---

① Emmanuel Macron. "Discours à la XXVIIe conférence des ambassadeurs"，2019-11-29，见 https：//www.voltairenet.org/article207471.html.

第五章　德国留学生教育政策

　　招收高水平的留学生是大学国际化战略的重要组成部分，这对促进大学的科研发展和提高大学国际声望具有重要作用。从国家的战略层面讲，高水平的留学生也是重要的潜在人力资本，可以提高国际竞争力。自20世纪初以来，随着全球化的不断深入、工业国家的人口转型以及巨大的经济利益等因素推动，全球留学生人数呈指数增长，在1990年至2014年期间翻了一番，达到500万人。到2025年，这一数字预计将达到800万人。[②] 传统的留学生教育强国继续推出政策吸引留学生，而新兴留学生教育国家，比如中国、马来西亚等国的留学生数量也快速增长。对优秀留学生的争夺被形容为一场"人才之战（war of talent）"。[③] 如果不能看清当前国际留学生教育的形势并采取措施，就很容易在这场人才争夺之战中失败。作为招收留学生大国的美国、英国、澳大利亚等国家，都有自己的吸引留学生战略。德国作为传统留学生教育大国和强国，也在20世纪90年代以来加快其国际化进程，在联邦、州以及高校各层面制定诸多吸引留学生的政策，促进留学生教育的发展。但是，吸引并留下年轻的留学生人才并不是一件容易的事，德国既在国际上和美国、加拿大、澳大利亚等传统

[②]　QS. "Growth of International Student Numbers in Higher Education"，2019-12-30，见 https：// www.qs.com/growth-international-students-higher-education/.

[③]　Niels Klabunde. "*Wettlauf um internationale Studierende*". Wiesbaden：Springer Fachmedien，2014：5.

留学生教育强国存在竞争，又在留学生的培养和社会融合上面临诸多问题和挑战。

近年来，我国来华留学生教育迅速发展，培养了大批知华、友华、爱华的国际人才。2018 年共有 49.22 万名留学生在我国高等院校学习，其中学历生 25.81 万人，占总数的 52.44%，[①] 我国已成为亚洲最大的留学目的地国。2019 年 2 月中共中央、国务院印发的《中国教育现代化 2035》把扩大教育对外开放作为推进教育现代化的重要举措，并提出要进一步提升我国教育国际影响力，打造世界上重要的国际留学中心，努力将我国建成具有重要国际影响力的全球教育高地。我国要实现这些目标，需要借鉴世界上主要国际留学中心的经验教训。因此，本章拟对德国留学生教育政策、措施以及问题进行研究，以期为我国留学生教育发展提供借鉴。

第一节　德国留学生教育政策的演进

随着全球化的日益发展以及基于知识的经济发展模式的形成，各国对高水平劳动力的需求越来越大。但是，当前大多数发达国家都开始面临人口老龄化和出生率不断下降的问题，这导致市场上缺乏足量的高水平劳动力，这种供需之间的矛盾会影响到经济的发展乃至国家的国际竞争力，因此，留学生受到了那些想要充实劳动力市场的工业国家的欢迎。一些发达国家展开了对留学生的争夺之战以扩大本国的人力资本，特别是对来自发展中国家优秀学生的争夺。所以至今为止，人才流动大体都呈现出一种由南向北、由不发达国家向发达国家的方向流动的趋势。而另一个影响学生流动的因素是教育作为一种贸易商品成为大学创收的重要来源，特别是在那些高等教育机构依靠学费收入的国家，比如美国、英国、澳大利

---

① 中华人民共和国教育部：《2018 年来华留学统计》，2020-02-26，见 http：//www.moe. gov.cn/jyb_xwfb/gzdt_gzdt/s5987/201904/t20190412_377692.html.

亚、新西兰等。留学生成为高等教育创收的重要客户，这些国家也采取各种战略和措施来提高其吸引力。此外，文化交流和发展援助也在全球学生流动中扮演了重要角色。综合来看，大多数国家招收留学生都源自对上述多种因素的综合考量。比如美国更侧重人才引进和教育收入，而在德国，从其留学生免费入学政策就可以看出其吸引劳动力和精英人才的意愿更为强烈。

一、德国制定留学政策的主体

吸引留学生是德国政府及大学国际化政策的重要内容之一，因此德国在不同的层面都有不同的战略以及具体的政策制定者及执行者。德国高等教育由联邦（中央政府）和州共同负责，因此针对留学生事务也由不同机构负责不同的事项：（1）在联邦层面，主管高等教育事务的主要部门是联邦教育和研究部（Bundesministerium für Bildung und Forschung），这一机构主要以科研立项的方式资助大学科研，并不涉及教学事务。在国际事务方面，联邦教育和研究部负责欧洲以及国际教育和科研事务。在涉及吸引留学生方面，最重要的全国性组织是德意志学术交流中心（Deutsche Akademische Austauschdienst，简称 DAAD）。德意志学术交流中心是德国大学和学生团体的成员组织，成立于 1925 年。至 2018 年 3 月，德意志学术交流中心的成员共有 241 所高校，104 个学生团体。① 德意志学术交流中心最重要的任务包括颁发奖学金、促进德国大学和研究的国际化、加强德国研究和海外德语推广以及帮助发展中国家建立高效的大学。此外，德意志学术交流中心是负责欧洲大学合作事务的全国性机构。德意志学术交流中心主要由联邦外交部（Auswärtiges Amt）、联邦教育和研究部、联邦经济合作与发展部（Bundesministerium für wirtschaftliche Zusammenarbeit und Entwicklung）和欧盟提供资金。德意志学术交流中心每年获得超过

---

① DAAD. "Mitglieder", 2019-09-01, https://www.daad.de/der-daad/organisationsstruktur/mitglieder/de/33469-mitglieder/.

5 亿欧元的资金。2017 年，德意志学术交流中心总体预算达到 5.22 亿欧元。其中最大的资助方为德国外交部（36%），其他主要资助方包括联邦教育和科研部（26%）、经济合作与发展部（10%）、欧盟（21%）。① 德意志学术交流中心还会从外国政府、公司、各种基金会等机构获得第三方资助。(2) 在德国，各州是高等教育的立法者、管理者以及资助者，因此也是高等教育政策的重要利益相关者。为了协商各州的高等教育政策，各州联合成立了各州文教部长联席会（Kultusministerkonferenz，简称 KMK），KMK 也会出台各种国际化方面的决议和战略。(3) 院校层面。大学是德国高等教育国际化政策的具体执行者。各大学除了满足国家的国际化要求外，也有着自己的国际化需求和战略。进入 20 世纪 90 年代，大学国际化成为高等教育政策的重要议题，也成为大学提升教学科研质量的手段。各个学校都制定了包含吸引留学生和学者内容的国际化战略。此外，大学为了发出自己的声音，也成立了自己的组织——大学校长联席会议（Hochschulrektorenkonferenz）。大学校长联席会议是德国大学的自愿联合组织，其代表由各大学校长组成。目前，德国大学校长联席会议共有 268 所成员高校。② 大学校长联席会议主要有三个任务，即形成大学统一的意见和政治诉求、构建大学系统的发展基础及标准、为大学和公众提供服务。国际化问题也是大学校长联席会的重要议题，大学校长联席会就大学国际化问题召开会议并出台各种决议。大学校长联席会还有一个专门为大学国际化提供咨询和审核的"大学校长联席会国际化专家指导（HRK-EXPERTISE Internationalisierung）"项目。

二、德国留学生教育政策的演进过程

作为中世纪大学及现代大学发源地之一的德国，其自身本就带有

---

① DAAD. "Budget und Geldgeber"，2019-10-20，https：//www.daad.de/der-daad/zahlen-und-fakten/de/30736-budget-und-geldgeber/.

② HRK. "Aufgaben und Struktur"，2019-09-01，https：//www.hrk.de/hrk/aufgaben-und-struktur/.

鲜明的国际化特色。在不同的历史时期，其留学生的流动都具有不同的动机。尼尔斯·卡拉布德（Niels Klabunde）在《针对留学生的竞争》（*Wettlauf um internationale Studierende*）一书中将全球学生流动的历史划分为四个重要的历史阶段（见表 5-1）。回溯这四个阶段可以看出，政治和经济因素对学生流动产生重要影响。二战后欧洲的重建推动了学生流动，在接下来的数十年直到 90 年代，发展政策及政治意识形态在学生流动中扮演了重要角色。随着冷战的结束和亚洲经济的快速发展，欧盟的一体化以及亚洲在经济上和科学上追赶欧美国家成为学生流动的主要驱动力。从 90 年代末开始，与全球化和知识型经济发展以及国际经济有关的经济因素开始产生影响，留学生被视为国际市场上珍贵的人力资源以及创新驱动力。从那时起，可以观察到留学生除了流向欧洲和北美，也开始流向亚洲和大洋洲，比如日本、澳大利亚和中国。乌特·兰岑多夫（Ute Lanzendorf）和芭芭拉·凯姆（Barbara M. Kehm）也将全球学生流动分为四个阶段：（1）从不发达国家流向发达国家阶段（1920—1970）。（2）发达国家的学生开始参与到学生流动阶段（70 年代中期—1987），此时文化理解成为学生国际流动的动机。（3）欧洲融合阶段，从伊拉斯谟计划开始为标志（1987—1999）。（4）创建欧洲高等教育区阶段（1999 年迄今）。但是这种划分过于侧重欧洲，而忽略了其他地区和国家的学生流动。[①] 克里斯汀·洛伊（Christine Loy）将德国全球学生流动分为"教育援助阶段""欧洲化阶段"和"全球化阶段"，并描述了每个阶段的学生流动动机和方向。而德国著名高等教育专家泰西勒·乌尔里希（Teichler Ulrich）将这三个阶段的流动现象总结为国际化、欧洲化以及全球化。[②] 本研究将德国留学生教育政策的变化按照动机分为四个阶段。

---

① Lanzendorf, U., Kehm, B.M. "*Student and faculty transnational mobility in higher education In*: Peterson, P., Baker, E. and McGaw, B. (*eds.*) *International Encyclopedia of Higher Education. Vol. 4.*". Oxford: Elsevier Ltd., 2010: 559-565.

② Christine Loy. *Motivationstypen in der Bildungsmigration*. Wiesbaden: Springer Fachmedien, 2018: 15.

表 5-1　全球学生流动的四个阶段

	1955—1975	1975—1990	1990—2000	2000 年迄今
阶段	欧洲—大西洋一体化的后期殖民阶段	东西方对抗的后殖民阶段	东西方一体化的前全球化阶段	全球竞争中的后工业化阶段
影响因素	二战后经济腾飞、欧洲—北美经济一体化、反殖民运动开始	东西方大国希望在发展中国家施展影响、日本经济崛起、知识转化	冷战结束造成人员流动、前华约国家经济转型	知识经济的发展、信息社会、新兴国家科技崛起、竞争获取高端人才
主要的流动目的国和地区	欧洲、北美	欧洲、北美、苏联	欧洲、北美、日本	欧洲、北美、日本、澳大利亚、中国

资料来源：Niels Klabunde. *Wettlauf um internationale Studierende*. Wiesbaden：Springer Fachmedien，2014：34.

（一）二战前：自发的学生流动

大学国际化并不是新鲜事物，早在中世纪欧洲大学时期，学生流动就是一种频繁的现象，当时的学生被称为"行走的学者"（fahrende Scholaren）[1]，民族团的存在和游学的盛行成为国际化的表征，民族团不仅传递着大学的声望，而且对大学的发展具有决定性的作用，大学成为"世界人"的大学。宗教改革后，大学从"教会的婢女"逐渐成为"国家的婢女"，民族团作为"在异乡的异乡人组织"的功能也失去了存在的必要并最终解体，科学和教育成为民族国家的内部事务。大学发展初期所具有的普世主义和国际化色彩也开始为区域化、民族化特征所替代。[2] 在 18 世纪民族国家形成以后，大学开始主要为民族国家服务，大学的国际性减弱。工业革命后，各个国家间的大学加强了交流与合作，也开启了近代留学生教育的先河。比如"教育和科研相统一"的

---

[1]　Roland Bloch. "Alexander Mitterle，Tobias Peter，Exzellenz durch Internationalität". *Z Erziehungswiss*，2016，19：727-744.

[2]　朱治军：《从国际性到地域性：中世纪大学特征嬗变》，《山东高等教育》2015 年第 8 期。

现代大学理念使德国大学独树一帜，成为世界上最好的大学，在纳粹政权之前一直都是世界的学术中心，吸引了大量欧洲、美洲以及亚洲国家学生赴德求学。① 现代大学通过早期松散的合作和交流体现出了其世界主义和民族性一体两面的特征。20 世纪初，来到德国留学的学生和访学的学者日益增多，德国大学也推出了一些吸引留学生的举措。比如，柏林大学建立了第一所官方学术咨询机构，为来德留学生和学者提供服务。哥廷根大学建立了第一所留学生宿舍。②1906 年德国留学生达到 3556 人，占其学生总数的 8.2%，法国以 2879 名留学生的数量紧随其后。③ 此时招收留学生并没有专门的国家战略和政策，许多有利于吸引留学生的政策大多是自发的、个体组织的且出于学术交流目的为主。在两次世界大战之间，各国更加重视教育的国际交流。这尤其体现在 1919 年美国成立了国际教育学院（Institute of International Education），1925 年德国成立了德意志学术交流中心，1934 年英国成立了英国文化教育协会，这些机构都强调促进全球学生交流，并特别强调了在国际联盟框架下促进国家间的和平与相互理解。④ 但是由于 20 世纪初经济危机的影响以及右翼势力的兴起，德国留学生数量开始减少并被法国超越。1930 年留学生占法国大学学生总数的比例达到 22%，而德国则下降到只有 4%。⑤

（二）二战后—20 世纪 80 年代：以发展援助为导向

二战之后，欧洲正集中精力进行战后恢复，欧洲大学的国际化进程

① Roland Bloch. "Alexander Mitterle, Tobias Peter, Exzellenz durch Internationalität". *Z Erziehungswiss*, 2016, 19: 727-744.

② Roland Bloch. "Alexander Mitterle, Tobias Peter, Exzellenz durch Internationalität". *Z Erziehungswiss*, 2016, 19: 727-744.

③ Mike Byram. *Fred Dervin, Students, Staff and Academic Mobility in Higher Education*. England: Cambridge Scholars Publishing, 2009: 50.

④ Anja Hartert. *Concept of an Organizational Model for Multilateral Academic Cooperation*. Mannheim: Universität Mannheim, 2007.

⑤ Mike Byram. *Fred Dervin, Students, Staff and Academic Mobility in Higher Education*. England: Cambridge Scholars Publishing, 2009: 51.

进入滞缓发展的阶段。进入 70 年代后，欧洲国家经济快速发展，欧洲开始成为重要的留学目的地。其中很多欧洲国家吸引了大量的前殖民地国家的学生，如法国。德国虽然没有前殖民地国家，但也招收了大量的发展中国家学生（见表 5-2 和表 5-3）。此时的学生流动也被称为纵向流动，即从不发达国家和发展中国家流向发达国家和地区，流入地包括美国、苏联、西欧等。学生流动多以获得学位为目的，因此也被称为"学位流动"。而从世界范围来看，国际交流也带有促进世界人民交流与文化理解的色彩以及发展援助的特性。

此时德国的留学生教育秉承教育发展援助的理念，招收了大量来自发展中国家的留学生，使其毕业后回国服务国家。此时德国 60% 的留学生来自发展中国家。战后发展中国家初中等教育不断发展，高等教育适龄人数增加，但高等教育发展滞后，因此出国留学可以弥补本国高等教育的不足。在两项针对留学生留学动机的调查中，被访者都将本国没有学习机会列为到德国学习的最大动机。① 此外，学生还可以学习到国外先进的课程和技术。1977 年，德国联邦政府出台了新的对外文化政策，指出"大学和科学是维持国际文化关系的重中之重"。联邦政府提出以下建议：增加外国学者在德国的交流机会、做好留学生在德国学习的规划和数据采集工作、加强留学生在德国的学习生活指导、做好留学生归国后的后续跟踪服务，努力使在德国获得的学位获得承认，特别是在发展中国家。② 各州教育部长联席会也在 1979 年发表《联邦德国留学生境况》（*Bericht zur Situation der ausländischen Studenten in der Bundesrepublik Deutschland*）报告，将留学生教育视为德国外交战略的重要组成部分，并对更好地设计留学生指导方案提出了具体建议，包括：为留学生提供咨询服务，强化学生学科基础知识，通过导师（Tutor）和顾问（Mentor）加强指导，由外事

---

① Otto Benecke Stiftung. "*Ausländerstudium in der Bundesrepublik Deutschland*". Baden：Nomos Verlagsgesellschaft Baden-Baden，1987：21.

② Hans F. "*Illy，Wolfgang Schmidt-Streckenbach，Studenten aus der Dritten Welt in beiden deutschen Staaten*". Berlin：Duncker und Humblot，1987：12.

局提供照顾措施。①

表5–2　1972—1984年德国留学生数量

年份	1972	1974	1976	1978	1980	1982	1984
人数	39978	45622	48603	51532	57838	66435	71800

资料来源：Otto Benecke Stiftung. *Ausländerstudium in der Bundesrepublik Deutschland*. Baden：
Nomos Verlagsgesellschaft Baden-Baden，1987：12.

表5–3　1979年德国留学生主要来源国

国家	人数	比例
土耳其	5700	11%
伊朗	4700	9%
希腊	4700	9%
印度尼西亚	3300	6%
美国	3400	6%

资料来源：Otto Benecke Stiftung. *Ausländerstudium in der Bundesrepublik Deutschland*. Baden：
Nomos Verlagsgesellschaft Baden-Baden，1987：12.

（三）20世纪80年代末—1998年：以促进欧盟融合为导向

自20世纪70年代以来，受到70年代经济腾飞以及欧盟融合的经济政治双重影响，欧盟内部的学生流动开始频繁。欧盟通过一系列加强欧洲大学交流合作的项目来提高欧洲高校的竞争力。以1987年的伊拉斯谟计划（Erasmus Programme）为起点，德国留学生教育进入了第三阶段，即欧洲化阶段。欧共体借加强欧洲国家间学生流动来增强年轻人的"欧洲认同"以及"欧洲意识"（European Consciousness）。② 当前，伊拉斯谟项

---

① KMK. *Sekretariat der ständigen Konferenz der KMK：Bericht zur Situation der ausländischen Studenten in der Bundesrepublik Deutschland*. Beschluß der KMK，Bonn：1979.

② Nina Wolfeil. *Auswirkungen des Auslandsstudiums auf spätere Mobilitäts-und Karrieremuster*. Göttingen：VR Unipress，2012：64.

目和其他一些项目合并为新的"伊拉斯谟＋"，为后来的欧盟高等教育合作打下坚实的基础。1991 年欧盟出台了高等教育备忘录以及学分转化认证体系，1993 年的《欧洲维度的教育绿皮书》（*Green Paper on European Dimension of Education*）具体提出了 4 项政策以突出教育的"欧洲维度"①。1994 年欧盟推出了旨在促进终身学习的莱昂纳多达芬奇项目（Leonardo da Vinci Project），1998 年启动旨在建立欧洲高等教育区的博洛尼亚进程。这些政策旨在加强欧盟高校间的合作，提高欧盟高校的整体竞争力，通过对不同文化和语言的交流提高欧盟的认同。大学的国际交流更加频繁，大学间的松散交流和合作被有计划的、甚至是国家层面推动的合作所替代。可以说，此时的大学国际化行为更多的是欧盟政治意图在高等教育领域内的投射。二战以来，国际化已经不断地从学术事务转变为政治事务。大学国际化发展的动力不是来自大学本身，而是来自政府。②此时的学生流动不仅仅是之前的纵向流动，欧盟内部的横向流动越来越多并成为这一阶段世界学生流动的主流。这一阶段德国高校的国际化活动也以欧盟的总体目标为指导，大学致力于加强欧共体（欧盟）内部成员国的高等教育合作。德国科学委员会在 1992 年出台的《促进科学关系国际化的建议》（*Empfehlungen zur Internationalisierung der Wissenschaftsbeziehungen*）中指出，德国的科学体系要具有"欧洲导向"，要促进学者、学术后备人才以及学生的流动，并提出五条吸引留学生的具体建议，着重指出要吸引斯堪的纳维亚国家以及东欧国家的留学生到德国留学。③

（四）20 世纪 90 年代中期至今：以提高国际竞争力为导向

在政策层面关于吸引留学生动机的讨论一般会集中在两个方面，一

①　陈时见、冉源懋：《欧盟教育政策的历史演进与发展走向》，《教师教育学报》2014 年第 1 期。

②　CHEI, EAIE, IAU. "Internationalisierung der Hochschulbildunng"，2019-07-12，见 http://www.europarl.europa.eu/RegData/etudes/STUD/2015/540370/IPOL_STU%282015%29540370_DE.pdf.

③　Wissenschaftsrat. "Empfehlungen zur Internationalisierung der Wissenschaftsbeziehungen"，2019-09-24，见 https://wissenschaftsrat.de/download/archiv/0727-92.html.

是大学和学术系统的国际化，二是吸引精英人才。特别是进入新世纪以来，通过吸引精英留学生及学者来保持和提升德国的创新能力和国际竞争力的动机日益强烈。因此，这一阶段招收留学生的政策也以保障和提高德国的国际竞争力为导向。

自从 20 世纪 80 年代以来，经济全球化中的竞争逻辑日益影响到学术系统，随着全球化趋势的增强，人才流入（brain gain）和人才流失（brain drain）的理念也使人才的国际流动具有了竞争的色彩。各国通过吸引世界最优秀的人才和世界最优秀的大学合作来提升国家竞争力和魅力。传统的文化和教育的视角被经济视角所覆盖，90 年代中期开始，竞争、市场化、教育出口等理念引起了高等教育国际化政策范式的转变。①从新千年开始，留学生被认为是知识转移的宝贵资源和新思想的载体。特别是那些大力发展知识型经济和信息社会的工业化国家，迫切需要发展中国家的精英来提升其创新型和知识型经济的全球竞争力。②在欧盟层面，2000 年的里斯本峰会提出到 2010 年将欧盟打造成为世界上最具竞争力的知识经济共同体。为实现这一目标，欧盟提出向全世界开放普通教育以及职业教育，吸引欧洲以外的研究人才。2001 年，德国大学校长联席会和 DAAD 组成联合机构"GATE-Germany"在全球开展德国大学的宣传推广工作。2017 年，联邦政府制定的《教育、科学和研究国际化战略》（*Internationalisierung von Bildung，Wissenschaft und Forschung*）指出"联邦政府的既定目标是巩固德国在科学、研究和创新方面的国际优势地位……联邦政府将继续努力，进一步打破阻碍学者国际流动的障碍，吸引更多优秀的留学生和学者来到德国"。③此时招收留学生的理念已经从"study and go"（学完走人）转变为"study and stay"（学完留下）。此时的

① Alesi，Bettina；Kehm，Barbara. "Internationalisierung von Hochschule und Forschung"，2020-05-04，见 https：//www.boeckler.de/pdf/p_arbp_209.pdf.
② Niels Klabunde. *Wettlauf um internationale Studierende*. Wiesbaden：Springer Fachmedien，2014：34.
③ BMBF. "Internationalisierung von Bildung，Wissenschaft und Forschung"，2019-09-12，见 https：//www.bmbf.de/upload_filestore/pub/Internationalisierungsstrategie.pdf.

留学生教育除了传统的国际合作和流动外，其形式也更加多样，包括提升德国大学的服务水平、设置更多的英语授课专业、积极开展国际推广以扩大知名度、改革学制结构以及博士生培养模式等。

在全球化的时代，留学生教育不仅承载着国家的使命，而且对大学自身也有着现实的意义，即留学生数量成为大学国际化乃至整体办学水平的指标之一，影响着大学的国际声誉。随着国际化程度的提高，学术声誉的竞争也产生了新的形式，最突出的表现就是日益重要的国际大学排名。① 在世界各大学排行榜中，留学生数量都是影响大学排名的指标之一。因此，一流大学的国际招生开始以在全球竞争中提高国际排名和声望为目标，特别在德国卓越计划大学的"未来战略"中，招收留学生已经成为"未来战略"的重点之一。

德国留学生教育的政策演进并不是绝对的线性发展，因为每个阶段招收留学生的政策都包含着各种动机，比如时至今日，促进欧盟认同和融合的政策导向依然十分明显，而文化交流的目的虽然减弱，但也仍然存在。发展援助一直以来都是德国招收留学生的动机之一，特别在国际难民的教育问题上，德国一直都是先行者，德国不仅在危机地区提供教育援助，而且招收了大量来自危机地区的难民学生，例如在 2019 年德国留学生申请名额中，来自叙利亚的学生数量最多。

第二节　德国现行留学生教育政策

为了招收到优秀的留学生，德国联邦政府、州政府以及各个大学都出台了不同的招生战略和政策。从国家层面来看，联邦政府和州政府以及德国教育与研究部主要以出台各种国家战略以及质量保障为主，大学作为国家战略的执行者，会出台各种细化的措施。这些措施覆盖了招生宣传、

---

① Alesi，Bettina；Kehm，Barbara. "Internationalisierung von Hochschule und Forschung"，2020-05-04，见 https://www.boeckler.de/pdf/p_arbp_209.pdf.

学生培养、学生毕业后安置等三个阶段。

一、德国招收留学生的国家战略

在以洪堡大学为模式的现代大学创建后，德国曾是世界高等教育的中心，吸引了世界各地的留学生来德学习。但是在二战后，世界高等教育中心转移到美国，德国对海外学生的吸引力下降。在 20 世纪 60 年代末，欧洲内部推行了一系列促进欧盟学生和学者内部流动的政策，在 90 年代以前，德国招收留学生都是以促进欧盟的融合和跨文化理解以及对发展中国家的援助为主要目的，此时的高等教育国际化只是德国高等教育政策中的边缘话题。进入 80 年代后，基于全球化趋势及国际竞争的加强，高等教育国际化的范式发生了转变，吸引精英人才在大学国际化进程中扮演越来越重要的角色，留学生对大学自身的竞争乃至国家的竞争具有了重要意义。也就是从 90 年代起，德国制定了许多国际化政策，这其中推动德国作为留学目的地的举措一直都是大学国际化的重要内容。

在 2012 年 4 月 26 日和 27 日，当时的 47 个博洛尼亚国家的高等教育部长在布加勒斯特签署了"欧洲高等教育区流动战略"（Mobilitätsstrategie für den Europäischen Hochschulraum），并要求成员国制定自己的国际化战略。该战略致力于促进欧盟内的学生、学者以及高校员工的国际流动，以提高流动者的个人能力、加强欧盟院校间的合作、增强整个欧盟的文化认同。该战略列出了促进人员流动的十项措施，并要求各成员国执行，这包括：（1）所有成员国要制定和实施自己的国际化和流动性战略以及具有具体方法和可衡量的流动目标的政策指导方针。（2）确认并继续发展在比利时鲁汶制定的流动目标。[①]（3）构建欧盟内开放的高等教育系统以及实现更加平衡的人员流动。（4）加强成员国和欧盟外国家的人员流动。（5）采取措施减少现有的流动障碍。（6）采用质量保障手段来实现欧洲高等教育

---

① 鲁文流动目标包括：1. 统计博洛尼亚进程三个阶段中人员流动情况。2. 统计的目标包括：获得至少 15 个国外学分或有 3 个月的海外交流（学分流动）经历的学生以及为获得学位的国外学习（学位流动）学生。

区内以及区域外的高质量人员移动。(7)为了提高流动性，鼓励各成员国赋予大学更多的灵活性，减少对大学专业设置的控制。(8)通过提供更完善的课程及专业信息来提高流动性。(9)加强促进人员流动的宣传工作。(10)成员国各个大学要采取具体措施促进人员流动。[①] 德国共同科学联席会（Gemeinsamen Wissenschaftskonferenz）在 2013 年制定了联邦和州政府科学部长的大学国际化战略（Strategie der Wissenschaftsminister/innen von Bund und Ländern für die Internationalisierung der Hochschulen in Deutschland），联邦和州共同定义了促进大学国际化的 9 个行动领域，并针对每个领域设定了具体的目标和措施。这其中涉及招收留学生和国际学者的领域包括：建立欢迎文化、建立国际化校园、提升德国作为学习目的地的国际吸引力、吸引外国优秀的学者。

德国科学委员会（Wissenschaftsrat）于 2018 年出版了《促进大学国际化的建议》（*Empfehlungen zur Internationalisierung von Hochschulen*），从学术发展的视角论证了大学国际化对大学发展乃至保持并提升德国国际地位的重要意义。其中，学生的国际流动是大学国际化的重要内容之一。该报告统计了近些年德国大学以及校外研究机构中的留学生以及国际学者的数据，并提出了促进大学国际化的建议。在招收留学生及国际学者方面，科学委员会认为近些年德国取得了很大成功，但同时也面临一些挑战。委员会认为，有必要提高留学生的学业成功率，减少其辍学率，为他们在德国的学习以及进入劳动力市场提供支持，并对吸引留学生和国际学者提出了 9 条具体建议，即（1）招收留学生要符合学校的整体战略。(2)开发使用面向潜在留学生的网上自我测验，使那些对德国大学感兴趣的学生可以提前在网上测试自己的学术能力、语言水平等。(3)采取措施减少留学生的辍学率。(4)除了学术能力外还要促进留学生的人格发展。

---

① EHEA. "Mobilität für besseres Lernen Mobilitätsstrategie 2020 für den Europäischen Hochschulraum"，2019-09-02，见 https：//www.bmbf.de/Mobilitaetsstrategie_Bukarest2012.pdf.

（5）简化并合并各种居住许可。① （6）大学应通过设立终身教授职位以及双元工作岗位② 等措施来提高大学吸引国际学者的魅力。（7）大学应该更加广泛地改进措施以吸引外国人员，大学教师应实现全球招聘，积极寻求高素质的外国学者。（8）大学应该提高自己的服务和管理水平。（9）大学应与当地的经济界和政府机构开展紧密合作，为留学生提供实习机会，从而提高吸引留学生的魅力。

具体到吸引留学生和国际学者领域，德国各个政府部门也制定了不同的战略，出台了相关的政策。2012 年，德国移民与难民事务局（Bundesamt für Migration und Flüchtlinge）和德国欧洲移民网络联络处（das Europäische Migrationsnetzwerk）联合出版了《吸引来自第三国留学生移民》（*Zuwanderung von internationalen Studierenden aus Drittstaaten*）研究报告，报告对德国招收和培养留学生的政策做了介绍，特别介绍了资助留学生的政策，并对处于学习开始、学习期间以及毕业后的不同时段内留学生数据展开统计，还指出跨国合作对学生流动的重要意义。德国移民与难民事务局于 2018 年发布了《留学生的招生和融合》（*Anwerbung und Bindung von internationalen Studierenden in Deutschland*）研究报告，阐明了招收和辅导留学生的必要性以及面临的挑战，提出了具体的措施以及必要的支持。这是在 2012 年报告的基础上对招收留学生最新的统计及建议。

当前，关于德国大学国际化最重要的指导战略就是 2017 年联邦教育和研究部制定的《教育、科学和研究国际化战略》。该战略旨在应对全球化、数字化、欧洲研究一体化以及构建全新的全球创新中心过程中面临的挑战。该战略共包含五个目标，（1）通过国际合作提升学术卓越水平。学术的卓越依赖于全球优秀人才的交流和竞争，因此联邦政府积极采取措施，继续强化德国作为世界学习和研究重镇的地位，同时继续消除限制德

---

① 比如简化签证申请及延长、居住证办理等各种程序，甚至将这些不同的许可证件合二为一。

② 即大学和公司以及政府部门开展合作，使国际学者既可以在大学从事教学和研究，同时可以在企业和政府部门工作。

国学者国际流动的各种障碍。其中，加强欧洲间的合作依旧是战略的关键点，联邦政府将继续积极推进欧洲统一科研区的发展。(2) 提升德国的国际创新能力。作为一个高科技创新之地，德国必须融入全球知识流和价值链。构建成功的国际合作网络意味着直接的竞争优势，联邦政府将继续促进创新网络的国际构建，特别是支持中小企业开展国际创新合作。与此同时，联邦政府也将会尽可能地提供支持，例如加强知识产权保护等。(3) 提升职业教育的国际化水平。德国对开展职业教育的国际合作具有巨大的兴趣。训练有素的专业人员会为伙伴国家的可持续发展作出贡献，与伙伴国家开展职业教育合作也会为当地的德国企业提供合格的劳动力，从而为当地的经济发展作出贡献。联邦政府将扩大与工业化国家和新兴国家的职业教育合作，增加职业教育学生的流动性，承认外国职业教育人员在国外获得的职业资格。其中，降低欧洲青年失业率仍然是一个重要目标。(4) 和新兴国家以及发展中国家共同构建全球学术体系。许多新兴国家和发展中国家正在成为塑造全球知识社会的日益重要的合作伙伴。联邦政府将建立并扩大与新兴国家和发展中国家的伙伴关系。德国将与合作伙伴一起，传播科学工作中的良好做法，并为建立全球统一的学术指导方针和标准作出贡献。(5) 共同应对全球挑战。联邦政府还将重点关注对外学术政策和国际网络学术领域内的总体举措。德国将通过对伙伴国家未来精英的教育来建立并发展可持续的关系，并唤起其对德国科研工作的兴趣。① 从该战略的简单描述中可以看出，这五个目标中的大多数内容都与学生流动相关，可见吸引国外优秀的学生对战略目标的实现具有巨大作用。

在院校层面，大多数大学并没有单独的招收留学生战略，但在学校的总体国际化战略中，吸引留学生一直都是战略目标之一，而且大部分的战略措施都是为了吸引留学生来实现国际化目标。共同科学联席会议提出

---

① BMBF. "Internationalisierung von Bildung, Wissenschaft und Forschung", 2019-09-12, 见 https://www.bmbf.de/upload_filestore/pub/Internationalisierungsstrategie.pdf.

的国际化战略中就明确提出，要支持高校制定自己的国际化战略。调查表明，世界上70%的大学都有自己的国际化战略文本。根据德意志学术交流中心2018年的一项问卷，在所调查的159所高校中，75%都制定了国际化战略，其中30%的国际化战略是作为大学整体发展战略的一部分；84%的综合大学制定了国际化战略，还有10%正在制定或计划制定国际化战略。[①]国际化被当作一种质量保障手段，涉及大学的各个领域和单位（研究、教学、继续教育、管理）。大学国际化战略要求学校通过服务导向和热情好客文化（Gastfreundlichkeit）来提高其国际魅力和国际竞争力。目前，大学国际化战略正逐渐制度化，对大学的整体发展也产生着愈发重要的影响。大学的国际化战略一般包括定位和愿景、环境与自身分析、目标及措施、组织管理控制等四个模块。这其中最主要也是直接影响大学国际化战略实施效果的模块就是措施。大多数的国际化通常都包括科研国际化、教学国际化、行政服务国际化、在地国际化、国际推广等几个方面，而这几个方面都包含着吸引留学生和国际学者之目的。

二、德国留学生教育的推进路径

为了吸引留学生和推进留学生教育，德国出台了各种政策措施，这些举措涵盖联邦、州政府与学校层面。留学生教育是一个系统的工程，留学生教育要关照到从招生、培养到就业的整个流程。下面按照留学生招生、培养、就业三个环节来阐述德国政府及高校如何推进留学生教育的发展。

（一）招生环节

做好招生工作是吸引留学生来德国留学乃至顺利毕业的关键步骤。因此，为留学生提供充足的信息，做好大学的宣传工作、提供预备课程、简化学位认证工作等等都是吸引留学生的重要举措。

---

① Wissenschaftsrat. "Empfehlungen zur Internationalisierung von Hochschulen"，2019-04-12，见 https://www.wissenschaftsrat.de/download/archiv/7118-18.pdf.

1. 改革传统的学制

1999 年，包括德国在内的 29 个欧洲国家共同签署了旨在建立统一欧洲高等教育区的博洛尼亚宣言。当时各个欧洲国家不同的高等教育体系阻碍了欧洲学生和毕业生的流动，而建立统一的高等教育区可以更好地促进欧洲学生间的交流以及毕业生的跨国工作，这一宣言可以说是欧洲融合理念在教育领域的映射。博洛尼亚宣言包括六个具体目标，即建立易于国家间理解和比较的学位制度、建立两级学位体系（本科和硕士）、引入学分体系、清除流动障碍以促进学生流动、通过质量保障促进欧洲内部合作、促进高等教育的欧洲特性。其实早在博洛尼亚宣言前，德国就已经开始了学位体系的改革。1998 年，德国便修改了其《高等学校总纲法》（*Hochschulrahmengesetz*），准许德国高校在传统的学位之外颁发与国际接轨的学士与硕士学位。同年 5 月 25 日，法国、德国、意大利、英国四国主管高等教育的部长在法国巴黎签署了《索邦宣言》（*Sorbonne Declaration*），指出了建立便于国际比较和认可、包括本科教育和研究生教育两个层次的高等教育体系的必要性。[①] 可见，德国的高等教育学制改革已经十分必要。在博洛尼亚改革之前，德国的大学教育只由一个阶段构成，学生在最多 9 个学期的学习后参加毕业考核，合格后会获得 Diplom 或 Magister 学位。然而这种传统的学位制度受到很多批评，也不能适应时代的发展。一是学生学习时间过长。虽然传统学制标准年限是 9 个学期，但传统学制中学生学习较为自由，平均学习年限都在 7 年以上。因此，德国大学学生毕业时一般将近 30 岁，"大龄毕业生"现象较为严重，和其他 OECD 国家相比学生进入劳动力市场时年龄偏大，缺乏国际竞争力。二是德国的高等教育体系不设立学士学位，与其他多数采用英美学位体制国家的高等教育体系缺乏兼容性，极大地影响了德国高等教育国际交流，使德国在国际竞争中缺乏竞争力。具体来说，一方面，德国大学生到

---

① 孙进：《德国的博洛尼亚改革与高等教育学制与学位结构变迁》，《复旦教育论坛》2010 年第 5 期。

国外学习，在国内外所修学分无法得到双方大学的相互认可，为出国留学带来障碍；另一方面，留学生在德国大学所修的学分和获得的学位，也存在着国内外双方大学的相互认可问题。因此，德国对留学生的吸引力与英美等国家相比长期处于劣势。[①] 在引入新的本硕二级学制后，德国已经和国际上通行的学制制度接轨，这符合博洛尼亚进程的既定目标，方便了学生的国际流动，也提高了德国吸引留学生的魅力。

2. 加强德国大学国际宣传推广

德国大学具有悠久的历史，"教学和研究统一"的德国大学成为世界各国模仿的对象。但是二战以来，世界高等教育中心由德国转移到美国，从留学生数量到留学生生源国都显示出德国对留学生的吸引力不如英美国家，德国大学在国际大学排名中也并不靠前。虽然世界大学排名饱受批评，特别是在德国大学均质发展的历史传统下，大学排名并不能完全说明大学的实力，且世界大学排名对德国学生择校并未产生太大影响，但德国大学在世界大学排名竞争中并不理想的排位仍使大学管理者乃至整个国家感到焦虑不安。为了更好地吸引国际优秀人才，德国大学需要提高自己的知名度，在国际上更好地推介自己，所以不论是在国家层面还是院校层面的国际化战略中，国际推广（International Marketing）都是重要的内容之一。推动德国大学国际宣传的最重要机构是 GATE-Germany，它是德国大学校长联席会和德意志学术交流中心联合机构。GATE-Germany 成立于 2001 年，位于德国学术交流中心，由联邦教育和研究部资助，目的是通过其丰富的国际推广经验、遍布全球的合作网络以及专业的推广方案为大学的国际推广提供支持，以获取其他国家的优秀人才；具体任务是为德国大学的国际推广提供服务，包括帮助大学和科研机构参加国际教育展、为大学的国际推广提供咨询和培训等与国际推广相关的服务。大学可以在德意志学术交流中心的网站上为自己的学校和专业打广告，也可以获取世

---

① 袁琳：《德国高等教育国际化发展研究》，博士学位论文，西南大学，2011 年，第98 页。

界各地高等教育展的信息，GATE-Germany 还提供了以如何进行国际推广为主题的研讨会和网络研讨会，这些研讨会涵盖了广泛的宣传推广主题，其中网络研讨会通常致力于提供各个国家高等教育市场的信息。GATE-Germany 研讨会通常在波恩或柏林举办为期两天的强化课程，在那里大学代表将获得有关宣传主题和趋势的信息，可以与其他大学代表进行交流和沟通。此外，在国际推广方面，德意志学术交流中心还推出了两个网络宣传项目"学在德国——创意之国"（Study in Germany-Land of Ideas）和"在德国研究——创意之国"（Research in Germany-Land of Ideas）。"学在德国——创意之国"是德国联邦政府针对留学生的正式宣传活动。自 2001 年开始，德意志学术交流中心受德国联邦教育和研究部的委托和资助，开展了一项宣传德国作为留学目的地的全球活动。2006 年，在德国世界杯期间开始了以"德国—思想之地"为主题的首批宣传活动。学生们在网站上可以了解德国的高等教育系统、奖学金申请、不同类型学校的招生政策、课程设置、在德国的生活以及语言学习等。互联网门户网站"在德国研究——创意之国"是联邦教育与研究部资助、由德国学术交流中心维护的了解德国研究的信息平台。网站概述了德国的研究和资助状况，向外国科学家介绍到德国进行研究的资助和就业机会，德国大学和科研机构也都可以在网站上宣传推介自己。

除了国家层面的推广外，大学也积极开展国际宣传活动。比如科隆大学提出进行专业化的国际宣传、制作英语信息材料、实施国际化招聘战略、参加教育展、开设国外办事处等；柏林自由大学将提高大学的国际地位作为其两大战略目标之一，通过建立国际校友网络并发挥校友的宣传大使作用打造柏林自由大学的"国际品牌"；亚琛工大和弗莱堡大学积极开展国际推广活动，提高大学的品牌形象，弗莱堡大学更是将实现这一目标的期限具体到了 2020 年；哥廷根大学要通过国际化提高大学的科研与教学水平，以使大学长期得到国际认可。

3. 提供预备课程和语言课

如果留学生在生源国的学历达不到德国大学的要求，那么需要参加德国举办的水平评定考试。大学的预科为留学生提供针对考试的相关课程。大学预科一般设立在大学内，其课程内容不针对具体的专业，而针对专业方向。一般的大学预科都是免费的，面向那些对德国本科学习感兴趣的学生。除勃兰登堡州、不来梅和北威州外，大部分联邦州都提供预科教育。在没有预科的州，由大学提供一些预备课程，包括语言和专业课知识。此外，除了指定英语招生的专业外，德语仍然是入学的必须要求。报考学生需要通过德福考试或者大学入学德语考试（Deutsche Sprachprüfung für den Hochschulzugang）。如果没通过以上考试，学生也可以获得语言签证，先到德国学习语言，在通过语言考试后再办理入学。一般大学也会提供德语语言培训，这些课程大多免费。当然，语言课程不止面向准备考试的学生，也面向对德语感兴趣的留学生。

4. 简化学位认证工作

吸引留学生，特别要做好不同教育阶段的衔接工作，对留学生学位的认证以及双边学位互认可以积极推动学生的流动。附属于各州教育部长联席会的"外国教育事务中心"（Central Office for Foreign Education）是对外国学历进行认证的最重要的机构。外国教育事务中心为各种教育机构、官方机构以及私人提供服务，提供各个国家的具体教育信息，通过其数据库可以对外国学历进行认证和评价。该数据库提供超过 180 个国家的高等教育机构的类型和学位信息。因为各个国家的学历不同，所以数据库还说明外国的学位和德国学位的对应关系，这就使留学生的学历认证更加容易，并方便其入学。该数据库有官方版本和公众版本，公众版本的功能有所限制。各个大学可以通过该数据库更加方便地了解申请者的学历状况。

（二）培养环节

留学生通过德国大学的申请并入学后，进入到了即将学习的阶段，此时最重要的是使留学生更快地融入德国的学习和生活中，即开展融合教育。为了使留学生更快地融入学习生活中，大学采取了各种支持措施。根据第 21 次学生调查结果，留学生在德国面临的所有问题中，住房问题是留学生初到德国面临的最大挑战（本科生：45%，硕士生：49%，博士生：51%，国考生：44%）。本科生认为面临的其他主要问题包括：经济问题（40%）、与德国学生的交流问题（25%）、学习规划问题（23%）。硕士生面临最多的其他问题包括：德语语言问题（40%）、经济问题（39%）、与德国民众的交流沟通（35%）、与德国学生的交流问题（30%）、学习规划问题（28%）。而博士生面临最多的其他问题包括：德语语言问题（51%）、人际交流问题（41%）。针对留学生面临的问题，各个大学也提出了各自的支持措施。在众多支持措施中，为学生提供学业指导的机会仍然被认为是最重要的支持措施，有 74% 的留学生认为学业指导最重要，重要次序次之的措施为：德语课程（73%）、学习和工作技巧入门（72%）、学生资助信息（71%）、住房信息（71%）、提供与政府机构沟通的协助（占70%）。① 总结德国大学针对留学生的支持措施，可以概括为以下四个方面。

1. 建立欢迎文化

只有在大学（欢迎中心、管理人员等）乃至校外机构（大使馆、劳动事务局、儿童抚育机构等）建立一种欢迎留学生的文化，才能使留学生顺利地融入德国的学习及生活。联邦和州也支持大学在各个层面建立起好客文化（welcome culture），从而不论在国内还是在国外都向留学生和学者发出一种好客的信号。② 除了教学人员外，管理人员和服务人员对吸引留学生也起到关键作用。对于学校各个层面的员工来说，提高国际化意识、提升服务水平，对于吸引留学生以及推动留学生的融合都是非常重要的。为提升管理服务的国际化水平，德国大学的举措包括如下内容：一是加强学校和院系领导以及基层行政管理人员对国际化的理解，使其认识到吸引一流的留学生对学校发展的重要意义，建立起国际化意识。二是加强

① Beate Apolinarski，Tasso Brandt. *Ausländische Studierende in Deutschland*. Rostock，2016：10.

② KMK. "Strategie der Wissenschaftsminister/innen von Bund und Ländern für die Internationalisierung der Hochschulen in Deutschland"，2019-10-26，见 https：//www.kmk.org/fileadmin/Dateien/veroeffentlichungen_beschluesse/2013/2013_Strategiepapier_Internationalisierung_Hochschulen.pdf.

对行政服务人员国际能力和跨文化能力的培养，包括英语及其他语言能力的培训。比如科隆大学和亚琛工业大学为行政人员提供语言和跨文化能力课程，柏林自由大学资助行政人员赴国外合作高校进行短期交流，以获得实践经验等，大部分大学还要求行政人员获得语言证书和跨文化能力证书，许多大学服务中心还对食堂、宿舍工作人员提供语言培训，使其可以用英语为留学生提供生活服务。在政府机构层面，也要提高面向留学生的服务意识和服务水平。由于文化差异和留学生的语言水平，以及德国传统的官僚习气，留学生在外管局（Ausländerbehörder）、市政局（Rathaus）办理各种手续时，经常会受到各种为难，以及耗费大量的时间和精力。德国科学委员会在针对大学国际化的建议中提出，要简化留学生各种证件和许可的手续，包括简化签证和延签程序、探索将签证和居留许可合二为一等。

2. 提供学业咨询和生活支持

当前德国大学经历了许多改革，大学专业和课程模式发生了很多变化，修课模式和学习规划变得烦琐，尤其是留学生对此更加陌生。对此，各大学都提供各种信息和咨询服务，比如蒂宾根大学会为留学生提供"咨询课程"和"学习规划课程"，指导学生如何组合自己的学习模块，如何制定自己的学习计划，介绍考试程序、如何使用图书馆等学校资源。在进入学习后，外语学院和图书馆也会为留学生准备一系列的学习支持服务，包含学术写作咨询指导（包括德语和英语）、图书馆学术搜索指导等。

关于留学生的学习规划、咨询以及生活支持，各个学校有不同的具体措施，从国家到学校有不同层次的参与者。比如，学生可以到DAAD网站上寻找到各种关于德国大学学习的信息。在各个学校，通常有国际办公室、学术外事办等机构负责留学生的学习和生活服务。近些年，为了吸引国外优秀博士生，各个大学都为外国博士生和研究人员建立了提供科研生活一站式服务的"欢迎中心（welcome center）"，为国际学术人员提供签证办理、住房咨询、子女入学等一系列生活服务，以使留学生和员工顺利地融入大学生活中。在德国，在学生的服务方面，学生服务中心

（Studentenwerk）扮演着重要角色，为学生提供住宿、学期票、保险等服务，帮助新生更快地安定下来。作为独立于高校的共同组织，学生服务中心为全德国 260 万名学生提供服务和支持。① 学生服务中心并不是专门针对留学生的服务机构，但一些地区的服务中心会提供一些针对留学生的特别服务。比如 45 个学生服务中心有"学生指导项目"，该项目为留学生提供建议和指导，以及协调冲突和矛盾，为留学生的快速融合作出了贡献。学生服务中心推出的"同伴项目 / 结对项目"也为留学生解决了很多日常问题，特别是留学生初到德国时需要办理的各种证件问题。在资助方面，德国有 43 家大学生服务中心设立了专项基金，可以为留学生提供贷款或非偿还性补助。当留学生遇到一些特殊的经济困难，如孩子出生、医疗费用过高、由于经济原因无法完成学业、专业学习资料需要高额支出时，可以向大学生服务中心提出资助申请。② 学生服务中心还特别提供了针对有子女学生的服务。在全国范围内，学生服务中心经营着大约 220 家托儿所，提供大概 8850 个入学名额。此外，鉴于语言对于留学生融合的重要作用，各个学校都推出针对留学生的德语培训课程，这些课程以欧标等级为标准，面向不同语言层次的学生，课程基本免费。德国政府还资助一些市立的夜校机构，为移民和留学生提供德语课程。因为得到政府的资助，这些夜校德语课程的费用也十分低廉。

3. 提高英语授课课程的比例

如果说 80 年代大学国际化的重点在学生和教师的国际流动上，那么进入 90 年代国际化就日益表现在课程内容的国际化、国际课程的互认机制、大学的国际化总体战略等方面。③ 其中课程的国际化体现在两个方面：一是课程内容的国际化走向，特别是要融入国际视角、国际思维以及跨文

① Paula Hoffmeyer-Zlotnik und Janne Grote（EMN）. *Anwerbung und Bindung von internationalen Studierenden in Deutschland.* Nürnberg，2018：50.

② 孙进、宁海芹：《德国作为留学目的地国之魅力溯源——兼析德国吸引留学生的国际化政策》，《比较教育研究》2015 年第 12 期。

③ Wächter Bernd. "Englischsprachige Studiengänge in Europa". *Die Hochschule：Journal für Wissenschaft und Bildung*，2003，12（1）：88-108.

化视角，使所有学生具有国际视野，提高国际竞争力。二是增加英语授课课程比例。英语授课课程在过去几年快速增加，这一方面减少了留学生的语言障碍，使更多的学生选择到德国留学，另一方面也可以使德国学生获得跨文化能力和语言能力。但从整体来看，德国大学英语授课的比例与荷兰以及北欧国家相比还相对较低。根据德国大学校长联席会所属的Hochschulkompass 数据库 2018 年统计，以英语为主要授课语言的课程数量为 1438 门，大约占到所有课程数量的 7%，这其中包括 226 门本科课程、7 门国家考试课程、1205 门硕士课程。可见硕士阶段英语课程授课比例较大。[①] 除了这些英文授课专业之外，德国大学里许多非英文授课的专业也允许学生选择用英文来撰写毕业论文，为德语不熟练的留学生打开方便之门。[②]

4. 多元的资助机制

德国大部分州对留学生不收学费。2005 年，德国部分联邦州的高校曾一度向处于本科和硕士阶段的学生（包括本国、欧盟成员国和非欧盟国家的学生）收取学费，每学期最高收取 500 欧元。虽然这个数目与英美等国的学费相比并不算高，但在学生的抗议以及社会各界的反对之下，德国高校收学费的政策随后还是被迫取消。[③] 但在德国高等教育经费紧张的背景下，近几年部分州又开始针对欧盟之外的学生收取学费，比如巴登符腾堡州针对非欧盟国家的留学生每学期收取 1500 欧元学费。但这相比英美澳等其他留学生大国的学费已经十分低廉。这和德国公立教育的传统紧密相关，德国一直没有将高等教育视为贸易服务协定中的商品，收取的学费也完全不能抵扣学生的培养费。

除了免除学费的制度外，留学生还可以向许多组织申请奖学金，例

---

① Paula Hoffmeyer-Zlotnik und Janne Grote（EMN）. *Anwerbung und Bindung von internationalen Studierenden in Deutschland.* Nürnberg，2018：46.

② 孙进、宁海芹：《德国作为留学目的地国之魅力溯源——兼析德国吸引留学生的国际化政策》，《比较教育研究》2015 年第 12 期。

③ 孙进、宁海芹：《德国作为留学目的地国之魅力溯源——兼析德国吸引留学生的国际化政策》，《比较教育研究》2015 年第 12 期。

如德意志学术交流中心及各种基金会或商业机构。留学生可以在德意志学术交流中心奖学金数据库中找到有关各种资助类型的信息并申请，这些奖学金面向留学生和国际学者，为他们到德国学习和科研交流提供资助。德意志学术交流中心有面向全球的奖学金项目，比如"针对博士生学术后备人才的研究奖学金"以及"针对所有专业研究生的奖学金"（Studienstipendien-Masterstudium für alle wissenschaftlichen Fächer），也有针对特定地区和特定专业的奖学金，比如"中德（CSC-DAAD）博士后奖学金"、针对音乐生和艺术生的"柏林艺术家奖学金项目"（berliner-kuenstlerprogramm）。其他一些基金会的奖学金多针对一些特定领域的学者。另外，除了资助政策外，德国政府还放宽对留学生在读期间兼职时长的限制。德国在政策上允许欧盟成员国以及瑞士的留学生在读期间从事有偿工作，其他国家的学生在新修订的居留法生效前，自由从事有偿兼职的时长在一年中不能超过 90 天或 180 个半天（平均每周不得超过 14 小时）；而依据 2005 年新修订的《居留法》（Aufenthaltsgesetz），非欧盟的学生在学习期间的自由打工时间可以延长至 120 个全天或 240 个半天，如果学生在校内或学术机构内兼职则不受时间限制。学生持有居留许可就不需要向外管局或劳动局申请劳动许可。此外，如果学业要求中包含实习，那么实习工作的天数不会被计入劳动天数中，如果是自愿的实习则会被计入工作天数之中。如此，留学生就可以通过兼职工作来支持自己在德国的学业。这对于来自亚洲、非洲、拉丁美洲等发展中国家的自费留学生而言，无疑是具有吸引力的。调查显示，大约一半（49%—54%）的留学生都在假期打工以支持自己的留学生活。①

（三）就业环节

留学生日益被视为未来德国劳动力市场上的重要力量。留学生作为优质的人力资源，如何使其愿意留在德国、顺利地融入德国生活，就需要

---

① 孙进、宁海芹：《德国作为留学目的地国之魅力溯源——兼析德国吸引留学生的国际化政策》，《比较教育研究》2015 年第 12 期。

大学、政府机构乃至社会共同努力。留学生在从学习生活过渡到职业生活时面临的挑战大于德国本土的学生，这就需要更多措施来使留学生的融入更加顺利。

1. 修订法律延长毕业后的居留时长

根据新修订的《居留法》，留学生毕业生可以在学习结束后获得为期18个月的专门用于找工作的签证，在此期间，他们可以不受限制地从事任何类型的工作。如果在这段时间内留学生顺利获得合适的工作，就可以将当前的居留许可转为工作许可。在德国高校毕业的留学生，可以更快地获得永居权和德国国籍。此外，若德国高校的留学生毕业生在德语语言水平、生活保障等方面符合《居留法》第18条的规定，在德国有一份与自己所学专业相符合的工作且已经拥有法定的居留权达两年，并已缴纳了至少24个月的法定税费，即可申请在德国永久居留。① 在一些情况下，学生的学习年限还可以折算成居留年限。如果留学生从德国大学辍学，他们也可以接受公司的职业培训并获得居留许可。

2. 为学生向职业过渡提供帮助

对于留学生来说，从学习过渡到职场面临着很多挑战。相比于德国同事，他们的社会关系较少，对德国的职场文化也不熟悉。因此，他们在学习期间更加依赖于实习经历、与雇主建立联系以及职业发展规划。在德国，留学生要尽早开始职业生涯的准备工作。通常大学的国际办公室或者职业服务部门会为留学生进入职场提供支持服务，部分院系也会为留学生提供特殊的培训、咨询或就业信息服务。据2015年的一项调查，116所大学的国际办公室和就业服务处都在为留学生提供服务。其中只有四分之一的学校表明，留学生的就业问题属于其学校的国际化战略内容。这说明，大多数学校国际化战略并没有将留学生就业纳入其整个战略系统。②

---

① 孙进、宁海芹：《德国作为留学目的地国之魅力溯源——兼析德国吸引留学生的国际化政策》，《比较教育研究》2015年第12期。

② Paula Hoffmeyer-Zlotnik und Janne Grote（EMN）．*Anwerbung und Bindung von internationalen Studierenden in Deutschland.* Nürnberg，2018：59.

留学生毕业生在劳动力市场的融合问题相对于其他国际化战略措施的重要性更低，但国际办公室或就业处会为留学生的就业提供具体支持，比如为留学生提供就业信息、面试技能培训等。

3. 开展校友联络工作

国际校友是大学扩大国际影响力的有效资源，国际校友作为大学的宣传大使，可以促进国际学者、留学生与学校乃至与公司的联系，可以使大学获得优秀的国际人才并使建立国际合作变得更加容易。在院校层面，许多高校都将国际校友维护工作作为国际化战略的内容之一。从全国层面来看，德意志学术交流中心推出了许多国际校友的联络项目，比如资助国际校友继续在德国开展研究或工作，还有一些专门针对发展中国家的校友计划，比如帮助国际校友采购设备与专业文献或帮助他们在德国接受一些特殊的继续教育。德意志学术交流中心还在全球资助160多个独立运行的国际校友俱乐部。考虑到国际博士生这一资源，洪堡基金会还资助了"学者校友战略"——洪堡基金会自2010年起就成为国际校友的维护、咨询、联络等事务的重要参与者；另外一个全国性的校友项目是"德国校友网"，该项目针对所有在德国学习过的留学生、做过研究的外国学者，这一项目为这些人提供德国工作岗位的信息，以及和企业、大学及其他机构交流的机会。

第三节　德国留学生教育政策的经验与问题

德国在留学生招生方面推出了众多政策和举措，也收到了很好的效果。留学生数量逐年提高，尤其国际博士生已经达到了博士总数的25%。那么德国留学生教育取得了哪些成就？积累了哪些成功的经验？还面临着哪些问题？讨论这些问题，可以为我国留学生教育的发展提供参考和借鉴。

一、德国留学生教育的成就与结构特征

在国家统计局的数据中，德国将所有的非德国籍学生称为留学生。

留学生包含两大类：国内"留学生"（Bildungsinländer）和国际留学生
（Bildungsausländer）。国内"留学生"是指在德国获得大学入学资格（即
在德国读高中）的外国人；国际留学生是指在国外获得大学入学资格或
者经过修读德国大学预科后获得大学入学资格（未在德国读高中）的学
生，他们属于国际流动学生（international mobile Studierende），国际留学
生又具体分为欧盟国家国际留学生和非欧盟国家国际留学生。而根据学
生是否获取学位将国际流动学生分为两类，一类是以获取学位为目的的
学生，被称为学位流动学生（Degree Mobility）；一类不是以获取学位为
目的的学生，被称为学分流动学生（Credit Mobility），这类也包括不修读
学分的短期交流的学生（见图 5–1）。区分这些不同的概念不仅仅是因为
统计需求，德国大学在各种实际政策上也区别对待不同类型的学生。比
如在学费问题上，巴符州在 2015 年开始针对留学生收取学费，每生每
学期 1500 欧元，但收费对象仅限来自欧盟以外国家的国际留学生，欧
盟国家学生和德国学生一样不需要缴纳学费。另外，大部分的国内"留
学生"虽然没有德国国籍，但很多是获得永久居留权的留学生，他们在
德国读完高中后继续读大学，已经不具有流动性，所以很多统计会将其
剔除。

图 5–1　德国对高校学生的分类

来源：Paula Hoffmeyer-Zlotnik und Janne Grote（EMN）. *Anwerbung und Bindung von
internationalen Studierenden in Deutschland*. Nürnberg, 2018：12.

据联合国教科文组织统计，2017 年全球留学生总量超过了 530 万

人，相比上一年增加了 4.3%。[①] 赴德留学生也在逐渐增加，从 2009 年的 239143 名增加到 2018 年的 374583 名，10 年间增长了 56%（见图 5–2），德国成为继美国、英国、澳大利亚之后第四大留学生目的地国。[②] 2018—2019 冬季学期，将近 374600 名留学生（282000 名国际留学生和 92600 名国内"留学生"）在德国大学注册，人数比上一年增加了 4.3%，这一数据占到德国大学学生总数的 13.2%，已经超出德国"留学生 2020 年预定目标"7%。在男女比例上，男生数量为 194500 人左右，女生为 18000 人左右。综观留学生的来源地区、院校选择、学历分布以及专业选择，德国留学生呈现出以下特点。

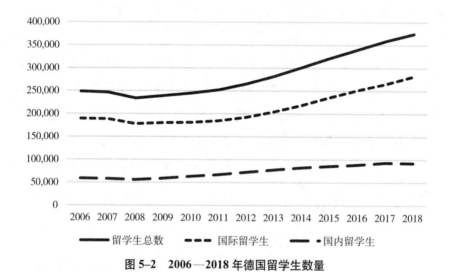

图 5–2　2006—2018 年德国留学生数量

来源：DAAD/DZHW，Wissenschaft weltoffen 2019. *Daten und Fakten zur Internationalität von Studium und Forschung in Deutschland*. Bielefeld，2019：50.

---

① UNESCO. "Outbound internationally mobile students by host region"，2019-10-24，见 http：// data.uis.unesco.org/index.aspx？queryid=172.

② 由于各国对留学生的定义不同，因此各国对留学生的数量统计也略有差异。德国每年会出版"教学和研究国际化报告 Wissenschaft weltoffen"，本章第三节的数据如无特殊说明，皆来自此报告。报告出处：DAAD/DZHW，Wissenschaft weltoffen 2019. *Daten und Fakten zur Internationalität von Studium und Forschung in Deutschland*. Bielefeld，2019.

（一）生源以亚太国家和地区为主[①]

在学生来源地方面，欧洲仍旧是德国最大的留学生来源地。但在来源地区统计中，欧洲被拆分为西欧、中南欧以及东欧等地区进行统计，所以最大的生源地区为亚太地区（30%），其次是西欧（19%）（见表5-4）。在来源国中，中国学生36915名，占留学生总数的13.1%，是德国留学生中的最大群体；印度以17294名排在第二。引人注意的是，叙利亚学生成为德国高校中第六大留学生群体，从2015年到2018年，其数量增长了228%。[②] 这主要是因为德国接受了大量的叙利亚难民，并为难民提供很多教育融合项目。在2017年冬季学期的申请者中，来自叙利亚的申请者数量已经超过中国申请者，位居第一位。（见表5-5）。

表 5-4　德国留学生来源地区分布（2018 年）

地区	数量	百分比
总计	282002	100.0
亚太地区	83326	29.5
西欧	54692	19.4
中东北非地区	44842	15.9
中南欧地区	34527	12.2
东欧、中亚和南高加索地区	26013	9.2
南美	16069	5.7
撒哈拉以南非洲	15019	5.3
北美	7210	2.6

资料来源：DAAD/DZHW，Wissenschaft weltoffen 2019. *Daten und Fakten zur Internationalität von Studium und Forschung in Deutschland.* Bielefeld，2019.

---

① 德国"教学和研究国际化报告 Wissenschaft weltoffen"里的统计数据大多以国际留学生（Bildungsausländer）为基础，下面特征分析中的留学生指的都是国际留学生。因为国际留学生是德国留学生的主体并且德国留学生教育政策多是针对这一群体而制定，所以这一群体的特征也可以代表整个留学生群体的特征。

② Thomas Vitzthum. "Warum Syrer erst jetzt an den Hochschulen ankommen"，2019-11-01，见 https：//www.welt.de/politik/deutschland/article198603681/Unis-Syrische-Studenten-erobern-die-Hochschulen.html.

表 5-5　德国留学生主要来源国（2018 年）

国家	数量	百分比
中国	36915	13.1
印度	17294	6.1
奥地利	11130	3.9
俄罗斯	10795	3.8
意大利	8908	3.2
叙利亚	8618	3.1
土耳其	7633	2.7

资料来源：DAAD/DZHW，Wissenschaft weltoffen 2019. *Daten und Fakten zur Internationalität von Studium und Forschung in Deutschland.* Bielefeld，2019.

（二）留学生更偏爱综合大学

德国最主要的两类高校是综合大学和应用科学大学。在 2017—2018 学年，综合大学学生数量为 178.2 万人，应用科学大学学生数量为 98.2 万人，两类高校学生数量占德国高校学生总数的 97.2%。其他类型高校包括一些神学院、艺术学院、师范学院等，学生数量占比很小。在就读学校类型上，留学生更加偏爱综合大学，其中综合大学中的留学生数量为 20.3 万人，占综合大学学生总数的 11.4%；应用科学大学中的留学生数量为 7.2 万人，占该类型大学学生总数的 7.3%。这两种类型的高校吸收了德国大部分的留学生。

（三）博士留学生占比例最大

在留学生的学历分布中，可以看出不同学历层次学生的比例差距较大。在所有留学生中，本科生、硕士生和博士生分别占 36.5%、35.7% 和 9.9%。但从所有学校的总体情况来看，本科留学生数量只占本科学生总数的 6%，而博士生比例则达到 25%，德国高校中每四个博士生中就有一个是留学生。这可能与德国的招生政策有关。德国人才引进的重点之一就是博士生和学者，德国为这一群体提供了丰厚的奖学金和服务，而本科留学生很难拿到德国政府以及来源国的奖学金，多属于自费留学生，这在一定程度上降低了德国对本科生的吸引力。从博士生所在学校类型的分布中，应用科学大学中博士生比例较低，因为大部分应用科学大学还没有单独的博士学位授予权，只能和综合大学联合培养博士生（见表 5–6）。

表 5–6　德国不同学历层次留学生与该层次学生总数的百分比（2018 年）

	总计	综合大学	应用科学大学
本科	6.0	6.4	5.5
硕士	18.2	19.5	14.7
博士	24.0	24.0	13.2
其他学历	5.3	5.3	5.8

资料来源：DAAD/DZHW，Wissenschaft weltoffen 2019. *Daten und Fakten zur Internationalität von Studium und Forschung in Deutschland*. Bielefeld，2019.

（四）专业分布以工科为主

不论在综合大学还是在应用科学大学中，最受留学生欢迎的专业都是工科专业，这于德国工科实力较强不无关系。综合大学里大约有三分之一的留学生修读工科专业，应用科学大学里有一半的留学生选择工科专业。社科类专业是仅次于工科的最受欢迎的专业。修读医学专业的留学生数量较少，因为医学在德国属于热门专业，竞争激烈，分配给留学生的名额很少。另外，自 2013 年以来，所有专业中的留学生数量都在增加，只有人文学科专业的留学生数量减少了 10%；而工科专业中留学生人数增长率则高达 115%（见表 5–7）。

表 5–7　德国不同类型学校中留学生专业选择情况（2018）

学科类型	综合大学		应用科学大学	
	数量（人）	百分比	数量（人）	百分比
总计	207528	100.0	74474	100.0
工科	68709	33.1	38817	52.1
法律、经济，社会科学	45742	22.0	26713	35.9

学科类型	综合大学		应用科学大学	
	数量（人）	百分比	数量（人）	百分比
艺术	12370	6.0	2616	3.5
数学、自然科学	27705	13.4	2248	3.0
农林动物、营养学	4877	2.4	1391	1.9
医学、健康学	13548	6.5	1339	1.8
人文学科	33135	16.0	1048	1.4
其他	1442	0.7	302	0.4

注：这里的综合大学包含了艺术类院校、师范院校以及工业大学。

资料来源：DAAD/DZHW，Wissenschaft weltoffen 2019. *Daten und Fakten zur Internationalität von Studium und Forschung in Deutschland.* Bielefeld，2019.

二、德国留学生教育政策的基本经验

德国作为传统的留学目的地国，吸引着全球大量留学生。在 20 世纪 90 年代，德国留学生教育发展迅速，并在新世纪成为全球第四大留学生目的国。德国各级政府和德国大学也出台了各种政策和措施，积极吸引留学生，以期提高德国国家和大学的竞争力，德国也在留学生教育方面积累了许多经验。

（一）将留学生教育纳入总体国际化战略

由于德国的教育管辖权属于联邦州，所以具体的留学生招生政策也多由各州教育部或者联邦州教育部长会议共同出台。进入新世纪，联邦教育和研究部以及科学委员会（Wissenschaftsrat）等部门出台了很多全国性的国际化战略，为大学国际化发展提供了总体目标和建议，以期使大学国际化的发展符合国家的总体战略和方向。此外，从获取留学生作为移民资源的角度来看，德国移民局和联邦劳工社会部（Bundesministerium für Arbeit und Soziales）等部门也出台了招收留学生的调研报告和建议等。德国联邦教育和研究部资助德意志学术交流中心对留学生和国际学者的流动情况进行统计，出版 Wissenschaft Weltoffen 系列报告。联邦政府通过

《高校协定》（*Hochschulpakt*）以及《研究和创新协定》（*Forschungs-und Innovationsförderung*）来加大对大学国际化的资助。此外，联邦政府也资助德意志学术交流中心和洪堡基金会的一些国际合作的特殊项目。2014年，德国政府用于资助学生和学者交流以及大学国际合作的金额达到了1.4亿欧元。①联邦政府以及其他部门为招收留学生提供法律政策方面的支持，优化招生环境；一些政府部门和大学展开具体合作为留学生提供服务，比如魏玛外管局在包豪斯大学设置了流动工作站，使留学生可以在大学现场报道、申请居留许可证、办理延签手续等。

（二）关注重点区域和重点人群

除了政府层面的财政资助和 DAAD 的总体协调外，联邦政府和州政府还支持大学自己的国际化战略，通过和其他国家开展学术合作招收留学生。德国的国际化过程逐渐实现从下至上到从上至下、从个人及院系层面向学校层面的转移，院校层面的管理变得越来越重要，个体的国际化活动被系统的国际化战略取代，所以不论是国家的还是学校的国际化战略，都经过系统的规划，设定了国际化发展的重点，比如重点国家和重点招收人群。很多国际化战略中都将北美、西欧以及新兴国家中国、巴西等列为合作重点（见表 5-8）。在 2012 年和 2014 年，德意志学术交流中心发布了三个区域学术交流战略文件：中国战略（2012）、撒哈拉以南非洲战略（2014）、俄罗斯地区\东部伙伴\中亚十二国战略（2014）。在中国战略中明确提出"增加在中国的德籍留学生和研究人员数量，同时招收优秀的中国学生、博士生以及学者。在 2011 年第一次德中政府磋商的基础上，联邦政府同意每年双方的学生和学者交流人数达到两万人"②。"非洲战略（2015—2020）"提出要为非洲国家学生提供更多到德国攻读硕士及博士学位的机会。在重点目标人群中，博士生和学者成为重点招收人群。

① BMBF. "Deutschland ist weltoffen", 2019-10-24，见 https://www.bmbf.de/de/deutschland-ist-weltoffen-606.html.

② Paula Hoffmeyer-Zlotnik und Janne Grote（EMN）. *Anwerbung und Bindung von internationalen Studierenden in Deutschland*. Nürnberg, 2018: 65.

在知识全球化的今天，高端的博士生及科研人员成为宝贵的人力资源，相比于本科和硕士留学生，招收博士生和科研人员对于提升大学和国家的竞争力更具效益。科学委员会在其《大学国际化建议》（*Empfehlungen zur Internationalisierung von Hochschulen*）中指出招收国际学者对大学发展的重要意义，并建议大学采取措施提高对国外学者的吸引力，比如设立终身职位以及灵活的工作时间、为国外学者提供更好的生活服务，进行全球学者招聘等。在针对留学生的奖学金中，大部分的奖学金只提供给博士生和学者。在部分针对留学生收取学费的州，收费对象仅限本科生和硕士生，而博士阶段的留学生全德国高校都是免学费的。

表 5–8　德国与其他国家和地区高等教育合作情况

国家和地区	合作项目数	百分比
美国	2393	13.6
中国	1383	7.8
俄国	953	5.4
日本	750	4.3
加拿大	635	3.6
巴西	612	3.5
澳大利亚	599	3.4
法国	545	3.1
韩国	504	2.9
英国	491	2.8
印度	457	2.6
墨西哥	414	2.3
波兰	369	2.1
瑞士	366	2.1
西班牙	335	1.9
智利	323	1.8
阿根廷	288	1.6

续表

国家和地区	合作项目数	百分比
意大利	283	1.6
中国台湾	263	1.5
其他国家和地区	5682	32.2
总计	16570	100

来源：DAAD/AvH/HRK. *Internationalität an deutschen Hochschulen Erhebung von Profildaten.* Bonn, 2018.

（三）优化留学环境，提升服务能力

提高德国对留学生的吸引力，打造主要留学目的地国一直是德国政府的战略目标。德国教育和研究部于 1992 年提出要"提高教育机构和大学专业的国际化水平"。① 德国各州文教部长联席会议于 2013 年发布了一项"提升德国作为学习目的地的竞争力"的声明，要求德国不断提升吸引留学生的能力。2017 年的《教育、科学和研究国际化战略》报告指出"提升德国在科学、研究和创新方面的国际吸引力一直都是德国政府的既定目标"。② 为了打造有吸引力的留学环境，德国努力提升吸引留学生的"软实力"，提升覆盖学生整个留学过程的管理与服务水平，包括招生前的学业咨询、签证申请，培养中的学业辅导、生活支持以及毕业后的就业指导，并积极调动政府机构、学校、公司等各部门全方面参与，从改变外事机构的官僚习气到提升学校内部行政服务人员的服务意识和能力，再到公司为学生提供实习和就业机会，德国各个层面和机构都在向留学生释放积极的欢迎信号，建立起好客文化。

---

① Wuttig, Siegbert；Knabel, Klaudia. "Auf dem Weg zu einem europäischen Hochschulraum. Perspektiven der Hochschulentwicklung unter den Bedingungen der Internationalisierung". *Die Hochschule：Journal für Wissenschaft und Bildung*，2003，12（1）：31-47.

② BMBF. "Internationalisierung von Bildung，Wissenschaft und Forschung"，2019-09-12，见 https://www.bmbf.de/upload_filestore/pub/Internationalisierungsstrategie.pdf.

三、德国留学生教育面临的问题与挑战

德国作为重要的留学目的地国，制定多种政策积极吸引留学生，并取得显著成效，留学生数量达到了联邦政府制定的目标。但是由于德国的教育体系以及语言等原因，德国留学生教育还面临着如下一些问题和挑战。

（一）缺少支持系统和支持文化

尽管德国努力提升作为留学目的地国的吸引力，并倡议在各个层面建立起好客文化，但是留学生教育仍然缺少支持系统和支持文化，这一矛盾贯穿从招生到就业的整个过程。在招生环节，德国低下的办事效率导致申请大学以及申请签证都要花费大量时间，很多时候留学生在学期开始后才收到入学通知书或签证，这就使学生错过了学期开始的课程以及非常重要的导向课程和新生支持活动。在进入德国后，留学生又要面临着到外管局延长签证和到市政厅报到等问题。德国的官僚体系对很多留学生来说是一个"噩梦"，外管局被称为"到德国学习的梦想瞬间消失的地方"①，各种倡议中的好客文化并没有在外管局的工作中有很好的体现。此外，留学生在面临经济问题时也很难获得像德国学生一样的支持服务。2016年，只有22%的留学生获得全额奖学金或部分奖学金以支持他们在德国的学习，其余学生的经济来源主要是父母支援或兼职外快。② 自巴登符腾堡州开始针对非欧盟国家学生收取学费以来，越来越多的州打算执行收费政策，这势必会降低德国大学的吸引力。而对非欧盟国家留学生在打工政策上的区别对待以及联邦教育资助金和贷款政策③ 的缺失，更是使留学生经

---

① Jesús Pineda（DAAD）. *Problemlagen und Herausforderungen internationaler Studierender in Deutschland.* Bonn，2018：31.

② Apolinarski，B. and Brandt，T.. *Ausländische Studierende in Deutschland 2016. Ergebnisse der Befragung bildungsausländischer Studierender im Rahmen der 21. Sozialerhebung des Deutschen Studentenwerks durchgeführt vom Deutschen Zentrum für Hochschul-und Wissenschaftsforschung.* Berlin，2018：32.

③ 来自欧盟外的留学生想要获得联邦教育资助金或者银行贷款，需要申请者必须满足在德国一定的居住年限，或者和德国的或欧盟国家的伴侣一起生活等。这些条件对于来自欧盟外的留学生来说几乎是不能满足的。

济状况捉襟见肘的重要原因。在留学生就业问题上，德国 18 个月的找工作签证期限相比于加拿大等国家的 3 年期限也较短。

（二）留学生辍学率高

吸引留学生并使其顺利地完成学业，已成为大学提高其国际声望的重要手段。在几个重要的留学目的地国中，如美国、英国和澳大利亚，留学生辍学率都比本国学生低，修业年限也比本国学生时间短。而在德国却恰恰相反，留学生辍学率要比德国学生高许多。根据德国高校和科学研究中心（Das Deutsche Zentrum für Hochschul-und Wissenschaftsforschung）的统计，2016 年本科留学生辍学率为 45%，硕士留学生辍学率为 29%；而德国本科生和硕士生的辍学率分别为 28% 和 19%，而这一结果相比于 2005 年所有学位类型 65% 的辍学率已经有了明显的改善。调查显示，从 2005 年到 2012 年留学生辍学率持续下降。但是这种积极的发展并没有延续下去，2012 年之后，本科留学生辍学率从 41% 上升到 49%，而硕士留学生辍学率从 9% 快速上升到 29%。① 留学生辍学的原因融合了语言、生源质量、学生经济状况、文化适应、学校培养模式等各方面因素，严峻的留学生辍学问题对大学的教学和管理都提出了挑战。由于德国大学辍学率较高，很多留学生产生了"德国大学文凭含金量高，但是难毕业"的印象，形成畏难心理，阻碍了留学生将德国作为留学目的地国。

（三）德语仍是学习和生活的障碍

高水平的语言能力是学习成功的基础，因此德国大学对入学语言（德语或英语）都有明确的要求。但留学生会亲身感受到，学校官方要求的语言水平和能够应对学习的实际语言能力之间仍存在很大差距。在德国大学的国际化进程中，以何种语言作为授课语言一直是个矛盾问题。虽然为了吸引留学生，德国大学开设了大量的英文授课课程，但整体来看，目前英语授课学科集中在工科、医学、理学等学科，人文学科英语授课的比

---

① Jan Kercher. *Studienerfolg und Studienabbruch bei Bildungsausländerinnen und Bildungsausländern in Deutschland und anderen wichtigen Gastländern.* Bonn：digitale Publik-ation DAAD，2019：5.

例还较少；采用英语授课的专业比例相比于荷兰以及北欧国家还较低。在院校层面，增加英语授课课程还存在着一些阻力，教师们担心使用英语会损害教学质量，并使德语逐渐丧失作为学术语言的地位。在关于语言的讨论中，一个引起特别关注的留学生群体就是选择英语授课专业的学生。近些年，德国大学的国际化程度日益加深，开设了很多英语授课的课程，吸引了很多报考英语项目的留学生。在德国，工科、自然科学以及医学等学科的国际化程度水平较高，留学生除了在生活方面遇到一些语言问题外，在学习方面基本上不存在问题，英语授课、教授交流、学术讲座以及英语数据库等都能满足学生的需要。但是大部分人文学科和部分社会科学开设的英语课程比例较低，培养模式也多是传统的师徒制，虽然英语生和导师交流不存在问题，但大多的学术讲座还是用德语进行，各种数据库也以德语文献为主，所以使用英语的留学生难以利用各种教育资源来很好地了解学科的学术前沿发展。此外，从毕业后在德国就业和居留的角度考虑，纯粹的英语授课使留学生的社会融合以及职场过渡变得困难。那些日后打算在德国工作的学生，需要具备像其英语一样的德语职业沟通能力，才能更好地融入职场生活，但是事实表明，那些选择英语授课的学生学习德语的动机十分弱，这为这些学生日后的留德工作埋下了隐患，也违背了德国通过招收留学生吸引高端人才的初衷。根据 2016 年第 21 次学生调查结果显示，德语问题仍然是留德硕士生和博士生在学习和生活中面临的首要问题。①

（四）全球留学生教育市场竞争激烈

工业国家人口变迁导致对高层次移民的需求日趋强烈，新兴国家政府也迫切希望通过国外教育资源弥补本国高等教育供给不足的问题，因此留学生教育拥有着巨大国际市场，许多国家采取各种措施"招揽"留学

---

① Apolinarski, B. and Brandt, T.. *Ausländische Studierende in Deutschland 2016. Ergebnisse der Befragung bildungsausländischer Studierender im Rahmen der 21. Sozialerhebung des Deutschen Studentenwerks durchgeführt vom Deutschen Zentrum für Hochschul-und Wissenschaftsforschung*. Berlin，2018：22.

生。①"招揽"一词虽带有强烈的商业色彩，但正显示出留学生教育的经济动机扮演着日益重要的角色，各国都在为留学生客户群体提供更好的服务。特别是在高端人才的争夺中，由于语言问题以及德国大学的国际排名较低，德国明显落后于美国和英国。另外，德国当前对留学生秉承和国内学生相同的入学原则，只要满足一些基本条件即可入学，缺少筛选性，这影响了生源质量。因此，DAAD 推出"质量代替数量"（Qualität statt Quantität）战略，提出在招收留学生时"应招收尽可能好的，而不是尽可能多的留学生（gute statt viele）"。② 如何提高留学生教育质量进而提升大学的国际竞争力，将是德国留学生教育面临的新挑战。

四、德国留学生教育政策的未来走向

受新冠肺炎疫情影响，德国留学生教育受到很大影响。根据 DAAD 2020 年 7 月份发布的"新冠及其对国际学生流动的影响"调查报告，所有大学联席会成员高校中大约有 8 万学生因为新冠肺炎疫情离开德国。由于学校关闭，没有离开德国的留学生也开始网络授课，各种国际交流计划和国际推广活动也已经停止。36% 的参与调查高校认为，2020 学年冬季学期的留学生申请人数会出现略微下降；21% 的高校则认为会出现大幅下降。③ 但留学生对留学德国的前景还是充满信心，芬蒂巴（Fintiba）公司 2020 年 4 月份的一份针对 66 个国家 350 名原来有意向到德国留学的学生问卷调查表明，尽管由于暂时的旅行限制而导致学习计划的不确定性，但有四分之三的计划到德国留学的学生表示未来"仍然很有可能还会

---

① Stefanie Jensen. *Ausländerstudium in Deutschland*，*Die Attraktivität deutscher Hochschulen für ausländische Studierende*. Wiesbaden：Deutscher Universitäts-Verlag，2001：1.

② Thomas Heiland. *Marketing und Wettbewerb im deutschen Hochschulsystem*. Wiesbaden：Deutscher Universitäts-Verlag，2001：172.

③ DAAD Arbeitspapier，Corona und die Folgen für die internationale Studierendenmobilität in Deuts-chland，2020-10-6，见 https：//static.daad.de/media/daad_de/pdfs_nicht_barrierefrei/der-daad/analysen-studien/daad_2020_corona_und_die_folgen_fuer_die_internationale_studierendenmobilitaet_in_deutschland.pdf.

来"。① 随着疫情的缓解，德国已经在 7 月份开始逐步为留学生发放留学签证。德国大学校长联席会主席彼得·安德烈·阿尔特（Peter-André Alt）表示："即使在当前困难时期，也必须保持德国大学的国际化水平。"② 从未来走向来看，德国仍然会坚持其扩大留学生教育的战略，并建立更多的制度来促进留学教育的发展。

第一，继续简化入学资格认定，扩大国际生源。留学生如果到德国开始本科学习，需要达到必要的高校入学资格。对于欧盟的申请学生，只要学生具有中学毕业证书（High School Diploma/ Bachillerato）、会考合格证书（Matura）、A-Levels 证书，就可以直接申请入学。如果其他来源国的高中学历不被德国承认或者与德国的入学资格不等值，那么学生就需要参加资格确认考试。德国有很多大学预科提供针对这些考试的准备课程。如果学生不想参加资格确认考试，也可以先进入本国大学，在经过基础学习后（一个学期至三个学期）可以再申请德国大学并直接进入德国大学学习。为了吸引更多的学生到德国留学，德国出台了更加便利的入学条件，比如德国文教部长联席会通过决议，从 2020 年开始，中国的高中毕业生可以凭高考成绩直接申请德国大学本科，而不需要先在国内大学入学注册。申请者需要满足一些基本的条件：完成 12 年义务教育，获得高中毕业证书，参加会考和高考。其中高考分数至少达到满分的 70%。高考科目需要包含两门语言科目和一门数学—自然科学科目。申请不同的专业也存在一些具体要求。③ 这项新的规定使申请者避免了在国内大学注册，也不用在德国入读预科，从而为申请者节约了大量的时间和费用，对中国高中毕业生具有很大的吸引力。未来德国也很可能出台针对其他国家的类似

---

① Viggo Stacey. "Int'l students still plan to study in Germany-survey"，2020-10-6，见 https：//thepienews.com/news/intl-students-say-coming-to-germany-very-likely/.

② HRK. "Internationalität der deutschen Hochschulen auch in der Corona-Krise erhalten"，2020-10-6，见：https：//www.hrk.de/presse/pressemitteilungen/pressemitteilung/meldung/hrk-internationalitaet-der-deutschen-hochschulen-auch-in-der-corona-krise-erhalten-4754/.

③ KMK. "Neuer Bewertungsvorschlag"，2020-10-6，见 https：//anabin.kmk.org/filter/news/newsdetails/artikel//china.html.

政策，从而扩大国际生源。由于美国出台了诸多限制留学生政策，本来打算赴美的留学生很可能会有一部分分流到德国，德国留学教育可能会迎来扩张阶段。

第二，应用科学大学会吸引更多留学生。当前的德国留学生更加偏爱综合大学，其中综合大学中的留学生数量为 20.3 万人，占综合大学学生总数的 11.4%；应用科学大学中的留学生数量为 7.2 万人，占该类型大学学生总数的 7.3%。[①] 在国际课程建设以及师资聘用方面，应用科学大学的国际化水平还远不及综合大学。但是随着应用科学大学教学和研究能力的不断增强，及其国际化程度的不断加深，未来这类高校会吸引更多的留学生。根据一项 2018 年的调查，75% 的应用科学大学认为其国际化水平在过去五年内有了极大提升。[②]2019 年，DAAD 专门推出了"国际化的应用科学大学"项目（HAW.International），该项目由德国联邦教育与研究部资助，旨在长期提升应用科学大学的全面的、持续的国际化水平，并提高应该科学大学在国外的知名度。同时，应用科学大学也逐步开展了海外办学，比如德国比勒费尔德应用科学大学将在海南自由贸易港独立办学，这是中国境内第一所境外高校独立办学项目，也是德国公办高校首个在国外独立办学项目。随着这些举措的推进，德国应用科学大学的国际知名度必定会得到提升，未来也会吸引到更加丰富的国际生源。

第三，更多的州可能会对留学生收取学费。随着留学生的不断增加，大学也面临着更大的财政压力。数据显示德国留学生的辍学比例大大高于德国学生，而为留学生提供更好的学业辅导成为提高学生学业成功的关键，这就需要大学提供额外的资金。2013 年开始，萨克森州允许高校针对非欧盟国家的留学生收取学费，但目前只有莱比锡音乐和戏剧学院每学

①　DAAD/DZHW，Wissenschaft weltoffen 2019. *Daten und Fakten zur Internationalität von Stud-ium und Forschung in Deutschland.* Bielefeld，2019.

②　Hans Leifgen，Simone Burkhart. "Internationalisierung von Hochschulen für angewandte Wissenschaften/Fachhochschulen"，2020-10-6，见 https：//static.daad.de/media/daad_de/ pdfs_nicht_barrierefrei/der-daad/analysen-studien/2019_arbeitspapier_internationalisierung_ haw_fh_2019-11-22.pdf.

期收取 1800 欧元的学费。从 2017—2018 学年开始，巴符州开始针对非欧盟国家的本科留学生收取每学期 1500 欧元的学费。[①] 北威州也计划参照巴符州模式在未来对非欧盟国家留学生收取学费。随着留学生数量持续增加，可能会有更多大学会收取留学生学费以减少自身的财政压力。但是这并不会很大程度上影响德国吸引留学生，因为针对留学生的学费相比于传统英美澳等主要留学目的地国相当低，且在德国留学的生活费用也相对较少。

---

① DAAD. "Studiengebühren für ausländische Studierende"，2020-10-6，见 https：//www2.daad.de/medien/veranstaltungen/lt/2017/ag_3_maschke.pdf.

第六章　俄罗斯留学生教育政策

随着高等教育国际化进程的不断加深，留学生教育在国家的对外交流与合作政策中也有着越来越重要的地位。俄罗斯联邦（简称俄罗斯）无论在政治、经济、文化还是教育方面都最大限度地继承了苏联的"遗产"，尽管在不同历史时期其留学生教育发展表现不一，但总体仍在全球留学生教育市场上占据重要地位。

第一节　俄罗斯留学生教育政策的演进

战后俄罗斯留学生教育政策主要分为二战后至解体前苏联留学生教育政策以及叶利钦时期的俄罗斯留学生教育政策。苏联时期的教育自成一系，独领风骚，其教育整体实力位居世界前列，二战后期苏联更是开始大规模接收外国留学生来国内留学，为与其交好的社会主义国家盟友培养人才。但随着苏联的解体，叶利钦时期的俄罗斯在经济、政治、文化等领域都发生了重大的改变，留学生教育也随之发生很大变化。

一、援助与控制：二战后苏联留学生教育政策

1945 年第二次世界大战正式结束，包括苏联在内的反法西斯国家取得了胜利。战后苏联的首要任务一方面是国家的恢复和重建，另一方面便是在全世界范围内推动社会主义革命。因此，对社会主义阵营的国家，苏

联不仅提供了军事援助，还提供了经济援助和必要的教育援助，包括向社会主义国家派出各个领域的苏联专家、教育和科研人员，并接收留学生到苏联大学学习等。①

为了进一步加强社会主义国家之间的联系、援助社会主义国家的建设以及扩大苏联文化和意识形态在世界范围内的影响，苏联大力支持留学生教育的发展。为此，苏联政府出台了一系列优惠措施来吸引留学生来苏联进行学习，并向外国派遣专家学者等。1945—1991 年，苏联留学生教育得到了长足的发展，是当时世界最重要的留学目的地国之一。

根据苏联人民委员会 1945 年 10 月 1 日第 14461 号决定，在苏维埃高等教育部下设立外事局，以组织对苏联大学中留学生的培训。起初该外事局仅有 8 名员工，于 1946 年初才开展实质性活动。《外事局条例》（*Положении об иностранном отделе*）明确规定了外事局的相关任务，包括集中发展培训留学生的苏联教育组织，进一步加强与欧洲的文化联系，增加与外国教育家和科研人员在教育和方法论等方面的交流，总结学习国外高等教育发展的成功经验等。②

在 50 年代后半期和 60 年代初期，世界范围内民族解放运动相继取得了辉煌的胜利。在政治上取得独立并走上独立发展社会经济和文化道路的国家亟须建立民族教育体系，以保证为国民经济发展培养高度熟练的专家。因此，苏联开始向亚洲、非洲一些年轻的国家和拉丁美洲一些国家予以系统的帮助，接收这些国家的公民来苏联学习，派科学教育工作者到这些国家去，扩大对新建学校在计划、装备和活动组织方面的帮助。③

此外，苏联还与资本主义国家在教育、文化等方面保持着交流与联

① Григорьевна. С.Ж. "Интернациональная помощь СССР северной Корее в области образования（1946-1948）". *Историческая и социально-образовательная мысль*. 2017（01）.

② Григорьевна. С.Ж. "Интернациональная помощь СССР северной Корее в области образования（1946-1948）". *Историческая и социально-образовательная мысль*. 2017（01）.

③ Елютин.В.П.：《苏联高等学校》，张天恩等译，教育科学出版社 1983 年版，第 439 页。

系。从 50 年代后期起，苏联与资本主义国家的联系范围在不断扩大，联系地区也日益广泛。苏联同大多数资本主义国家签订了文化、科学、技术合作的长期协定。协定规定有计划地交换高等学校的大学生、教师和科学工作者。苏联的许多大学和学院还同一些资本主义国家如芬兰、法国、英国、美国、加拿大、西德、日本等的教学和科学中心建立了直接联系。

到了 20 世纪 60 年代，苏联的高等和中等职业教育机构便开始大量接收来自"社会主义阵营"国家和发展中国家的外国公民来苏学习。20 世纪 70—80 年代苏联留学生数量稳步增长，到 1991 年苏联解体前夕，在苏联高校留学的本科生、进修生和研究生人数已经达到 12.65 万人，约占全球留学生总数的 10%。在全球留学市场所占份额上，苏联居世界第三位，仅次于美国和法国。在苏联接受高等教育的外国留学生，70% 在俄罗斯高校就读。1991 年，在俄罗斯高校就读的外国留学生人数为 8.96 万人，约占全球留学生市场的 7.7%，而且这些留学生大多是以全日制方式在俄罗斯就读。①

当时各高等教育院校并不是能够独立接收外国公民入学的机构，而是听命于苏联高等和中等职业教育部和苏联国家人民教育委员会的统一规划和指令并接受上述机构的实时监督。各高等教育院校的职责是具体的教学实施、展开针对留学生的教学活动以及与留学生毕业生保持适当的联系等。在此基础上，苏联教育部门出台了旨在解决与留学生教学问题相关的条例和规章。

（一）留学生的入学条件

1964 年 1 月 7 日，苏联高等和中等职业教育部颁布了《在苏联高等、中等职业教育机构和科学机构学习的外国公民条例》（*Положение об иностранных гражданах, обучающихся в высших, средних специальных учебных заведениях и научных учреждениях СССР*）。该条例简要规定了

---

① Министерство образования и науки Российской Федерации, "Экспорт российских оОбразовательных услуг：статистический сборник（Выпуск 9）", Москва：Центр социологических исследований, 2019, p.522.

外国公民入学的条件，如年龄、学历等；以及各大学的国际服务职能，如接洽留学生、安置宿舍、集体体检、入学测试、确定大学预科课程和学科及阶段分配等。① 条例规定："外国公民应根据政府间协定、苏联与有关国家之间的文化和科学合作计划以及政府机构要求，接受培训和科学实习。在苏联教育机构中，外国公民不论其国籍、种族、性别和宗教均可同等地接受教育。苏联社会组织每年发放奖学金，供相关外国社会组织推荐的外国公民接受培训。苏联还向国际组织——联合国教科文组织、国际学生联盟、国际原子能机构等提供一定数量的奖学金。在苏联高等和中等教育机构学习的外国公民年龄应不超过 35 岁，在苏联研究生院进行学习的外国公民年龄应不超过 40 岁，进修生则没有年龄限制。"②

（二）留学生的培养计划

在学习方面，《在苏联高等、中等职业教育机构和科学机构学习的外国公民条例》规定："不懂俄语的外国公民被苏联不同城市教育机构录取后，需要就读一年预科，其中包括俄语语言的学习以及预计学习专业的基础知识和专业术语，旨在为之后的进一步学习做好准备。学年结束时，预科学校将举行考试。成功通过考试的学生将获得预科学历的证书，并根据他们的学习水平和预选的专业方向进一步推荐到相应的苏联高等或中等教育机构进行学习。"③

（三）留学生的费用支付

苏联时期留学生的费用全部由苏联政府承担。《在苏联高等、中等职业教育机构和科学机构学习的外国公民条例》规定："在苏联学习期间所产生的一切费用都由苏联政府承担。所有留学生都有免费的医疗服务，以

---

① Сборник документов по вопросам обучения и материального обеспечения иностранных учащихся в высших и средних специальных учебных заведениях СССР. "Для служебного пользования". М., 1967：3-13.

② Билибин Д.П. и другие. "Система набора иностранных студентов в классические университеты". М.：РУДН，2008：174.

③ Билибин Д.П. и другие. "Система набора иностранных студентов в классические университеты". М.：РУДН，2008：174.

及与苏联学生相同的免费的宿舍，通常每间住 3—4 人。留学生和苏联学生一样有权免费使用实验室、教室、阅览室、图书馆和其他辅助设施，参加高等教育机构科学系和学生科学俱乐部的科研工作。高等或中等教育机构的学生可以获得苏联高等和中等教育部门颁发的学生通行证和学分。学校设置各种奖项来奖励品学兼优的学生，完成所有课程并通过考试的学生将会授予相关文凭和学位证书，优秀毕业生将获得优秀毕业生证书。中等教育机构的学制为 2—4 年，高等教育机构的学制为 4—6 年，学制视专业而定。只有在特殊情况下，才允许学生转校。苏联中等教育学校的毕业证书相当于美国初级学院的毕业证书。苏联高等教育学位相当于美国的硕士学位和其他国家的相关学位。"①

（四）留学生的义务

在学生义务方面，苏联教育政策规定了留学生的行为规则以及在学习方面的义务。《在苏联高等、中等职业教育机构和科学机构学习的外国公民条例》规定："在苏联教育机构接受教育的外国公民具有以下义务：遵守苏联法律，尊重苏联人民的习俗和传统，遵守苏联高等、中等教育机构和其他苏联科研机构对学生的所有要求，遵守苏联境内外国公民的行为准则；系统深入地掌握选定专业的理论知识和实践技能并努力提高其科学技术水平；严格遵守课程规定，参加所有必修课程（讲座、研讨会、讲习班），按时完成课程大纲；按时完成课程的考试和学分，严格遵守宿舍规章制度并自觉参加社会服务。学习努力、态度端正的学生若没有通过考试，学校管理部门将给予一次补考机会，而由于态度不端正、学习不努力等原因没有通过考试的学生将予以开除。如违反法律、校规或具有其他不恰当行为，无论留学生还是苏联学生均应受到纪律处分，直至开除。触及法律的留学生应依法驱逐出境，犯重罪者还需追究刑事责任。"②

① Билибин Д.П. и другие. "Система набора иностранных студентов в классические университеты". М.: РУДН, 2008：174.

② Билибин Д.П. и другие. "Система набора иностранных студентов в классические университеты". М.: РУДН, 2008：178.

（五）留学生的福利保障

在福利保障方面，苏联提供给留学生非常丰厚的福利保障。《在苏联高等、中等职业教育机构和科学机构学习的外国公民条例》规定："外国中学生、大学生、研究生和专家的奖学金金额和物质保障是根据现行政府间协议确定的。奖学金支付期从学生入学开始至全部学习结束。暑假期间，学生们无论在哪里都能获得奖学金。新学年开学迟到者，迟到期间将不能获得补助金。申请苏联高等和中等短期教育交流的学生（最多不超过 10 个月）假期不予发放奖学金。所有形式的奖学金都是用苏联货币支付的，不得兑换外国货币。对于来自气候温暖国家的学生，学校将适时提供御寒衣服（外套、帽子、鞋子）。针对暑假期间仍在苏联境内留宿的留学生，学校可组织其进行度假。但度假所需资金将不予发放。如果学生回国或出国度假，其产生的费用苏联教育机构将不予承担。在苏联完成学业后，苏联学校将资助留学生返回生源国首都所产生的费用。除此之外，在旅途产生的所有其他费用，学生需自行承担或由其所在机构支付，苏联学校将不予支付。如若政府间的协议有所更改，那么留学生的物质保障条件也会相应进行更改。"[1]

（六）留学生的社团组建

在社会团体组建方面，苏联留学生具有组建和参与社团的权利。《在苏联高等、中等职业教育机构和科学机构学习的外国公民条例》规定："在苏联学习的留学生有权加入同乡会（联盟、团体）。同乡会（联盟、团体）应至少由 3 人及以上在苏联教育机构进行学习的学生组成。在苏联学习的留学生的社会组织不具有政治性质，但具有以下任务：协助教育机构管理部门培养留学生，协助解决同乡会成员的文化生活方面存在的问题与障碍。同乡会（联盟、团体）应与苏联学生组织和学校管理密切合作。留学生可以像苏联学生一样参加体育俱乐部、科学学生协会、学生俱乐部等

---

[1] Билибин Д.П. и другие. "Система набора иностранных студентов в классические университеты". М.：РУДН，2008：174.

集体。"①

二战后至苏联解体前，苏联在留学生教育政策的实施方面取得了较大的成果，例如，接收留学生的城市和范围不断扩大，国家财政补贴全面且力度大，专业选择多样，留学生人数不断增加等。整体来看，苏联的留学生教育得到了较大的发展。

二、解构与建构：叶利钦时期俄罗斯留学生教育政策

1991 年末苏联解体，社会主义阵营分崩离析，俄罗斯联邦随之建立。叶利钦时期，俄罗斯政治、经济制度以及意识形态等方面都发生了天翻地覆的变化。在政治上，由高度集权的一党执政转变为俄罗斯特色的多党轮流执政；在经济体制上由计划经济体制转变为市场经济体制；在意识形态上由社会主义转变为资本主义。相应地，教育制度与教育政策也发生一系列变化。在教育的权力配置方面，各高等院校拥有了较大的自主权；在教育经费来源方面，由苏联时期全部依靠国家划拨经费转变为国家、市场、高校、社会多途径筹集经费相结合的方式；在办学主体方面，也由单一的国家主体转变为国家、社会、个人等多元主体的办学方式；在留学生教育方面，留学生数量前期大幅减少、后期缓慢增长。整体上来看，留学生教育政策经历了解构和重新建构两个过程。

（一）放宽学校自主权，扩大留学生招收权力

1992 年 7 月 10 日俄罗斯总统鲍里斯·尼古拉耶维奇·叶利钦（Бори́с Никола́евич Е́льцин）签发了独立以来的第一部教育基本法——《俄罗斯联邦教育法》（Закон РФ "Об образовании"）。其中第 57 和 58 条明确指出了俄罗斯学校在国际合作和对外经济活动方面的权力与方向。"各级教育机构和教育管理机构有权与外国企业、机构和组织建立直接联系。在俄罗斯境内学习、培训和进修的留学生和在国外学习、进修和培训的俄罗斯

---

① Билибин Д.П. и другие. "Система набора иностранных студентов в классические университеты". М.: РУДН, 2008：180.

人，均需按照各教育管理机构和教育机构所签订的国际协议开展活动。教育领域的管理机构和教育机构有权在俄罗斯联邦法律允许的范围内独立开展对外经济活动。"① 此教育法首次从法律层面上为学校独立自主开展教育国际交往和对外经济活动提供了法律保障，为新成立的俄罗斯联邦在教育领域的国际化发展奠定了良好的法律基础。随着国家权力的放宽，各高校在招收留学生方面获得了很大的自主权，留学交往范围扩大，留学生事业得到了发展。

（二）加快高等教育国际化进程，更加重视留学生教育发展

1995 年时任俄罗斯联邦教育部长基涅廖夫（Кинелёв Владимир Георгиевич）将教育国际化列为 21 世纪俄罗斯高等教育所面临的三大任务之一。同年 4 月 25 日时任俄罗斯政府总理的切尔诺梅尔金（Виктор Степанович Черномырдин）签署了第 418 号法令《承认俄罗斯联邦教育机构与外国教育机构在苏联时期建立的伙伴关系的国家政策构想》（*О концепции государственной политики поддержки партнерства образовательных учреждений Российской Федерации и зарубежных учебных заведений, созданных при содействии СССР*）② 和第 774 号政府令，对俄罗斯高等教育国际化给予了充分的支持和响应。国际合作的首要任务是建立一种国际合作项目机制，分析现行合作伙伴之间的关系状况，在平等互利的基础上遴选合作的外国教育机构。随着俄罗斯高等教育国际化进程的加快，俄罗斯的留学生教育也逐渐成为国家高等教育发展的重点方向，各高校纷纷将留学生教育发展情况作为学校综合发展的考量指标之一。

---

① Гарант.ру. "Закон РФ от 10 июля 1992 г. N 3266-1 'Об образовании'", 2019-05-11, 见 https://base.garant.ru/10164235/.

② 俄罗斯联邦司法部. "Правительство Российской Федерации постановление от 25 апреля 1995 года N 418 О концепции государственной политики поддержки партнерства образовательных учреждений Российской Федерации и зарубежных учебных заведений, созданных при содействии СССР", 2019-05-11, 见 http://docs.cntd.ru/document/9011455.

（三）丰富留学形式，自费与公费相结合

第 774 号政府令还提出为俄罗斯教育机构转向有偿培养留学生创造条件。在国家经费投入方面，俄联邦国家高等教育委员会每年拨出 1000 个奖学金名额，用于俄罗斯高等教育机构接受硕士留学生和大学后教育的留学生。① 此法令改变了苏联时期全部由公费培养留学生的做法，采用公费与自费相结合的方式，为俄罗斯政府预算减轻了较大的压力。虽然俄罗斯公费留学的名额有所减少，但是自费留学的兴起为俄罗斯的留学生教育注入了新鲜血液，并日益占据了重要地位。公费与自费相结合使留学形式变得多样化，促进了俄罗斯留学生教育的新发展。

（四）调整留学生培养计划，鼓励高校自主招收留学生

留学生的培养不再局限于国家选派的学生，各个高等教育机构自主与其他国家交流所招收的留学生也纳入了国家的培养计划。1996 年 4 月 10 日俄罗斯联邦高等教育国家委员会第 5 号决议通过了《关于批准俄罗斯联邦高等和中等职业教育机构公费接受和培训外国公民的程序》（*Об утверждении Порядка приема и обучения граждан зарубежных стран в государственных учреждениях высшего и среднего профессионального образования Российской Федерации за счет средств федерального бюджета*）。决议指出，"根据政府间协议以及国家高等教育委员会和负责教育机构的其他联邦执行机构达成的协议，允许外国公民进入俄罗斯联邦高等和中等职业教育机构进行学习。派遣和分配由俄罗斯联邦统一负责。未掌握俄语语言者需要上一年语言和专业预科。各个学业阶段结束之后都会有相应的考试，顺利通过者可获得相应证书和文凭并可凭意愿继续攻读下一阶段，未能顺利通过考试者则需遣返回国。"②

---

① 中国驻俄罗斯使馆教育处：《俄联邦政府发展教育国际交流的构想》，《世界教育信息》1996 年第 4 期。

② 俄罗斯联邦司法部："Постановление Госкомвуза РФ от 10.04.1996 N 5 Об утверждении Порядка приема и обучения граждан зарубежных стран в государственных учреждениях высшего и среднего профессионального образования Российской Федерации за счет средств федерального бюджета"，2019-05-11，见 https：//legalacts.ru/doc/postanovlenie-goskomvuza-rf-ot-10041996-n-5.

（五）加强与独联体国家在留学生教育方面的合作，深化双方留学生教育发展

俄罗斯与其他独联体国家无论在地缘政治还是文化习俗等方面都有很强的相似性和历史渊源，发展与独联体国家在留学生教育方面的合作对俄罗斯的政治和经济发展都发挥积极作用，因此成为苏联解体后俄罗斯留学生教育发展的重要方向。1996 年 3 月 29 日俄罗斯联邦、白俄罗斯共和国、哈萨克斯坦共和国和吉尔吉斯共和国共同签署了《给予参与深化经济和人道主义领域一体化协议的国家公民平等权利》（*О предоставлении равных прав гражданам государств-участников Договора об углублении интеграции в экономической и гуманитарной областях*）的协定。1998 年 4 月 28 日以上四国又发布了《关于面向普通民众十步走》（*О десяти простых шагах навстречу простым людям*）的声明，希望通过为以上国家适龄青年人提供方便互通的教育以及相互承认学历促进教育、科学和文化领域联合行动政策的落实。根据条约，各成员国国家的学生享有平等的受教育权，可以以公费或自费的形式平等地进入教育机构进行学习，所获证书均被以上国家所承认。①

整体上，叶利钦时期留学生政策的制定分为两大方面，即解构和建构。叶利钦总统自执政以来便迅速制定国家的教育法，使国家的教育发展有法可依。高等学校成为具有独立办学资格、独立开展国际交往和对外经济活动的法人，私立学校快速兴起，自费生产生等现象均是不同于苏联时期的改变，是对苏联时期教育政策的解构。在承认苏联时期与外国教育机构建立的伙伴关系的基础上进一步扩大与西方国家的交往，深化与独联体

---

① 俄罗斯联邦司法部："Соглашение между Правительством Республики Беларусь, Правительством Республики Казахстан, Правительством Кыргызской Республики и Правительством РФ от 24.11.1998 'О предоставлении равных прав гражданам государств-участников Договора об углублении интеграции в экономической и гуманитарной областях от 29 марта 1996 года на поступление в учебные заведения'", 2019-05-12, 见 https://legalacts.ru/doc/soglashenie-mezhdu-pravitelstvom-respubliki-belarus-pravitelstvom-respubliki/.

国家的教育合作，完善高校与企业的合作机制，加强教育政策与市场的联系等，是俄罗斯立足于苏联解体后新国情对教育政策的重新建构。

叶利钦时期留学生教育在某些方面得到了发展，如上课形式更加多样化，留学交流范围不断扩大等，但也存在一些问题，如留学生人数减少，1991 年苏联解体时俄罗斯留学生数量为 8.96 万人，到 2001 年俄罗斯留学生数量已经下降到 7.24 万人，10 年间留学生人数缩减 1.72 万人。[①]在叶利钦执政时期俄罗斯政府和教育部门虽然制定了很多政策文件，但大多都是"空头文件"，并未付诸实践。

第二节 俄罗斯现行留学生教育政策

随着新千年的到来，俄罗斯结束了"叶利钦时代"而迎来了全新的"普京时代"。经历了 10 年的变革与动荡，普京（Владимир Владимирович Путин）基于叶利钦时代的制度遗产，结合俄罗斯的实际情况和民族特性，创新性地提出改革的民族化和"新俄罗斯"精神，既深化教育的国际化程度又要一定程度上保留俄罗斯的民族传统与特色。教育政策的制定更加具有前瞻性和计划性，和各个区域与组织间的合作愈发密切，并通过整合高校资源等手段来提高高校的规模和质量，从而提高俄罗斯高等教育在整个世界教育市场上的声誉和竞争力。效率与质量成为新时期俄罗斯留学生教育政策的两大目标。

2000 年普京总统首次上台执政，于 2008 年结束其第一和第二任期。随后，梅德韦杰夫（Дмитрий Анатольевич Медведев）总统上台，普京任联邦总理，俄罗斯开始了"梅普组合"。2012 年至今普京总统再次上台执政，开始其第三和第四任期。总体上，新千年以来俄罗斯无论在政治、经济还是教育方面都呈稳定的发展趋势。根据 OECD 的统计，1975 年至

① Министерство образования и науки Российской Федерации. экспорт Российских Образовательных Услуг：Статистический Сборник（Выпуск 5）. Москва：Социоцентр, 2015：30.

2015 年 40 年间，全世界留学生人数增加了近 7 倍，即从 1975 年的 80 万人增长为 2015 年的 550 万人。[①] 相对于西方发达国家，俄罗斯在留学生教育尤其是教育出口方面的发展还有待提高。基于此，联邦政府在十几年的时间内不断适时调整政策以发展本国的留学生教育，其中发展重点为扩大留学生的规模和提高留学生教育质量。具体说来，在留学生教育方面的政策大致分为四个方面：

一、加入博洛尼亚进程，融入欧洲留学生教育体系

2000 年 10 月 4 日俄罗斯联邦政府通过了《俄罗斯联邦国民教育要义》（*Национальная Доктрина Образования Российской Федерации*），提出确保俄罗斯在教育、文化、艺术、科学、高科技和经济领域得到国际社会认可的目标，并希望通过教育开放战略来促进国家教育科技软实力及经济实力的提升，在保留俄罗斯特色的基础上融入世界教育体系。[②] 此要义从宏观层面确定了发展留学生教育的目标及重要性，为后续的留学生教育发展奠定了基础。

2003 年 1 月 14 日俄罗斯联邦教育部批准了第 50 号文件《俄罗斯联邦执行权力机构所属的国立高等职业教育机构接收学生规则》（*Об утверждении Порядка приема в государственные образовательные учреждения высшего профессионального образования（высшие учебные заведения）Российской Федерации，учрежденные федеральными органами исполнительной власти*），其中第 5 条明确提出了接收留学生的规定。外国公民（包括苏联加盟共和国公民）被高等教育机构录取应符合国际条约规定并应控制在一定数量之内，按照学校的要求及时缴纳学费并

①　Трофимов Е.А.，"Трофимова Т.И. Особенности учебной миграции в условиях глобализации". *Тенденции и проблемы в экономике России：теоретические и практические аспекты*，2017（03）：293.

②　Гарант.ру. "Национальная Доктрина Образования Российской Федерации"，2019-05-12，见 https：//base.garant.ru/6194474/.

以竞争的方式进入指定的高校学习。此外，只有经过大学内部和出口管制委员会以及俄罗斯教育部的同意，外国公民才被允许到俄罗斯境内的高等教育机构接受特定专业的学习。① 此文件从微观的层面规定了高等学校接收留学生的相关规则。

2003 年 9 月俄罗斯联邦国家杜马（Государственная Дума РФ）通过了加入"博洛尼亚进程"的决议。1999 年 29 个欧洲国家的教育部长在意大利博洛尼亚签署了关于建立欧洲共同高等教育统一空间的宣言。该宣言在强调参与博洛尼亚进程的每个国家高等教育发展的经验和特点的同时，追求欧洲教育系统的统一。博洛尼亚进程的主要目标是在欧洲建立一个具有可比性的教育周期、学位和资格体系，提高高等教育学生和教师的学术流动，从而提升教育国际化水平。② 加入博洛尼亚进程后，俄罗斯改变原来的学位体制，变为两级学位体系，引入学分制，与参与宣言的欧洲国家互相承认学历等。俄罗斯加入博洛尼亚进程是 21 世纪以来俄罗斯高等教育融入欧洲教育一体化的重要举措，有效地促进了俄罗斯留学生教育的发展。

二、整合高校资源，提升留学生教育质量

2008 年总统梅德韦杰夫上台，在高等教育国际化方面出台了一系列政策来整合高校资源，促进教育的现代化。2008 年 5 月 7 日，俄罗斯总统梅德韦杰夫签署了第 716 号"建立联邦大学：法律方面的问题"（Создание федеральных университетов：законодательный аспект）法令。

---

① 俄罗斯联邦司法部："Приказ Минобразования РФ от 14.01.2003 N 50（ред. от 09.02. 2004，с изм. от 05.02.2008）Об утверждении Порядка приема в государственные образовательные учреждения высшего профессионального образования（высшие учебные заведения）Российской Федерации，учрежденные федеральными органами исполнительной власти"，2019-05-15，https：//legalacts.ru/doc/prikaz-minobrazovanija-rf-ot-14012003-n-50/.

② 俄新社："Госдума РФ призвала правительство подписать Болонскую декларацию"，2019-05-15，见 https：//ria.ru/20030621/397130.html.

　　该法令规定建立包括俄罗斯不同地区 16—20 所高等教育机构在内的联邦大学网络。联邦大学是一种建立在科学、生产和教育一体化基础上高等教育的新模式，目的在于提高俄罗斯高等教育的教育质量和创建专项教育发展基金。[1] 通过高等学校的整合，俄罗斯留学生教育的质量也在一定程度上得到提高。

　　2008 年 10 月 7 日俄罗斯联邦政府签署了《关于实施创建国家研究型大学的试点项目》(*О реализации пилотного проекта по созданию национальных исследовательских университетов*) 的法令。国家研究型大学将为国家创新体系的发展作出重大贡献，其主要任务是将研发体系与高等教育相结合，灵活应对经济要求，提高俄罗斯教育的国际竞争力，为创新经济的基础部门提供人员配备，通过世界知名科学家的参与、学生和教师的学术流动等掌握最佳国际经验，助推国家创新体系的发展。[2]

　　2009 年 12 月 23 日俄罗斯联邦政府出台了《2011—2020 年俄罗斯联邦教育服务出口构想》(*Концепция экспорта образовательных услуг Российской Федерации на период 2011—2020 гг*) (以下简称构想)。《构想》中将招收外国留学生作为俄罗斯教育服务出口四种形式的其中一种，明确了俄罗斯在向俄罗斯和国外的外国公民提供教育服务方面的原则、主要目的和目标。该构想的战略目标是：(1) 提高俄罗斯教育系统在全球和区域教育空间的质量、吸引力和竞争力，提高俄罗斯在全球教育服务市场中的地位，其具体目标是 2020 年前使在读留学生数量占俄罗斯高校学生总数的比例提高到 7%；(2) 确保俄罗斯有效参与全球和主要区域的教育发展进程，提高俄罗斯教育机构在国际大学排名中的位置，具体目标为至少10 所俄罗斯大学进入世界大学排名前 100；(3) 增加俄罗斯国内生产总值中教育服务出口的份额，调整大学和学院的收入结构，使教育服务出口盈

① Гарант.ру. "Создание федеральных университетов: законодательный аспект", 2019-05-16, 见 https://www.garant.ru/interview/10230/.

② Салимьянова И. Г. "Роль исследовательских университетов в развитии национальной инновационной системы". *Общество. Среда. Развитие*, 2011 (04)：1519.

利份额达到国家收入总额的 10%。① 此构想为接下来 10 年俄罗斯留学生教育的发展提供了发展蓝图。

三、提升高校国际排名，完善留学服务

2012 年 5 月 7 日俄罗斯总统普京颁布第 599 号总统令《关于在教育和科学领域实施国家政策的办法》（*О мерах по реализации государственной политики в области образования и науки*）。该法令提出，到 2020 年前至少有 5 所俄罗斯大学进入世界 100 强大学之列（依据国际评级机构 ARWU，QS，THE 排名）即 "5—100 教育计划"，其目的是提升俄罗斯高校在国际教育市场上的竞争力，② 从而吸引大量留学生赴俄学习。

2012 年俄罗斯总统普京再次执政，在前任总统梅德韦杰夫的基础上继续大力推动高等教育国际化的发展。为了推动俄罗斯重点大学的发展，提高其在世界先进科学和教育中心的竞争力，普京政府于 2013 年 3 月 16 日发布第 211 号文件《关于国家对俄罗斯联邦重点大学的支持措施，以提高其在世界一流科学和教育中心的竞争力》（*О мерах государственной поддержки ведущих университетов Российской Федерации в целях повышения их конкурентоспособности среди ведущих мировых научно-образовательных центров*），③ 此文件是对 "5—100 计划" 的补充，再次从政策上强调提高俄罗斯高等院校国际排名的重要性和紧迫性，体现了俄罗斯重返留学生教育大国的决心。

---

① 俄罗斯联邦教育部："Концепция экспорта образовательных услуг Российской Федерации на период 2011—2020 гг"，2019-05-12，见 https：//iorj.hse.ru/data/2011/01/18/1208078939/Concept_for_Exporting.pdf.

② Гарант.ру. "Указ Президента РФ от 7 мая 2012 г. N 599 'О мерах по реализации государственной политики в области образования и науки'"，2019-05-16，见 https：//base.garant.ru/70170946/.

③ Гарант.ру. "Постановление Правительства РФ от 16 марта 2013 г. N 211 'О мерах государственной поддержки ведущих университетов Российской Федерации в целях повышения их конкурентоспособности среди ведущих мировых научно-образовательных центров'"，2019-05-16，见 https：//base.garant.ru/70336756/.

在公费生限额上，俄罗斯政府也作出了具体规定。2008 年 8 月 25 日俄联邦教育部颁布的第 638 号文件《关于与海外国家在教育领域的合作》（*О сотрудничестве с зарубежными странами в области образования*）规定，在俄罗斯境内学习的外国公费生和无国籍公费生配额不超过 1 万人，俄罗斯教师每年向外国教育机构的借调人数不超过 300 人。但随着俄罗斯教育国际化的进一步发展，2013 年这一法令已经不再具有适用性从而被取消法律效力。①2013 年 10 月 8 日俄罗斯联邦政府颁布第 891 号文件《关于确定在俄罗斯联邦学习的外国公民和无国籍人士的配额》（*Об установлении квоты на образование иностранных граждан и лиц без гражданства в Российской Федерации*）。此文件确定了在俄罗斯中等职业教育、高等教育和补充职业教育的机构中学习的外国公民和无国籍人士（包括居住在国外的同胞）的教育年度公费配额，费用由联邦预算支付，预算公费总人数不超过 1.5 万人。② 随着俄罗斯国内经济的恢复与发展，公费留学生的配额也在逐渐增加，此外自费与公费相结合的留学生方式推动俄罗斯留学生数量显著增加。

2014 年 3 月 27 日俄罗斯外务部颁布《以俄罗斯联邦对外合作部海外代表处为依托推动俄罗斯教育发展构想》（*Концепция продвижения российского образования на базе представительств Россотрудничества за рубежом*）。③ 由于缺乏支持和协调俄罗斯组织在国外推广其科学和教

---

① Гарант.ру. "Постановление Правительства РФ от 25 августа 2008 г. N 638 'О сотрудничестве с зарубежными странами в области образования'", 2019-05-18, 见 https://base.garant.ru/12162110/.

② Гарант.ру. Постановление Правительства Российской Федерации от 8 октября 2013 г. N 891 г. Москва "Об установлении квоты на образование иностранных граждан и лиц без гражданства в Российской Федерации", 2019-05-18, 见 https://rg.ru/2013/10/10/obuchenie-site-dok.html.

③ 俄罗斯联邦司法部："Концепция продвижения российского образования на базе представительств Россотрудничества за рубежом", 2019-05-20, 见 https://legalacts.ru/doc/kontseptsija-prodvizhenija-rossiiskogo-obrazovanija-na-baze-predstavitelstv-rossotrudnichestva-za/.

育服务机构，俄罗斯的教育服务出口受到极大限制，由此俄罗斯海外教育发展机构——俄罗斯对外合作部（Россотрудничество）应运而生。该机构旨在加强俄罗斯教育在国外的开展和实施以及俄语语言在国外的传播，进而提高俄罗斯国家的软实力和国际声望，吸引大量外国学生赴俄留学。

2014 年 4 月 15 日俄罗斯联邦政府颁布第 295 号法令《关于批准俄罗斯联邦 2013—2020 年国家教育发展计划》（*Об утверждении государственной программы Российской Федерации "Развитие образования" на 2013—2020 годы*）。计划指出，当前阶段俄罗斯教育组织的主要发展目标是提高俄罗斯教育尤其是高等教育的竞争力，进一步扩大其开放程度，并在国家和国际层面提高其学术声誉。[①] 大力发展留学生教育是该计划的重要方向。

2014 年 7 月 28 日俄罗斯联邦教育和科学部颁布第 844 号命令《关于遴选在俄罗斯联邦学习的外国和无国籍公费生原则》（*Об утверждении Порядка отбора иностранных граждан и лиц без гражданства на обучение в пределах установленной Правительством Российской Федерации квоты на образование иностранных граждан и лиц без гражданства в Российской Федерации*）。该法令明确指出了遴选的各个阶段的要求以及所需材料，为外国学生赴俄留学申请公费名额提供了完善而具体的规范化参照指南，[②] 是留学生遴选方面的又一进步。

---

① 俄罗斯联邦政府网站："Постановление Правительства РФ от 15.04.2014 N 295 'Об утверждении государственной программы Российской Федерации 'Развитие образования' на 2013—2020 годы"，2019-05-20，见 http://static.government.ru/media/files/0kPx2UXxuWQ.pdf.

② Гарант.ру. "Приказ Министерства образования и науки РФ от 28 июля 2014 г. N 844 'Об утверждении Порядка отбора иностранных граждан и лиц без гражданства на обучение в пределах установленной Правительством Российской Федерации квоты на образование иностранных граждан и лиц без гражданства в Российской Федерации'"，2019-05-20，见 https://base.garant.ru/70764076/.

四、优先发展教育出口，提高留学规模和效益

在俄罗斯留学生教育取得一系列进步与发展之后，2017 年 6 月 8 日俄罗斯政府乘胜追击，出台联邦优先发展项目即《俄罗斯教育系统出口潜力发展计划》（*Развитие экспортного потенциала российской системы образования*，以下简称计划）。该计划的主要目标是提高俄罗斯教育在国际教育服务市场上的吸引力和竞争力，从而增加俄罗斯的非资源型出口。项目执行时间预期为 2017 年 5 月至 2025 年 11 月，旨在增加俄罗斯教育大纲对外国公民的吸引力，改善留学生在俄罗斯学习期间的生活条件，提高俄罗斯教育在国际教育服务市场中的地位，从而大大增加俄罗斯教育服务出口收入。为了提高俄罗斯教育课程对留学生的吸引力，大学有必要制定和引用教育出口活动的专用模式，包括创建为留学生提供支持的国际服务处。该模式将首先在 20 所大学中引入，并从 2021 年起开始在全国所有大学中引入。该计划的实现需要开发新形式的联合培养课程和英语课程、为外国人开发在线教育、开发教育旅游路线、开设暑期学校以及创建统一的俄罗斯教育系统浏览器。

此外，作为优先项目的一部分，该计划要求联邦教育部修改外国人入学和学习的定额基准，承认外国教育证书，简化外国教师的出入境和居留程序，适当调节在国际合作框架内开展教育活动的税收，通过俄罗斯外国使团和主要媒体的渠道加强对俄罗斯海外教育品牌的推广，并在国际教育展览会上组织俄罗斯大学进行全面展示。该项目的预期结果是，使在俄罗斯大学全日制学习的留学生人数从 2017 年的 22 万人增加到 2025 年的 71 万人，在俄罗斯教育机构学习线上课程的留学生数量从 2017 年的 110 万人增加到 2025 年的 350 万人，在俄罗斯教育机构接受补充课程的中学留学生数量 2025 年比 2016 年翻一番，俄罗斯教育服务出口的收益增长 5 倍以上，即到 2025 年教育服务出口总收益超过 3730 亿卢布。①

---

① 俄罗斯联邦政府网站："Утверждён паспорт приоритетного проекта «Развитие экспортного потенциала российской системы образования»"，2019-05-20，见 http://government.ru/news/28013/.

2018 年 10 月 22 日俄罗斯联邦政府通过第 1253 号法令《为了提高俄罗斯教育在国际教育市场的吸引力而确定提供补贴的程序》（*O порядке предоставления субсидий на повышение привлекательности российского образования на международном образовательном рынке*）。该法令具体细致地规定了联邦预算为优先发展计划提供补贴的途径、内容和形式，从经费上为该项目的实施和留学生教育的发展提供了保障。[①]

新千年普京执政以来大力发展国家的政治和经济，俄罗斯的综合国力有了显著的提升。在留学生教育方面俄罗斯出台了一系列政策，旨在进一步发展和扩大俄罗斯的留学生教育。整体上来讲，此阶段的留学生教育政策基本秉持扩大留学生规模和提高留学质量两大方面，为俄罗斯将来迈入世界留学强国之列提供了重要的政策保障。

第三节　俄罗斯留学生教育政策的经验、问题与走向

俄罗斯的留学生教育主要经历了苏联时期的繁荣、叶利钦时期的退化、普京时期的恢复与发展三个阶段。在改革与变化的过程中尽管存在不同形式的问题，但也积累了大量的经验。通过对经验的总结、问题的审视以及未来发展走向的预测，可以更加深入地了解俄罗斯留学生教育政策的发展。

一、俄罗斯留学生教育政策的实施成效

新千年以来总统普京上台进行一系列大刀阔斧的改革，使得俄罗斯的留学生教育重新焕发生机，在增加留学生数量、改善留学生生源结构和专业结构等方面都取得了一定的成效。

[①]　俄罗斯联邦政府网站："О порядке предоставления субсидий на повышение привлекательности российского образования на международном образовательном рынке"，2019-06-10，见 http://government.ru/projects/selection/653/34496/.

（一）留学生数量不断增加

通过十余年不懈的努力，俄罗斯的留学生数量不断增加，从 2001 年的 7.24 万人增加到 2017 年的 31.31 万人，16 年间留学生人数增加了 3 倍多。俄罗斯留学生数量占世界留学生总数的比例也在不断扩大，从 2001 年的 3.9% 增长到 2017 年的 5.7%。[①] 到 2019 年，在俄留学生人数已上升为 33.45 万人，占俄罗斯学生总数的 7.88%。[②]2019 年俄罗斯留学生总数占全球留学生市场的比例为 6%，仅次于美国（21%）、英国（9%）、中国（8%）、澳大利亚（8%）、法国（7%）之后，为全球第七大留学目的国。[③]

表 6-1　2000—2017 年俄联邦留学生占世界留学生总数及比重变化表

年份	世界留学生总数（千人）	俄罗斯留学生总数（千人）	俄罗斯留学生占世界留学生总数比例（%）
2000—2001	1830	72.4	3.9
2005—2006	2800	113.8	4.1
2010—2011	4119	187.3	4.5
2011—2012	4250	198.5	4.8
2012—2013	4500	225.0	5.0
2013—2014	4800	250.2	5.2
2014—2015	5000	282.9	5.7
2015—2016	5300	296.2	5.6
2016—2017	5500	313.1	5.7

资料来源：Арефьев. А.Л. *Экспорт Российских образовательных услуг статистический сборник.* М：Центр социологических исследований，2018.

俄罗斯高校，无论国立还是非国立，只要获得政府认证资格，都可

① Арефьев. А.Л. *Экспорт Российских образовательных услуг статистический сборник.* М：Центр социологических исследований，2018：30.

② Министерство образования и науки Российской Федерации. *Экспорт Российских Образовательных Услуг：Статистический Сборник（Выпуск 9）*，Москва：Центр социологических исследований，2019：29-30.

③ IIE. *A Quick Look at Global Mobility Trends.* IIE，2020：1.

以招收外国留学生。2015 年在俄罗斯国立高校就读的留学生为 234243 人，占留学生总人数的 82.8%，另有 48678 名留学生在非国立高校就读，占留学生总数的 17.2%。[①]

（二）留学生来源地区结构更加多样化

在留学生生源国方面，独联体国家和亚洲国家仍然是赴俄留学的主要生源地区，留学生数量占有压倒性优势，且人数仍在不断增加（见图 6-1）。非洲和近东地区的国家则紧随其后，其赴俄留学人数也一直呈增长趋势。由于制度和历史等原因，美洲和大洋洲国家是赴俄留学最少的来源地区，并且留学人数增长十分缓慢。

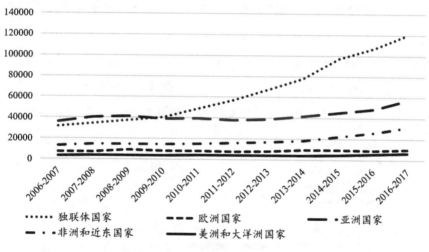

图 6-1　2006—2017 年在俄罗斯大学全日制学习的留学生人数（人）

资料来源：Арефьев. А.Л. *Экспорт Российских образовательных услуг статистический сборник.* М: Центр социологических исследований，2018.

俄罗斯高校的留学生主要来自前苏联国家和中国、印度和越南等发展中国家。2015 年俄罗斯留学生前五大来源国分别是：哈萨克斯坦、白俄罗斯、乌克兰、中国和乌兹别克斯坦。[②] 2019 年前五大来源国有所变化，

---

①　IIE. "Inbound mobility most recent". 见 https://www.iie.org/Research-and-Insights/Project-Atlas/Explore-Data/Russia/Inbound-Mobility-Most-Recent.

②　Арефьев А.Л. "Тенденции Экспорта Российского Образования в 2005-2015". *Вестник Российской Академии Наук*，2016，（3）.

分别为：哈萨克斯坦、中国、土库曼斯坦、乌兹别克斯坦、塔吉克斯坦。[①]
前苏联国家与俄罗斯在历史、文化与语言方面有着深刻的渊源，是俄罗斯
留学生的最主要来源国。2015 年前苏联国家留学生数量占俄罗斯全日制
留学生总数的 50% 多，占非全日制留学生总数的 98%。[②]除此之外，中国、
印度和越南等国家，因为与俄罗斯有着较为密切的外交关系，也是俄罗斯
全日制留学生的主要来源国。其中，2019 年中国赴俄留学生数量已经达
到 29950 人，是俄罗斯第二大留学生来源国。

（三）专业结构趋于合理

留学生在俄学习的专业较苏联解体之前有所变化，总起来说专业结
构趋于合理。2016 年和 2017 年最受留学生欢迎的专业仍是工程技术专业，
但不再是 90 年代的遥遥领先，而是和排名第二的医学专业势均力敌。此
外，经济管理专业有了一个较大的转变，1990 年是受欢迎程度倒数第二
名的专业，仅有 5% 的学生选择这一专业，而随着经济的不断发展，经济
管理专业触底反弹，成为近几年第三受留学生欢迎的专业（图 6–2）。到

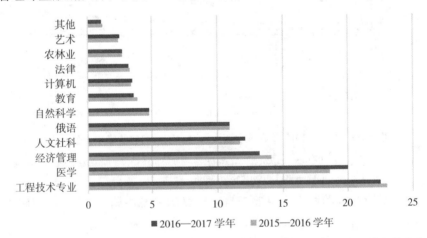

图 6–2　2015—2016 学年和 2016—2017 学年在俄罗斯学习的留学生所学专业分布

资料来源：Арефьев. А.Л. *Экспорт Российских образовательных услуг статистический сборник.*
М：Центр социологических исследований，2018.

---

① IIE. *A Quick Look at Global Mobility Trends*. IIE，2020：2.

② Арефьев А.Л. "Тенденции Экспорта Российского Образования в 2005-2015". *Вестник*
Российской Академии Наук，2016，（3）.

2019 年，工程专业又上升到第一位，占 21.9%；商业和管理专业的占第二位，占比 18.6%；第三位的是健康专业，占 15.75%；而人文科学下降到第四位，占比为 10.4%。①

（四）提高留学生培养层次

从留学生学习的类别来看，俄罗斯在最近十几年注重提高留学生培养层次。随着加入博洛尼亚进程，高校留学生培养层次发生了很大变化。从 2005 年到 2015 年，就读本科的留学生所占比例从 16.1% 增长到43.2%，而就读传统"专家"的数量则大大减少，从 48.8% 下降到 23.2%。就读硕士学位的比重有缓慢增长，从 5.4% 增长到 7.6%。而选择更高层次的研究生班和博士生班的人数所占比例下降，从 3.9% 下降到 2.9%。② 到2019 年，在俄就读本科学位的留学生所占比例高达 60.3%，而只是在本科阶段学习并不获得学位的占比为 3.2%，就读硕士和副博士学位的人数占比高达29.8%，只是在研究生阶段学习并非获取学位的人数占比为 6.6%。③

新千年以来，俄罗斯的发展进入新阶段。留学生政策在总统普京和总统梅德韦杰夫时期基本一脉相承，并未有太大变化，基本上都是致力于扩大留学生教育的规模、增加留学生的数量、提高留学生培养的层次和质量，努力打造俄罗斯留学品牌。政策发展的理念和重点从前期的追求效率到后期的注重质量即规模和品牌，效率和质量两手抓。从苏联时期到叶利钦执政时期再到新千年普京执政以来，教育在国家软实力和综合国力的提升方面发挥着越来越重要的作用，扩大教育出口也愈加成为俄罗斯的重要发展方向之一。一系列教育政策的出台，为俄罗斯留学生教育发展提供了良好的政策保障，也为新时期俄罗斯教育出口的进一步发展奠定了稳固的基础。

---

① IIE. "Inbound Mobility-Russia"，2020-2-3，见 https：//www.iie.org/Research-and-Insights/Project-Atlas/Explore-Data/Russia.

② Арефьев А.Л. "Тенденции Экспорта Российского Образования в 2005-2015". *Вестник Российской Академии Наук*，2016（3）.

③ IIE. "Inbound Mobility-Russia"，2020-2-3，见 https：//www.iie.org/Research-and-Insights/Project-Atlas/Explore-Data/Russia.

二、俄罗斯留学生教育政策的基本经验

从苏联到俄罗斯，从社会主义到资本主义，这个国家经历了大开大合，在留学生教育的发展方面逐渐找到适合自己的发展道路，在政策规划、发展对象、宣传服务等方面积累了一系列宝贵经验，形成了具有俄罗斯特色的留学生教育行动。

（一）政策扶持，制定合理的长期发展规划

教育政策是政府和国家为实现特定时期教育发展目标和任务而制定的教育发展规划和行为准则，[①] 是国家大型教育活动开展的路线图。一个符合国情和教育发展阶段的教育政策对整个国家教育的发展会起到巨大的促进作用，反之则会形成较大的负面影响，阻碍教育的进一步发展。新千年以来，俄罗斯立足于本国国情和时代发展需要着手制定了一系列促进教育发展尤其是高等教育服务出口的政策，取得了一定的成效。

第一步，制定了教育基本法。《俄罗斯联邦教育法》（*Закон РФ "Об образовании"*）是 1992 年俄罗斯独立以来签订的第一部教育基本法，对俄罗斯教育发展有着重要的法律意义，对整个国家的教育发展方向也起到重要的指导作用。该法涉及国家教育发展的方方面面，在国家交流与合作方面也有着明确而清晰的规定，是俄罗斯国家教育立法及教育政策的重要开端。

第二步，加入了博洛尼亚进程。博洛尼亚进程是 29 个欧洲国家于 1999 年在意大利博洛尼亚提出的欧洲高等教育改革计划。其主要目标是在欧洲建立一个具有可比性的教育周期、学位和资格的系统，提高高等教育学生和教师的学术流动，提升教育国际化水平。俄罗斯于 2003 年加入该进程，这对俄罗斯教育国际化进程有着十分重要的意义，是俄罗斯高等教育与欧洲国家高等教育接轨的重要标志和举措，为今后与世界各国高等教育机构之间的合作提供了机会。

第三步，2008 年提出了建立联邦大学和国家研究型大学构想。通过

---

① 辞海编辑委员会：《辞海》，上海辞书出版社 1979 年版，第 3355 页。

整合各高校资源来提升高校整体教育水平和科研水平，打造一系列重点一流大学，形成优秀大学联合体，并在此基础上出台《2011—2020年俄罗斯联邦教育出口服务构想》。该构想是俄罗斯成立以来第一个专门针对教育出口出台的政策文件。该文件明确指出了2011年至2020年10年间俄罗斯国家教育发展尤其是教育服务出口方面的任务和规划，对教育出口起着重要的指导作用。此阶段俄罗斯联邦政府以联邦大学和国家研究型大学为依托，在构建政策的基础上大力发展俄罗斯高等教育的出口服务。

第四步，2012年提出了5—100教育计划。5—100教育计划是指2020年前至少有5所俄罗斯大学进入世界100强大学之列，其目的是提升俄罗斯高校在国际教育市场上的竞争力。俄罗斯高等教育培养方式与其他主流国家在教育培养模式上略显不同，这在一定程度上影响了其在世界大学排行榜上的排名。通过制定5—100计划，一方面可以为提高俄罗斯大学的世界排名起到宣传作用，另一方面可以在较大程度上提高俄罗斯高校的国际竞争力和国际化程度。此外，除了提高国际排名外，俄罗斯还着手制定本国的教育排行榜，于2012年第一次发布RAEX（Expert RA）大学排行榜。RAEX是俄罗斯最大的本土评估机构，始创于1997年，涉及金融、地产、科学等方方面面的评估，是俄罗斯最具权威性的本土评估机构。

第五步，2017年确定了"俄罗斯教育系统出口潜力发展"优先计划。该计划执行时间为2017年至2025年，主要目标是提高俄罗斯教育在国际教育服务市场上的吸引力和竞争力，从而增加俄罗斯的非资源型出口。计划的两大核心任务分别是提高留学生数量及提高教育出口收益。此计划是现阶段俄罗斯发展出口教育的指导方针和发展大纲，对每个时间节点的留学生数量和预期出口收入都作出了明确细致的规定。

苏联解体至今，俄罗斯通过以上政策的制定以及长期发展规划的指导，高等教育国际化程度和留学生教育都取得了长足且显著的发展，赴俄罗斯学习的留学生数量逐渐增加。经过联邦政府所制定并执行的一系列措施以及社会各阶层和学校层面的不断努力，俄罗斯高等教育在国际市场上的竞争力不断提高，出口份额不断扩大，出口盈利也在增加。

（二）以点带面，确定优先发展方向

在留学生教育的发展方向上，俄罗斯着重发展独联体统一教育空间，在亚洲大力发展与以中国为首的人口大国、新兴经济体国家之间的合作，此外通过欧亚经济共同体和博洛尼亚进程进一步加强与欧洲国家在高等教育方面的合作，以点带面，联动发展，最终形成以独联体国家为主体，以亚洲国家和欧洲国家为重点发展方向的"一体两翼"新格局。

独立国家联合体（Содружество независимых государств，СНГ），是由前苏联大多数加盟共和国组成的进行多边合作的独立国家联合体，简称"独联体"，成立于 1991 年 12 月。截至 2020 年，独联体成员国共有 9 个，包括俄罗斯、白俄罗斯、亚美尼亚、阿塞拜疆、摩尔多瓦、哈萨克斯坦、吉尔吉斯斯坦、塔吉克斯坦、乌兹别克斯坦。独联体是一个由多个地缘政治、经济主体组成的具有国际法意义的国际区域组织。在地理上，独联体国家相互比邻，一衣带水；在亲缘上，多为斯拉夫民族后裔；在语言上，俄语的通用性程度较高；宗教上，东正教和伊斯兰教占绝大多数。无论是从地缘还是亲缘的角度，独联体国家于俄罗斯而言都是至关重要不可或缺的重要合作伙伴。

构建独联体统一教育空间是独联体教育合作的目标。独联体统一教育空间是指通过强化和深化独联体国家教育系统的关系、为独联体国家文化交流和共同发展创造条件而设立的一个独特空间，目标是培养适应快速变革世界和多民族文化空间的青年。① 基于将其作为大国复兴战略的地缘政治支点和保护国外俄罗斯族裔的利益需要②，俄罗斯率先发起构建独联体统一教育空间的构想，并在推进该统一教育空间的进程中起着不可替代的领导作用。

欧洲是世界上高等教育发展程度最高的大洲之一，有着雄厚的经济

---

① Гукаленко О.В. "Образобательное пространсбо СНГ：проблемы и перспектибы развития". *Педагогика*. 2007（2）：5.

② 刘淑华：《俄罗斯教育战略研究》，浙江教育出版社 2013 年版，第 242 页。

基础和文化底蕴。高度的政治经济和教育一体化更为其高速发展提供了重要保障。俄罗斯虽然在地理概念上属于欧洲国家，但其政治体制和经济发展模式都与其他欧洲国家略有不同，其教育培养方式更是具有独特性，从而导致俄罗斯与其他国家在教育方面的交流与融合面对重重困难。面对这一阻碍，俄罗斯推陈出新，勇于改革，于2003年加入欧洲博洛尼亚进程，逐渐加强与欧洲各国在高等教育方面的交流与合作，自此拉开了俄罗斯高等教育国际化的新篇章。博洛尼亚进程一项最重要的目标就是整合欧洲的高等教育资源，打通欧洲各国高等教育原有的体制壁垒，确定欧洲范围内高等教育系统的框架。加入博洛尼亚进程标志着俄罗斯成为欧洲高等教育区的新成员。俄罗斯为此采取了诸如更改学制结构和学位制度、采用学分制等措施。[1] 在政策的制定方面，俄罗斯也十分重视与欧洲国家的合作。立足于欧亚经济联盟和欧洲高等教育一体化进程，俄罗斯将进一步加强和欧洲高等教育体系的联系，提高俄罗斯国家科学、教育领域的一体化水平，提高俄罗斯高等教育体系对留学生的吸引力。

亚洲是世界上人口最多的大洲，人口占世界总人口的五分之三，是发展中国家、新兴经济发展体和部分发达国家交集融合的地方。众多的适龄人口、高速的经济发展都使得亚洲国家成为世界各国高等教育出口服务的重点争夺对象。俄罗斯作为横跨亚欧大陆的大国，无论是从地缘政治方面还是从教育出口效益方面都必须重点发展与亚洲国家，尤其是与重要合作伙伴中国在教育方面的合作。此外，一系列国家间合作组织和框架也为俄罗斯与亚洲在高等教育方面的合作提供了发展空间。"金砖国家""上海合作组织"、亚太经济合作组织等双边多边合作组织均为俄罗斯与组织内其他国家尤其是亚洲国家在教育、文化、科技等方面的交流提供了巨大的机遇，赴俄留学的亚洲学生比例也基本上保持着稳步上升的积极态势。亚洲是俄罗斯留学生的重要来源地区，中国则是俄罗斯留学生的主要来源国

---

[1]　Кехян. М.Г. "Основные тенденции развития рынка образовательных услуг в России в условиях глобализации". *Вестник Саратовского государственного социально-экономического университета*，2013（05）：70-71.

之一，对俄罗斯的教育出口起着不可替代的重要作用。因此，俄罗斯为了增大教育出口份额、加强在国际留学生教育市场上的地位而亟须争夺以中国为首的亚洲留学市场。巨大的人口红利也必然会增大俄罗斯的留学生数量和教育出口总收入，助力俄罗斯的留学产业更上一层楼。

俄罗斯在教育国际化和留学生教育政策的制定上具有明显的层次性。首先，构建独联体统一教育空间，是俄罗斯教育国际化和留学生教育的最优先发展方向。其次，融入博洛尼亚进程加强与欧洲国家的合作是俄罗斯教育走向国际进程中的认真且重要的一步。最后，加强与亚洲国家和非洲国家等发展中国家的合作，扩大在世界范围的教育合作，是俄罗斯高等教育国际化战略以及扩大留学生教育发展的第三层级。目前俄罗斯逐渐将教育出口的目标市场定位于第三世界国家和发展中国家，旨在通过人口红利来扩大俄罗斯的教育出口。此外，与欧美等主要留学国家的精英式留学所不同，俄罗斯另辟蹊径，大力发挥本国的教育优势，以低成本、高质量来吸引大量留学生赴俄学习。通过以点带面、确定留学生教育发展优先方向的方式，俄罗斯的留学生教育在 10 余年间取得了较为显著的进步。

（三）加大宣传力度，形成品牌效应

2001 年签订的"服务贸易总协定"（Генеральное соглашение по торговле услугами）将教育服务定义为一种商品，[①] 教育同时也具有了商品的属性。为了提高商品的知名度，俄罗斯联邦政府通过提高高校国际排名、打造俄罗斯本土教育"品牌"等方式来宣传本国高等教育。

2008 年俄罗斯联邦政府提出创建联邦大学和国家研究型大学构想，即通过政府的力量扶持一批高质量的高等教育院校。2012 年联邦政府再次提出 5—100 计划。世界大学排行榜是由独立的社会第三方机构发起的教育质量测评，对全世界留学生留学目的地国和学科的选择起着很大的影响，目前认可度和普及度比较高的排名有 QS、THE、ARWU 等。俄罗斯参与这些国际大学排名，并努力提高本国高校在排名中的位置，旨在提高

---

① Гребнев Л.Г. "Образование：услуга или жизнь？". *Вопросы экономики*. 2005（03）：35.

国内高等教育机构的教育质量和国际竞争力，同时以此达到宣传俄罗斯高等教育的目的。无论最终是否能实现这一目标，此项计划的实施所带来的收益都是可观的。一方面可以使俄罗斯的高校进行自我监测和自我进步，从而更好地融合到世界教育空间；另一方面有利于唤醒大家对俄罗斯高等教育的记忆，从而提高俄罗斯教育的知名度，进一步打开教育出口市场。

此外，2009 年颁布的《2011—2020 年俄罗斯联邦教育出口服务构想》和 2017 年俄罗斯联邦政府通过的联邦优先发展项目"俄罗斯教育系统出口潜力发展"都提出要建造俄罗斯本土教育品牌。由此可见，品牌效应对教育出口的重要性。俄罗斯联邦政府在发展留学生教育的过程中十分重视对教育的宣传，更是与多家外国媒体达成协议对俄罗斯高等院校进行及时、长期、良好、客观、多样的宣传，尽可能将"广告效益"最大化。

（四）打造平台，建立专门教育开放机构和网站

2008 年俄罗斯联邦成立联邦独联体事务、国外侨民事务和国际人文合作部（Федеральное агентство по делам Содружества Независимых Государств, соотечественников, проживающих за рубежом, и по международному гуманитарному сотрудничеству），简称联邦国际人文合作部。该部门旨在执行国际人文主义合作的国家政策，并促进俄罗斯的文化在国外传播。2019 年，该机构在 81 个国家和地区设有 98 个代表处。①2010 年俄罗斯教育科学部下属国际合作局在原联邦国际教育与合作办公室的基础上成立了教育出口服务部（отдел экспорта образовательных услуг），主要负责俄罗斯教育的出口问题。俄罗斯联邦政府委员会（Совет при Правительстве Российской Федерации）和俄罗斯联邦外交部（МИД России）等也是俄罗斯联邦与教育国际化合作事项有关的部门。

此外，俄罗斯还针对留学生建立了一个专门的官方留学网站"留学俄罗斯"（Russia.study）。外国学生可以通过这个网站了解俄罗斯的相关

---

① 俄罗斯联邦国际人文合作部官网："О Россотрудничестве"，2019-08-12，见 http：//rs.gov.ru/%20/about.

大学并进行在线自助申请，从选择学校、准备材料、参加考试和申请奖学金到最后的大学注册等均可在此网站上实现。① 此网站的建立无论对高校还是对学生都十分有益。在高校层面，此网站可以起到一个很好的宣传作用，可以让世界各地对俄罗斯教育感兴趣的学生了解到相关信息。在线准备材料、参加考试等既锻炼了学生的个人能力，也不再需要学生奔波于留学目的国现场。此外，成绩优异的学生还可以申请参加俄罗斯奥林匹克竞赛等比赛，胜出者还可申请丰厚的奖学金。专门机构和门户网站的建立对俄罗斯教育出口的发展起到了较大的促进作用。

三、俄罗斯留学生教育政策存在的问题

虽然最近几年俄罗斯的留学生教育得到了较为显著的发展，但其留学生教育政策上仍存在一定的问题，如过于繁杂的入境和移民及就业程序、脱离市场发展需求的人才培养模式、留学生生源固化、严重依赖独联体国家和亚非等发展中国家、过于老旧的基础设施建设等，即使在国内一流大学也呈现出缺乏学生宿舍、僵化的金融工具以及极不均衡的财政支持等问题，② 这些都会影响到俄罗斯留学生的培养质量和数量增长。

（一）入境、移民和就业程序过于繁杂

入境手续、就业率和移民成功率是吸引留学生的重要指标。在相关法律条令的制定方面，俄罗斯一直都采取较为紧缩和谨慎的态度。繁杂的入境手续、申请过程以及较低的工作效率一直被广大赴俄留学生所诟病。针对上述问题，在高等教育国际化的大背景之下，俄罗斯也制定了相应的政策，但政策的适切性和可行性却不高。

例如，2018 年 6 月 27 日，俄罗斯联邦总统签署了第 163-FZ 号联邦法《关于修改俄罗斯联邦外国公民和无国籍人士移民登记的联邦

---

① 留学俄罗斯官网："Russia.study"，2019-08-15，见 https：//russia.study/ru.

② 俄罗斯联邦高等经济大学：*Двенадцать решений для нового образования：доклад Центра стратегических разработок и Высшей Школы Экономики*. М.：НИУ ВШЭ. 2018：106.

法 》（*О внесении изменений в Федеральный закон "О миграционном учете иностранных граждан и лиц без гражданства в Российской Федерации"*）。法律明确了什么是移民登记，哪些居所可以被视为移民居住地以及外国公民在居住地登记的合理理由有哪些，等等。① 根据新的法律，居留地的移民登记是关于外国人在俄罗斯居住地址信息的记录。该法律要求入境外国公民必须在 7 个工作日内与居住地法律责任人一起去当地移民局进行落地注册，若后续更换居住地址，仍需在 7 个工作日内去移民局进行实时信息更新。如果发现注册地和实际居住地不符，则该注册人首次将面临罚款，第二次将被驱逐出境并列入移民黑名单。② 该法律的出台一定程度上加大了留学生以及向留学生出租房子的俄罗斯公民的负担。此外，俄罗斯的留学签证制度也很不便捷。留学签是一次签，只有入境满 3 个月后才可申请办理多次签，这大大增加了留学生办理相关留学手续的难度。在签证申请方面也存在较大的制度阻碍，对入境申请目的严格把关，限制多多。留学生在俄罗斯学习期间不允许进行勤工助学等工作，这一条例不仅阻挡了一些经济方面存在困难的学生赴俄学习，也不利于留学生熟悉俄罗斯就业市场，是在俄罗斯移民定居的重要障碍之一。

（二）人才培养模式与市场需求不相适应

教育最重要的使命是培养人才，人才的培养则需考虑国家和市场的发展及需要，因此，人才的培养模式应与市场需求相适应，如若二者不相适应则会产生一系列社会问题。多年来，俄罗斯人才培养层次已经超出了国家经济发展的需要，人才过剩现象凸显。当售货员、门卫、司机岗位等被"过度教育"的人占用时，高等职业教育和中等职业教育只是从一定程度上减轻了失业人口而已，高等教育并未真正发挥出培养人才为社会作出

---

① 俄罗斯政府网站："Президент России подписал разработанный Правительством Федеральный закон об изменениях в порядке миграционного учета иностранных граждан в России"，2019-06-20，见 http://m.government.ru/all/33072/.

② 俄罗斯联邦司法部："Новый закон об уточнениях в миграционном учете иностранных граждан от 27.06.2018"，2019-06-30，见 https://vk.com/@neweramigrant-noviy-zakon.

应有贡献的作用。此外，俄罗斯当下的教育结构并未对经济增长作出应有的贡献，即教育机构没有向社会输送大量的经济社会发展所需要的真正的"专业"毕业生。①

（三）留学生生源固化严重

在留学生生源方面，独联体国家和后苏联空间内的国家以及新兴的亚非发展中国家构成了俄罗斯留学生的主要生源地。其中，来自独联体国家的留学生更是占据了绝对多数。俄罗斯留学生的生源存在较为严重的固化问题。2016 年共计有将近 25 万人次赴俄留学，其中约有 80% 的留学生是来自独联体国家和波罗的海沿岸国家，在剩余的 20% 留学生中，亚洲学生又占据了其中的 56.8%。②

后苏联的地域空间、相似的社会文化以及息息相关的地缘政治是俄罗斯留学生生源固化的主要原因。相近的地缘和相通的文化使得来自独联体国家的学生对留学目的地国的求学生活产生一种熟悉感和亲近感，在一定程度上可以减轻学生在完全陌生的环境中所出现的不适应感和文化休克。③ 语言的局限和文化传播的壁垒也成为俄罗斯留学生生源多样化的一大掣肘。但长此以往，过于单一的留学生生源对俄罗斯留学生教育的可持续发展会产生一定的负面影响。

（四）学校基础设施建设相对落后，国家财政支持力度有限

基建设备作为高校的硬件设施对高校的建设和发展有着不可替代的重要作用，教学楼、教学设备和学生宿舍则是学校基础设施建设的"三驾马车"，是衡量学校基建水平的重要标准。俄罗斯作为一个高等教育大国却在此方面略显逊色。教学楼和教学设备老化，学生宿舍供不应求，宿舍

① 俄罗斯联邦高等经济大学：*Двенадцать решений для нового образования：тезисы доклада Центра стратегических разработок и Высшей Школы Экономики.* М.：НИУ ВШЭ. 2018：10.

② Ассоциация Гуманитарного Сотрудничества. "Сколько Иностранцев Учатся в Российских Вузах"，2019-06-10，见 http://rustudent.org/news/9.

③ 李联明、吕浩雪：《高等教育国际化进程中制约国际学生流向的主要因素》，《比较教育研究》2004 年第 6 期。

环境老旧恶劣，即使是在国立联邦大学和研究型大学中也存在此种情况，这对吸引外国学生赴俄罗斯学习也是一个巨大的挑战。基础设施建设的落后，归根结底是国家财政的不到位。

俄罗斯高校的资金来源主要是联邦政府的教育拨款，来自社会、企业以及学校自己的创收则十分有限。国家的财政拨款按照学校的地位，从两所国家级大学到联邦大学、研究型大学和地方大学逐层递减，而非政府组织获得国家大量资金支持的可能则微乎其微。[1] 英国有英国文化教育协会，德国有德国学术交流中心，美国有国际教育研究所，这些非政府组织均可获得国家在财政方面的支持，尽管俄罗斯也有着类似的民间促进国际学术文化交流的公共组织——俄罗斯联邦学术流动委员会（Комитет академической мобильности Российской Федерации），但其得到的国家经济资助却十分有限。

（五）留学收入有待提高

在过去十几年里，在俄罗斯留学的外国公民在全球留学生中所占比例逐渐上升，留学生创汇也得到了进一步发展，但盈利不高。2012 学年俄罗斯教育出口服务总收入为将近 100 亿卢布（折合 1.5 亿美元），占世界教育出口总收入的 0.7%。而其中留学生所支付的教育课程费约占总收入的四分之一，其余主要收入均为留学生在俄学习期间的食宿、交通、休闲等。[2] 同年美国和加拿大占比合计 36.4%，欧盟占比 34.6%，其学费收入更是占到教育出口总收入的四分之三左右（见图 6-3）。[3] 因此，俄罗斯在今后的留学生教育发展中需要进一步优化收费结构，在保证学费优势的基础上适当地调整收费，均衡好学费与食宿、交通、休闲等方面的创收，

① Косевич А.В. "Российское высшее образование на международном рынке образовательных услуг：проблемы и перспективы". *Наука и образование*，2013（05）：05-21.

② Арефьев. А.Л. *Экспорт Российских образовательных услуг статистический сборник*. М：Центр социологических исследований，2017：498.

③ Клячко. Т.Л. "Развитие экспорта российского высшего образования：основные цели, задачи и проблемы"，2019-06-03，见 http：//conf.rudn.ru/conf/vice-rector-2017/data/%D0%9A%D0%BB%D1%8F%D1%87%D0%BA%D0%BE.pdf.

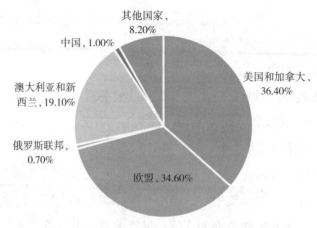

图6-3 2012年各国高等教育出口收入结构图

资料来源：http://conf.rudn.ru/conf/vice-rector-2017/data/%D0%9A%D0%BB%D1%8F%D1%87%D0%BA%D0%BE.pdf.

并通过留学生人数的不断增加，大规模地扩大教育出口盈利，逐渐将留学产业发展成为俄罗斯经济发展的新增长极。

四、俄罗斯留学生教育政策的未来走向

针对俄罗斯在留学生教育方面所取得的阶段性成绩以及其现阶段仍存在的发展问题，今后俄罗斯留学生教育的发展方向主要包括进一步加强政府的宏观调控，发挥留学政策的指导作用；扩大教育出口，提高留学生教育的规模和效益以及进一步改善留学环境，扩大俄罗斯联邦留学的品牌效应等方面。

（一）进一步加强政府的宏观调控，发挥留学政策的指导作用

俄罗斯联邦政府在俄罗斯留学生教育的发展和实践中起着重要的指导作用。自苏联时代起，俄罗斯留学教育的发展、规模和形式等就受到中央政府及其教育管理部门的严格管控。大到留学生来源国的选择，小到留学生的衣食住行，无一不在政府的大包大揽之下。俄罗斯联邦成立之后，各地方高校招收留学生的自主权大大增加。20世纪最后10年，由于国家财政紧缩，政府一度对高校留学生教育发展的支持和资助大大减少，由此管控力度大大降低。但是在普京执政后，国家主义回归，政府对留学生教

育的宏观调控力度大大增强。随着全球疫情的大爆发，各国的留学生教育遭遇挫折，因此国家的宏观调控、政策的引导只会发挥越来越重要的作用。俄罗斯联邦也将进一步加强政府的宏观调控，发挥留学政策的指导作用，为疫情大背景下俄罗斯留学生教育的发展提供指导。

（二）进一步扩大教育出口，提高留学生教育的规模和效益

留学生的规模和效益是评估一国留学生教育发展情况的两个重要指标，也是提升教育国际化的有效途径。2017 年 6 月 8 日，俄罗斯联邦出台了《俄罗斯教育系统出口潜力先发展》优先计划。该项目作为俄罗斯联邦留学生教育的中长期教育发展规划，指出了 2017—2025 年共 8 年联邦国家留学生教育的发展方向。具体说来，发展方向上包括以下两个方面：在留学生人数方面，从 2017 年的 22 万人增加到 2025 年的 71 万人；在留学生效益方面，从 2017 年的 740 亿卢布增加到 2025 年的 3730 亿卢布。①留学生数量是留学生教育发展的根本，效益则是留学生教育发展持续不断的动力。因此，接下来俄罗斯联邦将进一步扩大教育出口，扩大留学生教育的规模，提高留学生教育的效益，以此来提高俄罗斯联邦的教育国际化和留学生教育在世界教育服务市场上的地位。

（三）进一步改善留学环境，扩大俄罗斯联邦留学的品牌效应

良好的留学环境对于吸引外国学生来俄留学起着至关重要的作用，其中环境既包括学校的基础设施建设等硬环境，也包括学校声誉、核心竞争力、就业率等软环境。目前俄罗斯联邦大多数高校都存在基础设施老化，国际认可度低等问题。无论在硬环境还是软环境等方面，都不利于整个国家留学品牌的建立和维护。基于此，俄罗斯联邦在最新的《俄罗斯教育系统出口潜力发展》优先计划中也指出了建立国家留学品牌的重要性。在未来的留学生教育发展方向上，俄罗斯联邦将进一步改善留学环境，多渠道增强留学的品牌效应，以达到促进俄罗斯联邦留学生教育进一步发展的目的。

---

① 俄罗斯联邦政府网站："Утверждён паспорт приоритетного проекта «Развитие экспортного потенциала российской системы образования»"，2019-05-20，见 http：//government.ru/news/28013/.

第七章 澳大利亚留学生教育政策

　　作为一个传统的留学大国，澳大利亚留学生教育发端于 20 世纪 50 年代的国际教育援助政策，经历了从教育援助到国际教育产业化的转型。根据澳大利亚统计局数据，2016 年仅各类高等教育提供机构所收取的留学生学费已达 76 亿澳元，2017 年则达到了 93 亿澳元①，加上留学生在澳期间的消费、家庭旅游等支出，整个留学生教育产业在 2017—2018 年度预计为澳大利亚经济贡献了 320 亿澳元。② 从直接经济效益看，留学生教育已经是澳大利亚仅次于煤和铁矿石的第三大经济支柱，2017 年支持了超过 24 万个工作岗位③，是澳大利亚最为成功的出口产业。

　　除经济效益外，国际教育也在经济、社会和外交等方面产生了巨大的积极影响。通过加强民心互通，国际教育促进了澳大利亚在亚太邻国的影响力的提升与地区稳定，也促进了本地高等教育参与率与经济的长足发

---

① Ministers for the Department of Education Media Centre. "Australian International Education Conference", 2019-11-16, 见 https：//ministers.education.gov.au/tehan/australian-international-education-conference-2018.

② Council for International Education. "2018 Report to the Prime Minister", 2019-11-16, 见 https：//internationaleducation.gov.au/International-network/Australia/InternationalStrategy/Documents/20181203%20Report%20to%20the%20PM.pdf.

③ Ministers for the Department of Education Media Centre. "Australian International Education Conference 2018", 2019-11-16, 见 https：//ministers.education.gov.au/tehan/australian-international-education-conference-2018.

展。① 通过移民政策等相关刺激，澳大利亚国际教育产业化获得了空前成功，也面临着诸多问题与挑战。面对新形势与新问题，澳大利亚整体上通过不断的政策完善和调整，保持了持续的繁荣，尤其是在留学生教育推广、学习质量管控和学习体验提升等方面的治理经验是我国来华留学生教育事业进一步繁荣的重要借鉴。

第一节　澳大利亚留学生教育政策的演进

澳大利亚留学生教育的发展起源于政府实施的一系列教育援助计划。20 世纪 80 年代，受到新公共管理运动、自费留学生暴增等多方面因素影响，澳大利亚允许高校按全部成本收取留学生学费，实现了由教育援助到教育贸易的转型。经过多年的探索和政策辩论，澳大利亚留学生教育正在不断演进，以回应不同时期出现的需求与挑战。

一、教育援助阶段

二战以前，澳大利亚并不是亚洲国家学生的主要留学选择。受殖民历史的影响，这些国家的精英阶层多具有英美等西方殖民国家留学背景，澳大利亚并不被看作一个主要考虑的选择。然而二战后出现的殖民地独立运动，催生了对新兴独立国家专业人才培养的迫切需求。另一方面，战后的澳大利亚基于地理位置、文化传统及现实发展的需要，在外交上形成了"亲善英美"与"面向亚洲"两大外交政策，开始更加积极地向亚洲国家传达善意，通过经济合作来促进本国的发展。

1950 年 1 月英联邦外长会议在科伦坡召开，会议旨在研究通过多边贸易促进世界经济增长以维持东南亚、南亚地区政治稳定。1950 年前后，英国因第二次世界大战实力大减并试图通过加强英联邦在亚洲的区域合作

---

① Group of Eight Australia. "International students in higher education and their role in the Australian economy", 2019-11-16, 见 https：//go8.edu.au/files/docs/publications/international_students_in_higher_education_and_their_role_in_the_australian_economy.pdf.

来维持大国地位；而澳大利亚在二战后国力见长，有意加强自己在亚洲的区域影响力。① 澳大利亚政府在谨慎判断其外交状况和国内外的反共形势后，决定推动以英联邦为主导的援助计划——科伦坡计划。该计划利用资金援助、技术合作、教育培训、文化宣传等多种援助方式对亚洲地区的受援国施加政治经济影响，在促进其经济发展的同时，达到使其增强抵御共产主义能力的目的。澳大利亚以施援国的身份加入科伦坡计划，无论是在计划的起草还是推行阶段，皆可称得上是该计划中最为积极的国家。②

这一时期澳大利亚留学生教育突出体现能力建设和发展主义等特征。③ 该计划通过一揽子援助项目，不仅在于为发展中国家提供技术、医院、道路等基础设施，更是要通过援助提升受援国的人力资本水平，达到充分利用这些物质援助的目标。在这一背景下，澳大利亚对科伦坡计划成员国的学生提供奖学金，支持受援国学生在澳大利亚学习和实践培训。到 20 世纪 80 年代，超过 20000 名学生通过科伦坡计划资助赴澳大利亚学习，以支持其所在国的技术、经济、社会和政治发展。④ 除了科伦坡计划，其他的教育援助框架还包括"澳大利亚亚洲大学合作计划"（Australian-Asian Universities' Cooperation Scheme）、"澳大利亚巴布亚新几内亚教育与培训计划"（Australia Papua New Guinea Education and Training Scheme）、"澳大利亚国际奖励计划"（Australian International Awards Scheme）、"联邦非洲特别援助计划"（Special Commonwealth African Assistance Plan）和"教育联邦合作计划"（Commonwealth Cooperation in Education）等，

---

① 陈祥先：《科伦坡计划与东南亚区域合作》，硕士学位论文，南京大学，2018 年，第 1 页。

② 孙瑞阳：《澳大利亚"科伦坡"计划研究》，硕士学位论文，河南大学，2017 年，第 32 页。

③ Fazal Rizvi. "Student Mobility and the Shifting Dynamics of Internationalisation". //Davis D., Mackintosh B. *Making a Difference：Australian International Education*. Sydney：UNSW Press，2011：1-8.

④ National Archives of Australia. "The Colombo Plan"，2019-11-16，见 https：//www.destina tionaustralia.gov.au/stories/work-play/colombo-plan.

其中"澳大利亚亚洲大学合作计划"后来演变成为澳大利亚国际开发署（International Development Program，简称 IDP）。

在这一时期，澳大利亚培养了一大批在亚洲担任领导职务的高级官员，并带来了深远的影响。例如，印度尼西亚副总统布迪奥诺先后在西澳大学和莫纳什大学完成学位，新加坡首任民选总统王鼎昌毕业于阿德莱德大学等。在马来西亚、新加坡和印度尼西亚，长久以来都有澳大利亚高校校友担任部长级官员的传统。这些联系都成为维持澳大利亚与亚洲国家友好经贸与政治往来的重要基础。留学生教育带来的文化交融也使得整个国家变得更加开放。正是受到科伦坡计划和 80 年代后留学生的增长等影响，澳大利亚的社会形态由"白澳"作为刚独立时的基本国策，转向成为一个更加开放包容的多元文化国家。

与政府资助留学生同步增长的还有自费学生规模的增长。自费学生通常先进入学校体系，与澳大利亚本地学生一起申请大学。对于这一部分自费学生，除了签证政策的相关规定，没有对应的政策。60 年代留学生数量的持续增长，一方面是澳大利亚留学生教育在留学生所在国的价值彰显，另一方面也由于稀缺的大学入学机会引起了一些质疑的声音。1972 年，爱德华·惠特拉姆（Edward Whitlam）政府确立了自费学生 1 万人配额，提出对这部分学生提供的补助也是澳大利亚教育发展援助的一部分，而两大入学标准是学生所在国能否提供所申请课程以及申请者是真正的学生还是为了移民。[①] 惠特拉姆政府同期取消了大学学费，加上白澳政策废除的影响，来自自费学生的需求进一步增长，且很大一部分以移民作为主要目的。70 年代的自费留学生中，75% 的学生获得了永久居留权。[②]

到了 1979 年，留学生数量的急速增长和大量滋生的非法移民问题，使得制定针对自费留学生的专门政策迫在眉睫。到底自费留学是在实现澳

---

① 　John Goldring.*Mutual advantage*，*Report of the Committee of Review of Private Overseas Student Policy*. Canberra：AGPS，1984：31.

② 　Stewart Fraser. "Australia and International Education：The Goldring and Jackson Reports-- Mutual Aid or Uncommon Advantage?". *Vestes*，1984（2）：15-29.

大利亚的外交政策还是仅仅为学生开了一扇移民的后门，这形成了联邦政府内部的大讨论。经历这场讨论后，澳洲政府采取了两项措施：一是要求自费留学生在回国两年后才能合法申请澳大利亚移民；二是实施了"留学生收费计划"（Overseas Students Charge）。该费用起初占一个学额总成本的10%，而后从1982年逐年增长，在1988年达到55%。① 这也奠定了日后澳大利亚国际教育产业与移民政策绑定的政策基础。

二、从教育援助转向教育服务贸易

政治经济局势的改变进一步影响了澳大利亚留学生教育的发展格局。80年代随着冷战即将结束，这些教育援助项目背后的发展主义观念不再受到追捧。澳大利亚国际教育发展取向由教育援助转向教育服务贸易。这背后的推动因素一方面源自留学生数量增加所带来的赞助留学生计划有效性的担忧，但更重要的原因是受到新自由主义的影响。80年代中期，工党执政下的澳大利亚社会福利事业不断增强，财政也开始面临赤字激增的压力，澳大利亚政府开始承认教育服务贸易的商业可能性。② 1984年5月，澳大利亚政府发布的两份外交咨询报告——古德林报告（Goldring Report）和杰克逊报告（Jackson Report）对国际教育发展的走向起了至关重要的作用。

1983年移民和少数民族事务部长召集成立了自费留学生政策评价委员会，由麦考瑞大学法律系教授约翰·古德林（John Goldring）担任主席，形成了《互惠互利：自费留学生政策审查委员会报告》（*Mutual advantage：Report of the committee of review of private overseas student*

---

① Tony Adams，Melissa Banks & Alan Olsen. "International education in Australia：From aid to trade to internationalization".// Bhandari & P. Blumenthal. *International students and global mobility in higher education：national trends and new directions*. New York：Palgrave Macmillan US，2011：107-128.

② Grant Harman. "Internationalization of Australian higher education：A critical review of literature and research".//Ninnes P，Hellstén M. *Internationalizing higher education*. Dordrecht：Springer，2005：119-140.

policy），又称古德林报告。委员会评估了接收留学生对服务澳大利亚在教育、贸易、援助政策、移民以及促进国际理解和文化交流中所产生的影响，重要焦点是留学项目实施有效性的评估。该报告的基本结论是"留学项目在政治、经济和教育等方面都带来了诸多积极影响，尤其体现在与亚太国家的关系中。许多影响无法被货币化，但这些真切的影响整体上说明该计划较好地满足了澳大利亚的利益。"①

杰克逊报告主要受自由党—国家党联合政府委托，主要评估澳大利亚国际开发援助局（Australian Development Assistance Bureau）开展的活动及其在提供地区援助、增进澳大利亚发展市场机会中的效能。② 尽管该报告仅有约十分之一的内容从教育与培训部分分析了政府援助的作用，但是却发挥了重要影响。该报告指出，"留学生收费计划"仅收取学费成本三分之一的费用，意味着一年政府投入的隐形补贴在 7000 万美元左右。尽管学生基本来自发展中国家，体现了一部分教育援助的价值，但是这些补贴没用于资助这些最需要或是最优秀的学生，也并没有支持那些来自优先受援国的学生。③ 尽管政府在留学生学费中的补贴占到三分之二，但是澳大利亚在目前在地区发展援助中的作用并没有得到应有的认可。报告建议要尝试引入竞争机制，把教育打造成为出口产业，并对留学生按全部成本收取学费。从当时三分之一的学费渐进式上调，直至 90 年代中期收取全部学费；同时提供 1 万名奖学金名额，根据家庭经济状况调查为学生提供经济支持。

两份报告前后发布时间仅间隔数周，古德林报告主要从经济和社会价值方面进行了评估，而杰克逊报告则是对教育商业价值评估的尝试；古德林报告更体现人文性、整体性和教育性，而杰克逊报告体现了一种效率

① John Goldring. *Mutual advantage*，*Report of the Committee of Review of Private Overseas Student Policy*. Canberra：AGPS，1984：31.

② Gordon Jackson. *Report of the committee to review the Australian Overseas Aid Program*. Canberra：AGPS，1984.

③ Industry commission. "Exports of education service"，2019-11-16，见 https：//www.pc.gov.au/inquiries/completed/export-education-services/12educationservices.pdf.

导向。① 针对收到的两份报告中相互冲突的建议，政府组成了跨部门委员会。迫于内阁对留学生资助经费缩减的压力，杰克逊报告所提出的全自费方案更受青睐，但政府决定通过提升受补助学生的补助水平以回应古德林报告的相关建议。新的补助水平将覆盖 45% 的成本，最高支持 10% 的学生，并分别对每个国家设立限额。

1986 年，政府允许大学以全部成本收取学生学费，标志着澳大利亚国际教育发展方向的转型。起初政府试图去平衡澳大利亚国际教育的"文化战略性"与"商业属性"，然而随着时间的推移，商业利益开始逐渐占据主导地位。② 教育机构被推向市场，留学生教育的产业化日渐成形。留学生的入学程序得到了简化，加上移民政策对于留学生的优惠，全自费留学生数量大幅增长。2003 年，联邦政府推出高等教育改革一揽子计划，政府允许大学在给定范围内决定各专业学科的收费标准和招收计划外全额缴费学生的自主权，制度上的松绑和联邦公共投入的降低使得大学越来越依赖留学生所带来的收入。

随着国际教育海外市场的扩张，整个行业的发展也由原先的行业高度自治转向强化政府监管。澳大利亚凭借国际教育产业的成功已经成为一个领先者，但同时面临着诸多挑战。尤其是 2010 年以来出现的澳元走强、部分高等教育机构质量低下、签证政策的不断变动以及部分攻击学生事件等，成为影响澳大利亚国际教育产业发展的威胁因素。③ 而且澳大利亚不仅正在面临传统英国、美国和加拿大等竞争者的挑战，一些原先的主要生

① Stewart Fraser. "Australia and International Education：The Goldring and Jackson Reports--Mutual Aid or Uncommon Advantage?". *Vestes*，1984（2）：15-29.

② Michael Gallagher. "The role of government in international education：helping or hindering?". //Davis D., Mackintosh B. *Making a Difference*：*Australian International Education*. Sydney：UNSW Press，2011：114-145.

③ International Education Advisory Council. "Discussion Paper for the Development of an International Education Strategy for Australia"，2019-11-16，见 https：//internationaleducation. gov.au/International-network/Australia/InternationalStrategy/theCouncilsReport/Pages/The-Council%27s-Report.aspx.

源国如中国、新加坡和马来西亚等也在影响留学澳大利亚的吸引力。

2013 年，钱尼报告（Chaney Report）提出了澳大利亚国际教育八个领域的 30 条建议，这八个议题包括高质量的教育、积极的学生体验、紧密的国际合作、更好的数据分析、国际教育研究、政府政策与利益相关者之间的协调、学生签证中的诚信，以及通过与新兴国家合作促进学生来源的多样化。面对林林总总的问题，澳大利亚政府不断地调整角色，维护行业的可持续性发展。

三、移民政策变迁与国际教育发展的互动

在教育产业化的过程中，澳大利亚较为宽松的移民政策是支持国际教育发展的重要催化剂，也是澳大利亚相比于英美等国的重要优势。伴随着多元文化作为基本国策的实施，留学生的数量自 20 世纪 90 年代以来增速强劲，1991 年留学生数量为 5 万人，而 2010 年已经达到 50 万人，在OECD 国家中留学生比例最高。[1]

澳大利亚是最早推出技术移民政策的国家之一，确立了留学生与技术移民的紧密联系。尤其是在 1998 年到 2010 年间，澳大利亚提供了最为宽松的政策，通过在移民计点积分系统授予澳大利亚所获文凭额外的分数帮助学生容易地申请永久居留权。2002—2003 年，一半以上成功获批永久居留权的技术移民拥有本地大学文凭。对于许多在澳大利亚学习的留学生来说，许多学生在完成学业后选择定居，甚至许多学生干脆是为了移民而选择留学澳洲。在这种"教育—移民"模式鼎盛时期，65% 的留学生毕业生打算申请永久居留身份。[2] 通过提供由教育转向移民的机会，是澳大利亚与传统英语留学国和新兴的亚洲留学国形成竞争优势的重要筹码。

---

① Colin Walters. "International students—Returning their investment", 2019-11-16, 见 https：// internationaleducation.gov.au/News/Latest-News/Documents/Colin%20Walters%20 Going%20Global%202011%20AEI%20format%204%20May%20update.pdf.

② Shanthi Robertson，Anjena Runganaikaloo. "Lives in limbo：Migration experiences in Australia's education-migration nexus". *Ethnicities*，2014（2）：208-226.

　　然而这一模式的推动却在劳动力市场和教育产业内部产生了许多意外的后果。毕业生与劳动力市场的融合不甚成功，尤其是在职业教育培训部门。当时政策规定，只要学习紧缺职业清单（Migration Occupations in Demand List，简称 MODL）或技术移民职业清单（Skilled Occupations List，简称 SOL）上的学历资格就能保证获得澳大利亚永久居留权。政策设计的初衷是为了解决澳大利亚的技能人才短缺，但现实却是大量以移民为目的的学生通常选择最简单、最便宜、最快速的途径达到目的，而大量名校为追求经济利益也大大增加 MODL 或 SOL 清单上课程的兜售，名气小的教育机构迅速开设一些没有明显的教育目的而能够帮助学生移民的课程，更有一些高校建立的目的只是以移民为噱头欺诈学生。国际教育行业中的一批机构被卷入移民相关的腐败丑闻，成为名副其实的"绿卡工厂"。① 正是由于这一些事件，以及对于学生福利的关切，联邦政府在 2009 年左右开展了包括参议院对留学生福利的调查（2009）、留学生服务法案 Baird 复审（2009—2010）和学生签证体系 Knight 复审（2011）等政策评估。

　　伴随着这些报告所带来的改革，移民难度大大增加。整个技术移民项目偏好由原先的独立技术移民转向雇主担保移民，而且改革后的移民计分系统更加强调高层次的文凭、工作经历和相当的英语水平。② 2010—2011 财年的移民计划配额中，雇主担保配额增加了 9150 个，而普通技术移民配额减少了 3600 个。2010 年 5 月公布的新的技术移民职业列表中，过去 5 年在职业教育领域大量增加的美发、烹饪等职业不再列入，而且这一职业列表将与澳大利亚整体劳动力市场发展战略保持一致，走向劳动力市场需求导向的模式。而且从 2012 年起，移民部门采用了新的移民签证邀请制度。申请人在移民计分系统中满 65 分后可在网上系统提交移民意

①　Shanthi Robertson，Anjena Runganaikaloo. "Lives in limbo：Migration experiences in Australia's education-migration nexus". *Ethnicities*，2014（2）：208-226.

②　Shanthi Robertson，Anjena Runganaikaloo. "Lives in limbo：Migration experiences in Australia's education-migration nexus". *Ethnicities*，2014（2）：208-226.

向书，移民部门每个月会从申请者中根据自己的需要挑选满足条件（如拥有特定技能或愿意在特定偏远地区工作）的申请者，等待移民部门发出邀请后，申请者递交签证材料申请签证。[①]

由于技术移民职业列表每年都会进行审查，并根据经济和劳动力市场状况发生变化，政府也在不断破除国际教育与移民之间的想当然联系，吸引留学生的重点也由移民机会转移到提供高质量的学习体验本身。而且，随着移民政策的不断缩紧，政府也更加倾向于给予更多的毕业生临时签证而非永久居留权。这使得学生的群像在慢慢发生变化，仍有一部分留学生将毕业后留在澳洲作为主要目标，但也有一部分学生仅仅希望能够在毕业后留在澳洲获取相关的工作经历。[②]

不可否认的是，这种移民政策对国际教育发展的影响还将持续。如最近政府新推出的偏远地区签证，旨在通过提供更加优惠的签证条件，吸引留学生到偏远地区学习。而且随着独立技术移民邀请分数水涨船高，许多留学生转入州担保分数要求较低的偏远州的大学以寻求移民机会。

四、产业化发展过程中的政府治理

在国际教育产业化的最早期，政府主要采取了自由放任的政策，主要由澳大利亚校长协会（The Australian Vice-Chancellors' Committee，简称AVCC）及其下属的澳大利亚教育国际开发署（International Development Program，简称IDP）探索市场推广，整个行业的监管主要依靠自律，部分教育部门工作人员被派往北京、中国香港和吉隆坡等地，但主要负责处理学生签证申请等行政事务。1990 年，IDP 在全球 9 个城市建立了澳大利亚国际教育中心（Australian Education Centre，简称 AEC）作为一站式

---

① Harriet Spinks. "Overseas students：immigration policy changes 1997-2015"，2019-11-16，见 https://www.aph.gov.au/About_Parliament/Parliamentary_Departments/Parliamentary_Library/pubs/rp/rp1516/OverseasStudents#_Toc427230087.

② Jill Blackmore，Cate Gribble，Lesley Farrell，Mark Rahimi & Ruth Arber. "Australian international graduates and the transition to employments"，2019-11-16，见 https://www.deakin.edu.au/__data/assets/pdf_file/0010/365194/international-graduates-employment.pdf.

服务点，AEC 旨在帮助学生获得权威的留学生活信息。AEC 同时也展开学生咨询，处理申请等服务，并展开宣讲会、校友会等外展活动。

随着规模的壮大，联邦政府更加意识到国际教育在澳大利亚国际关系中的重要性及其背后独特的文化和经济价值。国际教育的发展需要政府展开官方合作，在国家层面进行重新部署。教育部长金·比兹利（Kim Beazley）向内阁提议建立教育参赞网络，帮助维持政府间的友好联系，提供市场信息，为进一步的市场拓展消除障碍。1994 年，澳大利亚国际教育基金会（Australian International Educati on Foundation，简称 AIEF）成立，由政府和行业按 2：1 出资，受教育部国际教育推广和营销部门管辖。在东京、首尔、曼谷、雅加达和新德里等地新设的教育参赞，加上原先已经设立的北京、吉隆坡和巴黎教育参赞，以及此前在各地设立的 AEC 也被纳入 AIEF 框架，共同促进国际教育的市场推广。

然而受到联邦政府"种族主义"政策基调影响，AIEF 所发挥的作用招致了 AVCC 的不满。在 AVCC 董事会的建议下，AIEF 的会员机构大幅减少，AIEF 工作陷入停滞。而此时适逢 1997 年亚洲金融风暴，联邦教育、培训和青年事务部提出要更积极地展开市场推广，缓解金融风暴对入学人数的影响。AIEF 则被更名为全部由政府资助的澳大利亚教育国际署（Australian Education International，简称 AEI），在功能上与当时的联邦教育、培训和青年事务部进一步整合。整合后的 AEI 主要负责市场信息搜寻、学生数据分析及制定整体行业推广计划。2010 年，联邦政府再次对国际教育治理结构进行了调整，教育推广与营销的责任由 AEI 转移到联邦贸易委员会，以减少行政机构重合带来的经费浪费。

在学生权益保障方面，澳大利亚是首个颁布留学生保护法的国家。由一系列的相关法律和法规构成的留学生教育服务体系（Education Services for Overseas Students，简称 ESOS），形成了一套完整的法律框架，规范了院校向持学生签证在澳留学学生提供教育服务的行为。该保护法自 2000 年颁布以来，规范着澳大利亚各院校对留学生提供的教育与培训服务质量并监督其履行对留学生所负的责任。从 2012 年 7 月 1 日起，澳大利亚政府正式开始执行学费保障计划（Tuition Protection Service，简称 TPS），并且建立相应的学费保障基金来为留学生提供权益保障。根据学费保障计划，若留学生就读学校倒闭，留学生可以要求退还学费或相关政府部门会出面帮助留学生寻找相对应的学校与专业课程，协助留学生在澳大利亚的后续学习安排。

监管责任转移到新成立的高等教育质量保障署（Tertiary Education Quality and Standards Agency，简称 TEQSA）和技能质量署（Australian Skills Quality Authority，简称 ASQA）。TEQSA 于 2011 年 7 月正式成立，取代了原先的大学质量保障总署（Australian Universities Quality Agency，简称 AUQA），并加强了其行政处罚权力，以保护在澳接受高等教育学生的权益，提高澳大利亚高等教育的国际竞争力，促进高等教育的卓越、多元化及创新发展。

在经历了留学生数量高速发展阶段后，澳大利亚留学生教育规模增长速度放缓，其国际教育的角色、规模和形态被重新审视。[①] 为了保护当地就业，2009 年移民数量出现 10 年来首次递减，同时政府实行新一轮的移民紧缩政策，移民难度不断提高。在新出台的移民专业列表中，移民专业被局限在健康、信息科学技术、工程和会计等极为有限的专业类别，职业教育领域的大批专业被排除在外。移民要求不再强调学位所取得的国家，在澳接受高等教育不再成为移民的快车道。一系列移民政策的调整，包括取消紧缺职业清单和关键职业清单，更新技术移民职业列表，都在更强调语言能力、工作经验和学位的综合，国际教育与移民政策之间的直接关系被弱化。

在留学品牌的国际推广方面，2011 年澳大利亚提出新的留学品牌"未来无限，机遇无限"（future unlimited）。面对移民政策的调整，中国等传统留学生来源国内部高等教育系统的完善，以及来自英国、加拿大和新

---

① Fiona Buffinton. "Third phase of international education"，2019-09-30，见 http：//aiec.idp. com/uploads/pdf/Buffinton_Thurs_1350_GH.pdf.

西兰等国的竞争，澳大利亚试图对其教育品牌进行重新定位。新的留学品牌试图跳脱学生体验和学费优势，更加强调作为一种教育投资对留学生未来收入、生活满意度和生活选择的积极影响。这也进一步强调了澳大利亚国际教育的质量、创新和未来导向。①

第二节　澳大利亚现行留学生教育政策

经过多年的发展，澳大利亚已经形成了联邦政府多部门协同管理与有效磋商、高效质量管控、重视留学生学习体验、完善的法律制度支持和研究作为支撑的国际教育产业。② 由行业主导的澳大利亚职业教育与培训体系已成为全世界效仿的标杆和典范。

一、留学生服务法案体系

作为留学生权益保护的法律基础，留学生服务（Education Services for Overseas Students，简称 ESOS）法案体系严格规定了招收留学生的澳大利亚院校的注册流程及应履行的义务，监管学籍学费保护制度（Tuition Protection Service）和法律法规的实施及贯彻，切实保护持学生签证在澳留学生的权益。③

目前整个法案体系由以下法规组成④：（1）《2000 年留学生教育服务

---

① Austrade. "About Future Unlimited"，2019-11-16，见 https：//www.austrade.gov.au/Australian/Education/Future-Unlimited.

② International Education Advisory Council. "Australia-Educating Globally"，2019-11-16，见 https：//internationaleducation.gov.au/International-network/Australia/International Strategy/theCouncilsReport/Documents/Australia%20E2%80%93%20Educating%20 Globally%20FINAL%20REPORT.pdf.

③ Austrade. "Leader-Study In Australia"，2019-11-16，见 https：//www.studyinaustralia.gov. au/ArticleDocuments/1154/Austrade%20China%20School%20Booklet%202014%20Final. pdf.aspx.

④ Department of Education. "The ESOS legislative framework"，2019-11-16，见 https：// internationaleducation.gov.au/Regulatory-Information/Education-Services-for-Overseas- Students-ESOS-Legislative-Framework/ESOS-Regulations/Pages/default.aspx.

法案》(*Education Services for Overseas Students Act 2000*);(2)《招收留学生的教育与培训机构及注册审批机构的国家行业规范》(*National Code of Practice for Providers of Education and Training to Overseas Students*);(3)《英语语言强化课程标准》(*ELICOS Standards*);(4)《2001 年留学生教育服务法规》(*Education Services for Overseas Student Regulations 2001*);(5) Act 1997《1997 年留学生教育服务(注册收费)法案》(*Education Services for Overseas Students(Registration Charges)*);(6)《2012 年留学生教育服务(学费保护服务)法案》(*Education Services for Overseas Students(TPS Levies)Act 2012*)。

《2000 年留学生教育服务法案》是奠定了这一法案体系的整体框架,包括了国际教育提供机构的注册流程与责任、学费保护计划以及其他需遵守的规定。在这一法案框架下,联邦高等教育质量保障署是高等教育机构的法定监管机构,高等教育提供机构每五年必须执行一次独立的外部审查,并将结果提交该部门;同时澳大利亚还建立了一整套的管理系统。

所有招收留学生并向其授课的院校必须遵守《2000 年留学生教育服务法案》的规定,通过澳大利亚联邦政府留学生院校及课程注册登记(The Commonwealth Register of Institutions and Courses for Overseas Student,简称 CRICOS)系统进行注册登记。该系统列出了所有符合注册要求的院校名单,任何一家招收、录取或教授留学生的教育机构都应在 CRICOS 注册登记,并且注册登记它们为留学生开设的每一门课程,公众可以通过其官方网站(http://cricos.education.gov.au/)获取详细信息。所有的教育提供机构在海外营销中需要清楚注明该机构的 CRICOS 代码,并要求机构不能向学生提供错误或误导的信息。所有澳大利亚教育机构都必需严格按照澳大利亚学历资格认证框架系统(The Australian Qualification)来申请与设置。如果院校不符合市场营销活动、授课、教学设施、学生支持服务等方面的严格标准并没有注册,这就意味着该院校无权教授留学生。

同时,所有在 CRICOS 系统注册的高等教育提供机构都将在教育提供机构注册登记和留学生管理系统（Provider Registration and International Student Management System，简称 PRIMS）中向联邦政府提供留学生信息。该系统由联邦教育部和内务部共同负责管理，用于政府监管学生对于签证限制以及机构对留学生法案相关规定的遵守情况。教育机构需要在该系统中签发留学生申请学生签证所必须的确认录取信（Confirmation of Enrolment），并报告课程注册情况的变化。

在最新修订的法规中，政府还进一步加强了对中介结构市场行为的监管。在澳大利亚留学生中，将近75%的留学生（2017 年为 470000 名学生）通过教育中介机构来澳学习。① 不断出现的教育机构不当行为，呼唤政府进一步加强中介机构市场行为的监管工作。为此，澳大利亚政府与该部门合作制定了"中介机构道德守则"，自 2017 年 8 月起，澳大利亚政府直接与教育机构分享有关教育中介机构业绩的信息，并将公开此信息，以帮助提供者和学生与表现最佳的中介机构合作。

2017 年，澳大利亚还更新了《2018 招收留学生教育与培训机构的国家行业规范》（*National Code of Practice for Providers of Education and Training to Overseas Students 2018*），简称《2018 国家规范》。《2018 国家规范》改革重点体现在为 18 岁以下留学生提供的支持帮助与福利安排、留学生学费退款权益保障、留学生转学协助、支持学生履行签证相关要求等方面，使在澳大利亚的留学生都能得到有力的法律保护，该国家规范已于 2018 年 1 月 1 日执行。②

二、学生签证申请与管理

在学生签证申请与管理方面，澳大利亚推出了简化学生签证审理框

---

① Council for International Education. "2018 Report to the prime minister"，2019-11-16，https：//internationaleducation.gov.au/International-network/Australia/InternationalStrategy/Documents/20181203%20Report%20to%20the%20PM.pdf.

② Department of Education. "Strengthening Australia's protections for international students"，2019-11-16，见 https：//www.education.gov.au/news/strengthening-australia-s-protections-international-students.

架（Simplified Student Visa Framework，简称 SSVF），进一步提升签证审理速度和便利性，支持国际教育行业的发展。

2010 年，为了促进学生签证管理的改革，吉拉德政府任命麦克·奈特（Michael Knight）主持对学生签证项目独立的复审。2011 年 6 月，联邦政府发布了报告《学生签证项目战略审查》（*Strategic Review of the Student Visa Program*）[①]。该报告对加强健全学生签证项目共提出了 41 项建议，政府也回应支持所有建议，并表示在实施时将稍作修改，提升该行业的效能和维护签证制度的完整性。签证审理首先在大学部门进行简化，对就读本科课程、硕士课程、博士课程，以及包括语言、预科等课程在内的本科、硕士或博士打包课程，学生只要获得院校的录取确认通知书，不管学生来自哪个国家，移民部门将一律简化评审，把该类申请人以类似于风险评估等级为最低风险的申请人来看待，签证评审更加快速。在该报告基础上，澳大利亚移民与公民事务部于 2013 年发布了学生签证风险评估框架复审报告，并将简化签证的范围扩大至部分非大学高等教育提供机构。

经过多年的探索，2016 年 7 月 1 日，澳大利亚内政部正式推出了简化学生签证框架。该框架适用所有学生签证类别申请者，进一步简化了留学生的签证申请流程，并通过更有针对性的方法加强了签证的完整性（immigration integrity），减少繁文缛节。原先的风险评估等级被取消，仅分为简化类和常规类两类风险等级，且取消纸签，每一位学生签证及学生监护人签证均需要开通网申系统账号，且所有流程全部在线完成。[②]

在签证材料要求上，申请者所需提供的材料数量取决于学生所入读的教育机构和其国籍所在国的移民风险。而且签证申请系统提供了一个所需材料在线工具，申请者可以根据自身情况了解所需材料清单。简化类风险的学生所需申请材料将得到简化，而常规类风险的申请者仍需提供常规

[①] Australian Government. "Strategic Review of the Student Visa Program 2011"，2019-11-16，见 https://www.homeaffairs.gov.au/reports-and-pubs/files/2011-knight-review.pdf.

[②] Department of Home Affairs. "Student visa"，2019-11-16，见 https://immi.homeaffairs.gov.au/visas/getting-a-visa/visa-listing/student-500#Overview.

的证实材料。而所有学生签证申请者需要提供一份"真实的临时入境者"（Genuine Temporary Entrant）说明，对申请人在所在国的实际情况、移民历史记录、就读课程给申请人未来所带来的价值以及其他与申请人临时居留意图相关的事宜提供说明。这一项材料的主要目的是为了辨别那些利用学生签证项目但所存动机并非接受高质量教育的申请人。

在财力证明方面，学生根据其所需计划居住的地区，自行预估所需的生活成本。根据学生国籍及其教育机构产生的移民风险结果，被评定为移民风险较高的学生，通常需要在他们的签证申请中附上额外的资金能力书面证据。包括有足够资金证明可以支付一年学费、前往澳大利亚旅费、12 个月的生活费以及所携带子女的学费。年收入选项要求学生提供个人（包括学生配偶或父母）年收入至少 6 万澳元的证据。对于有家庭成员陪同的学生，最低金额为 7 万澳元。而低风险类别的学生，只需要声明有充分经济能力支持学费和生活支出。

对于 18 岁以下的学生签证申请者，内政部还要求在澳期间拥有充分的福利安排。申请者需要证明他们将由父母或法定监护人、合适的亲属或教育提供者批准的住宿支持及一般福利的安排，并由教育提供机构出具适当的住宿及福利确认书（Confirmation of Appropriate Accommodation and Welfare）。

在语言要求方面，内政部要求的雅思最低成绩为 5.5 分，如果总分为 5 分，则需要加上至少 10 周留学生英语语言强化课程，4.5 分则需要加上至少 20 周留学生英语强化课程。豁免英语成绩的条件包括持有英国、美国、加拿大、新西兰和爱尔兰护照，或在上述国家及南非完成 5 年以上学习，或在过去两年前持学生签证在澳大利亚获得高中文凭。

在该框架下，教育提供机构有责任向内政部报告学生对签证要求的遵守情况，这些签证要求包括达到基本的出勤要求、完成入读课程以及保持正常的课程进度。对于 18 岁以下学生，教育机构还需要在系统中实时更新学生福利安排（如住宿等）等相关变动。

作为学生签证条件，学生还需要购买留学生健康保险（Overseas

Student Health Cover，简称 OSHC 保险），该保险覆盖大部分医疗费用，包括公立医院诊疗费、医师诊断费、医师测验费（例如验血）等。学生可以从政府审批通过的六家保险公司中自由选择。[①]

三、澳大利亚国际教育相关治理主体

澳大利亚国际教育发展的特色体现在政府与行业的紧密合作，形成了包括联邦政府、独立质量监督机构、州政府、国际教育行业协会、高等教育团体、职业教育团体、留学生英语强化课程团体以及中小学的治理体系。

在联邦层面，由联邦教育部主导，外交和贸易部、内政部及产业和科技部共同研究国际教育相关政策。为了促进国际教育的发展，澳大利亚还专门成立了国际教育委员会（Council for International Education），委员会成员包括六位内阁联邦部长及国际教育产业各个子部门的相关专家成员，体现了国际教育产业多元主体的利益相关性。

在质量管控上，联邦政府成立了独立的质量监督机构高等教育质量保障署（Tertiary Education Quality and Standards Agency，简称 TEQSA）及澳大利亚技能质量署（The Australian Skills Quality Authority，简称 ASQA）保障教育服务的提供水准。TEQSA 负责对高等教育提供机构进行注册、高等教育课程的认证、质量保障以及促进高等教育院校遵循国际质量标准的相关工作，旨在通过有效、独立的监管和质量保障体系促进澳大利亚高等教育的高质量发展。TEQSA 把先前由各州和地区政府承担的监管活动以及原本由澳大利亚大学质量保障署承担的大学质量保障活动统一起来，将联邦、州和地区的监管与质量保障机构的数量由 9 个减少为 1 个。提供职业教育的相关机构则需要在 ASQA 进行注册并接受管理。除了高等教育和职业教育之外，联邦政府还成立了留学生投诉调查办公室（Overseas Students Ombudsman），负责调查留学生对澳大利亚私立教育和

---

① Privatehealth. "Overseas Student Health Cover"，2019-11-16，见 https：//www.privatehealth. gov.au/health_insurance/overseas/overseas_student_health_cover.htm.

培训机构的投诉。① 对于公立机构，澳大利亚各州和领地有专门的调查专员服务处。

在教育国际推广中，则由澳大利亚贸易委员会（Australian Trade Commission，简称 Austrade）发挥职责。贸易委员会是澳大利亚联邦政府驻海外的贸易、投资和教育推广机构，在全球推广澳大利亚教育。同时，它也为澳大利亚院校提供信息、建议与服务，协助其实施院校的国际推广与交流计划，包括设立在线市场信息服务窗口，为注册院校把握准确及时的市场动态及机遇。

各州和领地政府也成立了各自的教育推广署，负责当地的教育推广和留学生活动的组织。在维多利亚州，"留学墨尔本"（Study Melbourne）是维多利亚州政府设立的计划，旨在向留学生社区提供各种支持和信息，帮助他们尽可能充分享受在维多利亚州的学习和生活。留学墨尔本计划的重要举措包括建立"留学墨尔本学生中心"（Study Melbourne Student Centre），通过多种语言为学生解答医疗、住宿、学生安全、工作权利和财务管理等疑问。② 此外该中心还在墨尔本国际机场设立学生接待服务台，提升学生学习体验。各州教育推广署均推出了各自具有创新精神的相关举措，服务和支持所在地的留学生。

在国际教育行业主要有两大行业协会，澳大利亚国际教育协会（International Education Association of Australia，简称 IEAA）和澳大利亚留学生咨询网络（International Student Advisers' Network of Australia，简称 ISANA）。澳大利亚国际教育协会成立于 2004 年，协会主要通过开展跨教育部门的研究活动，影响国际教育中的政府和教育机构决策和实践。③ 澳大利亚留学生咨询网络成立于 1989 年，是代表澳大利亚和新西兰所有与

① Commonwealth Ombudsman. "Overseas Students"，2019-11-16，见 https://www.ombudsman.gov.au/How-we-can-help/overseas-students.

② Study Melbourne. "Study Melbourne Student Centre"，2019-11-16，见 https://www.study melbourne.vic.gov.au/help-and-support/study-melbourne-student-centre.

③ IEAA. "About us"，2019-11-16，见 https://www.ieaa.org.au/about-us.

留学生服务、推广教学和政策制定等相关专业人员的协会，协会成员可以直接提供与专业工作和留学生生活相关的政策意见。[①]

另外，澳大利亚英语协会（English Australia）负责为留学生提供全程英语支持；澳大利亚工商业联合会（Australian Chamber of Commerce and Industry）负责提高工商界在国际教育与培训领域的参与度，通过促进合作推动国际教育发展；澳大利亚大学协会（Universities Australia）致力于提升澳大利亚大学的世界排名，在创建一流教育体系中发挥着主导作用；技术与继续教育学院院长委员会（TAFE Directors Australia）则大力拓展职业教育和培训的国际市场。[②] 其他澳大利亚各个相关部门的行业主体也都在积极参与国际教育相关政策的制定，输出各自群体的利益诉求，促进了整合行业的繁荣发展。

表 7–1　国际教育相关治理主体

层级	主体名称
联邦政府	教育部（Department of Education） 外交与贸易部（Department of Foreign Affairs and Trade） 内政部（Department of Home Affairs） 产业和科技部（Department of Industry and Science）
质量监管机构	高等教育质量保障署（Tertiary Education Quality and Standards Agency） 技能质量署（Australian Skills Quality Authority）
州政府	南澳州教育推广署（Study Adelaide） 首领地教育推广署（Study Canberra（ACT）） 维多利亚州教育推广署（Study Melbourne（VIC）） 北领地教育推广署（Study Northern Territory） 昆士兰州教育推广署（Study Queensland，下辖布里斯班推广署 Study Brisbane、黄金海岸推广署 Study Gold Coast、凯恩斯推广署 Study Cairns） 新南威尔士州教育推广署（Study Sydney（NSW）） 塔斯马尼亚州教育推广署（Study Tasmania） 西澳州教育推广署（Study Western Australia）

[①]　ISANA."Homepage"，2019-11-16，见 http://www.isanaconference.com.

[②]　吴雪萍、梁帅：《澳大利亚国际教育战略分析》，《高等教育研究》2017 年第 11 期。

层级	主体名称
国际教育行业协会	澳大利亚国际教育协会（IEAA） 澳大利亚留学生咨询网络（ISANA）
高等教育行业主体	澳大利亚研究型研究生委员会（Australian Council of Graduate Research） 私立教育和培训委员会（Australian Council for Private Education and Training） 澳大利亚理工大学联盟（Australian Technology Network） 私立高等教育委员会（Council of Private Higher Education） 八校联盟（Group of Eight） 创新研究大学联盟（Innovative Research Universities） 地区性大学联盟（Regional Universities Network） 澳大利亚大学联盟（Universities Australia）
职业教育行业主体	私立教育和培训委员会（Australian Council for Private Education and Training） 技术与继续教育学院院长委员会（TAFE Directors Australia）
英语语言强化课程行业主体	澳大利亚英语协会（English Australia）
学校主体	澳大利亚公立学校国际项目联盟（Australian Government Schools International） 澳大利亚独立学校委员会（Independent Schools Council of Australia） 国家教会学校委员会（National Catholic Education Commission）

资料来源：Austrade. "Government and peak bodies"，2019-11-16，见 https：//www.austrade.gov.au/ Australian/Education/Services/Government-and-peak-bodies.

四、国际教育国家战略 2025

作为迎接"亚洲世纪"的主要准备，澳大利亚在 2012 年成立了国际教育咨询委员会（International Education Advisory Committee，简称 IEAC）。在麦克·钱尼（Michael Chaney）的主持下，委员会在 2013 年撰写了咨询报告《澳大利亚全球化教育》（*Australia-Educating Globally*），又称钱尼报告（Chaney Report）。报告提出，面对目前国际教育发展中的诸多不确定，要强化联邦政府的统筹领导，充分运用行业协商机制和有效的质量保障措施，提升留学生的学习体验，确保关键政策的稳定性以及政策制定背后的研究支持。报告还提出维持国际教育持续发展的七大重要议题①，包括跨部门协调、素质教育、为留学生提供积极的生活经验、维持雇主和学生之间的合作关系、学生签证审批程序、国际教育数据分析及推广澳洲国际教育等方面的问题。该报告描绘了澳大利亚国际教育发展的重要蓝图，在政策上产生了诸多实质影响。如当时的高等教育与科研部长克里斯·博文（Chris Bowen）表示将建立部长级国际教育协调委员会，并制定五年发展计划，保证国际教育的持续发展和质量。② 随后，澳大利亚启动了《国际教育国家战略 2025》（*National Strategy for International Education 2025*），对未来国际教育的发展产生了重要影响。

《国际教育国家战略 2025》将确保澳大利亚国际教育部门更具适应性、创新性及全球参与活力，进一步增强澳大利亚教育系统实力，并促进全球合作，推动与地方社区及全球伙伴的合作。该战略涉及的重要主题包括：促进留学生就业能力——为留学生工作、工学结合及实习提供更多机会；召开主题论坛——解决国际教育部门的关键问题；加强数据收集与分析——带来更好的政策与实践；制定针对海外合作伙伴的国家战略；突出国际教育对于社区的收益贡献；构建校友网络——与澳大利亚保持持续联系；无国界的教育——寻找增长机会；联盟与合作——参与全球竞争。③

为创造一个更具适应性、创新性，并且积极融入全球市场的国际教育行业，2025 战略设定了国际教育的三大支柱、九大目标，同时也提出了实现这些目标的具体措施。

---

① International Education Advisory Council. "Australia-Educating Globally"，2019-11-16，见 https：//internationaleducation.gov.au/International-network/Australia/International Strategy/theCouncilsReport/Documents/Australia%20%E2%80%93%20Educating%20 Globally%20FINAL%20REPORT.pdf.

② Department of Education. "A blueprint for international education"，2019-11-16，见 https：// internationaleducation.gov.au/International-network/Australia/policyupdates/Pages/ A-Blueprint-for-International-Education.aspx.

③ Australian Government. "National strategy for international education"，2019-11-16，见 https：//nsie.education.gov.au/sites/default/files/docs/national_strategy_for_international_ education_2025.pdf.

　　第一个支柱是夯实教育基础。2025 战略指出，高质量的教育培训与科研体系、优质的留学体验以及有效的质量保障和教育管理是澳大利亚提高国际教育声誉的重要基础，因此这三个要素是 2025 战略所要实现的三个首要目标。围绕这一支柱，澳大利亚进一步更新了相关的留学生保护条例，出台了《2018 国家规范》和 2018 海外英语强化课程标准，进一步强化了对教育提供质量的管控。

　　第二个支柱是加强伙伴关系。这里所说的伙伴关系包括国内伙伴关系、国际伙伴关系、与境外学生和研究人员的关系以及校友关系，发展这四种伙伴关系分别是 2025 战略的第四、五、六、七项目标。就国内伙伴关系而言，2025 战略认为教育机构和留学生应该与地方社区以及工商业界保持良好的合作关系，这样不仅能够增进文化理解，而且有助于增加科研投入和科研产出，促进科技成果转化。就国际伙伴关系而言，2025 战略将工作重点放在政府间关系和机构间关系两个方面。从政府间关系来看，澳大利亚已经与其他国家和多边组织围绕质量保障、机构认证、学历认证、科研合作以及市场准入开展了广泛的合作与交流，并且正在以教育援助、教师交流、提供教育培训框架的方式对新兴经济体的教育能力建设提供帮助。国际教育司认为，澳大利亚今后应该与更多的国家在教育、培训和科研领域建立政府间关系，拓展国际合作与交流的范围。从机构间关系来看，澳大利亚与境外教育机构建立伙伴关系的途径应该包括学分互认、师生及研究人员交流、人才联合培养、国际联合科研、提供政策咨询等。对于境外学生和研究人员，澳大利亚表示非常欢迎他们跨境流动，并承诺在优化签证政策、增加奖学金支持、促进学历认证方面作出努力。在校友关系方面，2025 战略主张通过支持校友成功、促进校友互动以及建立校友网络等方式与全球校友保持联系。[①]

　　第三个支柱是提高全球竞争力。在这一支柱之下，国际教育还需要实现两个目标，分别是做好海外宣传推广工作和抓住发展机遇。调查数据

---

① 刘强、荆晓丽：《西方世界的国际教育战略图景》，《光明日报》2016 年 11 月 20 日。

显示，澳大利亚在宜居性、教育质量、学生满意度以及就业方面的表现都十分优异，许多国家希望学习这种先进的教育发展经验。因此，澳大利亚将面向传统和新兴两个市场，积极向外宣传优秀教育成果，将澳大利亚打造成一个广受欢迎的国际教育伙伴和留学目的地。此外，澳大利亚还将以在线教育、海外办学的形式以及吸引学生到内陆地区学习的方式，对学生多样化的教育需求作出反应，从而争取国际教育市场份额的显著提高。为了践行这一目标，澳大利亚在印度尼西亚、越南和墨西哥市场进行了市场行动计划试点，这些试点经验也将运用于澳大利亚国际教育在其他国家的推广。

与《国际教育国家战略 2025》形成补充，澳大利亚还同时出台了《澳大利亚国际教育 2025 市场开发路线图》（*The Australian International Education 2025*）和《澳大利亚全球校友参与战略》（*The Australia Global Alumni Engagement Strategy 2016—2020*）。《澳大利亚国际教育 2025 市场开发路线图》是结合国际教育内部广泛磋商和德勤经济研究所（Deloitte Access Economics）研究的产物，为澳大利亚教育产业出口提供了一个 10 年的市场发展框架，通过促进行业变革的战略来建立教育机构的合作网络，吸引资金促进扩张，以及瞄准海外的关键市场。《澳大利亚全球校友参与战略》则概述了澳洲政府促进校友参与的五年计划，该战略旨在致力于加强与澳大利亚海外校友的联系，致力于充分利用全球校友的力量增强澳大利亚的外交影响力、实现更多贸易与投资利益。[1] 这一战略具体指出了校友参与战略的三大路径，包括与校友合作，分享信息、知识和资源；动员校友参与校友会活动，如产业发展，商业和研究等方法的活动；庆祝校友与澳大利亚之间取得的成就和持续的双向联系。这三项战略将通过推动国际教育行业与本土及全球机构团体的合作，共同促进国际教育产业的繁荣。

---

[1]　ICEF Monitor. "Australia releases 10-year blueprint for expansion of its international education sector"，2019-11-16，见 https://monitor.icef.com/2016/05/australia-releases-10-year-blueprint-for-expansion-of-its-international-education-sector/.

为了支持 2025 战略的实施，联邦教育部设立促进增长和创新项目（Enable Growth and Innovation Program，简称 EGI），并宣布每年向该项目投入 300 万澳元的资金支持。该项目旨在支持促进澳大利亚作为教育、培训和研究领域全球领导者的宏观项目。项目必须至少有助于实现国家战略的一个目标，并使更广泛的澳大利亚国际教育界受益。至 2019 年已经实施了三轮资助，共有 47 个项目得到资助。受资助的项目内容包括与印度尼西亚的教育合作、共享经济模式下的留学生住宿研究、扩大澳大利亚语言培训项目在中国的美誉度及大学内部工学结合学习项目等。①

表 7-2 国际教育委员会成员

成员类别	成员名单
部长级成员	Dan Tehan 教育部长（主席） Marise Payne 外交部长 Simon Birmingham 贸易、旅游和投资部长 David Coleman 移民、公民及多元文化事务部长 Michaelia Cash 技能与就业部长 Karen Andrews 产业与科技部长
专家成员	Phil Honeywood 澳大利亚国际教育协会首席执行官 Kent Anderson 纽卡斯尔大学校长战略顾问 Brett Blacker 澳大利亚英语协会首席执行官 Heather Cavanagh 查尔斯特大学副校长（研究与合作） Tracey Horton Navitas 非执行主席 Karyn Kent 南澳州教育推广署首席执行官 Bijay Sapkota 澳大利亚留学生会主席 Gerald Lipman 国际酒店管理学院首席执行官 Kathleen Newcombe 罗素集团公司首席执行官 David Riordan 悉尼市城市运营总监 Derek Scott 黑利伯瑞学院首席兼首席执行官

资料来源：Department of Education. "National Strategy and Council for International Education", 2019-11-18, 见 https：//internationaleducation.gov.au/International-network/Australia/InternationalStrategy/Pages/National-Strategy.aspx.

---

① Department of Education. "Enabling Growth and Innovation Program", 2019-11-16, 见 https：//internationaleducation.gov.au/International-network/Australia/InternationalStrategy/EGIProjects/Pages/EGI-Projects.aspx#2016-17.

　　此外，联邦政府还建立了国际教育委员会，监督与推动国家层面的改革，确保澳大利亚国际教育成为面向未来的世界领导者。委员会的职责包括负责协调不同政府部门间的工作，并就优先事项向总理提供建议；通过推进相关主体采取行动、成立重点工作小组，确保国际教育国家战略的实施；通过宣传和推广活动，支持各级教育国际化发展等。① 该委员会由联邦教育部长担任主席，委员成员包括经验丰富的国际教育专家和从业人员以及负责国际教育的相关政府部长，秘书处设在联邦教育部。表 7–2 展示了 2019 年委员会的成员，包括了 6 个部门首长，专家成员则涵盖了国际教育行业协会、语言教育、高校、私立部门、职业教育、中小学部门、州政府等多种类型的来源机构，充分体现了国际教育行业的多元声音。三个工作小组（学生体验工作小组、市场开发与合作工作小组、拉美工作小组）已经完成既定任务，中国工作小组和印度—澳大利亚工作小组正在推进中，以寻找面对中国和印度两大市场的机会和更好的参与方式。②

第三节　澳大利亚留学生教育政策的经验、问题与走向

　　澳大利亚留学生教育发展的特征呈现出典型的服务贸易取向，即在以联邦强有力监管框架保证教育基本质量的基础上，通过广泛的公私合作与市场机制的教育服务模式，不断提升学校和国家教育服务的收入。③ 吸引留学生的政策主要包括简化签证手续、允许兼职工作、制定针对留学生

① Council for International Education. "Term of reference"，2019-11-16，见 https：//internationaleducation.gov.au/International-network/Australia/InternationalStrategy/Documents/ToR_Council%20for%20International%20Education.docx.

② Council for international education. "Membership of the Working Groups of the Council for International Education"，2019-11-16，见 https：//internationaleducation.gov.au/International-network/Australia/InternationalStrategy/Council%20for%20International%20Education/Documents/Working%20Group%20Membership%20-%20April%202019.pdf.

③ Tony Adams. "The Development of International Education in Australia：A Framework for the Future". *Journal of Studies in International Education*，2007 (3-4)：410-420.

的医疗保险制度、实行技术移民政策等等。在这些背景下澳大利亚国际教育产业发展势头锐不可当，也面临新的危机。

一、提升留学质量的政策经验

大约从 2000 年起，澳大利亚大学开始通过各种创新举措，注重打造个性化的学生学习体验，为学生提供入学前到毕业后的全程服务。这些举措包括完善的生活服务支持，以及为留学生设计多样的学术衔接课程和录取模式。

（一）注重学生体验

信息公开透明是澳大利亚高等教育系统的重要特点。为了更好地了解和评估学生学习成果和澳洲高等教育机构的培养质量，澳大利亚教育培训部专门设立了"学生学习与教学质量指标"（Quality Indicators for Learning and Teaching，简称 QILT）网站。与全球流行的重要大学排名榜单强调学校科研实力不同，QILT 更加重视教学成果和学生就业质量。QILT 调查主要从学生体验、毕业生就业、毕业生满意度和雇主满意度方面提供信息，通过在读学生和新近毕业生的视角提供高等教育机构的相关信息。问卷由隶属于澳洲国立大学的社会研究中心（Social Research Centre）负责具体运营，包括调查设计与开发、样本选择和处理、调查开展、结果公布、反馈等全部环节。所有 41 所澳大利亚大学和越来越多的非大学高等教育机构都参加了 QILT。问卷主要通过在线的方式进行数据收集，具有稳健的答复率和样本数，是同类规模中最大规模的调查。[①] 学生可以通过该网站了解特定高等教育机构与学科的教学和就业情况，同时高等教育机构也可以通过网站访问监测相关的指标，支持机构的内部分析和改进。

QILT 主要通过四项调查获取相关信息：

---

① Social Research Centre. "Quality Indicators for Learning and Teaching（QILT）", 2019-11-16，见 https：//www.srcentre.com.au/our-research/quality-indicators-for-learning-and-teaching-qilt.

1. 学生体验调查：这是澳大利亚在校学生的唯一综合调查。2018 年，19.4 万名本科生和 8.9 万名研究生参与了学生体验调查，在技能发展、学习参与、教学质量、学生支持和学习资源五个方面提供了宝贵信息。这项全国调查显示，75% 的留学生对整体学习体验评价满意，低于国内学生 4 个百分点。[①]

2. 毕业生结果调查：该调查由澳大利亚高等教育机构的毕业生在完成课程约 4 个月后完成。它提供有关劳动力市场结果和毕业生进一步学习活动的信息。

3. 课程体验调查：该调查与毕业生结果调查同步进行，面向本科生与授课型研究生。该调查通过询问毕业生在多大程度上同意他们的学习经历的一系列陈述，提供了教育质量的相关信息。

4. 雇主满意度调查：该调查是第一个直接将毕业生体验与其直接主管的评价相联系的调查，由参加毕业生结果调查的学生提供其主管联系信息进行跟进调查。该调查通过要求主管提供有关其工作场所雇用的毕业生的通用技能、技术技能和工作准备情况的反馈，提供有关澳大利亚机构提供的教育质量的信息。

（二）提供工作机会

作为教育质量的重要标志，《国际教育国家战略 2025》中强调了要通过增强与当地社区和产业界的合作，给留学生提供更多实践的机会，支持毕业生质量和就业能力的提升，维护澳大利亚国际教育的声誉。[②] 具体来说，工学结合项目作为澳大利亚高等教育系统中获得实地经验的主要手段，这一战略就是要全面提升留学生参加项目的潜力、规模和广度，通过更加广泛的参与，帮助学生了解澳大利亚的工作文化，强化语言技能，从

---

① QILT. "2018 Student Experience Survey national report"，2019-11-16，见 https：//www.qilt.edu.au/docs/default-source/ses/ses2018/2018-ses-national-report75e58791b1e86477b58fff00006709da.pdf？sfvrsn=d733e33c_4.

② Australian Government. "National strategy for international education"，2019-11-16，见 https：//nsie.education.gov.au/sites/default/files/docs/national_strategy_for_international_education_2025.pdf.

而增加学生的就业技能。

　　这种工作机会通过签证政策进行了相关保障，也体现了澳大利亚对于国际教育和移民政策的最新动向。为了控制新移民的增速和保障质量，澳大利亚在签证政策上进行了相关改革。2011 年《学生签证项目战略报告》(*Strategic Review of the Student Visa Program*)，又称奈特报告 (the Knight Review)，提出要打破国际教育与移民间过于紧密的关系，并引入了毕业后工作签证 (Post-study work right) 以代替原先的毕业生技术移民签证。这一报告对最新的签证政策改革产生了巨大影响。一是学生签证的工作限制变得更加灵活。普通学生签证工作时间限制由原先的每周不超过 20 小时调整为每连续两周工作不超过 40 个小时，并且在放假期间不受限制。攻读研究型学位的学生工作时间则不受限制，而且志愿服务工作时间均不被计入工作时间。二是毕业生临时签证的引入。改革后的签证政策允许学生根据自身具体情况，申请 485 类签证中的毕业生工作系列 (Graduate Work stream) 或毕业后工作系列 (Post-Study Work stream) 签证，允许毕业生根据其所获得的学位留在澳洲 2—4 年。联邦移民局澳大利亚移民与公民事务部的相关数据显示，80%—90% 的学生申请了工作签证。这一政策也成为澳大利亚与英国等国际竞争者相比的重要优势。毕业生临时签证在一定程度上仍然被认为是获得永久居留权的通道，同时这一签证使得毕业生有更多的时间提升他们的英语水平和在澳大利亚工作的就业能力。[①]

　　在为学生提供工作权利的同时，澳大利亚同样保护留学生工作的相关权益。澳大利亚公平工作调查办公室 (Fair Work Ombudsman) 是专门供劳工申诉职场问题的组织，在员工权益保护中发挥了重要作用。[②] "留

---

① Ly Thi Tran. "Australian uptake of revised PSWRs"，2019-11-16，见 https：//www.ieaa.org.au/documents/item/1586.

② Fairwork Ombudsman. "Minimum-rights-and-conditions"，2019-11-16，见 https：//www.fairwork.gov.au/how-we-will-help/templates-and-guides/fact-sheets/rights-and-obligations/international-students#minimum-rights-and-conditions.

学澳大利亚"（Study in Australia）网站也提供了留学生工作权益的具体资讯，包括最低工资标准和退休金、不公平解雇、休假以及健康安全的工作环境等。

（三）创新课程供给

国际教育产业的创新也创造了许多澳大利亚的特色课程，包括桥梁课程（Pathway system）、预科课程（Foundation）、英语语言桥梁课程等。学生可以申请打包课程（A package of courses），即申请学士、硕士和博士学位课程作为主课程，而同时修读制定的配套课程，包括英语语言强化课程（English Language Intensive Courses for Overseas Students，简称 ELICOS）、大学预科（Foundation）或其他衔接课程（Pathway course）。这些配套课程由大学授权的合作教育机构教授，旨在帮助学生提升语言能力，并为学生在不同教育体系间的过渡做好准备。

英语语言强化课程（ELICOS）即专门面向留学生的英语教育。澳大利亚提供 ELICOS 的院校包括大学、职业教育与培训学院、中学以及单独的公立及私立 ELICOS 机构。全国大部分提供 ELICOS 的院校及其课程都经过澳大利亚国家英语语言教学评审计划署（National English Language Teaching Accreditation Scheme，简称 NEAS）认证注册并且受 NEAS 监管，均须在班级规模、教师资质、教学大纲、教学方法和教材等方面符合 NEAS 的标准。

ELICOS 旨在帮助留学生提高英语水平，尽快适应在澳学习生活。作为以英语为母语的国家，澳大利亚是世界上唯一对英语语言教学建立全国性教学质量认证标准并定期开展质量评估和绩效审核的国家。每年都有来自全球 50 多个国家的学生因升学、就业、个人发展等原因来到澳大利亚学习英语。ELICOS 种类多样，包括通用英语（General English）、中学 / 高中预备课程（Secondary/High School Preparation）、学术应用英语（English for Academic Purposes）、高阶英语（English for Further Studies）、考试准备课程（Examination Preparation）等。留学生在申请澳大利亚学校时，学校会根据申请人的英语水平，配套相应的 ELICOS 课程。学生在顺利完成 ELICOS 课程后，再进入主课的学习。① 预科课程的最大特点在于，在接受 10—20 周的英语强化课程和作业后，学生无须重新参加雅思等考试便可直接进入大学。大学会在假设申请学生达到规定成绩的前提下，为学生预留一个本科课程的入读名额。

衔接课程将英语作为学生的必修课，并且会开设后续本科专业所涉及的部分基础课，让学生将来能够更加轻松顺利地完成本科阶段的学业。对于留学生，衔接课程为将不同国家教育体制下的中学学习内容与澳洲的本土教育尤其是高等教育进行合理接轨而开设。衔接课程一般来说分为两种类型：一种是基础预科课程（Foundation course）；另一种是快捷文凭课程（Diploma course），也称作国际大一课程。

（四）海外市场的整合推广

2010 年 7 月起，澳大利亚贸易委员会肩负起在全球宣传和推广澳大利亚教育的职责。贸易委员会正在推广澳大利亚教育全新的"未来无限，机遇无限"的品牌形象，协助澳大利亚的大学、中小学、英语语言机构、职教院校与留学生、留学中介、海外院校进行联络。同时澳大利亚贸易委员会与澳大利亚的各州政府、主要行业协会、监管机构和专业协会等机构也有密切合作，进一步加强澳大利亚的优质教育提供者形象。

澳大利亚国际教育推广具有很强的整合性。为了保证信息传达过程中的一致性，在国家层面，澳大利亚确定了国际教育海外传播过程中的六大战略信息，以吸引国际受众。六大核心要素包括多样性、就业能力、环境、质量、学生体验与愿景等，展现了澳大利亚国际教育的特色。针对每一个要素，澳大利亚政府都提供了主题标语、主要信息及支持证据，以通过更统一的方式促进海外传播。② 联邦教育部则通过加强数据库建设的方式，通过翔实的数据为国际教育的海外推广提供支持。

---

① Austrade. "Leader-Study in Australia"，2019-11-16，见 https：//www.studyinaustralia.gov.au/ArticleDocuments/1154/Austrade%20China%20School%20Booklet%202014%20Final.pdf.aspx.

② Austrade. "Strategic messages"，2019-11-16，见 https：//www.austrade.gov.au/Australian/Education/Services/strategic-messages.

表 7–3　澳大利亚教育国际推广的战略信息

主题	传达信息	核心标语
多样性 （Diversity）	澳大利亚无与伦比的学习选择和机会	众多教育提供机构 文化多样性 机会 多样的学习环境 自由的学习方式 国际联系
就业能力 （Employability）	澳大利亚如何帮助学生在职业上和个人方面得到发展，从而获得职业上的成功	未来导向 思考方式 交际圈 成果 国际认可 与时俱进的 充分准备的 工作经验
环境 （Environment）	澳大利亚为何是一个安全、友好、包容和支持性的地方	友善 绿色 自然环境 宜居 安全 高品质生活 民主 现代
质量 （Quality）	澳大利亚如何成为优质教育的提供者	不妥协 具有影响力 发展完备 受尊重 认证的
学生体验 （Student experience）	澳大利亚如何为学生提供丰富有益的体验	支持 信息公开 工作机会 保护 持续的改进 奖学金

续表

主题	传达信息	核心标语
愿景 （Visionary）	澳大利亚具有国际影响力的研究将如何让留学生受益	企业家精神 开阔的视野 受认可 合作的 有创造力的

资料来源：Austrade. "Strategic messages"，2019-11-18，见 https：//www.austrade.gov.au/Australian/Education/Services/strategic-messages.

（五）完善的学生支持服务

澳大利亚院校有着多年的留学生培养经验，因此建立起了非常全面的留学生支持机制，包括就业指导、学习支持和健康服务，留学生可得到州、领地和联邦政府部门提供的消费者权益保护和许多其他方面的支持服务。① 这些服务包括：

（1）学费保护服务（Tuition Protection Service）：在学校由于取消课程或开课条件不足而不能向学生提供已缴费课程的教育时，政府可为学生提供保障。学费保护服务将确保学生入读其他院校的相同或类似课程或获得相关课程的退款。

（2）学校支持服务：澳大利亚学校充分重视在提供学生福利中的责任，并通过专业服务来帮助留学生适应澳大利亚的学习生活与实现学生的目标。一般学校会为学生提供语言与学术支持，指定留学生顾问，还提供迎新接待与介绍、托儿、医疗保健与咨询、学生住宿、就业、宗教祈祷礼拜室、俱乐部、学生社团、体育与健身设施等相关服务。

（3）残障支持：澳大利亚有相关法律保护个人在包括教育在内的公共生活领域不受歧视。残障人士和普通学生一样享有同等权利。这要求学校

---

① Austrade. "Support services for students"，2019-11-16，见 https：//www.studyinaustralia.gov.au/english/live-in-australia/support-services.

不能因学生残障不予录取、设置高于其他普通学生学费，或拒绝／限制残障学生使用设置与获得服务。而且学校一般会对因患有残障或慢性疾病而需要学习支持的学生提供帮助，其中包括语音识别软件、助听器或协助记笔记等。而且如果学校无法认可残障学生正当诉求，学生可以提请澳大利亚人权委员会（Australian Human Rights Commission）进行处理。

（4）托儿服务：许多较大型院校都设有托儿机构并配备训练有素的员工，此外，澳大利亚全国也有各种各样的私立和非营利性托儿所。澳大利亚政府为家长提供经济援助，帮助分担托儿费用。通过政府奖学金计划获取政府经济援助的留学生还有资格领取托儿补助。

（5）学生协会：澳大利亚有很多学生协会代表与帮助各所学校的学生，并拥有两个全国学生协会——留学生委员会（Council of International Students Australia，简称 CISA）和留学生联合会（Australian Federation of International Students，简称 AFIS）。留学生委员会是全国最高学生代表机构，代表研究生、本科生和接受私立院校、技术与继续教育学院、留学生英语强化课程和预科等教育形式的留学生，维护留学生的相关权益。留学生联合会则以协助留学生最大限度地拓展在澳生活学习的范围、优化学习体验为组织目标。

为了进一步提升学生学习体验，澳大利亚还提出了一揽子行动计划，包括减少工作剥削、向学生提供一致且准确的行前信息、提升留学生住宿体验、促进留学生和所在社区的互动以及识别提升留学生就业能力的最佳实践。通过不断实践和推广相关的经验，澳大利亚正在努力为留学生提供最佳的学习体验。

二、对留学生的过度依赖及衍生问题

国际教育的繁荣产生了巨大的经济和社会效益，但同时也受到了社会的部分质疑。在政府缩减大学经费的背景下，留学生所贡献的学费对于大学的发展有重要意义。一方面，通过国际教育加强了澳大利亚在亚洲地区的地位；另一方面，通过支持大学的研究和学校发展，澳大利亚的科研声誉和全球排名得以维持。① 然而问题在于，由于过于强调留学生的经济价值，高校也面临过于商业化的批判。有关不当的入学资格要求、教育提供机构的合法性以及由于英语能力不足所导致学术标准受到侵蚀的相关报道不断引起全国的大讨论。

（一）大学经费的短缺

澳大利亚高等教育系统中"一体化"的制度设计，使得不同层次的大学都面临严峻的经费挑战。② 大学的市场竞争力极大地依赖其在国际大学排行榜上的排名，并需要在研究上投入巨资以保障科研水平。但与其他国家相比，由于其他公共支出的竞争，政府对于大学的教学和研究投入并不充足。因此，通过吸引更多留学生来支持研究成为许多大学尤其是研究型大学的重要发展模式。③

由于联邦的政府资助主要以学生数量为基础，且在学费设定上不同类型的大学并没有太大差异，地区性大学由于地理位置劣势等因素面临较大招生压力。然而由于政策设计，面临学校科研所需的巨额投入，研究型大学同样面临的很大招生压力。尽管"八校联盟"只招收全国 25% 的学生，却承担了 70% 的全国竞争性科研项目，这导致这些高校必须招收大量支付更高学费的留学生，以补贴这些科研项目所需的学校配套经费，以支持学校在科研方面的全球竞争。④

图 7–1 展示了澳大利亚主要大学 2017 年收入来源中留学生学费的总金额及其在当年收入的占比。"八校联盟"中悉尼大学、莫纳什大学、墨

① Douglas Proctor，Sophie Arkoudis. "Internationalisation of Australian higher education：Where to from here".//James，R.，French，S. & Kelly，P. *Visions for Australian Tertiary Education*. Melbourne：Melbourne CSHE，2017：123-132.

② Simon Marginson. "How good are Australian universities?"，2019-11-16，见 https：//www.researchcghe.org/events/cghe-seminar/how-good-are-australian-universities/.

③ Peter Coaldrake，Lawrence Stedman. "Future of higher education：'The situation in research is clearly unsustainable'"，2019-11-16，见 https：//theconversation.com/future-of-higher-education-the-situation-in-research-is-clearly-unsustainable-62045.

④ Simon Marginson. "The impossibility of capitalist markets in higher education". *Journal of Education Policy*，2013（3）：353-370.

尔本大学和新南威尔士大学均有大量的留学生学费收入，这体现了这些高校的吸引力，但这种招生的压力成为高校发展的隐患。如新南威尔士州审计长在 2019 年 5 月发布的针对该州 10 所大学的年度财务审计报告指出，该州大学的政府公共收入持续下降，来自留学生的学费收入则持续上涨，该州所有学生学费收入中的 38% 来自三个国家留学生所贡献的收入。报告提出警示，大学应该重新评估其市场集中度风险，不够多样化的大学会对学生来源国的政治和经济变化更加敏感。[1] 对于留学生的追逐也招致了许多在学术标准和社会公平议题上的质疑。

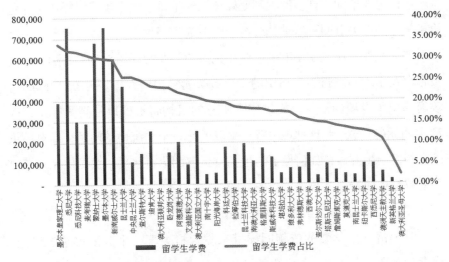

图 7-1　澳大利亚各高校留学生学费收入及其占比

(二) 学术标准的动摇

面对日益严峻的国际竞争，澳洲高等教育的发展正面临着两难的困境。大学的质量和国际声誉是整个教育系统竞争力的根基，然而招生学术标准的提升与国际市场招生量的天然矛盾使得大学不敢轻易提升招生要求。

---

[1]　Audit office of New South Wales. "Universities 2018 audits"，2019-11-16，见 https：//www.audit.nsw.gov.au/sites/default/files/pdf-downloads/Final%20report_web%20version_Universities%202018%20audits.pdf.

2016 年的学生签证改革在语言水平认证上赋予了大学更多的自主权。联邦政府将雅思 5.5 分设为获得学生签证的最低分数，然而由于经费的压力，许多学校仍然允许学生以更低的语言成绩及参加短期英语语言课程为条件为学生提供录取机会。[①] 一些学生甚至在没有参加第三方英语测试的情况下，凭借证明学生此前用英语接受教学的"教学指导"（medium of instruction）信件获得录取。然而，根据澳大利亚内政部要求，这一材料不符合学生签证申请的法律要求。[②]

由于留学生缺乏足够的语言能力，尤其是书面写作能力，一些学术不端事件也在增加。许多澳大利亚媒体已经报道了大学生将课程作业外包给第三方的相关丑闻，这种"合约作弊"成为一种不可小觑的现象。一项针对澳大利亚八所大学 14086 名学生的调查结果显示，5.78% 的学生自我报告存在学术不端行为，15% 的学生有买卖笔记的经历。[③] 2019 年 4 月，政府草拟了专项的法律，提供作弊服务的机构将被处以最高两年监禁或 21 万澳元的罚款。[④] 这种现象背后暴露的是一个系统性的问题，面对数量巨大的留学生群体，如何保证学生拥有足够的语言水平以及提供充足有效的支持是目前教育系统需攻克的难题。

（三）国际国内学生教育机会不平等

对于留学生学费的依赖同样带来教育机会不公平分配议题的讨论。澳大利亚高校多次强调留学生的增长没有挤压国内学生的入学机会，且留

[①] Robert Burton-Bradley. "Poor English, few jobs: Are Australian universities using international students as 'cash cows'?", 2019-11-16, 见 https://www.abc.net.au/news/2018-11-25/poor-english-no-jobs-little-support-international-students/10513590.

[②] Elise Worthington. "Universities ignoring own English standards to admit more high-paying international students", 2019-11-16, 见 https://www.abc.net.au/news/2019-05-06/universities-lowering-english-standards/11063626.

[③] Tracey Bretag, Rowena Harper, Michael Burton, Cath Ellis, Philip Newton, Pearl Rozenberg, Sonia Saddiqui & Karen van Haeringen. "Contract cheating: a survey of Australian university students". *Studies in Higher Education*, 2019 (11): 1837-1856.

[④] Ministers for the Department of Education Media Centre. "Tamping out cheating at Universities", 2019-11-16, 见 https://ministers.education.gov.au/tehan/stamping-out-cheating-universities.

学生增长直接促进国内学生的高等教育入学率。在 2009 年政府取消各校资助国内本科学生的配额后，新入学的国内学生由 2012 年的 370314 人增长至 2017 年的 416371 人。① 而且根据"八校联盟"所提出报告的测算，每名国内学生的补助中平均有 1600 澳元受益于留学生所支付的学费。②

　　然而作为优质教育资源的代表，"八校联盟"高校国内学生和留学生的不平衡增长仍然招致批评。"八校联盟"高校的新入学留学生数量由 2012 年的 30320 人增长至 2017 年的 56363 人，然而国内学生入学数同期一直稳定在 87930 人左右。③ 下图展示了"八校联盟"高校中新入学留学比例的变化，侧面反映了"八校联盟"高校在招生时对留学生的偏好。

表 7-4　澳大利亚八校联盟与其他高等教育机构新入学留学生比例

	2012	2016	2017
墨尔本大学	27.3	36.2	38.7
悉尼大学	22.8	39.2	42.9
莫纳什大学	24.0	36.5	39.8
澳大利亚国立大学	28.8	36.5	43.1
昆士兰大学	27.4	31.8	37.0
新南威尔士大学	30.2	38.7	42.9
阿德莱德大学	28.5	28.3	31.4
西澳大学	19.1	20.8	25.1
其他高等教育机构	21.8	26.7	28.9

资料来源：Bob Birrell, Katharine Betts. "Australia's higher education overseas student industry revisited", 2019-11-16，见 https://apo.org.au/node/215036.

① Bob Birrell, Katharine Betts. "Australia's higher education overseas student industry revisited", 2019-11-16，见 https://apo.org.au/node/215036.
② Group Eight Australia. "International students in higher education and their role in the Australian Economy", 2019-11-16，见 https://go8.edu.au/files/docs/publications/international_students_in_higher_education_and_their_role_in_the_australian_economy.pdf.
③ Bob Birrell, Katharine Betts. "Australia's higher education overseas student industry revisited", 2019-11-16，见 https://apo.org.au/node/215036.

（四）与移民政策捆绑产生的副作用

澳大利亚国际教育的繁荣很大程度上源于澳大利亚开放的移民政策，但移民政策也产生了许多副作用。学生签证被一些中介机构利用成工作签证的代理，许多学生签证持有者以赴澳打工为主要目的。这些打工人数激增对澳洲打工环境产生了影响，是导致门槛较低、行业工作条件恶劣、工资报酬降低的重要原因，在酒店、零售和服务行业等表现尤为突出。2016年，澳大利亚公平工作调查办公室还对 7-11 便利店违规、工作时薪低于最低要求的问题公布了审查报告，引起了舆论风波。①

职业教育与培训部门里出现了部分"幽灵学校"，这些学校基本不开展教学，而成为留学生来澳洲打工钻签证漏洞的一种机构。一些教育提供机构在宣传时便强调他们仅在晚上安排课程或一周只需上一天课，意味着学生可以有充分的工作时间且保持学生签证有效。尽管学生签证对工作时间有所规定，但是对于一些临时性工作其实有很大的监管难度。尤其是自2007 年起，职业教育与培训机构不再需要向移民部门报告出勤情况，学校仅需要在学生两学期不通过考试情况下向移民部门通报。与之相博弈，学生会有规律地仅通过第二学期考试来延长学生签证。这些不良机构往往通过更低的学费和更高的佣金挤压规范经营教育机构的市场。这些不负责任的行为对职业教育与培训行业的整体形象产生了重大打击。②

除此之外，在政策收紧的大环境下，部分留学生通过玩转移民系统设法延长逗留时间，包括"从学生签证转到学生毕业签证，再到旅游签证，以及打工度假签证的迂回路线"。另一方面，由于申请永久居留权的难度飙升，毕业生工作签证申请数量创新高，2018 年达到 5 万人，是2012 年的三倍多。另一种在留学生完成学业续签审核期所需的过桥签证

---

① Fairwork Ombudsman. "A report of the fair work Ombudman's inquiry to 7-eleven"，2019-11-16，见 https：//ris.pmc.gov.au/sites/default/files/posts/2017/03/fair_work_ombudsman_report_into_7-eleven.pdf.

② Robert Bolton. "Ghost schools and no teachers，the vocational education and training rort"，2019-11-16，见 https：//www.afr.com/policy/health-and-education/ghost-schools-and-no-teachers-the-vocational-education-and-training-rort-20181019-h16u7a.

（Bridging Visa）也呈现爆发式增长，仅 2017 年一年就增长了 4 万人。而且由于按照澳大利亚移民相关法律规定，境内申请人在签证被拒后仍然有行政上诉机会，且在行政上诉期内原先的过桥签证将继续有效，可以继续在澳洲合法停留。尤其是由于目前行政上诉申请案件激增，裁决时间长达一年以上，这成为部分申请者与制度博弈的方式。

长期以来，由于国际教育与移民政策间过于紧密的联系，澳大利亚国际教育产业将应用性和技术性领域作为重点发展的内容，这使得澳大利亚国际教育产业缺乏一种"贵族气质"[①]。相比于老牌发达国家，澳大利亚的奖学金并没有丰裕到吸引最顶尖的海外智力人才，在理论性、思辨性更强的学科领域成就并不突出。对于所谓的"最优秀和最聪明"的亚洲学生来说，美国和英国仍是英语世界更加首选的选择。澳大利亚的名校本身缺乏历史积淀，虽然近年来在各种国际量化排名中表现出色，但在无法量化的国际舆论口碑中提升却相对有限。如何更好地应对从移民澳洲到求学回国就业的变化，或是区分不同需求，真正提升毕业生在国际劳动力市场上的竞争力，是澳洲教育系统需要面临的严峻挑战。

三、澳大利亚留学生教育政策的发展走向

《国际教育国家战略 2025》和《澳大利亚国际教育 2025 市场开发路线图》的出台为国际教育的未来走向指明了方向。为了促使这些目标的实现，需要实现国际教育产业界与政府的进一步合作。作为国际教育产业发展的咨询主体，国际教育委员会专家成员通过有效地参与和互动协作，通过对教育产业发展面临风险与挑战的深入认识，为整个行业和相关的政府决策提供支持，维护澳大利亚国际产业的国际声誉。

面对严峻的国际挑战，澳大利亚各部门正通力合作，通过保障学生友好的学习环境与适应市场需求的学习经历，提供稳定和透明的移民政

① 费晟：《澳大利亚国际教育产业：双刃之剑》，2019-11-16，见 https://www.xkb.com.au/html/news/comments/2017/0303/187962.html。

策，提升澳大利亚教育的吸引力。[①] 2016 年以来，委员会专家成员已经成立了三个工作小组，工作重点分别包括：有针对性地推进高质量的学生体验、促进合作的市场营销和推广路径以及与拉美国家的培养和研究合作。[②] 这也揭示了澳大利亚整个国际教育产业所面临的挑战与未来的政策走向。

（一）通过国际教育振兴偏远地区发展

澳大利亚偏远地区指偏远及人口低增长地区，根据移民局最新的标准，除了悉尼、墨尔本、布里斯班、黄金海岸以及珀斯之外的所有地区都被列为偏远地区。[③] 尽管偏远地区具有提供独特的学习体验、更广泛的社会参与、更低廉的学习成本和更小的班级规模等诸多好处，但是只有 3% 的在澳留学生在这些区域学习。[④] 为了促进偏远地区发展，同时缓解大城市的人口压力，澳大利亚签证政策及国际教育政策不断显现对于偏远地区的政策偏好。

发展偏远地区国际教育对于澳大利亚来说有重要的战略意义。把学校推向市场，过于强调商业利益的发展模式已经暴露了许多问题，亟待一个更全面、真正体现互惠互利的国际化发展策略。[⑤] 在偏远地区，留学生有更多机会真正融入当地社区，也对当地的社会经济发展起到了重要的作用。2016 年德勤公司提交澳大利亚政府的一份报告显示，2014—2015 财

---

① Deloitte. "Growth and opportunity in Australian international education"，2019-11-16，见 https：//www2.deloitte.com/content/dam/Deloitte/au/Documents/Economics/deloitte-au-economics-growth-opportunity-australian-international-education-011215.pdf.

② Council for International Education. "2018 Report to the prime minister"，2019-11-16，见 https：//internationaleducation.gov.au/International-network/Australia/InternationalStrategy/Documents/20181203%20Report%20to%20the%20PM.pdf.

③ Department of Home Affairs. "Eligible regional areas"，2019-11-16，见 https：//immi.homeaffairs.gov.au/what-we-do/regional-migration/eligible-regional-areas.

④ Council for International Education. "2018 Report to the prime minister"，2019-11-16，见 https：//internationaleducation.gov.au/International-network/Australia/InternationalStrategy/Documents/20181203%20Report%20to%20the%20PM.pdf.

⑤ Dennis Murray，Betty Leask. Australia. //de Wit，H.，Hunter，F.，Howard，L.，and Egron-Polak，E. *Internationalisation of Higher Education*，*Report for the European Parliament*.

年，新南威尔士州新英格兰地区和西北地区留学生的学习和生活支出为当地产生了 3300 万澳元的经济收益，支持了 243 个就业岗位。[①]

最新的政策文本强调偏远地区在澳大利亚国际教育发展中的重要性。《国际教育国家战略 2025》明确指出，要"通过在国际上推广澳大利亚偏远地区教育，培训和研究的卓越和优势，吸引更多的留学生到偏远地区学习工作"[②]。为了促进这一目标的实现，许多偏远地区正在积极行动。如昆士兰州汤斯维尔市汇聚了教育机构、州政府、当地政府和商业领袖，通过创新引领、吸引和支持更多的留学生在选择留学城市时跳脱悉尼墨尔本等大城市的桎梏。不仅如此，澳大利亚政府一直与各州和地区合作，通过澳大利亚贸易与投资委员会（Austrade）的 #Go Beyond 专项计划推广这些学习项目和学习目的地。[③]

为了支持本地学生和留学生到偏远地区，联邦政府提出了 1.35 亿澳元的偏远地区高等教育支持专项经费计划。[④] 2019 年 3 月澳大利亚政府还宣布启动新的目的地奖学金（Destination Australia）计划。该奖学金每年支持 1000 多名本地和留学生，每名受资助学生将获得 15000 澳元奖学金，以支持他们在偏远地区学习和生活。[⑤] 政府计划在未来四年投入 9370

① Deloitte Access Economics. "The value of international education to Australia"，2019-11-16，见 https：//internationaleducation.gov.au/research/research-papers/Documents/Value InternationalEd.pdf.

② Australian Government. "National strategy for international education 2025"，2019-11-16，见 https：//nsie.education.gov.au/sites/default/files/docs/national_strategy_for_international_education_2025.pdf.

③ Council for International Education. "Consultation paper：Growing international education in regional Australia"，2019-11-16，见 https：//internationaleducation.gov.au/News/Latest-News/Documents/Consultation%20Paper%20-%20Growing%20International%20Education%20in%20Regional%20Australia.pdf.

④ Ministers for the Department of Education Media Centre. "Promoting international education in regional Australia"，2019-11-16，见 https：//ministers.education.gov.au/tehan/promoting-international-education-regional-australia.

⑤ Department of Education. "Destination Australia scholarship program"，2019-11-16，见 https：//www.education.gov.au/news/destination-australia-scholarship-program.

万澳元用作为偏远地区奖学金，并为偏远地区就读的留学生提供额外一年的工作签证时间。

国际教育委员会专家成员发布的政策咨询报告《促进偏远地区国际教育增长》（*Consultation Paper：Growing International Education in Regional Australia*）也提到，面对目前偏远地区学生比例过低问题，教育行业要进一步探索优化课程、提升课程吸引力的方式，包括短期实践学习、团体游学项目、有针对性的市场推广活动、校企协作项目以及实习机会等。① 国际教育委员会也在会同教育机构、地方政府及地区和商业领导共同研议促进留学生选择偏远地区学习的对策。为了充分挖掘偏远地区的教育优势，澳大利亚也启动了许多相关的研究。如通过 2018 年留学生调查研究获取偏远地区与都市地区的学习和生活成本差异的研究项目、研究留学生在获取工学结合机会中的障碍和机会，实现以科学研究促进政策发展的路径。

（二）开发多元化的国际教育市场

2018 年，中国、印度和尼泊尔是澳大利亚前三大留学生来源国，来自中国的留学生占留学生总数的 30%，这让澳洲内部越来越担忧过于依赖单一国家，让教育产业面临政治和经济影响的风险。② 澳大利亚独立研究中心（Centre for Independent Studies）的报告提出，在目前状况下，一旦中国学生人数比例出现小幅下降，都可能会导致大学出现严重的财务困境。澳大利亚七所大学（墨尔本大学、澳大利亚国立大学、悉尼大学、新南威尔士大学、悉尼科技大学、阿德莱德大学和昆士兰大学）都存在对中国留学生市场敞口过大的问题，中国学生占留学生的比例已经超过

---

① Council for international education. "Consultation paper：Growing international education in regional Australia"，2019-11-16，见 https：//internationaleducation.gov.au/News/Latest-News/Documents/Consultation%20Paper%20-%20Growing%20International%20Education%20in%20Regional%20Australia.pdf.

② Council for International Education. "2018 Report to the prime minister"，2019-11-16，见 https：//internationaleducation.gov.au/International-network/Australia/InternationalStrategy/Documents/20181203%20Report%20to%20the%20PM.pdf.

50%。① 在收入短缺的情况下，这些大学将难以支付基础设施的固定成本和在校教职工的工资。尽管官方机构拒绝接受澳洲大学的财务风险的批评，但是政府和大学已经审慎关注未来招生趋势，并在跨区域和区域内培养多样性，并以此作为其经营规划的一项内容。高等教育质量保障署在对大学和其他教育提供机构（包括私立大学）进行年度风险评估时，其中一项就是对某些市场的依赖模式进行评估。②

　　作为第二大留学生来源国，印度正在吸引更多的注意力。2018年，受联邦政府委托，外交贸易部前驻印度大使、昆士兰大学校监彼得·瓦吉斯（Peter Varghese）提交了题为《印度经济战略2035——从潜力到实现》（*An India Economic Strategy to 2035：Navigating from Potential to Delivery*）的报告。该报告为澳大利亚与印度的未来合作设计了路线图，其中也包括了教育领域进一步扩大合作的建议。建议第六条提出，要重新定位"澳大利亚品牌"，以提高印度对澳大利亚教育质量的认知。该报告建议要在印度新德里建立以商业模式运作的留学澳大利亚教育中心，负责国际招生和教育推广，并通过与产业界、行业协会和当地高等教育机构合作共同建立高质量的澳大利亚留学品牌形象。③ 作为对该咨询报告的回应，澳大利亚教育部门设立了多项行动计划，包括建立面向印度学生的教育信息中心、建立2035印度市场行动计划、在印度建立研究合作中心、举办国际教育论坛、召开印度国家教育论坛、强化两国大学联系等。④

　　许多大学也体现了对印度市场的重视。新南威尔士大学建立了《印

①　Salvatore Babones. "The China student boom and the risks it pose to Australia universities"，2019-11-16，见 https：//www.cis.org.au/app/uploads/2019/08/ap5.pdf.

②　Natasha Robinson. "Australian universities risk catastrophe due to over-reliance on Chinese students，expert warns"，2019-11-16，见 https：//www.abc.net.au/news/2019-08-21/australian-universities-too-dependent-on-chinese-students-report/11427272.

③　Department of Foreign Affairs and Trade. "An India economic strategy to 2035"，2019-11-16，见 https：//dfat.gov.au/geo/india/ies/index.html.

④　Department of Foreign Affairs and Trade. "Government response to An India Economic Strategy to 2035"，2019-11-16，见 https：//dfat.gov.au/about-us/publications/Pages/government-response-india-economic-strategy.aspx.

度十年增长战略》（*India Ten Year Growth Strategy*），并于 2018 年在德里建立了新的中心。悉尼大学 2018 年年度报告指出已启动一支驻印的团队来招收高质量的学生。澳大利亚国立大学 2017 年的年度报告也提到了建立印度办公室的构想。尽管印度仍然无法成为支撑澳大利亚教育出口的摇钱树，但显然大学已经开始布局。①

这一布局还体现在其他国家上。留学生教育的国际市场风云变幻，不同国家政治、经济和文化的不断变革孕育着新的市场机会。这种变化明显体现为拉美学生数量的增长，2017 年上半年较前一年同期参加英语语言强化课程的拉美学生数增长了 21%。② 巴西和哥伦比亚都是留学生十大来源国，两国入学人数在职业教育和培训领域以及学生英语强化课程领域的优势最为突出。③ 通过了解拉美市场内部的复杂性，国际教育部门也在探索适宜的参与路径。④ 除此之外，澳大利亚也在不断挖掘其他市场的新机会，为长期发展进行投资。国际教育委员会在印度尼西亚、越南和墨西哥三大市场启动了试点营销行动计划，加强在市场中整合协调的能力，最大化地提升澳大利亚在市场中的竞争力。⑤

① Salvatore Babones. "Australian universities can't rely on India if funds from Chinese students start to fall", 2019-11-16, 见 https://theconversation.com/australian-universities-cant-rely-on-india-if-funds-from-chinese-students-start-to-fall-122052.

② Council for International Education. "Sustaining growth and excellence in Australian international education", 2019-11-16, 见 https://internationaleducation.gov.au/International-network/Australia/InternationalStrategy/Documents/National%20Strategy%20for%20International%20Education%202025%20Progress%20Report.pdf.

③ Austrade. "Economic analysis", 2019-11-16, 见 https://www.austrade.gov.au/News/Economic-analysis/latin-america-sees-surge-in-international-education.

④ Council for International Education Latin America Working Group. "An educated choice: expanding Australia's education, training and research engagement with Latin America", 2019-11-16, 见 https://internationaleducation.gov.au/International-network/Australia/InternationalStrategy/Council%20for%20International%20Education/Documents/An%20Educated%20Choice%20-%20Expanding%20Australia%E2%80%99s%20Education, %20Training%20and%20Research%20Engagement%20with%20Latin%20America.pdf.

⑤ Council for International Education. "Sustaining growth and excellence in Australian international education", 2019-11-16, 见 https://internationaleducation.gov.au/International-

（三）进一步发挥职业教育领域的优势

澳大利亚正在面对愈加激烈的国际竞争，尤其是来自留学成本更低的后起之秀的挑战。澳大利亚内部正在呼吁通过回应技术进步与未来劳动力市场的需求，留学生教育产业需要为留学生提供未来劳动力市场所需的技能与适应力。[①] 澳大利亚也将进一步发挥其在职业教育领域的优势，加强职业教育提供机构与产业界的合作。尤其澳大利亚在交通物流、养老、旅游、土木工程和采矿行业的优势在新兴国家具有广阔的市场前景。[②]

2018 年，新西兰前技能部长史蒂文·乔伊斯（Steven Joyce）受莫里森政府委托，对澳大利亚职业教育发展进行了评估，提出了乔伊斯改革报告《强化技能：澳大利亚职业教育与培训体系的专家评论》（*Strengthening Skills：Expert Review of Australia's Vocational Education and Training System*）[③]。报告提出了包括建立新的国家技能委员会等71项建议，预示了职业教育领域的改革方向。作为对该报告的回应，莫里森政府在 2019 年 4 月提出了政府技能计划（Skills for Today and Tomorrow），政府将投入 5.25 亿澳元专项支出，支持职业教育的发展，提升职业教育与培训部门对学生的吸引力。[④]

---

network/Australia/InternationalStrategy/Documents/National%20Strategy%20for%20 International%20Education%202025%20Progress%20Report.pdf.

① Council for International Education. "2018 Report to the prime minister", 2019-11-16，见 https：//internationaleducation.gov.au/International-network/Australia/InternationalStrategy/ Documents/20181203%20Report%20to%20the%20PM.pdf.

② Council for International Education. "Sustaining growth and excellence in Australian international education", 2019-11-16， 见 https：//internationaleducation.gov.au/International-network/Australia/InternationalStrategy/Documents/National%20Strategy%20for%20 International%20Education%202025%20Progress%20Report.pdf.

③ Australian Government. "Strengthening skills：Expert review of Australia's vocational education and training system", 2019-11-16，见 https：//pmc.gov.au/resource-centre/domestic-policy/vet-review/strengthening-skills-expert-review-australias-vocational-education-and-training-system.

④ Minister for the education media center. "Delivering a world class vocational education and training system", 2019-11-16， 见 https：//ministers.education.gov.au/cash/delivering-world-class-vocational-education-and-training-system.

在 2018 年，职业教育部门留学生人数达到 24 万人，比上一年增加了 14%，在留学生总数中占到了 27%。① 从历史增长来看，职业教育与培训部门从 2002 年到 2017 年一直保持较高的年增长速度，2017 年留学生数是 2002 年的 4.7 倍。尽管受到 2009 年私立学校倒闭风波影响，但是其后恢复速度迅猛。而且与高等教育高比例的留学生相比，职业教育与培训部门的留学生占比较低，仅占 4.4%，且留学生生源国的分布也显得更为均衡，中国和印度生源共占 21%。② 职业教育领域作为国际教育发展的蓝海，随着政府对职业教育的增加，以及国际教育产业对职业教育价值的重新挖掘，将成为留学生的重要增长点。

（四）强化对留学生就业能力的关注

留学生的就业能力受到广泛重视，在一定程度上也是澳大利亚回应劳动力市场技能短缺和提升国际教育竞争力的重要战略。据统计，澳大利亚本地毕业生学习 STEM 学科的比例仅占 16%，STEM 毕业生面临严重短缺，而且由于澳大利亚中小学生的增长，教师也面临短缺。③ 从 90 年代以来雇主担保政策、技术移民政策一直体现了关注学生就业能力这一战略，而《国际教育国家战略 2025》则将学生就业能力的重要性提高到了新的战略高度。《国际教育国家战略 2025》明确指出，澳大利亚大学要通过"扩大留学生和毕业生的工学结合学习机会的潜力、规模和广度"，为学生面对全球劳动力市场做好准备。联邦高等教育质量保障署也同样要求高等教育机构在课程开发中与产业界积极合作，工读结合、就业实训和实

---

① Department of Education. "International student data"，2019-11-16，见 https：//internation aleducation.gov.au/research/International-Student-Data/Pages/InternationalStudentData2018. aspx.

② Frank P. Larkins. "International Student Enrolments in Australia by Sector in Comparison to Higher Education"，2019-11-16，见 https：//melbourne-cshe.unimelb.edu.au/__data/assets/ pdf_file/0008/2843450/2018_F-P-Larkins_International-Student-Enrolments-by-Sector.pdf.

③ ABC News. "Fact check：How many students leave higher education with STEM qualifications?"，2020-07-10，见 https：//www.abc.net.au/news/2015-10-23/fact-check-bill-shorten-stem-qualifications-australia/6828470.

习项目得到了大力推广。《2018 国家规范》第六条明确提出教育机构需为留学生提供职业指导服务。这些职业指导服务通常包含面向留学生的社交活动、产业界导师辅导项目以及专门针对留学生的实训机会等。[1]

多年来，澳大利亚高等教育已经走向了将学生学习成果与雇主要求相匹配的模式。[2] 学生就业能力不断被大学所强调，校园孵化器、校园招聘会、数字平台和就业辅导也成为澳大利亚大学的普遍做法，并在许多高校形成了各自的经验。[3] 如昆士兰大学将就业能力写入了学校学生战略，并提出了该校的就业能力框架，以此展开各类活动。[4] 阿德莱德大学还专门针对中国学生设立了职业指导活动，帮助中国学生为中国和澳洲的劳动力市场做好职业准备。[5]

各州也都推出了相关的支持留学生的项目。昆士兰州发布了其就业能力发展行动路线图，并设定了 2019—2023 就业能力战略计划。该计划旨在通过支持一系列面向国内和留学生的优质就业能力体验，为毕业生的就业或创业做好准备，使学生、教育提供机构和雇主都能从中受益。该战略确立了明晰的项目支持原则，包括全球相关、与雇主深度合作、创新、包容和效果五大原则，帮助学生养成面向未来劳动力市场的全球性技能与能力，通过支持具有前瞻性、动态性、高效性和可扩展性的项目，为该州

① Universities Australia. "Work integrated learning in universities"，2019-11-16，见 https：//internationaleducation.gov.au/International-network/Australia/InternationalStrategy/EGIProjects/Documents/WIL%20in%20universities%20-%20final%20report%20April%202019.pdf.

② Denise Jackson. "Deepening industry engagement with international students through work-integrated learning". *Australian Bulletin of Labour*，2016，42（1）：24-38.

③ Study Queensland. "What's cooking? A recipe book for employability"，2019-11-16，见 https：//www.tiq.qld.gov.au/iet-strategy/wp-content/uploads/2019/06/StudyQld_Cookbook-for-Employability-AW-WEB.pdf.

④ The University of Queensland. "Spotlight on Employability at UQ"，2019-11-16，见 https：//student-strategy.uq.edu.au/employability-at-uq.

⑤ The University of Adelaide. "China Career Ready Plus Program"，2019-11-16，见 https：//www.adelaide.edu.au/student/careers/students/advice/china/.

创造持久的经济和社会价值。① 新南威尔士州 2019 年 1 月启动了在线就业能力培训课程项目，这一课程专门针对该州六所高校留学生开设，旨在提升毕业生的就业能力。②

澳大利亚院校灵活的课程安排也对培养学生软实力、提升就业能力进行了强调。这包括培养学生的批判性思维、领导能力以及创新创业技能。与此同时，澳大利亚也为留学生毕业后在澳就业开放了相关政策，这使澳大利亚大学的毕业生就业力表现出众，有八所澳大利亚大学进入了 QS 毕业生就业力排行榜的前 100 名。

（五）重视学生心理健康

学生心理健康问题一直以来受到重视，最近媒体的相关报告使得这一议题受到更多社会关注。国际教育相关行业组织也相继发布了相关研究报告，旨在提升对学生心理健康，尤其是留学生心理健康的社会关注度，并提供相关的指导意见。例如，2017 年国家青少年心理健康卓越中心发布了报告《雷达之下：澳大利亚大学生心理健康》(*Under the Radar：The Mental Health of Australian University Students*)，强调了关注大学生心理健康的必要性，尤其是留学生这一高风险人群。③ 澳大利亚英语协会 2018 年也发布了报告《留学生心理健康最佳实践指南》(*Guideline to Best Practice in International Student Mental Health*)，对于留学生尤其是英语语言强化课程中的学生所面对的主要心理健康问题和心理干预的最佳实践进行了探讨。④ 澳大利亚国际教育协会也发布了研究报告《留学生与心理健

---

① Study Queensland. "IET Partnership Fund 2018-19 Round Two Strategic Direction：Enhancing Employability", 2019-11-16, 见 https：//www.tiq.qld.gov.au/iet-strategy/wp-content/uploads/2019/02/Employability-Strategic-Direction-Paper-Feb-2019.pdf.

② NSW Government. "Supporting international student employability in NSW", 2019-11-16, 见 https：//www.study.sydney/news-and-stories/news/supporting-international-student-employability-in-nsw.

③ Orygen. "Under the radar：The mental health of Australian university students", 2019-11-16, 见 https：//www.orygen.org.au/Policy-Advocacy/Policy-Reports/Under-the-radar/Orygen-Under_the_radar_report.aspx.

④ English Australia. "Guideline to best practice in international student mental health", 2019-11-16, 见 https：//www.englishaustralia.com.au/documents/item/493.

康》，对学生心理健康议题进行了深入探讨。① 这些报告的发布都体现了整个行业对留学生心理健康问题的关注。

作为国际教育的主要提供者，大学正在通过多样化的方式体现对心理健康议题的关切。《2018 国家规范》规定了教育提供机构必须提供心理健康支持服务，并需要在新生开学时告知学生。教育提供机构需要将相关信息公布在"学生支持服务"或"健康与福利"等网站或手册类目中，并通过多种方式展开定期宣传。许多大学展开了由学校心理咨询服务部门提供或以学生团体为主题的心理健康宣传专项活动。例如，西澳大学和阿德莱德大学在 10 月份心理健康周开展了相关的活动。② 2016 年，悉尼大学和西悉尼大学还发动 25 所大学共同成立了"澳大利亚健康促进大学网络"（Australian Health Promoting Universities Network），其中一个重要的目标即是共同促进学生的心理健康。③ 除此之外，大学也在积极通过网站和社交网络传播有关心理健康的信息，保证学生能够获取相关的服务信息，并协同已有的社会支持系统如生命热线、心理健康热线等提供相关支持。

回顾澳大利亚留学生教育政策，教育产业化的推进促进了从政府到高校对于留学生的消费者保护和服务创新。相对宽松的移民政策和本身较为完善的教育系统助推了澳大利亚留学生教育的繁荣，然而这种过度商业化以及大量依靠留学生的模式从可持续性发展上遭受质疑。最新发展动向也表明，随着移民政策的优势淡化，通过多种方式推进高质量的学生体验凸显相对优势成为澳大利亚留学生教育发展的必然选择。

---

① Helen Forbes-Mewett. "'Mental health and international students：issues，challenges and effective practice'，Research digest 15，International Education Association of Australia（IEAA）"，2019-11-16，见 https：//www.ieaa.org.au/documents/item/1616.

② Orygen. "Under the radar：The mental health of Australian university students"，2019-11-16，见 https：//www.orygen.org.au/Policy-Advocacy/Policy-Reports/Under-the-radar/Orygen-Under_the_radar_report.aspx.

③ The university of Sydney. "Australian universities make health and wellbeing a priority"，2019-11-16，见 https：//sydney.edu.au/news-opinion/news/2016/03/15/australian-universities-make-health-and-wellbeing-a-priority.html.

第八章 日本留学生教育政策

在人才流动与智力争夺日趋激烈的全球化时代，如何利用留学生教育与国际人才资源推动自身教育事业发展，已成为世界各国高等教育面临的重要挑战。留学生教育政策是国家（地区）政府公共政策的重要组成部分，是国家（地区）决策层根据一定时期、一定阶段的基本国策、国际关系、价值标准与合理性原则，对留学活动实施管理、服务、控制和调节的制度性规定。20 世纪 80 年代以来，日本政府把吸引大批优秀留学生来日留学并在日就业作为日本"人才立国"战略的长期方针。在国际人才争夺战中，日本政府相继出台了一系列留学生教育促进政策，坚持"官产学（政府＋产业＋高校）"三轮驱动，紧密配合，营建创新型、复合型、多样性人才队伍，稳扎稳打开拓留学生教育市场，持续提升在全球留学生教育的市场份额，以此来推动本国经济的高质量发展，提升国际地位和国际影响力，保持科技创新的持久生命力。

第一节 日本留学生教育政策的演进

日本早期的留学生教育政策主要是在官方发展援助的框架下开展的。二战前，日本的留学生教育政策以向欧美发达国家派遣留学生学习先进的欧美文化为主，对外国留学生接纳度相当低。二战后，日本试图改变其孤立的国际政治地位，在一系列外交活动以失败而告终后，另辟蹊径从文化方面寻求突破，开始向发展中国家进行文化援助，启动公费外国人留学制度，借此改变国际形象和提升国际地位。本节以标志性政策发布为关键节点进行划分，拟将日本留学生教育政策的演进历程分为初始起步阶段（1901—1982）、迅速发展阶段（1983—2007）、调整推进阶段（2008 年至今）。

一、日本留学教育政策的初始起步阶段（1901—1982）

1881 年，朝鲜政府派遣由政府官员和开化派人士组成的绅士游览团赴日考察学习，同时，派遣 2 名游览团成员进入庆应义塾、1 名进入同人社学习；甲午战败翌年（1896），中国清政府官费派遣首批 13 名学生赴日进入嘉纳治五郎的私塾学习，由此揭开了近代日本接收留学生的历史序幕。① 尔后，随着中、朝等亚洲国家的留日学生人数不断增加，日本政府于 1900 年制定了《文部省直辖学校外国人委托生章程》，主要规定留学生须由该国公使或领事咨送，提供委托书和申请书，经帝国大学校长或各学校校长考核批准后方可入学。同时，免收考试费及学费，并在考试合格后颁发毕业证。② 但当年并没有依此规定入学的留学生。1901 年，日本文部省颁布了《文部省直辖学校外国人特别入学章程》，取代了前述章程。新章程将适用对象从"外国委托生"放宽为"外国人"，特别指出通过日本外务省、外务馆以及在日外国公馆亦可获得文部省直属学校留学的资格许可。同时，新章程仅制定了管理留学生的大纲，具体方案及接收流程则由各校校长拟定，报文部大臣批准后实施，扩大了日本政府和文部省直辖学校接收留学生的自由度。依据此章程，日本文部省直辖学校开始接收留学生入学。同年，中国 39 名、印度 15 名、美国 3 名、菲律宾 1 名，总计58 名留学生分别进入东京帝国大学、东京高等商业学校、东京美术学校、

---

① 日本文部科学省：《我が国の留学生受入れ制度 100 年の主なあゆみ》，2019-10-01，见 https://www.mext.go.jp/a_menu/koutou/ryugaku/011101/ayumi.pdf.

② 実藤恵秀：《中国人日本留学史》，東京くろしお出版社 1981 年版。

东京音乐学校等高校学习。① 至日俄战争期间（1904—1905），留学生人数创下历史新高达到 8000 余人，其中绝大多数是中国留学生，约 7000 余人。

1935 年，日本外务省为助推留学生教育事业实施创立了"国际学友会"②。该组织对日本留学生教育的发展起到了举足轻重的作用。第二次世界大战期间，日本在侵略东南亚诸国后推行了日语殖民化教育。至二战结束，日本政府主要通过"南方特别留学生"③ 制度，达成其在东南亚地区实行文化侵略的野心。该制度官方名称是"南方文化工作特别指导者教育育成事业"，是指美日太平洋战争时期的 1943—1944 年，由日本政府出资，从印度尼西亚、菲律宾、泰国、马来西亚等东南亚各占领区招收的约 205 名国费留学生。为了培植未来的亲日傀儡领导者，该制度将留学生的选择对象集中在了东南亚各国的精英阶层和知识分子阶层，其目的是"使之归国后能带领本国人民共同建设大东亚共荣圈"，服务日本的殖民统治。具体实施"南方特别留学生"政策的机构就是"国际学友会"，留学费用由日本军政府全额负担。二战后，日本战败投降，南方特别留学生的招募计划即被废止。④

1951 年，日本签订了《旧金山对日合约》，加入了联合国教科文组织。1952 年 4 月 28 日，该条约正式生效。自此，日本恢复国家主权。复归国际社会后，日本接受了来自联合国教科文组织国内委员会的《有关强化外国留学生接收体制的建议》，开始接收由印度尼西亚政府派遣的留

---

① 日本文部科学省：《我が国の留学生受入れ制度 100 年の主なあゆみ》，2019-10-01，见 https://www.mext.go.jp/a_menu/koutou/ryugaku/011101/ayumi.pdf.

② 1940 年，随着事业的扩充调整变更为财团法人，归属内阁情报局管辖。1942 年，归属内阁情报局与大东亚省共同管辖。1943 年更名为"国际学友会日本语学校"。1979 年该组织归属文部省管辖，致力于包括留学生升学前语言培训在内的留学生教育事业。

③ 日本文部省将留学生定义为：在日本的大学、研究生院、短期大学、高等专科学校和专修学校接受教育、居住在日本、持有学生签证的留学生。

④ 阿部洋：《『外務省記録（昭和戦前篇）』所収「国際学友会」東南アジア関係文書について》，《アジア教育》2019 年第 13 巻。

学生，并于 1954 年正式启动了以接受东南亚诸国的学子为主的"公费外国人留学制度"。此举标志着日本留学生教育政策发生了根本性改变，由以派出本国留学生为主正式转向以接收外国留学生为主。1957 年，日本政府创立文部省外围团体——财团法人日本国际教育协会，负责迎接留学生、研究人员及协助派遣、留学生会馆的经营和管理等事务。1964 年，为进一步推进留学教育工作有序开展，加强留学生管理服务，文部省设置了留学生课。同年，日本国内留学生数达到 3003 名。[①]

　　20 世纪 60 年代后半期，亚洲各国的独立、东南亚国家联盟（简称东盟）的成立、越战的爆发等对日本的留学生教育政策产生了巨大的冲击和影响。国费留学生中有因违反了"政治活动禁止条款"而被取消了奖学金。还有，以加强对外国人的管理为目的的出入国管理法案在日本国会上一经被提出，即遭到各国留学生发表共同声明要求撤销该法案等等。这一时期的部分留学生教育问题带有严重的政治化倾向。[②]进入 20 世纪 70 年代，东盟成员国针对日本在东南亚的经济行为和社会活动的批评日益尖锐，部分地区甚至爆发了抵制日货运动和大规模反日游行。在此背景下，日本政府开始着手充实与强化留学生教育政策，先后于 1974 年委派外务省举行了"东南亚日本留学人员聚会"，1977 年设立总额高达 100 亿日元的"东南亚文化基金"，对东盟地方文化交流进行资金支持。[③]随着 20 世纪 70 年代末期日本对东南亚地区政策的调整，缓和了日本与东南亚各国关系，加强了国家间相互的联系，为 80 年代日本大规模接受东南亚留学生奠定了良好的基础。

①　日本文部科学省：《我が国の留学生受入れ制度 100 年の主なあゆみ》，2019-10-02，见 https://www.mext.go.jp/a_menu/koutou/ryugaku/011101/ayumi.pdf.
②　[日] 武田里子：《日本の留学生政策の歴史的推移—対外援助から地球市民形成へ—》，《日本大学大学院総合社会情報研究科紀要》2006 年第 7 期。
③　丁兆中：《日本对东盟的文化外交战略》，《东南亚纵横》2008 年第 10 期。

二、日本留学教育政策的迅速发展阶段（1983—2007）

随着经济全球化的深入发展、信息化的高度发达、知识经济的全面勃兴，教育国际化已经成为当今世界教育发展的潮流和主要趋势，而日本则走在了这一潮流的前头。1983 年 4 月，中曾根康弘首相在遍访东盟诸国时，提出要大幅度增加留学生的数量。6 月，中曾根内阁设立了日本文部大臣私人咨询机构"面向 21 世纪的留学生政策恳谈会"。8 月该咨询机构向文部大臣和内阁总理大臣递交了题为《关于面向 21 世纪的留学生政策的建议》的书面报告，提出了截至 2000 年将在日的留学生数扩充至 10 万人的"留学生十万人计划"。1987 年，日本"临时教育审议会"（简称"临教审"）发布了关于教育改革的最终报告，确立了教育改革与发展的三大理念，即"个性化原则""向终身学习体系过渡"和"国际化、信息化"。"临教审"的最终报告首次正式提出把"教育国际化"作为日本教育改革"第一目标"，并把国际化确立为日本教育发展国策的重要组成部分。尔后，"临教审"的四次咨询报告成为同年日本内阁公布的《教育改革推进大纲》的蓝本，文部省则根据"临教审"答询报告及《教育改革推进大纲》，具体落实各项教育改革措施。

为了实现"留学生十万人计划"，日本政府出台了诸如扩大和改进日本高等教育机构的留学生教育计划、扩大日语在世界范围内的影响规模、改善留学生在日住宿条件、鼓励私人企业和民间机构对留学生提供经济支持、促进留学生就业等等一系列政策措施，最终于 2003 年超过预期目标达到了 109508 人，[1] 这一成就的达成经历了 20 年的时间。

从留学生的总体规模来看，如图 8-1 所示，自 1983 年至 2007 年日本接收的留学生基本上保持稳步、持续增长态势，1997 年受亚洲金融危机以及官方发展援助资金减少的影响，日本大学等高等教育机构的在籍留学生数量一度出现负增长的局面，但翌年又恢复到平稳增长状态。

---

① 日本文部科学省：《留学生受入れの概況》（平成 15 年版），2019-10-10，见 https：//www.mext.go.jp/b_menu/shingi/chukyo/chukyo4/007/gijiroku/04010801/001.htm.

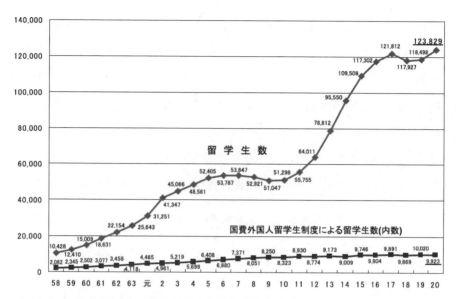

图 8-1　日本大学及专科学校等教育机构的在籍留学生人数（截至各年 5 月 1 日）

资料来源：文部科学省及独立法人日本学生支援机构提供。

　　从留学生的层次来看，截至 2008 年 5 月 1 日，在日本各级各类高等教育机构学习的留学生达到 123829 人，其中就读于研究生院的 32666 人，占总人数的 26.38%；就读于大学、短期大学、高等专门学校的有 63175人，占总人数的 51.02%；就读于专修学校（专门课程）的有 25753 人，占总人数的 20.80%；就读预备教育课程的有 2235 人，占总人数的 1.80%。①

　　从留学生生源国家与地区来看，位列生源地前十位的分别是中国（72766 人）、韩国（18862 人）、中国台湾（5082 人）、越南（2873 人）、马来西亚（2271 人）、泰国（2203 人）、美国（2024 人）、印度尼西亚（1791 人）、孟加拉国（1686 人）、尼泊尔（1476 人）。② 在日本接收的留学生中，截至 2008 年 5 月 1 日，始终占据绝大多数的是来自中国、韩

---

① 日本学生支援机构：《平成 20 年度外国人留学生在籍状況調查について－留学生受入れの概況》，2019-10-12，见 http：//www.jasso.go.jp/statistics/intl_student/documents/data08_press.pdf/.

② 日本学生支援机构：《平成 20 年度外国人留学生在籍状況調查について－留学生受入れの概況》，2019-10-12，见 http：//www.jasso.go.jp/statistics/intl_student/documents/data08_press.pdf/

国等亚洲国家的留学生，亚洲成为日本接收留学生的主要生源地，而中国历年来稳居日本的第一生源大国。在1983年的"留学生十万人计划"出台之前，亚洲留学生已经占全体的约为60%，其后呈现一路看涨趋势。2008年的最新统计数字显示，来自亚洲的留学生已占留学生总数的98.4%。①

但是，如表8-1所示，无论在接收留学生人数还是留学生在高等教育机构学生中的占比上，日本和其他欧美发达国家相比都处于落后的境地。

表8-1　主要国家的留学生接收状况②

分类＼国名	美国	英国	德国	法国	澳大利亚	日本
高等教育机构在校人数（千人）	10797（2005年）	1513（2006年）	1979（2006年）	2217（2006年）	1029（2006年）	3516（2008年）
留学生（接收）人数（人）	623805（2007年）	389330（2007年）	246369（2007年）	260596（2007年）	294060（2007年）	123829（2008年）
公费留学生人数	3282（2007年）	11025（2007年）	5869（2007年）	11891（2007年）	2679（2007年）	9923（2008年）
留学生（接收）人数占比（%）	5.8	25.7	12.4	11.7	28.6	3.5

资料来源：根据日本文部科学省、日本学生支援机构、Institute of International Education（国际教育协会）（美）、Higher Education Agency（高等教育局）（英）、德国联邦统计厅、Deutscher Akademischer Austausche Dienst（德国学术交流会）（德）、法国教育部、法国外交部、Australian Vice-Chancellor's Committee（澳大利亚大学校长委员会）（澳）和澳大利亚教育科学训练部的调查数据整理而得。

从日本留学生接收现状可以看出，日本留学生教育的发展主要依赖于亚洲国家，相应地日本政府在调整留学生政策时将立足点和注意力过多

① 日本学生支援机构：《平成20年度外国人留学生在籍状况调查について－留学生受入れの概况》，2019-10-12，见http：//www.jasso.go.jp/statistics/intl_student/documents/data08_press.pdf/.

② 文部科学省："「留学生30万人計画」の進捗状況について［平成20年度～平成21年度］（分割版2·参考資料），2019-10-12，见http：//www.mext.go.jp/a_menu/koutou/ryugaku/1284755.htm/.

地放在是否符合亚洲留学生的特点上，这对于扩大日本在国际上的知名度和影响力产生了一定的阻碍。

进入 21 世纪，日本政府加快了科技立国、人才立国战略的实施步伐，把留学生教育政策视为实现"知识的国际贡献""加强国际竞争力"的重要手段。2000 年 12 月，在"教育改革国民会议"向首相提交的《教育振兴基本计划》中，国际化被提升到战略的高度。2002 年 11 月，日本文部科学省在中央教育审议会中设立大学分科会留学生部会，开始探讨研究留学生教育政策的新动向。该留学生部会于 2003 年 10 月发表了《关于新的留学生政策的展开致力于留学生交流的扩大与质量的提高》（中期报告），同年 12 月 16 日发表了最终报告。中期报告中明确了面向 21 世纪日本留学生教育政策的基本发展方向：①推动接收和派遣留学生交流；②扩大以各大学等高等教育机构为主体的基础交流，强化日本大学的国际化程度；③支援日本人的海外留学，重视相互交流；④确保留学生的质量和充实接收体制；⑤强化留学生支援体制，完善接收留学生的环境。

随着奖学金制度的充实以及诸多对留学生支援政策的出台，赴日留学生数量急剧增加。留学生人数的急速扩张趋势使质量保证成为高等教育国际化的一个重要问题。日本政府在 2003 年完成"留学生十万人计划"后，开始注重留学生教育政策中数量与质量的调节，在追求留学生数量增加的同时，提高了留学生的入学门槛，更加注重生源质量。与此同时加大了政府对留学生教育的监管，制定了一系列法律法规，从吸引留学生来日留学到制定积极政策鼓励留学生毕业后留日就业等各个环节，给予了较多的政策倾斜和经济援助。①

三、日本留学生教育政策的调整推进阶段（2008 年至今）

截至 2008 年，日本接收欧美发达国家的留学生人数仅占日本赴欧美

---

① 高剑华：《中日留学生教育现状及政策比较研究》，《辽宁师范大学学报》（社会科学版）2008 年第 1 期。

先进国家留学生人数的 1/10，来自非洲、中东、中南美诸国及中亚新独立国家（New Independent States，简称 NIS 国家，为苏联国家）的留学生仅占留学生总数的 2.6%，[①] 处于严重失衡状态，从互相交流的观点来看当务之急是大幅增加这些国家（地区）的留学生接收人数。日本政府希望将通过提升科学研究及研究开发能力来强化国际竞争力纳入视野，通过在尖端研究领域的共同研究采取短期交流等事项扩大留学生接收人数。

2008 年 1 月，日本前首相福田康夫在其施政方针演说中明确提出"留学生三十万人计划"。尔后，该计划通过内阁审议，日本文部科学省与外务省、法务省、厚生劳动省、经济产业省、国土交通省等其他省厅联合制定并出台了"留学生三十万人计划"，计划在 2020 年实现接收 30 万名留学生的目标，并把接收 30 万名留学生视为国家的一项发展战略，提升至国家战略地位。自此接收优秀留学生并鼓励其在日本就职，成为日本 21 世纪留学生教育政策的基本指导思想。2010 年 6 月，日本制定了新国家发展战略《新增长战略——"活力日本"复兴方案》，国际化进一步被纳入日本国家的总体发展战略。[②]

作为日本实施"全球战略"的重要一环，"留学生三十万人计划"以扩大日本与亚洲乃至世界各国之间在人、物、资金及信息等方面的交流，进一步加大日本面向世界的开放程度为主要目的。该计划将招徕留学生的战略性重点放在亚洲、欧美发达国家、非洲、中东诸国、中亚的 NIS 诸国、澳大利亚、新西兰等国家和地区。日本在继续推进与接收留学生生源国最多的东亚各国之间的留学生交流的同时，对于日本大学给予高度评价并由政府积极派遣留学生来日、近年输送留学生人数日益增多的越南、印度尼西亚、马来西亚、东南亚国家联盟（Association of Southeast Asian Nations，简称 ASEAN），也积极谋求扩招。

---

① 日本学生支援机构：《平成 20 年度外国人留学生在籍状况调查について－留学生受入れの概况》，2019-10-12，见 http://www.jasso.go.jp/statistics/intl_student/documents/data08_press.pdf/.

② 臧佩红：《试论当代日本的教育国际化》，《日本学刊》2012 年第 1 期。

同时，为扭转日本留给世界的竞争力不强的形象，加强自身的自然科学和工程科学学科的吸引力以招收更多的留学生就读日本的理工科专业，日本的留学生教育政策开始倾向于理工科和农学类的留学生。"留学生三十万人计划"提出要重点在工学、生命科学、医疗保健和信息情报等尖端科学领域，与粮食生产直接相关的农学领域以及日本握有主导权的环境领域吸引并培养高层次教育阶段的留学生。

"留学生三十万人计划"通过放宽政策限制，采取积极灵活的各项准入政策，确保赴日留学渠道更加畅通；延长留学生在日找工作的时间，推动雇佣留学生在日就业等措施，吸引了更多的留学生赴日就读。其具体的方针策略主要由以下五部分构成：（1）实施国外留学信息提供以及支援一体化，培养来日留学的意愿及开展快捷留学服务，吸引外国学生来日留学；（2）通过采取改善入学考试、简化入学及入境手续等手段，充实与完善接收留学生环境；（3）推进大学等高等教育机构的国际化，建设具有国际竞争力的大学；（4）营造良好的接收留学生的环境；（5）推进大学等教育机构的"产官学"合作，为留学生就业并融入日本社会提供支持。①

"留学生三十万人计划"实施十余年来，取得的成效是显著的。如图8–2所示，据日本学生支援机构（JASSO）发布的《外国留学生在籍状况调查结果》，截至2019年5月1日，日本高等教育机构及日语教育机构在籍留学生达到298980人，并依旧保持着稳步增长的态势。②

此外，为促进基础教育阶段的青少年交流，日本政府还重视接收青少年留学生。文部科学省联合国土交通省及其他相关省厅自2005年起实施了《外国青少年接收倍增计划》，计划到2010年接收外国中小学生的人数由每年4万人增至8万人。截至2010年5月，就读于日本公立小学、

① 日本文部科学省：《「『留学生30万人計画』の骨子」とりまとめの考え方に基づく具体的方策の検討（とりまとめ）》，2019-10-18，见 http://www.mext.go.jp/b_menu/shingi/chukyo/chukyo4/houkoku/1249702.htm/.

② 日本文部科学省：《『平成30年度文部科学白書—第2部文教・科学技術施策の動向と展開第—第10章国際交流・協力の充実』》，2020-01-20，见 https://www.mext.go.jp/b_menu/hakusho/html/hpab201901/detail/1422145.htm/.

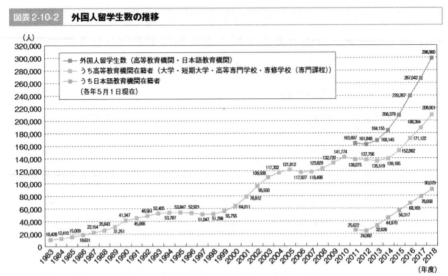

图 8–2　日本留学生人数发展变化

初中、高中的外国学生达 74214 人。①

　　日本大学在具体实施政府接收留学生和邀请受援国人员赴日进修的举措上贡献巨大。为了满足留学生的学习需要，日本大学增加了日语培训课程。日本国立大学成立培训基地为受政府资助的国费留学生提供"日语强化培训课程"，将语言课程设置为正式的特别课程。此外，日本大学还加强了国际化研究，除设置了国际关系学、国际问题研究、国际文化研究、国际政治和国际经济等课程外，还以"国际"命名，专门培养了"国际发展与国际合作"专业的学生。

　　为了提升留学生政策的实施效果，除采取单方面派遣或招收的方式之外，日本大学与国外高校之间还常常实行双向交换留学生的政策。此外，除接收长期留学生外，日本大学还对官方发展援助的受援国其他人员

① 日本文部科学省：《『平成 22 年度文部科学白書—第 2 部文教·科学技术施策の動向と展開第－第 7 章国際交流·協力の充実』》，2020-01-10，见 http://www.mext.go.jp/component/b_menu/other/__icsFiles/afieldfile/2011/10/05/1311679_016.pdf/.

进行中短期的培训。日本政府邀请受援国科学家、技术人员和政府官员等赴日进修，学习日本的专业技术和知识，以解决各国发展所面临的课题。20 世纪 80 年代，日本大学每年接收约 17 个由受援国科学家组成的培训小组。到 21 世纪，日本国际协力机构提出了通过与大学和研究机构合作，接收发展中国家人员赴日本访问的"知识共创计划"（Knowledge Co-Creation Program），每年约资助 11000 位发展中国家的官员赴日培训。①

纵观日本百余年留学生教育政策演变进程，笔者将 20 世纪初至今不同阶段的日本留学生教育政策梳理如表 8–3。

表 8–3　20 世纪初至今日本留学生教育相关政策梳理②

初始起步阶段（1901—1982）	
1901	《文部省直辖学校外国人特别入学章程》（文部省令第 15 号）
1943—1944	南方特别留学生制度
1954	公费外国人留学生招收制度
1961	设置日美文化教育交流会议 CULCON（the Japan-United States Conference on Cultural and Educational Interchange）
1964	文部省设立了高等教育局留学生科
1970	实施自费外国人留学生统一考试
1976	在两所试点大学设立专门的机构以推动留学生教育，随后推广到全国，发展成负责学校对外交流的职能部门
1978	实施自费留学生奖学金制度
迅速发展阶段（1983—2007）	
1983	"留学生十万人计划" 《有关 21 世纪留学生政策的建议》 《有关 21 世纪留学生政策的展开》 实施日语能力考试
1987	实施学费减免学校法人支援计划

① Japan International Cooperation Agency. "JICA 2016 Annual Report"，2020-02-02，见 https：//www.jica.go.jp/english/publications/reports/annual/2016/index.html.

② 文部科学省：《我が国の留学生受入れ制度 100 年の主なあゆみ》，2019-10-01，见 https：//www.mext.go.jp/a_menu/koutou/ryugaku/011101/ayumi.pdf.

续表

1991	设立亚洲和太平洋地区大学交流机构 UMAP（University Mobility in Asia and the Pacific）
1992	《关于综合推进 21 世纪的留学生交流》
1994	首相咨询机构"国际文化交流恳谈会"提议建立短期留学制度①
1995	创设短期留学推进制度
1996	文部省设置了首相咨询机构"留学生政策恳谈会"
1998	《21 世纪的理想大学和将来的改革方针》
1999	《为了知识型国际社会的发展和新留学生政策的展开—2000 年后的留学生政策》
2000	《关于国际化时代要求的高等教育应有形态》
2001	国际研究交流大学村开始运营 在公费外国人留学生制度中设立并启动"青年领袖计划"（Young Leaders' Program，YLP）
2003	《关于新留学生政策的展开》
2005	"大学国际战略本部项目"②
2007	"亚洲人才资金构想"计划③ "招收培养国际性人才战略——将日本构建成亚洲高级人才网络中枢"构想④
调整推进阶段（2008 年至今）	
2008	《"留学生三十万人计划"概要》 "国际化据点推进项目"（G30）
2010	《新成长战略——复兴活力的日本》⑤

① 短期留学制度是指在国立大学特别设立提供英语授课的短期留学项目，旨在吸引来自 OECD 国家的留学生。文部省于 1995 年制定了短期留学制度的详细实施计划。

② 该项目是文部科学省出台由日本学术振兴会负责具体实施的，旨在构建具有国际竞争力的研究环境，吸引国内外优秀的研究者和学生。

③ 该计划由经济产业省和文部科学省联合推出，旨在招收优秀留学生并促使其毕业后在日就职，即从国外争取优秀人才。

④ 该构想是安倍晋三内阁的"亚洲门户战略"会议中提出的，要求留学生政策的重构以及大学国际化的再充实。

⑤ 该文件由菅直人内阁提出，其重要一环是"在各个领域的国际交流中汲取复兴日本的活力"。

续表

2011	"大学的世界展开力强化项目"① "校园、亚洲"（CAMPUS Asia）核心据点形成项目②
2012	导入出入境管理制度上优待优秀外国人积分制③
2013	《日本再兴战略》 《促进世界成长的留学生接收战略》④
2014	"顶尖全球化大学建设支援项目"（Top Global University Project，简称 TGU）
2017	《关于推进高等教育机构接受外国留学生的有识之士会议报告》

第二节　日本现行留学生教育政策

日本的留学生教育政策经过初始起步、迅速发展进入到现今的调整推进阶段，在经济效率上体现了追求卓越的导向，在政治平等上呈现了机会多样化特征，在自我实现上凸显了个性化时代特点。本节拟从高等教育国际化、招生考试、留学服务、奖学金制度、留学生管理等几方面解读日本现行留学教育政策。

一、日本高等教育国际化战略与留学生教育

伴随着当今全球一体化的深入发展，日本政府把大学自身的发展与

---

① 该项目旨在推进日本大学与亚洲、美国、欧洲等大学间的国际教育协作，促进日本学生的海外留学与外国留学生的战略性接收。

② 该项目由日中韩三国共同实施，根据三国政府共同策划制定的指导方针开展学分互认、成绩管理、学位授予等教育的交流协作活动，旨在共同培育重点领域的国际化人才。

③ 日本内阁《新成长战略》会议上决定学习欧洲，在日本导入出入境管理制度上优待优秀外国人的积分制，并于 2012 年起正式实施。此举意在扩大吸引海外优秀学生来日，使得在日高级外国人才数量倍增。该措施在 2012 年 12 月日本政权更迭后的《日本再兴战略》中得以承认。

④ 该战略设定了接收留学生相关的重点地区（东南亚、俄罗斯及 CIS 各国、非洲、西南亚、东亚、南美、美国、中东欧）和重点学科领域（工学、医疗、法学、农学），并对重点地区和重点领域制定了对应方针。

国家实力的提升紧密联系起来，日本的高等教育机构逐步由封闭型向开放型转化，加大各级各类高等教育机构向国际开放的力度，重点实施国际化战略，不遗余力地扩大日本大学的国际影响力。"留学生三十万人计划"将战略重点放在进一步推进"全球性大学"建设进程，提高其"国际化"程度，提高对国际优秀学生的竞争力度。接收留学生人数的多寡，不但可以反映一个大学的国际化程度，同时也能反映出一个国家的国际化程度和教育水平。一般认为，学生的国际化程度即接收留学生数量及所占比例、生源国家等是体现一所大学国际化程度的显性指标之一。由于日本社会少子化问题的日趋严重，直接导致高等教育适龄人口的减少，为了克服"生源危机"，拯救已陷入或即将陷入倒闭窘境的高等教育机构，吸引和招徕留学生以维持大学的经营和发展成为解决生源不足的良策。

作为"留学生三十万人计划"的辅助措施，日本文部科学省于 2009年 4 月启动了"国际化基地整顿事业"项目（又称"国际化 30"或"G30计划"），计划在未来 5 年时间内，由政府提供必要的经费支持，重点建设30 所国际化示范基地的"国际化大学"，为大学国际化战略计划提供全面的支持。"G30 计划"的主要援助目标是：建立健全英语授课的实施体制、整顿接收留学生的相关体制、推进战略性的国际合作等。其目的在于加强日本高等教育的国际竞争力，通过对留学生提供有魅力的教育服务，营造出日本学生与留学生共同学习、相互勉励的环境，培养能够活跃在国际上的高素质人才。同年 7 月 3 日，日本文部科学省正式公布了第一批获得政府认可的国际化大学名单，文部科学省在此前提出申请的 22 所日本大学中，选定了 13 所大学作为首批日本国际化示范大学，其中国立大学 7所，分别是东京大学、京都大学、东北大学、筑波大学、名古屋大学、大阪大学和九州大学；私立大学 6 所，分别是同志社大学、庆应义塾大学、上智大学、明治大学、早稻田大学和立命馆大学。2009 年度，这 13 所国际化大学得到文部科学省高达 41 亿日元的专项资金用于增加英语授课比例、扩大和完善留学生的住宿、医疗、福利、就业等方面。作为"留学生三十万人计划"的配套措施，这些国际化示范基地大学将会大幅增加英语授课课程，并开设一些主要通过英语授课的专业，原则上允许学生直接凭借英语取得学位，加速日本的高等教育与世界接轨、交融。日本采取优先安排公费留学生，积极促进交换生项目、短期留学项目，促进学生的流动性，加强大学的专门组织体制的建立，增加外籍教师等措施，通过保证教学质量提高大学在国际上的影响力。

但是，由于该项目自实施之日起就饱受争议，2013 年日本政府对项目做了最终评估，认为未达到预期效果，将不再给予经济援助。此举意味着"G30 计划"在政府层面上的终结。继"G30 计划"之后，日本政府又相继出台了"超级全球化大学"项目、《日本复兴战略——JAPAN is BACK》（2013）、《日本复兴战略修订 2014——面向未来的挑战》《第三期教育振兴基本计划》以及《日本再兴战略 2016》等政策，通过"官产学"三方联手充实现行留学生教育政策，营建创新型、复合型、多样性人才持续大量脱颖而出的环境，把吸引大批优秀留学生来日留学并在日就业作为日本"人才立国"战略的长期方针，以保持日本在科技发展中的不败地位。

为了进一步开拓留学生教育市场，吸引更多的留学生，日本各高校也开始各显其能，通过强调自己的教学优势与竞争优势吸引留学生。东京大学开发了英语版的"Studying at Japanese Universities"网络系列课程，并通过 Coursera 公司提供的 MOOC 平台向全世界免费播放。早稻田大学和九州大学分别建设了可容纳 900 名和 1300 名国内外学生合住的学生宿舍，并于 2014 年开始投入使用。大阪大学计划建设具有国际特色的国内外师生同寝共食型的"全球村"，其规模达到 2600 户。今后的学生宿舍将不再是单一的居住场所，而将成为能感受异国文化、获得解决跨文化冲突的能力和提高外语能力的多功能空间。① 此外，日本高校还通过促进互派留学生、学分互换及推进校际学位承认的双学位制等与国外大学校际间的

---

① 陈瑞英：《日本创建世界一流大学的政策措施："全球顶级大学计划"》，《比较教育研究》2018 年第 3 期。

合作，以及短期留学、暑期学校等的交流，提高学生的流动性，通过强化大学等教育机构的专业化组织体制等措施，充实和完善日本大学，加快日本大学的"国际化"步伐，使其成为真正吸引留学生的富有魅力的开放性的教育机构。

二、日本留学生招生考试制度

20 世纪 80 年代以前，日本高校等相关教育机构拥有留学生自主招生权，针对有意报考本校或本机构的外国学生开展小规模宣传活动，招收留学生主要通过与海外"友好学校"或"姊妹校"建立交换生双向交流形式开展，并未涉及政府及社会其他机构。自"留学生十万人计划"启动后，日本政府把留学生招生管理工作提升至国家政策层面，招生管理主体变成由日本政府与各高校组成的"双元制"留学生教育招生管理体制，招生内容细化为招生宣传、信息发布咨询以及入学渠道等。

为确保来日留学生充分且准确地了解日本的教育现状和大学教育研究的特点，独立行政法人日本学生支援机构（Japan Student Services Organization，简称 JASSO）的留学信息中心、独立行政法人驻外事务所、驻外使领馆以及大学等教育机构驻海外办事处应相互合作，在积极地发布和提供有关日本文化、日本社会及高等教育信息的同时，强化对希望来日留学生的咨询服务功能，开展一站式赴日留学服务。在日本各大学的参与协助下，于 2007 年分别在中国（含台湾地区）、韩国、印度、印度尼西亚、泰国、越南、马来西亚等国家与地区举办了日本留学说明会，提供有关日本接收留学生政策、国家公费留学项目、奖学金项目、留学生活、日本语教育以及各高校在教学研究方面特色等留学新动态。此外，日本政府还通过采取积极开展对留学生入学前的日语教育、在大学和短期大学设立留学生专设学科保障留学生入学后的日语教育以及设置针对外国政府公派留学人员的预备教育课程等手段建立健全日语教育机制。

日本政府为了推进赴日留学的便利化，在改善大学入学考试、招生和移民政策等方面作出了诸多努力。首先，建立完善的体制。日本政府强化了 Facebook、微博等新兴媒介传递赴日留学入学考试信息、入境许可和住宿信息等相关内容，便于留学生能在来日留学之前在本国完成相关留学准备工作。2010 年，JASSO 下属的日本留学门户网站（Gateway to Study in Japan）正式启用，面向有意赴日留学的海外学子提供多种语言信息服务。日本政府针对来日留学生的招生考试和选拔方法有公费留学生①和自费留学生之别。② 其中，公费留学生制度③ 的招考和选拔方式分为海外录取和从在日自费留学生中选拔公费留学生的日本国内录取方式。其中从海外录取的招考和选拔方式包括通过驻招考对象国的使领馆推荐的方式、由日本大学根据大学间交流协定由大学推荐的方式以及青年领导者计划留学生招考方式。

其次，改善日本留学考试制度。日本的大学等高等教育机构接收自费留学生主要通过以下两种方法：①从国外经过所报考日本大学的选拔直接入学；②进入民间日语教育机构接受为期一年左右的日语正规教育，经由所报考大学的选拔后入学。

自 2002 年起，为便于各大学等高等教育机构对自费留学生入学者的选拔和吸引世界各地更多优秀的留学生来日学习，JASSO 以志愿进入大学（本科）日语学习者为对象，在日本国内外同时实施"日本留学考试"。该考试每年实施两次，在日本国内和国外多个城市同时进行考试选拔，出题语种分为日语和英语两种，以供留学生自由选择。据 JASSO 发布的《2015 年度日本留学考试实施结果的概要》相关统计数据显示，分别于 2015 年 6 月和 11 月实施的"日本留学考试"在日本国内 16 个城市、

---

① 日本的公费外国留学生制度始于 1954 年，1983 年至 2008 年共接纳了世界约 160 个国家和地区的 179248 名公费留学生。

② 文部科学省：《留学生数の推移・基礎資料（データ）》，2019-10-12，见 http://www.mext.go.jp/component/b_menu/shingi/toushin/__icsFiles/afieldfile/2009/03/24/1249702_001.pdf/.

③ 公费留学生制度由研究留学生、教师进修留学生、大学本科留学生、日语及日本文化进修留学生、高等专科学校留学生、专修学校留学生以及青年领导者计划（Young Leaders' Program）留学生等七个项目构成。

日本以外 17 个城市举办，考生共计 38176 人。① 该考试通过在国外的广泛实施，一方面为留学生在所属国家与地区参加考试提供了便利，另一方面使得留学生能在赴日前取得入学许可。此外，日本政府为了推进赴日前取得入学许可制度的实施，还充分利用日本语能力考试、TOEFL、IELTS 等现有的考试，从以上诸考试成绩优秀并将进入日本大学等教育机构学习的自费留学生中招募自费留学生奖学金颁发的预约者。在支援自费留学生方面，除补助 80% 的医疗费外，还实施了扩充奖学金制度和减免学费等一系列措施，建立健全大学等各级各类高等教育机构和官方民间一体的接纳自费留学生体制。

随着日本国际影响力的不断提高，学习日语的外国人逐年增加。日本国际交流基金会 2016 年最新发布的《2015 年海外日语教育机构调查结果报告书》相关统计数据显示，（1）日本以外的日语学习者由 1984 年的 58 万人，增至 2015 年的 136 个国家和地区约 399 万人，增幅 31.3 倍；学习机构则由 1979 年的 1145 家增至 2012 年的 1.6 万余家，增幅 14 倍；在日本以外的日语教育机构学习日语人数最多的国家中，中国高居首位，约 104.6 万人，其后依次为印度尼西亚和韩国。（2）日本从 1984 年开始实施"日语能力考试"（Japanese-Language Proficiency Test，简称 JLPT），考生由最初的 15 个国家和地区约 7000 人，增至 2018 年的 86 个国家和地区的 296 个城市约 365 万人。②

最后，简化大学入学管理制度，申请入境和入境时的逗留期限申请等事项的审查，缩短考试周期，推动日本留学生教育的发展。

三、奖学金制度

日本留学生奖学金制度的落实与实践大致历经了两个发展阶段，"留

---

① 独立行政法人日本学生支援機構：《日本留学試験実施結果の概要》，2020-01-10，见 http://www.jasso.go.jp/eju/result.html/.

② 日本国际交流基金：《『海外の日本語教育の現状　2015 年度日本語教育機関調査』》，2020-01-10，见 https://www.jpf.go.jp/j/project/japanese/survey/result/survey15.html/.

学生十万人计划"实施期间主要强调留学生规模的扩大，对留学生奖学金的使用效度关注较少；"留学生三十万人计划"实施期间开始关注留学生质量，重点关注留学生奖学金的实施质量与效果问题。从管理机构来说，"留学生十万人计划"实施期间，留学生奖学金主要由接受文部科学省直接领导的财团法人国际学友会与日本育英会、（财）内外学生中心、（财）日本国际教育协会、（财）关西国际学友会等机构负责，多管齐下，让外国人留学生奖学金制度真正落地。2009年之后，随着"留学生三十万人计划"推进，日本文部科学省将外国人留学奖学金的管理权移交到独立行政法人日本学生支援机构（JASSO）。JASSO是相对独立的政策性机构，由财团法人国际学友会等上述几个和高校学生事务相关的政府下属机构于2004年4月合并而成，专门负责日本高等教育机构的学生生活、学习和就业等各方面的支援工作。

为保障留学生奖学金体系的实施质量与效果，吸引更多、更优质的留学生资源为日本的经济、社会发展乃至国际战略的实施提供更高质量的智力支持，日本文部科学省于2017年发布了《关于推进高等教育机构接受外国留学生的有识之士会议报告》（以下简称《报告》）。《报告》重申了外国人留学生奖学金设置的原则，即：日本的留学生奖学金制度由政府主导的同时，也倡导地方公共团体、民间团体等社会各界积极参与，形成多渠道帮扶、多途径育人的资助工作体系。政府主导、政府出资的留学生奖学金应根据留学生的不同类型提出不同的要求，从而实现资源配置的最优化。

日本留学生奖学金的资助对象为公费留学生、外国政府派遣留学生和自费留学生。经过战后数十年的发展，当前日本提供给留学生的奖学金种类繁多，主要有：日本政府（文部科学省）奖学金[①]、日本学生支援机构（JASSO）奖学金、地方自治体及相关国际交流团体奖学金、民间奖学团体奖学金、赴日前可申请奖学金。[②] 除此之外，还有各学校提供的学校奖

---

① 相当于我国的"中国政府奖学金"。

② 绝大多数外国人留学生奖学金是面向赴日后的留学生的，但也有3个地方政府及16个民间团体奖学金可向赴日前的留学生提供奖学金。

学金、研究者奖学金和扶助金等。①

　　各级各类奖学金的申请条件和难度存在着较大差异。(1)"文部科学省公费外国留学生制度"由日本政府出资于 1954 年设立，由文部科学省管理，系日本留学生奖学金类别中资助金额最高的，所提供的奖学金金额足以解决留学生的学费和生活费。该制度申请条件是国内大学或国外日本驻外使馆向文部科学省推荐，建立在申请者自愿的基础上，所接收的留学生应当是符合日本战略发展要求的优秀人才，能够提高日本大学的科学研究水平、增强日本企业的国际竞争力。申请对象包括"青年领导者项目"(YLP) 留学生、硕博研究生留学生、教师研修留学生、本科留学生、高等专门学校留学生、专修学校留学生以及日语与日本文化研修留学生七大类别，各类别在年龄限制、奖学金金额及支付年限等存在较大差异。(2)"文部科学省外国留学生学习奖励费制度"(促进接收留学生项目)是从 1978 年开始实施，由财团法人日本国际教育协会管理，主要针对来日自费留学生，旨在鼓励和支持正在日语教育机构学习、以攻读高一级别学位为目标的品学兼优的留学生，以此助推日本大学的国际化、多样化。该项奖学金不是根据国别分配定额的标准，而是先由财团法人日本国际教育协会按照各学校在籍留学生比例划分名额，学校再根据留学生的经济能力及学习状况制定出选拔标准，然后把需要申报的人数给协会，经协会核实无误后把奖学金发放给留学生。②(3)日本国际合作机构 (JICA) 为支持政府开发援助事业设立的"人才培养计划"的主要目的是选拔日本和发展中国家发展所需的骨干人才，组织、培养符合日本发展战略要求的人才。

　　日本留学生奖学金制度呈现出以下几大特点：(1)实施目的层次鲜明。从政府到民间，日本留学生奖学金的每一个提供主体都有不同的目的，评选条件和方式不一而足，满足了不同层次留学生的多种需求。政府

① 独立行政法人日本学生支援機構：《日本留学奖学金パンフレット 2019-2020》，2020-01-12，见 https://www.jasso.go.jp/ryugaku/study_j/scholarships/__icsFiles/afieldfile/2019/04/17/scholarships_2019_j_1.pdf.

② 刘慧：《日本外国留学生奖学金制度及启示》，《文教资料》2012 年第 23 期。

提供的日本政府（文部科学省）奖学金是为了吸引海外优秀人才和青年政府官员，奖学金金额最丰厚，要求也最高，因此不可能惠及更多留学生，而其他奖学金则弥补了政府奖学金的不足。文部科学省外国留学生学习奖励奖学金、海外留学支援制度（协定校）奖学金和学校奖学金主要目的是鼓励和支持优秀和家庭条件比较困难的学生专心学习；地方政府、民间团体及企业等提供的奖学金可以根据目的制定不同的申请奖学金的要求，以此吸引符合要求的留学生到日本留学，促进民间交流，同时也是在为奖学金提供主体做宣传，提升留学生对奖学金提供主体的认可度，这是一个互利互惠的举措。实施目的层次鲜明的奖学金制度为日本吸引了既能满足政府战略需要的留学生，也为日本社会各界带来了更多能够全面发展日本国际交往关系的留学生。（2）遴选过程严谨细致。日本留学生奖学金的申请均需要两个及两个以上的机构进行评选，选拔方式主要为书面材料审核、笔试和面试。多机构评选与三种选拔方式的综合利用能够比较全面地了解申请者的能力，进而有效地选拔出符合日本发展战略要求的留学生，保证奖学金能够得到有效利用。以日本学生支援机构（JASSO）提供的文部科学省外国留学生学习奖励费为例，该奖学金是 JASSO 为准备升学① 且正在日语教育机构学习的自费留学生设立的。该奖学金的资助期限为 1 年，资助名额较多，对申请者的年龄、国籍、日本在读大学、专业等均无限制，但申请者必须满足以下条件：须通过在读学校推荐申请；持有在留资格证书，没有申请日本政府（文部科学省）奖学金或属于非外国政府派遣的留学生；在获得文部科学省外国留学生学习奖励费后，有意配合就业、升学意向调查者；接受奖学金的年度须达到成绩的基准要求；每个月的生活费少于 9 万日元；在日监护人的年收入少于 500 万日元。该奖学金通过大学等招募留学生。申请者根据书面材料审核、笔试和面试等的评审方式申请、由在读大学向日本机构推荐。经日本学生支援机构评审结束之后，由大学等通知学生评选结果。（3）支持主体多元结合。经过战后几

① "升学"指升入日本的大学、短期大学、高等专门学校、专科学校等高等教育机构。

十年的发展，日本留学生奖学金制度形成了"以政府为主导、社会各界积极参与"的发展模式。除政府提供的奖学金以外，社会各界所提供的奖学金无论在覆盖面还是数额上都占了较大比例。其中，地方政府及相关国际交流团体奖学金由日本的地方政府和相关国际交流团体提供，2018—2019 年度共有 31 个可供留学生申请的奖学金项目，此类奖金面向所有留学生（包括高中生在内），评选条件各不相同，主要提供给在当地居住或在当地上学的留学生。在日本社会老龄化和少子化的双重背景下，设立此类奖学金的主要目的是吸引留学生到日本各地留学，以提高城市活力，增加劳动力，同时也借此传播当地文化，促进民间交流。这类奖学金主要通过提供奖学金的团体或者通过所在学校申请，选拔方式主要为书面材料审查和面试。民间团体奖学金则由民间企业和团体提供，2018—2019 年度共有 101 个可申请项目。此类奖学金同样面向所有留学生（包括高中生在内），每个项目根据企业和团体的性质和目的有不同的申请要求，申请者须在团体所在地上学、攻读企业要求的相关专业，或者须为团体交流对象国或地区的留学生。这类奖学金的设立有利于增强民间团体和企业与留学生之间的交流，同时通过增加奖学金的数量与总额，提高留学日本的吸引力。这类奖学金主要通过提供奖学金的团体或者通过学校申请，选拔方式为书面材料审核、笔试或者面试。除上述奖学金外，日本各学校还设有各种各样的学校奖学金，每所学校的要求、额度等皆有不同。综上，日本留学生奖学金制度的实施主体具有多元性，充分调动、发挥了各种社会力量。①

同时，为了保障留学生奖学金制度支持主体多元生态的健康发展，日本政府出台了一系列扶持政策。如为了鼓励社会各界积极参与留学生教育乃至留学生奖学金体系，日本政府采取了放宽对团体事业的公益认定、创建和扩大对捐助人在税制上的优待、创建更多与其他团体交流合作

---

① 段世飞、傅淳华：《日本留学生奖学金体系的发展历程、成效与特点探究》，《河北师范大学学报》（教育科学版）2020 年第 5 期。

的环境等措施。① 例如，对于接收留学生的地方私立学校，文部科学省设立了"国际交流特别经费"，通过日本私立学校振兴共济事业团发放扶助金；对于留学生发放奖学金的学校法人进行固定资产税及法人税的免税政策，并且对于减免自费留学生相关费用的学校法人进行最大 30% 的政府补助等。②

四、留学生出入境管理与就业扶持

针对来日留学入境和居留相关手续烦琐的状况，日本政府自 2000 年 1 月起，通过减少必须提交的文件资料，简化了签证办理流程和手续。"留学生三十万人计划"出台后，日本政府积极着手改进和完善有关留学生和就学生的相关制度。一直以来日本对于在日本接受教育的外国人根据教育机构性质的不同而将在留资格划分为"留学"和"就学"两个种类。截至 2009 年 7 月 15 日，留学生赴日主要通过两类签证，即"留学"签证和"就学"签证。就读于日本的大学、研究生院、短期大学、高等专科学校、专修学校（专门课程）等教育机构的外国学生，具有《出入国管理及难民认定法》附表第 1 条中规定的"留学"在留资格者，签证期限通常为 2 年或 1 年；就读于由财团法人日本语教育振兴协会审查并认定的日语教育机构的外国学生一般持有"就学"签证，签证期限通常为 1 年或半年，无医疗保险优惠和学生折扣。这种"一国两制"的管理体系明显不能适应日本政府对于留学生增长的期望。

2009 年 7 月 15 日，日本政府公布了《出入国管理及难民认定法以及基于同日本国的和平条约脱离日本国籍者的出入国管理相关特例法的部分修改（法案）等法律》（2009 年法律第 79 号，以下简称"改正法"）。《改正法》中的"就学留学一体化"法案取消了在留资格"就学"和"留学"

---

① ［日］白川優治：《民間育英奨学団体による奨学金事業の現状と課題》，《一般社団法人日本教育学会》，2010 年。

② ［日］林美穂：《地方私立大学の改革と留学生受入れ施策：私費外国人留学生対策・青森市の現状》，《教育學雑誌》2003 年第 38 期。

的区别，废除了针对在日本语言学校就读的外国学生所给予的"就学"之在留资格，将二者合二为一，统一给予"留学"之在留资格，和正式的留学生享受同等福利待遇，"就学生"从此成为历史名词。同时，日本政府把"留学生三十万人计划"与吸引高端人才政策相结合，在关注生源国家及地区以及专业领域的同时，建立以学历和人品为考核重点的入国审查系统，将审查的重点放在留学生是否具有学习的意愿、学习的能力以及费用支付能力等方面，从战略角度获得优秀的留学生，谋求留学生教育政策从数量到质量的转变。

2009 年，为了更有效地推动教育国际化，日本文部科学省召开了导入大学"9 月入学"秋季入学制度、同时废止"原则 4 月入学"春季入学制度的讨论会，督促日本大学逐步采用国际普遍的秋季入学制度，具体办法由各大学自行确定。日本的春季入学制度由来已久，上可追溯到 19 世纪末的明治时代中期。当时为了配合国家的会计年度，从小学到大学都采用了"4 月入学"方案。二战后，随着留学生人数激增，扩大国际交流合作等教育国际化进程的加快，社会各界关于更改入学时间和以欧美为中心，许多国家秋季入学统一步调的呼声日益高涨。在 1987 年的临时教育审议会中，虽然承认了导入"9 月入学"的必要性，但还是提出了"秋季入学的意义和必要性不会被一般国民接受"的建议。此次讨论会再次历史重演，秋季入学提案不了了之。其后，2011 年东京大学也曾研究过秋季入学的方案，但是受到校内强烈反对被迫束之高阁。2020 年春，随着新冠肺炎病毒的感染扩大，日本很多地区将继续临时停课，为了解决学习延迟的问题，政府重启讨论新年度是否导入"9 月入学"秋季入学制度。此提案在社会各界引起强烈反响，赞成与反对的呼声同样高涨。东京都知事小池百合子等赞同此提案，理由是遵从"全球化标准"和海外统一了步调，会加速日本留学生人数的增长，日本的大学和企业会更容易获得优秀人才。日本教育学会会长广田照幸则发表了声明，向文部科学省提出了要求慎重判断 9 月入学制度的建议。广田指出，由于学年延长，会导致学费负担增加和就业的平衡等问题，但是文科省目前并没有给出相应的解决方案。此外，也有学者指出企业等机构的就业、录用和公共资格考试等很多日程都是以 4 月为起点的会计年度为基础，9 月入学制度不是教育改革，而是社会改革。最终，导致“9 月入学”制度提案再度搁浅。①

在留学生就业方面，为了使留学生毕业后融入日本社会在工作岗位上发挥才能，大学等教育机构落实了“产官学”合作，为留学生就业提供支持，确保社会接纳留学生，还要改善在留期间的规定等，以推进全社会接纳留学生。日本政府为推进留学生毕业后留日就业推行了诸多利好措施，具体包括：(1) 在大学等教育机构中设立专门组织，强化帮助留学生就业的举措。充分利用实习和工作卡，扩充就业咨询窗口等通过“产官学”合作充实就业援助及创业援助等各项举措。自 2009 年起，日本学生支援机构推出了留学生就业研讨会，对留学生在日本企业就业提供相关的信息及咨询。(2) 加快企业在招聘留学生就业方面的观念转变及接受留学生就业的机制改革，促进与留学生之间尽快融合。2007 年，日本政府协同有关部门联合推出“亚洲人才资金构想计划”，由地区政府、企业、高校三方联手构建从招生选拔到日语教育、专业教育再到就业支援的“一站式”留学人才培养服务体系。(3) 在办理在留资格手续时明确可就业的职业种类等并灵活处理，研究解决就业活动时在留期间延长等问题。从 2009 年开始，留学生毕业在日本工作期限从 3 个月延长到 365 天。对留学生毕业后在本国就职的在留资格从“留学”变成“就职”的申请，从时间和程序上进行的缩短，既便于留学生预留充足时间准备就职活动，也免除了留学生关于签证有效期维持不到就业的担心。(4) 支持归国留学生建立同窗会组织，并为他们的活动提供支持等以对归国后的留日学生进行跟踪服务管理。例如针对归国后活跃在本国教育、学术研究等领域的留学生实施了归国外国留学生短期研究制度、归国外国留学生科研指导项目等。

---

① ［日］産経新聞:《9 月入学、半数が賛否留保　システム改修など負担懸念　全国知事アンケート》，2020-10-15，见 https://www.sankei.com/life/news/200521/lif2005210002-n1.html.

五、留学生生活支援

近年来日本政府越来越重视对留学生的生活支援，如加强留学生的职业教育、对有需要帮助的学生进行特殊照顾，重视留学生的起居生活等。留学生政策的完善与发展体现在从以往对留学生数量的关注过渡到注重留学生整体质量的转移，留学生政策的发展也体现出一种人性化的发展趋势。

在住宿方面，受日本国土面积狭小的影响，日本大学校舍面积有限，宿舍资源稀缺。本国大学生普遍采取"走读制"，或住家里走读，或在学校附近租房子走读，极少部分学生才有资格住进学生宿舍。通过日本政府、大学等教育机构及民间团体的同心协力，为留学生提供了多样化的住宿选择。留学生住宿形式大致可以分为以下三大类别：（1）学校学生宿舍：一种是学校为本校日本学生和留学生提供的单人寝室；另一种是专门为留学生和外国研究人员建造的留学生会馆等。（2）政府、社会团体及企业提供的宿舍：一种是由政府或社会团体经营的学生交流会馆，住宿费低廉，环境与安全有一定保障，但对入住资格要求严格，入住人数有限制；另一种是企业员工宿舍，大学的留学生事务管理部门协同"留学生支援企业协力推进协会"等机构选拔留学生进入企业员工宿舍居住，加强留学生与企业间的联系与沟通。（3）民间提供的宿舍：一种是为留学生以有偿服务的形式提供的家庭寄宿（homestay），促使留学生了解日本文化，更好地融入日本社会；另一种是民间出租住房，选择这种住宿方式需要日本人做连带担保人。

日本文部科学省及日本学生支援机构（JASSO）为了确保为留学生提供质优价廉的留学生宿舍，让留学生在日本"安居乐业"，采取了一系列保障措施。首先，提供留学生宿舍建设奖励，鼓励社会团体、企业单位建立留学生宿舍；其次，大力推进国、私立大学的留学生宿舍的建设和入住，国际交流会馆的建立和运营。然后，实施留学生租借宿舍援助项目。即大学等高校为留学生租借民间宿舍时，政府将对该大学提供资助，以此促进大学确保留学生宿舍。同时，为减轻住房合同中保证人的负担，改善保证人担保的环境，实行留学生住宅综合补偿制度。该制度除对火灾和事故造成的损失进行补偿外，将房租的支付也作为补偿的内容。最后，为了促进留学生入住公司职员宿舍，向负责此项目的留学生支援企业家协力推进协会提供资金补助。

在医疗卫生方面，为保障留学生异国就医，日本政府为留学生提供了健全的医疗卫生保障措施。日本国民健康保险法实施规则修改后，规定是持有"留学"资格的留学生必须在大学所在的区政府加入"国民健康保险"，并且须按月交保险费。保险费用根据市区町村及个人收入略有差异。参加投保国民健康保险的留学生在日本国内的医疗机构接受伤病治疗时，须出示保险证，只需负担 30% 以内的医疗费用，其余 70% 医疗费用由国民健康保险负担。但凡是不在医疗保险范围内的医疗费则需要参保者全额负担。此外，日本大多数高校都为留学生提供了医疗支援服务，例如免费的定期健康体检。①

第三节　日本留学生教育政策的经验、问题与走向

自 20 世纪 80 年代以来，随着"留学生十万人计划""留学生三十万人计划"等一系列留学生教育政策的出台，在日本社会各界的共同努力下，赴日留学生数量和质量呈逐渐上升趋势。优秀的留学生的引进不仅推动了日本高等教育的国际化进程，提高了日本在国际社会中的地位，还在一定程度上缓解了日本社会因高龄少子化所带来的人才匮乏难题，解决了部分私立大学的生源危机问题，取得了阶段性的积极成效。

但是，从留学生教育政策的实施情况来看，在日留学生的层次距离政策目标还存在较大差距。即便单从数量角度考虑，增长形势低于预期的风险正在加大，日本留学生教育前景依然不容乐观。究其原因，除了世界

---

① 刘丹：《日本国留学生管理特点及其经验借鉴》，博士学位论文，湖南师范大学，2012 年。

各国对留学生竞争日趋激烈和国内频繁的自然灾害之外，日本政府对留学生教育政策摇摆不定的态度，及朝令夕改的处理方式难辞其咎。因经济减速引发的经济形势持续低迷，近年来日本不断削减教育预算，特别是民主党执政后，相关科研和留学生教育经费均被大幅度削减，许多大学和留学生负担日益加重。这种极端短视的政府行为，无疑会导致日本大学逐渐失去国际竞争力，阻碍了优秀人才流入日本。此外，日本留学生教育政策缺乏可持续性也是显而易见的。从"留学生十万人计划"目标达成，到确定"留学生三十万人计划"之间有着近五年的政策真空期，缺乏政策的连贯性。

一、日本留学生教育政策的基本经验

留学生教育有其特殊性，并伴随政治、文化、经济和社会效益，如何根据留学生教育服务产品的特殊性来进行质量管理和质量控制，兼顾留学生教育的规模和质量，提升留学生教育总体竞争力，成为全球化背景下日本教育国际化日益关注的重点和今后努力的方向。

（一）留学生教育兼顾"量"与"质"

在留学生教育迅速发展的"留学生十万人计划"阶段，日本政府在接收留学生时一味重"量"轻"质"的做法，导致了 20 世纪 90 年代以来日本社会中留学生参与的犯罪案件数量飙升，各种各样的违法事件层出不穷，社会治安严重恶化。日本警察厅《2006 年度来日外国人犯罪检举状况报告书》的相关调查数据显示，在日外国人的刑事犯罪案件中，由留学生参与的案件数呈逐年递增态势。

此后，日本政府从重视留学生数量的理念转向重视留学生的生源质量和教育质量，出台了一系列政策措施严格把控留学生教育质量关。一方面，为了提升留学生的生源质量，日本政府采取了严格的入境审查制度，提高了留学生入学门槛。例如，赴日留学生通常需要先在日语学校进行半年以上的日语学习，再考取日本其他大学。留学生在向日语学校提交相关申请材料获得法务省入国管理局批准后，方能取得留学签证。高校层面也对留学生的入学条件实施了严格审核，在教学和培养方面对留学生加强管理。

另一方面，留学生教育作为培养国际型潜在高技术人才的一项具体措施，应在政策方面予以保障。日本政府出台的一系列留学生教育政策都强调了在把控质量的基础之上，再适度扩大接收留学生的规模，推动来日留学生教育的健康发展。2008年出台的"留学生三十万人计划"就着重强调了留学生教育质与量的兼顾。此后的《大学的世界展开力强化项目》《促进世界成长的留学生接收战略》和"顶级全球化大学计划"等助推政策也表明了日本政府对全球重点地区和重点专业领域的高素质国际优秀人才的渴望，体现了其对留学生生源质量和教育质量要求的重视。

（二）多方联动推动留学生教育

根据资源依赖理论（resource dependence theory），要促进留学生教育的发展，仅靠教育部门"单打独斗"很难取得成效。基于日本各项接收留学生政策的战略方针，日本政府、高校和社会在如何扩大在日留学生规模，以及后续如何对其学习、生活和就业等方面进行管理和支持已形成合作共赢的共识。例如，在"留学生三十万人计划"制定和实施过程中，作为政府主管部门的文部科学省积极与其他政府行政部门联动配合，把相关的资源拥有省厅纳入进来，协商一致，共同促进留学生教育的可持续发展。各高校积极响应，根据自身特色形成完整的留学生接收机制。日本政府鼓励各大学积极开展海外交流，推行短期留学、交换留学，并大力改革教学体制。文部省于1995年设立了"短期留学推进制度"，该制度针对各国的国立、公立及私立大学的短期留学生，不仅为其提供往返机票费，还提供每月8万日元的奖学金。此外，日本政府还号召各大学改革教学体制，在专业设置方面，开设市场营销、经营管理、经济学、国际法等课程，以迎合发展中国家对人才的需求。

同时，为突出政府、学校、企业、民间团体协同的重要性，日本政府活用社会资源，不断整合来自社会各界的支援，使企业和民间团体等社会力量也积极参与到留学生教育当中来，构建"政府主导、社会参与、主体多元、形式多样"的留学生资源扶持体系，为留学生创造能使其安心学习的良好的生活环境，形成吸引和接收更多海外优秀人才留学日本的合力，为留学生教育提供有效的资源保障。例如，日本的留学学费和生活费相对较高，对于一般留学生来说负担较重。为了打消留学生的顾虑，日本政府不断完善留学生奖学金制度。当前，日本面向留学生的奖学金种类丰富、申请渠道多，来自国家、地方政府、大学、民间团体等的多样化奖学金为留学生提供了一条减轻经济负担的绿色通道。日本的奖学金制度除了政府出资设立的国费奖学金外，还有政府与高校共同出资，针对家庭贫困的优秀留学生实施学费减免制度。[①] 此外，日本各地方公共团体及近300个各类民间团体和企业等都有针对自费留学生的奖学金资助政策。虽然数额较低，每月1万日元到10万日元不等，但受惠范围较广。

在医疗住宿、地区交流等后勤保障方面，日本社会各界也尽己所能地提供宝贵的资源，使留学生工作与社会各界的组织机构挂钩，有效发挥社会的力量与政府及高校共同改革并完善在日留学生的生活条件与环境。在医疗卫生方面，日本政府为了减轻留学生医疗费用负担，规定在日留学生同日本国民一样，可享受"国民健康保险"。而且对于留学生每个月的保险费也有相应的减免制度，远远低于日本国民的保险费，部分地区还设有留学生国民健康保险补助。在住宿方面，日本政府为了保障留学生有价廉、质优的住宿条件，出台了多项措施。例如，规定高校设立留学生宿舍，加强社会对于留学生宿舍支持的力度、加强对留学生住宿提供帮助的社会团体的经费资助力度、加强成立支持留学生资助的社团等。

此外，在留学生毕业后的就业方面，高校和企业合作利用见习和实习等机会为留学生提供多样的就业机会和援助，加强优秀留学生毕业后的接纳工作，为日本经济的可持续发展提供海外优质人才保障。

---

① 国立和公立大学一般会免除50%的学费或全免，私立大学一般会减免学费的30%。虽然2010年日本政府调整了留学生支援计划，终止了"学费减免制度"，但是绝大多数大学在招生时会采取减免"入学金"等方式进行留学生支援。

（三）因地、因校制宜发展留学生教育

出国留学主要是为了获得更好的教育资源，享受更好的教育服务。日本认识到，各级各类高校应依据自身的特色，重点制定符合自身的留学生教育教学计划；同时，要加强国际化教师队伍的培养，提升教育国际化水平，提高国际化教师的比例，推进英语授课，倡导教师"走出去"参加国际学术研讨，开展国际化教育教学研究，提高国际化教育教学质量；鼓励与国外优秀大学建立合作关系，通过交换留学生、互换学分、短期留学等多种方式，取长补短，提升大学的国际化程度，培养学生的国际化素养，开阔学生的国际化视野，增强高校在国际上的影响力与竞争力。①

以日本创建的第一所国立综合性大学——东京大学为例，东京大学始建于 1877 年，是目前日本所有国立大学中规模最大的大学。东京大学学科齐全，经费充足，教员队伍整齐，一些传统学科办学水平高，有着日本其他大学无可比拟的教学和研究的力量与水平。同时，东京大学还是日本大学中拥有留学生人数最多的大学之一，有着来自全球百余国家和地区的 3000 余名留学生。因此，东京大学无论是在留学生的规模方面，还是在是否设有使用英语取得学位的讲座和设有海外共同利用事务所（美国、中国除外）等方面都充分满足了前文中提到的"G30 计划"入选的必要条件。

在"G30 计划"申报书中，东京大学列出了推行留学生教育的具体举措：（1）充实留学生接受体制，在本乡、驹场、柏三个校区设置"国际中心"，自 2010 年 4 月起为留学生提供出入国援助、宿舍介绍、日语教育、就业援助等综合性服务；（2）培养能够应对国际业务的事务管理人员；（3）强化面向留学生的日语教育体制；（4）实现校园网（Ut-mate）系统的英语化；（5）除了已经能用英语取得学位的专业以外，从 2010 年 10 月开始增设 9 个专业，在研究生院经济学研究科、理学系研究科、工学系研

---

① 严晓鹏：《日本留学生政策的最新动向及其对中国的启示》，《教育学术月刊》2012 年第 5 期。

究科、农学生命科学研究科、医学系研究科、新领域创成科学研究科、信息理工学系研究科、学际信息学部、公共政策学教育部等 30 多个专业开展使用英语授课的学位教育；(6) 推进日本人学生的国际化程度；(7) 聘用更多的来自全世界的外籍教师；(8) 在印度的班加罗尔设立海外大学共同利用事务所；(9) 进一步拓展和强化国际研究网络来促进自己的研究活动，深化与大学国际组织或联盟的关系，积极与国际社会开展合作，寻求建立更多的实质性合作项目。东京大学在参加国际间大学组织的活动方面非常积极，现为国际研究型大学联盟（International Alliance of Research Universities，简称 IARU）、环太平洋大学联盟（Association of Pacific Rim Universities，简称 APRU）和东亚研究型大学协会（Association of East Asian Research Universities，简称 AEARU）的成员，并在其中发挥着重要作用。此外，东京大学还先后与麻省理工学院、斯坦福大学、新加坡国立大学、斯德哥尔摩大学、北京大学、清华大学以及首尔大学举办了"东京论坛"，并根据各校之间的合作前景设立不同的论坛主题，探讨双方在未来加深合作的可能性。

二、日本留学生教育政策存在的问题

教育政策的形成不仅受到政府内部因素如政党间权力制衡、政府机构、决策体制等的影响，而且还要受到政府外部因素，如相关利益集团、咨询研究机构、社会公众舆论等多方面的制约。可以说，教育政策的形成过程就是平衡利益冲突的过程，教育政策实际上是不同利益集团间相互制约、制衡、妥协的产物。

（一）"一党制"体制与政权更迭对留学生教育政策形成的影响

回顾日本高等教育百余年的历史，政府出台的诸多以教育改革为目的的政策都可以看作是具有政治意图的社会改革，都是在当时社会经济状况和社会舆论的背景下，由政府作出的政治性判断才得以出台实施的。①

---

① ［日］草原克豪：《日本の大学制度—歴史と展望》，東京：弘文堂，2008：18。

在日本留学生教育政策的形成过程中，从教育政策问题的界定、政策目标的确定、政策方案的拟定和论证、政策议案的抉择到政策文本的出台等不同的阶段，都充满着纷繁复杂的利益冲突与矛盾斗争。

国家体制是影响教育政策制定的首要制约因素。二战后，日本确立了立法、司法和行政三权分立的议会内阁制，天皇成为国家的象征，无权参与国政。国会是国家的最高权力机构和唯一的立法机构，由众议院和参议院组成。国会中拥有多数议席的政党为执政党。在这种体制下，国会立法是公共政策最基本的形式，公共政策、法律、法规等均需在国会获得审议通过才能生效。内阁是行政权的主体，一切担负行政职能的机构都处于内阁的统一支配之下。内阁由总理大臣（亦称首相）及其他国务大臣组成。二战后以来，日本历届内阁的绝大多数是由在国会中占多数议席的执政党组成的。自 1955 年"保守联合"的自由民主党（以下简称"自民党"）成立以来，日本政坛形成了自民党长期在朝，社会党长期在野的两党对峙的"五五体制"。在明仁天皇 1989 年登基以来的平成年代，由于诸多因素导致各政党内权力斗争日趋复杂，日本政坛呈现出极度的不稳定情势，开始陷入异常频繁的政权更迭怪圈。仅平成以来任期不足一年的短命内阁就有 8 任之多。日本政治势力之间的权力结构及其变化对日本高等教育的政策制定与变迁产生了巨大而深远的影响。

一直到 1993 年，自民党独掌政权 38 年的"一党独大"的格局才被打破，日本开始呈现出多党联合执政的局面。在一党制政体下，作为一个具有绝对优势的政党，代表日本经济产业界利益的自民党的执政理念在很大程度上影响了教育政策的形成，并在政策制定的过程中发挥了主导性作用。2009 年 8 月 30 日，以鸠山由纪夫为首的日本民主党在众议院选举中取得压倒性胜利，实现了真正意义上的"战后政治总结算"，宣告了日本长期以来由自民党独揽执政大权的局面的终结，开启了日本政坛的民主党时代。由于两党执政理念的不同，政权的频繁更迭导致部分政策朝令夕改，缺乏稳定性和持续性，并直接影响到政策的效度。

例如，前文中提到的 2009 年出台的旨在重点建设 30 所国际化示范基地的"G30 计划"更迭为"G13 计划",背后蕴含的是政权间的博弈。尔后,计划尚在实施周期内,民主党政府在对该计划进行全面评估后,认为计划效率低未达到预期效果,决定暂时取消,重新修订,再然后便不了了之了。日本政府的这一做法在一定程度上严重损害了日本大学的国际声誉和信用,阻碍了高等教育国际化的进程。

2010 年,民主党政府调整了留学生援助计划,宣告终止已实施 20 年的"学校法人学费减免计划"① 援助。此举意味着各大学在留学生接收时要自食其力,将来日本各大学学费将不可避免地出现上调。如果仍要延续原来的留学生减免额度,大学方面不得不自掏腰包,这对一些因少子化原本就招生困难的私立大学来说无疑是雪上加霜,大量留学生生源流失不可避免。

(二)留学生国别与地区分布不平衡,教育层次偏低,毕业后就业渠道不畅

日本政府为了有效促进"留学生三十万人计划"目标的达成,出台了多项鼓励举措,吸引优秀海外人才。2013 年的《日本再兴战略》重申了引进外国人才和智力是强化人才供给、跟上世界潮流和时代步伐的战略性选择。同年出台的《促进世界成长的留学生接收战略》划定了重点地区和重点专业,有针对性地采取留学生接收方针。《日本再兴战略改订 2014版》强调了扩大留学生在日就业对于日本经济发展的重要性,进一步明确了扩招留学生的必然性。2016 年,日本政府研究新经济增长战略,安倍首相在产业竞争力会议称"人才和投资将创造新的增长领域"②,日本将继续采取鼓励措施,积极吸引优秀的外国人才。

但是,从官方公布的具体数据来看,现实中仍旧存在如下问题。首

---

① 该制度是文部科学省以私立大学在籍留学生为对象,对实行学费减免的学校法人进行资助,其资助金额以学费的 30% 为限,旨在扶持私立大学吸引优秀留学生为目的的学费减免制度。

② 中国新闻网:《日本政府研究新经济增长战略吸引外国优秀人才》,2020-03-06,见 http://www.chinanews.com/gj/2016/01-26/7732939.shtml.

先，在日留学生的来源地区不够多样化，绝大多数的留学生仍旧来自日本的周边邻国，九成以上来自亚洲地区。其次，超过半数的在日留学生就读于首都圈的高校，超过七成的在日留学生集中在日本人口密集的东京、大阪等大都市，与日本政府欲借留学生来激发地区发展新活力的政策意愿相违背。再次，在日留学生中有近三成的留学生就读于日语语言学校，两成的学生就读于专修学校等，而攻读本科和硕士、博士学位的留学生只占总数的一半，这反映了日本现有的留学生结构与日本政府欲招揽高素质优秀留学生提升本国高等教育的教育研究水平的愿望之间还存在着较大的落差。最后，留学生毕业后就业渠道不畅。虽然留日学生的在日就业率每年都在提高，但据独立行政法人日本学生支援机构（JASSO）2016 年度调查结果，有超过七成的受访留学生希望能在日本就业，而实际能够成功在日本就业的留学生却不到毕业留学生数的三成。同时随着老龄化趋势愈演愈烈，日本劳动力市场需求旺盛，供不应求。据相关调查数据显示，2017年日本的求职市场中每 1.43 个招聘职位只有 1 名求职者申请。[①] 此外，与本国大学毕业生相比，外国人雇佣程序复杂、烦琐，也是日本企业对于选择留学生比较慎重甚至敬而远之的主要原因。

三、日本留学生教育政策的未来走向

从日本文部科学省于 2017 年 8 月 21 日发布的《关于推进高等教育机构接受外国留学生的有识之士会议报告》[②]（以下简称"报告"）的相关内容中，或可一窥日本留学生教育政策未来走向。会议重申未来会从质量提升和数量拓展方面综合推进留学生接收政策，提出应秉持全面、长远的目光，通过进一步优化教育研究环境，打造更具吸引力的海外人才发展环

---

① 日本法務省：《平成 28 年における留学生の日本企業への就職状況について》，2020-03-10，见 http://www.moj.go.jp/nyuukokukanri/kouhou/nyuukokukanri07_00157.html.

② 文部科学省：《高等教育機関における外国人留学生の受入推進に関する有識者会議報告について》，2020-04-18，见 https://www.mext.go.jp/component/a_menu/education/detail/__icsFiles/afieldfile/2017/08/21/1394116_002.pdf/.

境，向留学生提供更优质的教育，并将重点完善六大领域措施，综合提升日本留学魅力。报告将日本未来应大力争夺的留学生分为两类，第一类是高级人才，第二类是对日本非常感兴趣且愿意自费赴日留学的学生。无论针对哪一类学生，日本政府都强调仍然要加强海外宣传力度，完善奖学金制度，充实高校和社会的留学生接收体制，促进毕业生的在日就业等措施。

日本政府希望通过接收第一类留学生实现以下三个目标：（1）提升高校的教育研究水平，加快推进日本高等教育国际化进程，扩大研发全球化合作网络；（2）通过接收可能在将来成为留学生所属国（发展中国家）领导者的人才，加强与该国的联系交流沟通，保持与该国的友好关系往来；（3）通过推动在技术开发或经营等其他商务领域具有潜质的外国优秀人才在日本企业就职，扭转日本企业国际竞争力下降的趋势。尤其是要鼓励留学生在地方中小企业就职，激发区域发展活力。报告特别指出，高级人才的国际流动性高，历来是世界各国重点争夺的对象，不一定从一开始就对日本和日本文化抱有兴趣，因此要有针对性地采取战略性措施，如建设提供高额奖学金、开设全英文学位课程等提供质量保证的教育项目等。

报告指出接收第二类留学生的目的在于：（1）通过留学生与日本学生的共同学习推进高校的国际化与多样化发展，借此将留学生和日本学生共同培养成全球化人才；（2）以亚洲各国为中心，培养毕业回国后在所属国的日资企业就职的人才，以支援日企的海外扩张；（3）在日语语言学校培养未来希望攻读学位的留学生的日语能力。此类留学生是出于自身对日本的兴趣而自费赴日，因此可以为其提供多样的、高质量、富有魅力的专科课程或夏令营等短期留学项目。

报告指出未来日本政府将重点完善以下六大领域措施①：

第一，准确传播留学日本相关信息。日本政府致力于事先了解留学生的多样化需求，通过日本驻外使领馆、日本大学海外事务所等拓展信息

---

① 李冬梅：《日本六大举措提升留学魅力》，《中国教育报》2018 年 5 月 25 日。

宣传途径，并通过与其他留学目的地国的对比，综合整理出日本留学信息，并准确传播给留学生。因留学前辈和朋友的经验将对个人是否留学日本产生重大影响，日本政府今后将全力创建社交网络平台、归国留学生会等。同时，日本政府还将致力于把日本教师派往日本重点关注的国家或地区的大学，通过日本教师来展现日本教育研究的质量和水准。

第二，创建高效的留学生招生选拔机制。为提升留学生的招生效率，日本政府将通过驻外使领馆、日本国际协力机构驻外事务所等积极挖掘日本亟须引进的留学生人才。今后，日本招收留学生的视角不仅面向海外，同时还将聚焦日本国内。日本政府将完善面向日本国内的国际学校以及中小学在籍外国儿童的教育援助，以促进这些潜在的外国儿童在未来升学中就读日本的高等教育机构。这种挖掘国内潜力的方式不得不说是一种创新。日本文部科学省积极配合日本学生支援机构等，广泛运用风靡全球的美国研究生入学考试（GRE）等，全力推广便于留学生参加的"日本留学考试"，通过大学的海外事务所开展网上面试等，让留学生在当地就可参加入学考试并在赴日之前获得入学资格，从而大大提升了招生选拔的便捷性。今后，为确保优秀人才赴日留学，日本政府将进一步完善现有招生机制，例如日本研究生院仅凭书面测试进行审查、本科考试运用托福等外部测试成绩、推广远程视频面试、进一步推进日本留学测试的海外推广等。

第三，重点关注奖学金发放回报率。今后，日本将采取措施关注奖学金发放的回报率，确保并提升留学生在学期间的成绩与能力，促进其毕业后在日本就业并为日本经济社会发展作出贡献。留学生来日本后，日本政府将立即召集获得政府渠道奖学金的学生并开展指导会议，为其讲解获得留学奖学金的意义和自身所应实现的目标等，以此确保留学生在日期间努力学习并提升奖学金的发放成效。此外，为了确保留学生在高中阶段留学日本或短期留学日本之后再次来日本长期留学，日本政府将推动不同类型奖学金之间的相互衔接与协作。

第四，深化留学生与日本社会的沟通交流。今后，日本将援助各大学积极运用民间资金来建设"国际化公寓",促成大学与当地政府间的协同合作来运用空置房屋或公营住宅,全力为留学生提供安心的居住场所。在推进构建"国际化公寓"过程中,将配备由日本学生担任的教学助理和生活助理。未来,日本大学还将在日本政府的支持下提供更多面向留学生的勤工俭学机会,例如教学助理、图书管理员等校内兼职。此外,促进留学生与当地社区、居民间的沟通交流,不仅能深化留学生对于日本文化传统的理解,还能培养留学生与日本社会之间的友好感情,是促进留学生毕业后留日工作或是留学生回国后继续与日本联络的纽带。为此,日本政府今后还将协同地方政府、企业与社区,定期开展相关的交流活动。

第五,积极促成留学生在日就业。为了吸引更多优秀留学生毕业后留日工作,日本今后将把那些毕业后在日本发展较好的留学生经历通过企业实习或大学内部演讲的方式进行展示,并增加留学生与日本企业人员交流的机会。同时,为了帮助留学生毕业后顺利就职日本企业,日本大学方面将从留学初期开始提供商务日语相关课程。此外,为了避免出现就业不匹配的问题,日本大学将帮助留学生充分了解日本独有的雇用文化等。日本政府和日本高校还将积极宣传留学生的实习情况和能力等,帮助日本企业深化对留学生的理解。同时,日本大学方面加强与产业界的合作,积极交换意见、共享信息,共同促成日本企业方面建立接收外国员工的绿色通道,形成企业内与外国员工友好合作的氛围,构建灵活的人事待遇并全面应对外国员工的需求等。此外,日本政府将强化与驻外工商会所、驻外日本使领馆等的相互合作,帮助留学生回国后在所属国的日企工作。

第六,构建留学生回国后的持续互联机制。日本政府深谙需要构建并强化留学生与日本方面相互衔接的持续型人脉网络,在留学生留学过程中创造他们与日本方面的交流平台,让他们回国后依然愿意与日本积极联系。今后,日本政府将重点甄选一批需要长远联系的优秀人才,积极促成这些留学生与日本政府人员、民间企业、日本研究人员的人脉网络。同时，日本大学将鼓励留学生举办留学期间的本国同窗会以及回国后的日本留学同学会等。

　　总之，推动日本大学国际化发展，吸引和留住海外高层次人才，将是今后日本留学生政策中长期不变的战略方针。采取一系列有针对性的吸引、留住、用好海外优秀人才的政策和措施，如何把政策真正落到实处，防止政策的执行流于形式是日本政府未来亟待解决的重要问题。

第九章　留学生教育政策的全球发展与中国选择

2016年4月，中共中央办公厅、国务院办公厅联合印发了《关于做好新时期教育对外开放工作的若干意见》，该文件提出我国新时期教育对外开放工作的目标是："到2020年，我国来华留学质量显著提高，涉外办学效益明显提升，双边多边教育合作广度和深度有效拓展，参与教育领域国际规则制定能力大幅提升，教育对外开放规范化、法治化水平显著提高，更好满足人民群众多样化、高质量教育需求，更好服务经济社会发展全局。"① 2020年6月，教育部联合八部门共同发布《关于加快和扩大新时代教育对外开放的意见》，其中特别提出教育对外开放是教育现代化的鲜明特征和重要推动力，要坚持教育对外开放不动摇，主动加强同世界各国的互鉴、互容、互通，形成更全方位、更宽领域、更多层次、更加主动的教育对外开放局面。② 总体上看，上述文件的出台既确定了新时期教育对外开放的方向，也在客观上凸显出开展来华留学生教育工作的现实紧迫性。在世界格局正发生深层次调整的历史背景下，来华留学生教育既面临机遇，又经受挑战，发展来华留学生教育既要深耕

---

① 新华社：《坚持扩大开放，做强中国教育》，《中国教育报》2016年4月30日第1版。
② 中华人民共和国教育部：《教育部等八部门全面部署加快和扩大新时代教育对外开放》，2020-6-22，见http://www.moe.gov.cn/jyb_xwfb/moe_2082/zl_2020n/2020_zl33/202006/t20200617_466544.html。

国内资源——充分利用国家制度与治理体系的优势，也要放眼世界——在洞察全球留学生教育发展趋势的基础上合理吸收留学发达国家的宝贵经验。

第一节　全球留学生教育的发展特征

留学生教育关涉一个国家政治、经济、文化与外交等诸多领域的切实利益，同时也是衡量国家教育发展水平的重要指标。随着 21 世纪以来全球经济陷入普遍增长乏力的发展困局中，各国对于优质人才资源的争夺日趋激烈，各方围绕留学生教育的竞争强度不断升级，全球留学生教育呈现出一系列明显特征。

一、各国围绕留学生群体的争夺日益激烈

留学生教育是一个有着悠久历史但又充满现实活力的领域，它既关涉国家的整体实力与竞争力，又与地方的发展活力和未来预期密切相关。留学生的数量在 20 世纪 90 年代以来呈现井喷增长状态。"各国和各高等教育机构都将自身所吸引的留学生数量作为衡量其所提供教育的吸引力和声誉的一个指标，世界上精英聚集的高等教育机构能够比其他高等教育机构吸引更多的外国留学生，许多大学主动地宣传自己的教育服务和提供的各种课程，目的是从其他国家吸引最优秀的人才。"[①] 围绕留学生群体的争夺已经成为世界各国发展本国教育时的一个重要着眼点，是一种不得不为且意义重大的战略选择。

纵观当今世界留学生教育的发展现状，以美、英、加、澳等国为代表的世界主要留学目的地国普遍出台了意在推动留学生教育发展的政策措施，它们通过制定吸引海外学子到本国求学与工作的多重手段，逐步

---

① ［德］芭芭拉·柯姆：《大学生国际流动对人力发展和全球理解的贡献》，《北京大学教育评论》2005 年第 1 期。

营造出更为开放、优越、包容和友好的留学环境，进而实现扩大留学生的数量、占据国际留学生教育市场的多数份额的目标。根据 OECD 的预测，随着人口结构的变化，到 2025 年，全球留学生的数量将会达到 800 万人。[①] 澳大利亚国际教育开发署（International Development Program Education Australia）同样预言：国际高等教育需求将在短时期内增长 4 倍，从 2000 年的 180 万名学生增长到 2025 年的 720 万名学生。[②] 可以说，各国目前已经在留学生教育发展前景上达成共识，大家普遍将留学生教育视为一种方兴未艾的教育活动，其发展会对国家的教育进步和利益达成产生深远影响。

中国在 2014 年首次提出将"出国留学与来华留学并重作为未来留学工作的指导方针"，由此，我国的来华留学生教育工作进入加速发展时期。然而与快速上升的出国留学人员的数量和增幅相比，来华留学人员相关指标的增长却明显滞后，这一方面表明我国留学生教育的"逆差"现象极为严重，来华留学生教育发展任重道远；另一方面也代表着我国高等教育的对外吸引力不足，高校的国际化水平不高。可以说，当前的来华留学生教育已经很难适应我国新时代的社会进步与国家发展对留学生教育工作与来华留学人才所提出的新要求与新期待。与激烈的国际留学生教育市场竞争相背离的是，我国教育理论界对来华留学生教育的研究仍不充分，社会公众并没有完全认清来华留学生教育在新时期教育发展中的重要地位，我们必须重新审视来华留学生教育的重大意义，全力投入到优秀人才争夺的国际市场中。

---

① The International Strategy Office. "International Trends in Higher Education 2015"，2017-05-03，见 https：//www.-ox.ac.uk/sites/files/oxford/International%20Trends%20in%20Higher%20Education%202015.pdf.

② Bohm A，Davis D. "Global Student Mobility 2025：Forecasts of the Global Demand for International Higher Education".2018-05-03. 见 https：//www.foresightfordevelopment.org/sobipro/55/333-global-student-mobility-2025-forecasts-of-the-global-demand-for-international-higher-education.

二、国际学生流动呈现出全球化与区域化并存趋势

从历史发展来说，留学活动的起源很早。姑且不论古希腊时期与中国春秋战国时期的"游学风潮"，假如仅从工业革命后世界迈入现代社会以来开始计算，那么从 19 世纪中叶美国学生大量奔赴德国大学开始到现在，全球留学活动已经经历了不同的发展时期，在每一时期之内，影响和推动留学生教育发展的核心因素并不相同。冷战结束以来，随着全球经济一体化的趋势日渐明显，留学生教育迈入新的全球化时期，这一时期的留学生教育与二战后以国家为主导力量的发展模式存在根本性质上的差异。留学生教育的主导因素从政治与意识形态因素变成文化与经济利益因素，其核心参与者从政府变成留学生个体（及其家庭）和各类高等教育机构。实际上，这种转变既有国际局势放缓和国家战略转移等宏观层面的原因，也有个体与学校等微观因素发生变革的推动。当经济条件的改善使得个体能够具备负担留学的能力（并且具备这种能力的家庭越来越多），而高等院校的接收能力随着扩招也在增强时，全球留学生教育必然迎来大发展时期。于富增认为，"当一个国家的高等院校接收学生的能力不断增强，同时接收外国留学生也不存在与国内学生争夺高等教育资源问题时，接收外国留学生对一个国家来说便具有政治、经济、文化和人才等各方面的益处。"[1] 这种说法是有现实说服力的，许多国家特别是欧美发达国家都在积极助推留学生教育政策出台，力图扩展本国留学生教育的发展。

随着经济全球化与教育国际化的趋势日渐明显，留学生群体的跨国流动已经成为一股不可遏制的潮流，就发展趋势而言，国际学生的流动趋势越来越呈现出全球化与区域化并存的发展特征。留学生教育的全球化趋势主要是指世界各国普遍被卷入留学运动之中，很少有国家主动游离于留学生教育之外，留学生教育几乎在世界各国都迈入活跃时期并且留学目的地的选择上呈现多元化分布状态，留学生既流入欧美发达国家，也广泛涌

---

[1]　于富增：《改革开放 30 年的来华留学生教育》，北京语言大学出版社 2009 年版，第 259 页。

入中国、韩国、马来西亚等新兴教育国家。留学生教育的区域化趋势是指少数区域（如欧盟、东北亚、东盟等）内部国家之间的国际学生流动相对于与此区域国家与区域外国家的国际学生流动来说更加密切。换言之，留学生更愿意选择那些地理空间较近、文化差异较小、教育制度较为相似的周边国家留学，这种趋势的代表性地区就是欧盟地区和亚太地区。总体上看，全球留学生教育呈现出规模的扩大与范围的拓展趋势，留学活动逐渐从自发性无组织阶段进入到理性指引下的成熟选择阶段，全球留学生教育市场随之逐渐成熟。

三、留学生教育发展呈现出国家间非均衡性

20 世纪 80 年代以来，留学生的数量增长引起世界各国的关注，也成为全球高等教育发展的一个缩影。总体上看，留学生群体的跨国流动在不同国家和地区之间是不平衡的，少数发达国家占据了极大的留学生教育市场份额，绝大多数的发展中国家和地区则处于严重的留学逆差状态。现有证据表明，留学生教育的兴衰成败既与所在国的经济实力、科技水平和国际地位有直接联系，也与一个国家所采取的留学生教育政策和措施密切相关。

根据国际教育信息调查机构（International Consultants for Education and Fairs，简称 ICEF）发布的信息，截止到 2016 年 12 月，全球大约有 500 万名学生在国外学习，这一人数比 2000 年的 210 万名增加了一倍多，比 1990 年增加了两倍多。[①] 就各国所占国际留学生教育市场的份额来说，从 2001 年到 2017 年，主要留学目的地国的位次有所改变，中国、加拿大、法国等国通过出台各项措施极大地扩充了留学生的数量，并且也缩小了与美英两国的差距，但美、英、澳等英语国家仍然占据前三位置，中国、加拿大、德国、法国、俄罗斯和日本则位居 4—10 的位次，各国所占份额的具体情形详见图 9–1。

---

① International Consultants for Education and Fairs. Measuring up. "Global market share and national targets in international education", 2017-05-06，见 http：//monitor.icef.com/2017/04/measuring-global-market-share-national-targets-international-education/.

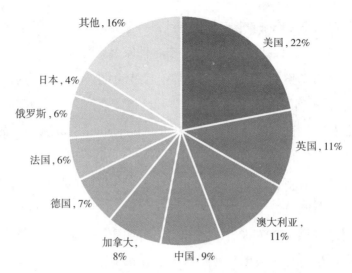

图 9–1　世界主要留学目的地国留学生教育市场占比示意图（2016）

数据来源：International Consultants for Education and Fairs. "Global market share and national targets in international education"，2017-04-01，见 http：//monitor.icef.com/2017/04/measuring-global-market-share-national-targets-international-education/.

美国是世界上拥有留学生数量最多的国家，作为当今世界科技和研发实力最强的国家，美国在吸引留学生方面上有许多客观优势——"美国能够为个体提供无数工作机会、富有竞争性的工资、高质量的研究系统和优越的工作环境"[①]，这些优势支撑起美国成为世界上最大的留学生目的地国。根据美国移民及海关执法局的报告，"截止到 2016 年末，亚洲学生占美国国际留学生比例的 77%，中国本年在美国有 362368 名留学生；韩国在美国有 71204 名留学生，沙特阿拉伯在美国则有 55806 名留学生。加州是美国留学生最多的州，有超过 200000 名留学生。而纽约大学则是拥有最多留学生的大学。外国留学生数目占美国 2000 所高校的 5%，越来越多的高校为了增加学校多样性和经济效益而招收国际学生。"[②] 鉴于美国高等教育系统在世界上的领导地位，以及以世界性语言——英语——为母语

① 联合国教科文组织国际社科理事会：《世界社会科学报告（2010）》，教育部社会科学司组译，高等教育出版社 2012 年版，第 122 页。

② 桃乐：《留学生居留许可恐变一年一更》，2017-7-15，见 http：//news.uschinapress.com/2017/ 0711/1113052.shtml.

等特征，美国将在未来较长时期内继续保持世界最大的留学生目的地国的地位，也将会继续保持唯一的与所有其他国家保持留学顺差国家的态势。

在全球市场份额方面，英国总体上保持稳定，但情况更为复杂。在2012年前后，英国留学生的增长趋势开始趋于平稳，此后数年一直基本持平。根据英国高等教育统计局（Higher Education Statistics Agency，简称 HESA）发布的数据，2015—2016 学年，包括欧盟学生在内，英国共招收留学生 438000 人，这一数字相较于上一年度略微增长了 0.33%，留学生每年为英国直接交付的学费为 48 亿美元，创造的产值达到 320 亿美元，同时还提供了 207000 个就业机会。[①] 英国仍然是当今留学生的主要选择之一，但它比过去更容易受到国际竞争对手的影响，英国政府计划在 2020 年再多招收 55000 名留学生。就欧盟地区来说，作为世界范围内接受留学生的重要区域，以德国和法国为代表的欧盟国家始终保持在接收留学生数量最多国家的前列，它们与英国、俄罗斯、西班牙等欧洲国家组成了世界留学生教育市场的排头兵。欧洲国家采取的鼓励学生在欧洲内部进行流动的政策，成为这一地区的留学生数量快速增长的重要原因。根据德国教育与研究部公布的数据，在 2016 年，德国共接收留学生 340305 人，这一数字相较于上一年度增长了 6%，而从 2012 年到 2016 年的四年间，德国留学生的数量增长了 36%。[②] 这些成绩帮助德国成为世界上留学生数量增长速度最快的国家之一。法国在 2015—2016 学年共招收留学生 309642 人，这一数字比上一年度增长了 3.6%。[③] 法国留学生的主要来源地区是非洲和欧洲，尽管其留学生的数量保持增长，但相较于德国、中国、俄罗斯等国的增速则较为缓慢。值得指出的是，中国在 2016 年超过

---

① International Consultants for Education and Fairs. "UK：Higher education holding；poised for growth in ELT"，2017-07-03，见 http：//monitor.icef.com/2017/03/uk-higher-education-holding-poised-growth-elt/.

② Federal Ministry of Education and Research. "Wissenschaft weltoffen kompakt 2017"，2017-06-08，见 http：//www.wissenschaftweltoffen.de/kompakt/wwo2017_kompakt_en.pdf.

③ Campus France. "LES CHIFFRES CLÉS Février 2017"，2017-05-06，见 http：//ressources.campusfrance.org/publi_institu/etude_prospect/chiffres_cles/fr/chiffres_cles.pdf.

法国成为全世界招收留学生最多的非英语（Non-English-speaking）国家。以澳大利亚、日本和中国为代表的亚太地区在近年来的留学市场上表现抢眼，这些国家所吸收的留学生的数量不断增长，其增长率高居各地区之首。在 2016 年，澳大利亚共吸引超过 554179 名留学生，其数量创历史纪录，相比于上一年度增长了 10.9%，该国过去 10 年间留学生的平均年增长率为 6.5%。[①] 值得指出的是，澳大利亚政府已经推出一系列吸引留学生的政策，其战略目标是能在 2025 年吸引到 72 万名留学生。

总体上看，留学生教育的快速发展已经成为一种世界性趋势，在这种背景下，许多国家都根据本国国情制定相应的政策措施来增强自身在留学生教育市场中的影响。留学生群体的跨国流动在不同国家和地区之间是不平衡的，少数发达国家占据了极大的留学生教育市场份额，总结美、英、澳等留学发达国家留学生教育政策的经验对于留学后发国家具有重要启发意义。

第二节　世界主要留学目的地国留学生
教育政策的基本经验

20 世纪 90 年代以来，留学生的数量增长引起世界各国的关注，也成为全球教育发展的一个缩影。留学生教育的发展与世界各国的普遍重视密不可分，"在高等教育国际化过程中，学生流动扮演着一个非常积极的角色，因为它是高等教育实力的显示，同时也是一个国家文化影响力的反映。因此，如何吸引留学生已经成为当代许多国家高等教育政策的一项重要内容"[②]。实际上，留学生教育的兴衰成败既与所在国的经济实力、科技

[①]　Australia Government Department of Education and Training. "End of Year Summary of International Student Enrolment Data Australia-2016"，2017-06-08，见 https：// internationaleducation.gov.au/research/ International-Student-Data/Documents/MONTHLYpercentage20SUMMARIES/2016/12_December_2016_ FullYearAnalysis.pdf.

[②]　王洪才、戴娜、刘红光：《全球化背景下的国际学生流动与中国政策选择》，《厦门大学学报》（哲学社会科学版）2014 年第 2 期。

水平和国际地位有直接联系，也与一个国家所采取的留学生教育政策和相关措施密切相关。

一、出台留学生教育的国家战略

国家战略是一个国家根据特定时期的政治、经济和社会发展目标而制定的总方略，它是国家行为的指导性纲领，也会在一定程度上推动或阻碍事物的发展。留学生教育不仅是一种教育活动，同时也涉及一个国家的政治、经济和文化等领域的开放水平与国际化程度，可以说，留学生教育与国家特别是政府制定的相关政策紧密相关。从现实上看，世界主要留学目的地国在促进留学生教育发展时通常都会出台一系列的国家战略，这些政策或规范将对本国的留学生教育产生深远影响。

作为一个世界性的留学生教育大国，美国在二战后才开始逐渐重视起留学生教育，并且将促进学生的国际流动视为自身国家政策中最有价值的工具和手段之一。美国留学生教育的起步和发展都与其政策和法律的支持密不可分，从 1948 年的《美国新闻与教育交流法》(*U.S. Inforination and Educational Exchange Act*) 到 1966 年的《国际教育法》(*International Education Act*) 再到 2000 年的《美国 2000 年教育目标法》(*Goals 2000: Educate America Act*)，美国始终注意以法律和政策的形式对留学生教育进行引导和规范，从而保持其发展的稳定性和延续性。值得关注的是，美国出台的有关留学生教育的法案历来重视对资金、设施及机构等保障性条件的投入，这既与其庞大的经济体量密切相关，也与美国自立国以来确定的教育传统存在内在关联。例如，在 1992 年美国国会出台的《高等教育法修正案》中，明确提出要为扩大海外学习计划和文化交流项目投入 2 亿美元的资金支持，同时将对吸引留学生的项目支持经费从 1990 年的 4460 万美元提高至 1999 年的 6100 万美元。[①]

---

① Fred M. Hayward: Internationalization of U.S. *Higher Education*: *Preliminary Status Report 2000*. Washington: American Council on Education, 2000: 23-24.

作为新兴的留学生教育大国，澳大利亚政府历来注重发挥政策对留学生教育的导向作用。澳大利亚政府在 2016 年 4 月正式发布《国际教育国家战略 2025》（*National Strategy for International Education 2025*），这一方案旨在进一步增强澳大利亚留学生教育的吸引力，同时促进全球合作，其主要内容包括：提升留学生就业能力——为留学生工作、工学结合及实习提供更多机会；加强留学生数据收集与分析——制定更适切的政策与规划；构建国际校友网络——保持留学生与澳大利亚的持续联系；联盟与合作——构建留学生教育全球合作网络。① 德国同样注重留学生教育相关政策的制定工作，并且通过各种政策文件与法律法规（如《高等学校总纲法》）为来德留学生教育提供制度与法律上的支持依据。2017 年，德国联邦政府制定了《教育、科学和研究国际化战略》，该战略旨在"进一步打破阻碍学者国际流动的障碍，吸引更多优秀的外国留学生和学者来到德国"，其目标包括：（1）通过国际合作提升学术水平；（2）提升国际创新能力；（3）提升职业教育国际化水平；（4）和新兴国家构建全球学术体系；（5）合作应对全球挑战。② 上述目标大多数都和留学生教育有关，充分体现出德国在未来规划中对留学生教育重要性的认可。

日本把吸引优秀留学生作为助推"人才立国"战略落地的现实手段，并且重视对留学生教育的发展进行政策性引导。1983 年，日本成立了专为中央政府提供留学生教育政策咨询的"21 世纪留学生政策委员会"，日本文部省基于该委员会的建议在 1984 年正式出台了《关于面向 21 世纪留学生发展政策》，该文件明确提出要在 21 世纪初期接收 10 万名留学生，并且在配套措施、经费支出与社会保障等层面进行了筹划。③ 进入

---

① Australian Government. "National strategy for international education"，2019-11-16，见 https：//nsie.education.gov.au/sites/-default/files/docs/national_strategy_for_international_education_2025.pdf.

② BMBF. "Internationalisierung von Bildung，Wissenschaft und Forschung"，2019-09-12，见 https：//www.bmbf.de/upload_filestore/pub/Internationalisierungsstrategie.pdf.

③ 王留栓、［日］小柳佐和子：《日本大学国际化的进程与回顾》，《日本问题研究》2001年第 1 期。

21 世纪以来，日本加快发展留学生教育的步伐。2008 年 1 月，时任日本首相福田康夫提出接收 30 万名留学生计划，该计划旨在凝聚共识，整合产、学、官三方力量，到 2025 年前吸收 30 万名海外优秀人才进入日本的大学和企业。[①] 日本"留学生三十万人计划"从国家战略高度对日本未来的留学生教育政策进行了深度调整，同时确定了来日留学生教育的发展理念。

从总体上看，各国普遍重视通过出台国家性政策来推进本国留学事业的发展。21 世纪以来，除上述国家外，新加坡出台了"全球校舍计划"[②]、韩国出台了"留学韩国计划"（Study Korea Project）、新西兰出台了"2007—2012 国际教育进程"（international education agenda：A strategy for 2007—2012），这些措施都是各国以国家名义打造的用以吸引留学生来本国留学的重要战略，同时也对全球留学生教育格局产生了深远的影响。

二、提升教育的国际化水平

国际化已经成为许多国家规划和制定本国留学生教育发展策略的重要维度，也被视为评价一个国家留学生教育发展水平和竞争力的客观标准之一。为促进留学生教育的发展，争夺更多优质留学生生源，世界主要留学目的地国都在围绕教育国际化做文章，力求以国际化发展为留学生教育寻找发展的突破口。

2006 年 12 月，日本新修改的《教育基本法》将教育（院校）国际化正式写入"教育宪法"，教育国际化被赋予前所未有的法律地位。[③] 作为"留学三十万人计划"的跟进措施，日本文部科学省于 2009 年 4 月启动了"国际化基地发展项目"（又称"国际化 30"或"G30 计划"）。该计划旨在为日本大学的国际化战略提供全面支持，将由政府在 5 年时间内提供

---

① 吴坚、赵杨、杨婧：《20 世纪 80 年代以来的日本政府留学生政策》，《高等教育研究》2009 年第 12 期。

② 李一、曲铁华：《新加坡"环球校园"计划政策评析》，《高等教育研究》2017 年第 5 期。

③ 臧佩红：《试论当代日本的教育国际化》，《日本学刊》2012 年第 1 期。

经费重点建设 30 所国际化示范基地（即"国际化示范大学"）。2009 年 7 月，日本文部科学省选定 13 所大学作为首批日本国际化示范大学，这些学校将得到 41 亿日元的专项资金用于增加英语授课比例、提升留学生的住宿、医疗、福利与就业等方面的条件。国际化示范大学开设的英语授课专业，原则上将允许学生直接凭借英语取得学位，同时将大力增加外籍教师数量，利用互派留学生、学分互换及推进校际学位承认的双学位制等措施与国外大学展开深度合作，最终加快日本大学的国际化步伐，使其成为吸引留学生的开放性场所。

作为非英语国家，法国利用"欢迎来法国"基金大力提升本国院校的国际化水准，通过支持英语或其他语种的使用来帮助留学生更好地进入并融入法国教育体系中。由于特别基金的支持，法国高校近年来英文授课课程数量持续增长。2013 年新修订的《高等教育与研究法》允许各高校在与国外高校签订协议的情况下可使用外语进行授课。据不完全统计，截止到 2019 年 12 月，法国大学中共有 1015 门课程采用全英授课，有 237 所高等院校提供英语授课，主要集中在经济管理、工程技术、环境科学与健康等专业领域。[①] 德国在 20 世纪 90 年代后不断提升大学的国际化水平，并且在国际课程的创设、国际课程的互认机制、大学的国际化总体战略等方面取得突破。德国特别要求大学的课程内容尽量融入国际视角、国际思维以及跨文化视角，同时为了减少留学生的语言障碍和帮助德国学生获得跨文化能力和语言能力，政府要求高校增加英语授课课程比例，许多高校目前在学士和硕士两个阶段均开设以两种或以上语言为授课语言的课程。根据德国大学校长联席会所属的 Hochschulkompass 数据库统计，截止到 2018 年 12 月，德国高校中以英语为主要授课语言的课程数量为 1438 门，大约占到所有课程数量的 7%，这其中包括 226 门本科课程、7 门国家考

---

① Ministre de l'enseignement supérieur de la France. "Bienvenue en France"：la stratégie d'attractivité pour les étudiants internationaux"，2019-04-28，见 http：//www.enseignementsup-recherche.gouv.fr/cid136251/-bienvenue-en-france-la-strategie-d-attractivite-pour-les-etudiants-internationaux.html.

试课程、1205 门硕士课程，硕士阶段英语课程授课课程比例较大。① 除了这些英文授课专业之外，德国大学里许多非英文授课的专业也允许学生选择用英文来撰写毕业论文，这为德语不熟练的留学生打开方便之门。② 德国近年来积极参与欧洲大学联盟的教育项目，全面调整课程结构并且建立了一套针对课程的完整的检测与质量保障体系，目前已经建立起与国际通行制度相适应的课程体系，同时也注意给予高校在国际化课程设置方面更大的权力。

目前来说，许多国家针对留学生群体开设的国际化课程都有着明确的现实目标，而语言问题是其中较为重要的维度。"在欧洲的非英语国家，由于高等教育机构提供更多语言课程，甚至在学位学习的全过程中用英语教学，语言问题得到了很好的解决。目前这种趋势正在世界范围内扩展，因此语言作为流动的潜在障碍问题已经基本得到解决。此外，现实中，所有接受留学生的高等教育机构都为学生提供该国语言强化课程，以帮助外国学生掌握留学目的国的语言，并适应该国的日常生活。"③ 就目前情况来说，国际上通行的提升本国教育国际化水平的措施一般都是设置以英语为授课语言的正式课程。在这方面，英美等国具有先天语言优势，因此其在课程国际化建设方面走在世界各国前列。英国多数院校在课程国际化方面主要采取以下五种策略：一是开设专门的国际教育课程，帮助学生意识到所有国家的相互联系及世界共同的普遍性问题；二是在现有的课程中加入国际性的内容，帮助学生及时了解最新研究成果；三是开设注重国际主题的新课程；四是地区性或国别研究的课程；五是建立国际交换课程网络。④ 美

① Paula Hoffmeyer-Zlotnik und Janne Grote. *Anwerbung und Bindung von internationalen Studierenden in Deutschland*. Nürnberg，2018：11.

② 孙进、宁海芹：《德国作为留学目的地国之魅力溯源——兼析德国吸引留学生的国际化政策》，《比较教育研究》2015 年第 12 期。

③ ［德］芭芭拉·柯姆：《大学生国际流动对人力发展和全球理解的贡献》，《北京大学教育评论》2005 年第 1 期。

④ 詹春燕：《高等教育国际化策略——英国经验及其启示》，《湖北社会科学》2008 年第 4 期。

国在课程国际化方面的实施经验更为丰富，目前已经探索出多元化的课程
实施路径，"如在普通教育的核心课程中增加关于世界文明、世界史和外国
语的要求；增设和加强地区研究和国际研究方面的主修、辅修和专攻计划；
开展跨学科和跨专业的外语教学；在工程、工商管理、教育等领域的教学
中增加国际方面的内容；把到国外参观学习与课程联系起来；开展跨文化
研究，以及开设如何运用高技术进行国际学习和研究的课程等"①。部分美
国高校紧密围绕教育的"国际理念"，积极对本校的课程进行改革，通过
设置区域研究中心以及增加国际性科目来提升本校的国际化水平，如印第
安纳大学（Indiana University）设立了 12 个国际研究中心（详见表 9–1），
这些研究中心同时提供英语培训服务，从而为留学生群体解决现实问题。

表 9–1　印第安纳大学区域研究中心表

印第安纳大学国际研究中心名称	创办时间（年）
东欧和俄罗斯研究所	1958
加勒比海和拉丁美洲研究中心	1963
乌拉尔民族和中亚资源中心	1963
非洲研究计划中心	1965
犹太研究计划中心	1972
波兰研究计划中心	1976
西欧研究中心	1978
东亚研究中心	1979
中东研究中心	1980
全球发展研究中心	1980
国际商业教育研究中心	1989
印度研究中心	1992
当代国际资源中心	1996

数据来源：梁绿琦等主编《国际化教育的理论与探索》，中国社会科学出版社 2015 年版，第
　　26 页。

---

① 陈学飞：《谈谈美国高等教育国际化的若干基本要素》，《比较教育研究》1997 年第 3 期。

除了加强国际化课程建设外，以英国、德国和法国为代表的留学发达国家极其注重与国外高校的互动，普遍采取多种途径加强对外交流与合作，其采取的主要方式包括：第一，联合办学，如英国政府和高校与国外联合共建大学或与外国大学联合培养大学生；第二，学术和人员的交流，这在法国建立高等教育的欧洲模式报告中体现得尤为明显；第三，通过电子媒体输出课程，这些对外合作与交流无论在广度和深度上都有了很大的发展。① 英国的文化部、教育部、国际发展部和科学部以及大学等机构总数设了上万个针对欧盟外其他国家的高等教育交流和合作项目，大力扩大与英联邦国家、英语区国家、发达国家和发展中国家的合作。澳大利亚政府极为重视对澳大利亚教育的海外推广，"针对中国市场，澳大利亚驻华大使馆每年投入大量资金，在中国各大中型城市举办大型教育展，面向学生及家庭介绍赴澳留学的相关信息，积极推广澳大利亚教育。澳大利亚驻华使领馆教育处还通过在全国各地举办留学澳大利亚专题讲座，向对赴澳留学感兴趣的学生和机构提供最新的相关留学信息，并定期为留学中介进行业务培训，加强宣传力度"②。

三、打造留学生教育的特色品牌

留学生教育与一个国家的文明开放程度密切相关，同时也和所在国对于外国文化和制度的接受度及其对外交往理念有所关联，教育领域的国际交流与合作对一个国家的留学生教育的发展起到关键性影响。从留学发达国家的发展历程来看，各国在普遍注意加强教育领域对外开放的同时，也在不遗余力地对外进行形象宣传工作，通过持续打造具有本国特色的留学生教育品牌，力图以一种开放、包容、多元的国家文化形象来增强对留学生的吸引力。

---

① 李振全、陈霞：《英德法三国高等教育国际化政策比较研究》，《科技进步与对策》2004年第 11 期。

② 旷群、戚业国：《赴澳"留学热"探源——基于推拉因素理论的分析》，《高教探索》2016 年第 1 期。

作为传统的留学发达国家，英国、澳大利亚和加拿大等国充分利用自身留学生教育优势，着力提升国家文化溢出效应，走出一条以品牌促留学之路。早在 20 世纪末，英国政府便认识到留学生教育的潜在价值与激烈竞争，因此树立起利用优质教育品牌来吸引留学生的发展理念。开发教育品牌既是一种国家战略，也为英国教育机构更加专业地向国外市场推广英国教育提供了法理基础和理念依据。英国留学生教育品牌建设走过一条从凸显英国教育优势到增强国家教育品牌区分度再到彰显国家整体教育实力的发展之路。2013 年 7 月，英国政府发布了《国际教育：全球增长与繁荣》报告，明确提出打造"英国教育品牌"的目标：要求政府、个别机构和高等学校在留学生教育市场中积极推广英国品牌；强调品牌宣传是向留学生推广英国教育的主要工具；教育品牌将为整个英国提供一个单一、可识别和独特的身份。① 为了达到创建教育品牌的目的，英国政府把教育品牌宣传活动纳入政府统一工作中，通过把教育品牌战略与文化、媒体和体育相关的视觉宣传活动结合起来，将教育与旅游业和工业推广活动联系在一起，共同打造英国国家品牌形象，从而最有效地促进跨国教育、教育产品和服务。② 除了政府需要在教育品牌打造中发挥引领作用外，英国高校与海外代理机构也被视为留学生教育品牌宣传的有机组成部分，部分高校甚至设立海外办事处来招收留学生。澳大利亚同样在留学生教育品牌打造方面深耕多年，早在 2003 年，澳大利亚联邦政府就提出"挑战、自由和地位"的教育品牌定位，意在传递一种真正产生影响的留学生教育内涵。面对激烈的留学生教育市场竞争，澳大利亚在近年对其教育品牌进行了重新定位，并且在 2011 年提出新的留学品牌"未来无限，机遇无限"，这一理念超越传统的澳大利亚所宣传的留学生教育优势，更强调留学作为一种

---

① HM Government. *International Education：Global Growth and Prosperity*. London：HM Government，2013：57.

② Sylvie Lomer，Vassiliki Papatsiba，Rajani Naidoo. "Constructing a National Higher Education Brand for the UK：Positional Competition and Promised Capitals". *Studies in Higher Education*，2016，43（1）：134-153.

教育投资的价值——留学澳大利亚意味着更好的未来收入、更高的生活满意度和更多的生活选择。[①]2011 年 10 月,加拿大教育部长理事会提出《加拿大国际教育营销行动计划》,该计划旨在通过加强宣传与塑造品牌,树立加拿大教育良好的国际形象,从而吸引更多留学生来加学习或定居,最终促进加拿大各省区域的发展和社会经济的复苏。按照规划,加拿大将在海外建立"加拿大教育中心",同时提高留学生获得加拿大学习、旅游、工作等活动签证的工作效率,及时与留学生进行沟通联系,了解其学习环境、工作生活、财务状况等方面的情况,以便获取第一手资料并及时对不足的地方予以改进。[②]

　　除英语国家外,德国、日本和俄罗斯等国家同样注意打造本国留学生教育品牌,极力做好教育的国际推广工作。自 2001 年开始,德国学术交流中心受联邦教育和研究部的委托和资助,开展了旨在宣传德国作为留学目的地的全球活动,并且推出了两个网络宣传项目"学在德国——创意之国"和"在德国研究——创意之国"。前者是德国联邦政府层面针对留学生的正式宣传项目,潜在的留学生在网站上可以了解德国的高等教育系统、奖学金申请、不同类型学校的招生政策、课程设置、在德国的生活以及语言学习等;后者是受联邦教育与研究部资助、由德国学术交流中心维护的了解德国研究的信息平台,该平台既包括对德国的研究和资助状况的介绍,也为德国大学和科研机构提供了宣传推介自身的机会。日本政府极为重视留学环境的优化和教育品牌的打造。近年来,日本相继出台了《日本复兴战略——JAPAN is BACK》《日本复兴战略修订 2014——面向未来的挑战》《第三期教育振兴基本计划》以及《日本再兴战略 2016》等政策,通过"官产学"三方联手充实现行留学生教育政策,营建创新型、复合型、多样性人才持续涌现的环境。日本积极构建"留学日本"品牌,充

---

① Austrade. "About Future Unlimited", 2019-11-16, 见 https://www.austrade.gov.au/Australian/Education/Future-Unlimited.

② 付卫洁:《加拿大高等教育国际化政策研究》,硕士学位论文,武汉大学,2017 年,第 36 页。

分利用自身的平台和资源汇聚效应，立足于日本高校在工程教育、农业科学、商业管理、文化传承等领域的比较优势，面向发展中国家的精英人群大力推广"发展学习项目"和"非洲商学青年人才培养项目"。[①]2017年6月，俄罗斯联邦政府出台"联邦优先发展项目"即《俄罗斯教育系统出口潜力优先发展计划》，该计划强调应通过外国使团和主要媒体渠道加强对俄罗斯海外"教育品牌"的推广，并在国际教育展览会上对俄罗斯大学进行全面综合的展示。俄罗斯政府充分肯定品牌效应对留学生教育的重要性，并且在发展留学生教育的过程中十分重视借用与多家外国媒体达成协议对本国高等院校进行宣传，以便将"广告效益"最大化。

四、完善留学生教育的支持性体系

留学生教育有其自身特殊性，由于留学人员需要远赴异域求学，因此留学目的地国当地的经济、文化和制度等都对留学生的选择起着直接或间接影响作用，特别是留学目的地国能否为留学生提供良好的支持性服务在其中充当着关键性因素。由于社会处于不断发展之中，留学生群体的个体诉求也千差万别，因此，无论对于留学发达国家，还是留学后发国家来说，完善留学生教育的支持性体系都显得尤为重要。总体上看，发达国家为吸引留学生群体，普遍采取多重措施来提升服务水平，它们基本上都是留学生教育支持性体系较为完善的国家。"留学发达国家都有相对积极、开放的工作和移民政策——在当地留学毕业后可以找到工作，工作一段时间后可以申请永久居留，从而构建了留学—工作—移民的完整路线图，这就给予留学生一个清晰指引。"[②]聘用战略、激励机制和移民政策的改变都能很好地证明一个国家为了提高人力资本而作出的吸引或挽留有潜力的学生和学术工作者的努力。[③]这些努力都在一定程度上提升了对留学生的吸

---

① 郑淳：《日本高等教育国际援助及启示》，《高教论坛》2019年第9期。

② 王辉耀、苗绿编：《中国留学发展报告（2016）》，社会科学文献出版社2016年版，第124页。

③ ［加］简·奈特：《激流中的高等教育：国际化变革与发展》，刘东风等译，北京大学出版社2011年版，第31页。

引力。

美国政府历来重视留美生的支持性工作，其利用留学生群体渴望留居美国生活与工作的心态，不断调整留学及工作签证来予以回应。美国民主党和共和党于 2012 年 5 月共同提交了《创业法案 2.0》（*Start-Up Act 2.0*），该法案将为在美国大学获得科学、技术、工程或数学（STEM）硕士及博士学位的留学生提供新的 STEM 签证（EB-6），使他们可以获得绿卡并留在美国创业。同年 11 月，众议院通过《STEM 就业法案》（*STEM Jobs Act*），重新分配 5.5 万张绿卡给美国大学 STEM 相关领域毕业的留学生。[①]2013 年，众议院通过奥巴马提出的《移民改革法案》（*Immigration Innovation Act*），该法案规定在美国知名高校获得 STEM 专业硕士或更高学位的留学生，如果在美国的公司找到工作，可以不受移民配额的限制，从而使其更容易地取得美国公民身份。

澳大利亚早在 2000 年就出台了《海外学生教育服务法》，使其成为世界上第一个颁布有关留学生利益保护法律的国家，该法案严格规定了招收留学生的澳大利亚院校的注册流程及应履行的义务，切实保护了持学生签证在澳留学生的权益。目前澳大利亚维护留学生群体的法案体系由以下法规组成：《2000 年留学生教育服务法案》《招收留学生的教育与培训机构及注册审批机构的国家行业规范》《英语语言强化课程标准》《2001 年留学生教育服务法规》《1997 年留学生教育服务（注册收费）法案》《2012 年留学生教育服务（学费保护服务）法案》，[②] 所有招收留学生并向其授课的院校必须遵守上述法案的规定。澳大利亚是最早推出技术移民政策的国家之一，为了吸引更多的留学生，澳大利亚政府在 2016 年 7 月采取了一套更为简化的学生签证体系，这套名为"简化学生签证审理框架"的系统

---

① House of Representatives. "STEM Jobs Act of 2012"，2018-05-28，见 https：//www.govtrack. us/con-gress/bills/112/hr6429/text.

② Department of Education. "The ESOS legislative framework"，2019-11-16，见 https：// internationaleducation.gov.au/ Regulatory-Information/Education-Services-for-Overseas-Students-ESOS-Legislative-Framework/ESOS-Regulations/Pages/default.aspx.

将所带来的主要变化体现于以下两点：一是学生签证种类从原先的八种减少到两种；二是对所有留学生进行移民性评估，无论这些学生来澳留学的目的是获取大学学位、进行语言培训、获得培训证书还是参与科研项目，根据澳大利亚政府的说法，进行这项改革的目标是：简化学生签证体系，为愿意移民者提供移民导向服务，为所有教育提供者创造更公平的竞争环境。①

为做好针对留学生的服务性工作，英国政府一方面简化签证程序，另一方面不断调整留学生毕业后留英工作签证的条件与标准，旨在实现精确引进。2008年，英国政府正式引入留学生毕业工作签证，取代之前的 IGS 签证，允许留学生毕业后可以暂留英国两年找工作或者开展商业活动。此外，英国逐渐扩大留学生奖学金的资助范围项目，奖学金形式也趋向多样化，英联邦共享奖学金、新多萝西霍奇金研究生奖等奖学金项目的设立表明新兴国家的留学生群体正逐步受到英国政府的关注。英国高校主动采取多项服务性措施提升自身在吸引留学生时的竞争力，其主要做法有：首先，设立国际事务办公室，协助校方招收留学生；其次，委托英国文化委员会到海外开展留学生教育咨询服务或直接派人到国外举办教育展览；第三，高校在校内一方面尽量为留学生提供多层次与多项式的学习课程，同时提供满足留学生现实需求的服务项目。

法国政府在 2016 年通过的留学生权益法中规定，留学生可在法国高校学习满一年后提出多年居住证申请。② 作为"欢迎来到法国"战略的一部分，法国面向全国高等院校公开征集旨在改善留学生接待质量的增值项目，如协助来法新生适应环境，帮助其解决常见问题，加强学生共同体融合的同辈支持项目；旨在促进留学生社会融入的语言文化辅导课程项目；

---

① Australian Border Force. "Future directions for streamlined visa processing"，2017-05-06，见 http://monitor. icef.com/2015/06/australia-moves-to-streamline-student-visa-system/.

② Le Service Public de la Diffusion du Droit. "LOI n° 2016-274 du 7 mars 2016 relative au droit des étrangers en France"，2019-03-08，见 https://www.legifrance.gouv.fr/affichTexte.do? cidTexte=JORFTEXT0000-32164264&categorieLien=id.

以及针对行政人员的多语种接待能力培训行动或计划等。① 法国政府开设了一站式服务窗口，方便留学生办理居留证，同时要求高校免费提供语言文化课程和教师辅导机制并开设留学生服务组织和跨文化活动，帮助留学生融入周边社区，这些行动均旨在为留学生营造优质的学术氛围和生活环境，以便为留学生教育质量保驾护航。

日本自 2008 年发布"留学生三十万人计划"以来，通过为留学生开展入学前日语教育、设置留学生特殊学科与课程以及开设针对外国政府公派留学人员的预备教育课程等手段搭建起留日教育基本服务框架。2009年，日本政府出台"就学留学一体化"法案，规定从 2009 年 7 月 15 日起，取消留学生签证上的"就学"和"留学"区别，外务省为简化留学生来日留学的入境审查手续采取了多项改革措施：所有接受留学生的高等教育机构向入境管理局申请居留资格认定证书时，仅需要提交申请书，政府的审查时间缩短为两个月；申请居留日本的外国人，若达到日本政府规定的日语程度，居留期限可从 3 年延长到 5 年。② 日本的留学学费和生活费相对较高，为此日本政府成立了专门的独立行政法人——日本学生支援机构——来单独管理留学生奖学金事务，将奖学金分为接待型与给予型，形成一整套完善的奖学金政策，日本政府每年都会设立全额奖学金名额，为具有实力、品学兼优的留学生提供经济支持。目前，来自国家、地方政府、大学、民间团体等的多样化奖学金为来日留学生提供了多样化的减轻经济负担的渠道。

就全球竞争的态势来看，优秀人才所代表的国际智力资源对一个国家来说越来越重要，针对学者、专家和精英人员等优质人力资源的争夺成为国家之间展开竞争的主要领域，在这一竞争过程中，留学生以其规模

---

① Ministre de l'enseignement supérieur de la France. "Appel à projets "Bienvenue en France", 2019-03-21, 见 http://www.enseignementsup-recherche.gouv.fr/cid140055/appel-a-projets-bienvenue-en-france.html.

② 吴坚、赵杨、杨婧：《20 世纪 80 年代以来的日本政府留学生政策》，《高等教育研究》2009 年第 12 期。

大、经济收益高、可塑性强等特性成为其中最受关注的群体。现代国家的交往实质上是一种双向交流，许多国家都认识到，要增进不同国家的相互理解、为本国在国际社会争取最大利益，就必须有一大批优质的国际型人才，这种人才的最佳培养途径就是留学生教育。在留学生教育的重要性日渐凸显的时代，认真梳理和审视留学发达国家的政策措施，总结其发展经验有助于确定我国来华留学生教育政策的未来路径选择。

第三节　我国推进来华留学生教育政策的路径选择

在全球化时代，不同国家之间的相互依存程度日益加深，教育与经济、金融和科技等领域一样时刻面临着全球化带来的对于国家利益的挑战。为了应对这种挑战，许多国家积极倡导发展留学生教育，在整合多方资源的基础上全方位、多层次、高标准地加入国际教育合作与竞争之中。以美国为代表的发达国家目前正在充分利用国内和国外两个市场与两种资源——不但大力推动人员的"走出去"战略，还在积极地实施"引进来"策略——通过吸引外国优秀人才赴本国留学来相互学习教育领域的先进经验、分享优质教育资源、提升国内教育质量。换言之，在全球化时代，留学生教育已经成为实现国家利益，达成国家目标，促进国家发展的重要途径，也是助推整个社会持续进步的重要措施。留学生教育对于改善和提升一国教育质量和发展水平同样起着至关重要的作用，"国际化为高等教育带来了许多新的机会，包括增加接受高等教育机会、建立国家和区域之间的战略联盟、生产和交换新知识、毕业生和专业人员的流动、人力资源和院校的能力建设、创收、提高学术质量和增进相互了解等。"[①] 如何利用本国教育优势，尽可能借鉴留学发达国家的既有经验来发展来华留学生教育事业将是我国值得深入探讨的重大战略命题。

---

① [加] 简·奈特：《激流中的高等教育：国际化变革与发展》，刘东风等译，北京大学出版社 2011 年版，第 113 页。

从我国来华留学生教育的历史沿革上看，国家出台的各项政策和策略在其中扮演着重要角色。从某种程度上讲，来华留学生教育深受国家发展理念和政策的影响与制约，这样一种政府主导型的发展模式是一种"双刃剑"，"如果来华留学教育政策能够因势利导，适应来华留学教育发展动力的需要，根据各时期来华留学教育的不同发展动力制定出台相应的政策法规，从而释放来华留学教育的发展动力，就会促进来华留学教育的迅速发展；如果来华留学教育政策不能辨别并出台有针对性的政策法规适应新时期的来华留学教育发展动力，就将延缓来华留学教育的发展，给来华留学教育事业带来莫大损失"。① 从短期来看，政府主导的发展模式仍然会是我国来华留学生教育事业发展的主要特征，在这一前提下，我们尝试以新的视角来分析未来我国来华留学生教育可以采取的现实措施，希冀通过这些措施的出台更好地促进来华留学生教育事业的进步。

一、适度调整留学生教育规模，改革来华留学生教育管理体制

留学生教育规模是建设有影响力的教育大国的基础，虽然当前来华留学生数量已经达到前所未有的新高度，在绝对数量上占据了优势，但是留学生人数在高等教育总人数中所占比例依旧很小，出国留学和来华留学赤字严重。因此，继续吸引国际优秀学生，适度扩大来华留学生教育规模仍旧是未来来华留学生教育工作的重要任务之一。与此同时，我们也应看到，来华留学生教育作为教育对外开放"引进来"的重要组成部分，正经历从过去的"扩大规模"走向"提质增效"的新阶段。教育"十三五"规划中提出要在调整规模的基础上，以提高质量为中心，促进来华留学生教育纵深发展。经过近些年的发展，我国来华留学生教育无论在规模还是在层次上都已经出现了新的发展状况，我们要把握好规模扩张与质量提升之间的微妙关系，通过出台相关政策予以谨慎应对。

根据不完全统计，2018 年共有 492185 名留学生在我国的 1004 所高

---

① 董泽宇：《来华留学教育研究》，国家行政学院出版社 2012 年版，第 163 页。

等院校、科研院所和其他机构中学习、研修或培训。其中，在"一带一路"倡议的推动下，沿线国家的来华留学人数达 26.06 万人次，占总人数的 52.95%。[①] 2000—2018 年间，我国来华留学人数呈现明显的增长态势，人数增长了近 10 倍，一跃成为世界第三、亚洲最大的留学目的地国，基本实现了《留学中国计划》中提出的发展目标。规模扩大的同时也带来一系列问题，如来华留学生中学历生比例不高，生源结构分布仍以亚洲国家为绝对主导，欧、美和大洋洲国家的留学生比例偏低，留学生教育质量缺乏有效保障等。为了克服上述难题，我们认为应对过于追求来华留学生数量的发展理念进行审视和反思，在"不盲目追求国际化指标和来华留学生规模"的同时，以开放包容为原则，以吸引优秀留学生为宗旨，以提升教育质量为内核，形成与国家外交、经济、政治、科技文化等政策互相联动的来华留学生教育顶层规划；要针对不同地区制定差异化留学生教育政策，培养更多具有国际水准的科技领军人才、青年人才等，使留学生"学有所成，学有所用，才尽其用"；切实优化来华留学专业结构，合理促进传统专业、优势专业的特色发展，进一步提升留学人员学历层次，扩大学历生招收比例，鼓励更多高层次学历生来华留学。

在调整来华留学生教育规模的同时，我们也要改革来华留学生教育相应的制度和管理体制，切实对影响和阻碍来华留学生教育转型升级的管理制度漏洞和体制性障碍进行改革，确保来华留学生教育体制能够服务于整个教育发展的现实需求。来华留学生教育管理体制既包括宏观层面上的来华留学生教育的管理体系和政策措施，又包括微观层面上涉及来华留学生个体的学习、生活和工作等方面的具体规范和要求。经过多年发展，我国来华留学生教育管理体制既经受住了考验，同时也显示出一些亟待解决的问题。面向未来，我们认为，在宏观层面应尝试设立高级别来华留学生教育管理机构，增强宏观统筹的专业性和协同性。来华留学涉及外交、公

[①]　新华网：《2018 年 196 个国家和地区的 49.22 万名留学生来华留学》，2020-5-19，见 http://www.xinhuanet.com/politics/2019-06/03/c_1124578973.htm.

安、教育、人力资源、商务等多个部门和领域，为适应新时代对来华留学生教育的新要求，我国可在有关部委之间建立高级别留学生教育协调机构或留学工作委员会，专职负责留学生教育的政策制定、组织实施、宏观管理与服务指导等；出台法律健全来华留学招生与录取机制，保障生源质量，建立国家层面的来华留学生选拔标准，建立人才正向筛选机制；政府应严格留学生申请资格和条件，探讨并尝试国际与国内学生趋同化的录取考核方式；尝试将招生权下放到院（系），建立相应的来华留学生招生委员会，加强对其学历背景和学术素养的审查；最后，增加导师招生自主权，从学术层面严格把控入学门槛。

微观层面上的留学生教育管理体制改革应从以下方面着手：首先，从入口进行改革，创建来华留学入学评价体系，从语言能力、学习动机、文化适应能力与价值认同等方面对来华留学生进行综合评价，在全面的入学评价基础上建立学生的学籍管理系统，切实提升来华学历留学生的生源质量；其次，加强教育过程干预，采用完全学分制成绩管理办法，学分制赋予学生自由学习的权利，留学生能够根据自身情况灵活调整学习计划和课程安排，来华留学生教育的学分制改革能够激发学历留学生学习热情；再次，进一步完善来华留学预科教育制度，在理清预科教育与语言教育关系基础上，建立预科教育考核淘汰机制，保障留学生教育资源效益最大化；另外，加大来华留学学历生课程及教学内容国际化建设，将国际化因素贯彻到来华留学生教育各个环节，提高高等教育管理的整体国际化水平。在对留学生管理体制进行改革探索方面，趋同管理应被视为一个重要方向。"趋同管理是针对管理留学生而提出的一种留学生管理模式，具体是指对来华留学生在教学、研究、生活等各方面都以管理中国学生的方式为参考依据进行管理，趋同管理模式通常被用于外国留学生教育中。"① 目前来看，针对来华留学生的趋同管理代表着一种较为理想化的趋势，也代表了社会舆论的部分声音。但实事求是地说，来华留学生的趋同管理在现实中

---

① 周磊：《来华留学政策执行研究》，首都经济贸易大学出版社 2019 年版，第 159 页。

面临着诸多困难，许多困难是单纯依靠教育领域改革而无法克服的，对于高校来说，可以优先采用教学方面的趋同管理，将留学生的课程学习和本土学生进行融合。值得注意的是，趋同并不意味着等同，我们要切实意识到留学生和本国学生在语言、文化和信仰等方面的确存在着差异，这是我们在进行留学生管理体制改革时必须注意到的事情。

二、深入推进"双一流"建设，创建世界一流教育体系

任何国家的教育事业，其最终目的都是丰富和创新知识生产的途径与内容、培养服务于未来社会发展的优秀人才、最终促进世界各地的文明对话。"美国高等教育走在世界前列，主要是先把学科、师资及其办学体制、制度等作为内涵发展的核心内容；欧洲高等教育大众化发展进程缓慢，可以归因于课程、师资流动的瓶颈及办学体制、制度的僵化。"[1] 这就要求我们在推动来华留学生教育发展时应始终强调尊重教育的本质，在人才培养上要打通各类教育与社会之间的壁垒，加强跨境知识交流与共享，扩大教育对外开放。留学生教育尽管有其特殊性，但从本质上看，教育性仍是其根本属性，能否提供高质量的教育产品是决定留学生教育发展的关键指标。想要真正发展来华留学生教育事业，就必须苦修内功，真正建立起世界一流的教育（特别是高等教育）体系，全面夯实来华留学生教育的基础，提升中国教育的核心竞争力。

来华留学生教育的兴衰成败，其关键在于中国教育，特别是高等教育本身的质量。在经济全球化和教育市场化的时代背景下，留学生具有选择的主动权，并且这种权利因可选择对象的增多而被持续增强，当他们在选择留学目的地时，其首要考虑的因素已经逐步超越过去的留学费用及语言障碍等传统因素，而是更多地考虑接受留学生教育后的个人发展问题，而这一问题正是与留学目的地国所提供的高等教育的质量和声誉密切相关

---

[1]　谢仁业：《中国高等教育内涵发展：价值、问题及趋势》，《教育发展研究》2006 年第 7 期。

的。正如有学者所指出的，"留学产业发展的根本因素在于一个国家高等教育的质量，'学'是'留学'的主要目的，所以留学国家的教育质量是吸引留学生的最主要因素。"① 从根本上说，推动留学生教育事业发展的根本是一个国家的科研实力和高校的学术声望的高低，为此，许多旨在扩大留学生数量的国家和高校都在提升本国高等教育的声望与水平。纵观当前在世界留学生教育市场上处于领先位置的国家，无论是美国、英国和澳大利亚等英语系国家，还是德国、法国、日本等非英语系国家，其共同特色就是本国教育体系在所处地区甚至在整个世界上都具有较强竞争力。

对于我国这样一个教育后发国家来说，想要在激烈的留学生教育市场中站住脚跟，进而与欧美高等教育强国进行留学生资源的争夺，就必须把握"提质"和"增效"的原则，大力推动教育对外开放，实现高质量内涵式发展；就必须坚持用改革的办法解决教育对外开放面临的体制机制障碍，着力推进相关领域法律制度更加成熟定型；就必须努力做好本国高等教育内容与结构体系建构，特别是稳步推进"双一流"建设。"在经济全球化的大背景下，世界一流大学的全球化战略对国际学生流动产生了一定影响。许多世界知名高校正在构建全球教育体系，通过合作办学、建立分校等多种形式将教育理念、教育资源、教育模式输出到世界各地，高等教育国际化面临前所未有的发展机遇。"② 吴坚认为，留学生教育本身与大学的建设水平密切相关，想要推进来华留学生教育，就必须先要提升大学的办学水平，就应该：第一，理顺政府与高校的关系，赋予大学独立自主权力；第二，改革大学拨款制度，建立多元化的高等教育投资体制；第三，改革大学人事制度，建立大学校长遴选制度；第四，取消大学行政级别，精简机构；第五，建立学术委员会制度，主要负责人实行任期制，民主选举，规范考核，将学术权力视为高校的第一权力。③ 推进"双一流"建设，

---

① 王辉耀、苗绿编：《中国留学发展报告（2016）》，社会科学文献出版社2016年版，第124页。

② 俎媛媛：《高等教育国际化与国际学生流动》，《世界教育信息》2016年第2期。

③ 吴坚：《当代高等教育国际化发展》，人民出版社2009年版，第233页。

必须首先对现有中国高校的领导体制进行改革，祛除影响工作开展的各项障碍，建立现代大学制度，使得高校保有充分的办学自主权，给予高等教育机构发挥各自特长并服务于各项需求的空间，支持高校在竞争与合作中求发展。要创新高校组织变革和学科建设，提升高等教育的国际化水平：一方面，坚持自我提升，通过一流大学、一流学科和特色大学、特色学科建设，改善高校组织结构、促进学科发展，持续推进我国的大学和学科进入世界前列，为我国成为国际留学生教育中心奠定学术基础；另一方面，各个高校要进一步深化与世界一流大学和学科的合作，通过搭建平台，引进优质教育资源，形成特色鲜明的来华留学生教育学科群、大学联盟，发挥资源集聚效应。

应当说，我国高校过去在来华留学生教育方面尽管取得相当大的成绩，但还有很大的提升空间。首先是要搭建宽阔的国际交流渠道，打造国际交流平台，应充分利用现有条件，加强与海外兄弟院校的合作，通过与国外高校充分交流与合作，扩大本校在留学生教育市场中的影响力；其次要建立校内留学生综合性支持体系，为留学生解决现实难题；随着留学生队伍的扩大，高校需要在管理及工作人员培训方面加大力度，为留学生提供更人性化服务，同时也要完善提升本校的国际学术声望。

为提高各自教育系统的竞争力，世界各国普遍通过多种手段提升本国教育教学的软硬实力，其基本方式包括构建基于其悠久办学传统的国际学术话语权体系、设立多元丰富的奖学金资助体系、配备顶尖的实验室设备和组建一流的教研团队等。从总体上看，来华留学生教育的未来发展路径是多元的，除做好上述工作外，我们还必须因地制宜地布局好各地留学生教育格局，同时尝试创建动态化的留学生教育调整机制。各级各类高校应依据自身的特色，制定符合自身特色和需求的留学生教育教学计划。在大力加强国际化教师队伍的培养，提升教学国际化水平，提高国际化教师的比例的基础上，要积极地与国外优秀大学建立合作关系，通过交换留学生、互换学分、短期留学等多种方式，取长补短，提升大学的国际化程度，培养学生的国际化素养，开阔学生的国际化视野，增强高校在国际上的影响力与竞争力。① "我们不能只满足于低端教育服务输出上，更要努力提升高层次来华留学生的比例。为此，从长远来看，我们首先需要做的是着力打造一批在世界上具有较大影响力的知名大学和一大批排名跻身世界前列的学科群。"② 中国大学在建设一流的制度环境的同时，还要优化来华留学生教育的物质环境和精神环境，既要转变高等教育观念，各级教育行政部门要注重向学校提供必要的教育资源；又要重视改造大学人文环境建设，打造一批有深厚中国文化气质和内涵的人文景观，提升中国大学的外观形象和内在境界，"大学文化氛围的改善、文化品位的提高，说到底是对至真、至善、至美的追求，是用一种大学特有的高雅、深邃和神圣气象或者说精神追求来陶冶学生，让每个留学生参与进来，更好地与本土学生融合，感受到这种氛围的熏陶，从而养成留学生高贵的精神品味，也才能在激烈的教育国际化竞争中顺利突围"③。"双一流"建设目标的实现意味着我国的高等教育将会在教育质量、培训模式和研究水平上努力追赶甚至赶超国际先进水平，同时也代表着我们所提供的留学生教育将会使得来自世界各国的留学生广泛受益，使得他们能够在技能、知识和情感态度方面卓越，成为富有成效、具有全球意识的世界公民，从而能够满怀信心地应对未来挑战。

三、加强来华留学生教育质量监管，实现留学生教育提质增优

来华留学生教育的核心本质要落脚到人的培养质量上，因此我国应对来华留学的关键性考量就是努力提高教育教学质量及其软实力。在全球化时代，留学生教育和其他教育形式一样都需要参与世界教育市场的筛选与淘汰。从根本上说，一个国家想要发展本国的留学生教育、扩大留学生

---

① 严晓鹏：《日本留学生政策的最新动向及其对中国的启示》，《教育学术月刊》2012 年第 5 期。

② 方宝、武毅英：《论东盟来华留学教育扩大发展的有效路径》，《复旦教育论坛》2016 年第 2 期。

③ 栾凤池、马万华：《来华留学教育问题与对策探析》，《清华大学教育研究》2011 年第 5 期。

规模，就必须出台措施保障留学生教育质量，从而为来华留学生教育事业赢得较好的学术口碑，整个社会也需要做好留学生教育的支持性系统，真正帮助来华留学生群体克服留学过程中遇到的各种困难。换言之，我国应努力打造具有世界一流水准的来华留学生教育培养体系，同时建设高标准的留学生教育质量保障机制，唯有如此，我国来华留学生教育才能真正在世界范围内赢得声誉，来华留学生教育事业才能真正迈入稳定、健康与高效的发展轨道。从国际比较的视角来说，许多留学生教育发达国家都将建设留学生教育质量保障体系作为推动本国留学生教育发展的重要环节之一，相关措施的出台在事实上也切实推动了各国留学生数量的增长。世界一流水准的高等教育办学质量是扩大来华留学生教育的基石，而留学生教育质量保障体系的建立则是一项助推留学生教育甚至决定我国留学生教育国际影响力的关键因素，随着人们的教育质量保障和认证意识的增强，如何建立一套科学合理、实用高效的来华留学生教育质量监控和保障体系成为我国推动来华留学生教育事业发展所要关注的关键问题。

　　由于留学生教育涉及来自多个国家的学生群体，他们在本国所接触的教育制度和学术文化与流入国的情况存在着或大或小的差异，这种差异容易造成学生对于流入国教育模式和培养方式缺乏认同感，因此，只有留学国家本身建立起高水准的留学生教育质量保障体系才能为本国教育建立起牢固的学术声望和教育声誉。留学生教育质量保障体系的建设符合教育发展的全球潮流，"从历史上看，许多国家质量认证机构曾经都不对教育项目的质量进行评估，然而随着外部竞争压力的增大，教育提供者以及它们提供的课程的形象和名声变得越来越重要，部分国家都在努力建立质量标准和认证机构来构建教育质量保障体系，并批准设立颁证机构。"① 作为一个教育大国，中国的教育资源和教育投入在全世界仍处于较为匮乏水平，这就决定了我们在发展来华留学生教育时，既要保证数量的快速增

---

① 　［加］简·奈特：《激流中的高等教育：国际化变革与发展》，刘东风等译，北京大学出版社 2011 年版，第 19 页。

加，又要保证质量的不断提高，并且绝不能仅追求规模的扩大，而忽视了培养质量的提升。2020 年 5 月，教育部针对各校开展的来华留学生教育提出以下要求，"要强化主体责任，严格执行《学校招收和培养国际学生管理办法》《来华留学生高等教育质量规范（试行)》的各项要求，不盲目追求国际化指标和来华留学生规模，不断完善规章制度及管理办法，严格招生审核、过程管理和评审制度，建立规范的管理体系和工作流程，加强教学资源配给和师资管理队伍建设，积极打造来华留学重点项目和精品工程。"① 应当说，这一要求的提出符合我国来华留学生教育的实际，来华留学生教育经过多年发展已经暴露出"重量轻质"的弊端，没有质量保障，一味追求量的扩大，使得来华留学生教育的发展还将停留在低水平的层次，这既容易引发公众对教育公平的质疑，又不利于我国来华留学生教育长期、稳定、可持续发展。总体上看，建立来华留学生教育质量保障体系是提升来华留学生教育管理服务水平和国际竞争力、规范来华留学生教育的有效途径，对促进来华留学生教育事业的持续健康发展来说意义深远。② 逐步建立符合中国国情的来华留学生教育质量监控和评估机制势在必行。

我国政府已经注意到提升来华留学生教育质量问题的重要性，并且已经出台多项政府部门性规定措施来予以安排：一是提出教学要求，招收留学生的高等学校应当将留学生教学计划纳入学校总体教学计划，选派适合留学生教学的师资，建立健全教育教学质量保障制度；二是把关生源质量，在招生环节要求学校对拟招收的留学生进行考试或者考核，对不符合招生条件的不得招收；三是控制教学环节，在教学环节上对学校在留学生的教学、师资、论文、实习和学历学位证书等方面作出规定，对目前在留学生教育教学管理中的一些具体事项加以明确；四是完善监督措施，对教

---

①　中共教育部党组：《关于学习贯彻习近平总书记给北京科技大学全体巴基斯坦留学生重要回信精神的通知》，2020-5-21，见 http://www.moe.gov.cn/srcsite/A20/s7068/202005/t20200522_457897.html.

②　俎媛媛：《高等教育国际化与国际学生流动》，《世界教育信息》2016 年第 2 期。

学质量低劣或管理与服务不到位、造成不良社会影响的学校，教育行政部门应当责令其整改并可以限制其招收留学生。① 应该说，政府所规定的这些措施有其必要性，然而从某种程度上说，这些措施还略显粗糙，应尽快出台法律法规予以制度化确认。回望现实，目前社会各界对于来华留学生教育质量问题的探讨已经引起理论界的广泛关注，有学者指出："目前来华留学生教育缺乏规范、成熟的培养质量标准，很多高校只是参照国内学生的培养质量标准，自行制定教学计划、教学大纲和课程设置，针对不同学科专业及学历层次的来华留学生教育制定相应的培养质量标准已成为当务之急。"② 李彦广认为，建设来华留学生教育质量保障体系的关键性步骤包括：首先建立健全组织机构，政府教育主管部门成立专门的质量保证机构，其职能主要是对招收来华留学生院校的教育教学质量进行宏观监控，如组织不同学科的专家组，对各高校招收留学生的专业院系进行评估；其次建立和完善我国高等教育学历学位的国际评估认证体系，来华留学生高等教育从事的国际人才的培养工作，这就要求中国建立符合国际教育发展需要的教育质量标准。

为保证来华留学生教育质量，得到国际社会认可，我们要积极参与国际教育质量标准的研究、制定和评估鉴定，加强与具有良好社会声誉的国际教育质量认证机构的合作与交流。另外，还应建立质量评审机制，将外部专家评审、同行评审、留学生评审相结合，学校内部评审和外部评审相结合，定期开展留学生教育质量评估。留学生教育管理质量评估的根本目的在于，对院校来说，通过评估可以发现问题，总结经验和教训，及时改善和促进发展；对上级管理部门而言，通过评估探索留学生教育发展规律，为实现管理与指导提供科学依据。学校内部也要加强对留学生教育质量的监控，制定严格的质量培养标准，建立教学质量监控信息收集系统。

---

① 中华人民共和国教育部：《学校招收和培养国际学生管理办法》，2017-7-3，见 http：//www.moe.gov.cn/jyb_xwfb/s 271/201706/t20170602_306387.html.

② 吕耀中、段兴臻：《来华留学生教育服务现状与质量保障策略》，《世界教育信息》2016年第 21 期。

最后，建立留学生教育质量监控与评估制度，需要注意因校制宜，立足不同院校的实际情况，切忌对所有学校搞统一的"一刀切"的评估办法。①总体上看，我国开展来华留学生教育还处在起步阶段，各地区各学校之间发展不平衡，因此很难在短时期内建立全国统一的来华留学生教育质量评价标准，这就要求我们在开展来华留学生教育质量评估和提升活动时，应该充分考虑不同地区、不同高校的基本办学条件，根据留学生教育的软硬件水平，来华留学生教育发展的历史和规模等多种因素，真正树立"以评促建、以评促改、以评促管、以评促发展"的综合发展和评估理念，大力支持第三方行业组织对来华留学生教育开展质量认证，同时社会各方要加强监督，严格问责，切实保障来华留学生教育健康有序发展。

"教育质量是来华留学生教育的生命线，我们以往的工作中存在着某种失衡，至今还没有一套科学、完整的来华留学生教育质量认证和评估体系来规范全国的来华留学教育工作，制约了来华留学生教育事业的大发展。"②为了促进来华留学生教育的发展，我们应尽快建立并完善来华留学生教育质量保障体系，这一系统的建立必须从国家立法的角度予以关注，同时还必须设置独立的国家留学生教育监察机构对所有留学生教育、活动与项目的提供者进行监管（监管对象涉及政府、行业联合会以及教育提供单位，其监管范围应涵盖所有留学生教育事务，包括来华留学、网上学校以及远程教育等），所有为来华留学生提供服务的单位都必须在国家留学生教育监察机构中备案，以确保项目的开展符合相关规则，从而能够为所有的来华留学生提供高质量的留学服务。

四、扩大教育对外开放渠道，优化来华留学关系网络

教育对外开放是国家扩大对外开放的重要指标，一个国家的进步，最终体现为国家中每个个体的进步，而个体的进步总是源于教育的开放、

---

① 李彦光：《来华留学生教育管理制度的问题与建议》，硕士学位论文，东北师范大学，2011年，第28页。

② 栾凤池：《来华留学教育的 SWOT 分析与战略选择》，《中国成人教育》2012年第23期。

多元与包容。"我国教育的对外开放是个逐步推进的过程，先后经历了留学生教育为先导，高等教育与文化交流为主，进而扩展到整个教育体系对外开放的历程。尽管我国教育对外开放的程度不断提高，但我国教育特别是高等教育的国际话语权和竞争力仍有待提高。"[1] 来华留学生教育事业是教育、社会和外交等事务的混合体，与一般教育活动不同，留学生教育由于其特殊性而特别强调利益相关方关系网络的构建，这种关系网络不仅包括在国家间友好关系的建设，也涵盖来华留学生教育与国内其他事业融洽关系的营造。从某种程度上说，来华留学生教育事业的推进既是一种政府行为，也是一种社会力量积极参与教育事业发展的活动。为了促进我国来华留学生教育事业的未来发展，我们应做好来华留学生教育事业的"双桥"搭建：一方面是在国际关系方面，政府应坚持"友好—互赢"理念与世界各国发展融洽的国家间关系，为来华留学生教育创造积极的国际氛围；另一方面则要加强来华留学生教育与国内各领域的关系，为来华留学生在国内的就业与发展创造条件。

留学生教育与国家间文化交流与经济贸易往来密切相关，从某种程度上说，留学生教育是经济和外交事务的延伸。随着经济全球化和信息网络化的发展，国家在其中扮演的角色反而更为重要，其在鼓励和支持商品贸易、知识技术、金融资本、人员学者和科学技术的国际流动上所起的作用更为具体和关键。来华留学生教育业的快速健康发展的背后一定有所在国的国内经济政治局势稳定和国际关系友好的支撑，搭建良好的国家间教育友好关系网络对于发展来华留学生教育至关重要。

良好的国际关系网络能够为一国发展留学生教育创造极为优越的客观环境，自"一带一路"倡议开始推进以来，随着我国与沿线国家经济往来的增加，"一带一路"沿线国家来华留学生的数量迅速增加。截至2017年4月，我国已与"一带一路"沿线国家签署了45份教育双边多边合作协议，与24个沿线国家签署了学历学位互认协议。同时，我国持续加大

---

[1]　唐琪：《如何加快和扩大新时代教育对外开放》，《中国教育报》2020年6月23日。

沿线国家学生来华留学支持力度，设立"丝绸之路"中国政府奖学金项目，中国政府奖学金名额向"一带一路"沿线国家倾斜，形成国家、地方、高校三级奖学金体系。2016 年度，"一带一路"沿线国家来华留学奖学金生占比超过 60%。① 有研究表明：在 2005—2014 年间，"一带一路"沿线国家来华留学生教育规模以年均增长率 20.09% 的速度呈逐年递增趋势，其中的中亚 5 国、南亚 8 国、西亚非 19 国和中东欧 22 国均高于沿线国家总体增速水平，分别以年均增长率 37.10%、30.23%、25.87%、20.95%的速度急速扩大来华留学生规模，且沿线国家来华留学生总数中的比重不断增大。② 我国与"一带一路"沿线国家间留学事业之所以能够实现快速发展，其根源在于国家间友好关系的推动。事实上，"一带一路"沿线国家来华留学生人数以接近两倍于全球留学生扩张的速度急速扩大，这一区域已成为支撑全球来华留学生规模不断增速的主体区域，这充分表明我国来华留学生教育表现出浓厚的地缘性，与我国关系较好、经贸往来更多的周边国家更加频繁地和我国进行了学生的流动。"来华留学工作作为国家大外交的一部分，与国际局势和国家发展紧密相关。我国和世界上一些国家的高等教育政策改革直接影响着来华留学生的人数规模，来华留学生生源大国位次格局日益发生变化，我国既要设立奖学金大力吸引发展中国家的来华留学生，也要大力吸引发达国家的来华留学生。未来欧洲、美国来华留学的需求会逐步增加。美国、欧盟都越来越重视学生的海外学习经历，都越来越重视培养了解中国、懂汉语的人才。"③ 对于来华留学生教育来说，其良好势头的延续必将建立在我国与世界其他国家建立起友好互信的外交关系的基础上。与此同时，为建立起良好的教育对外关系网络，我们必须进行一系列迫在眉睫、关系重大、影响深远的制度性改革予以支持。

---

① 国新办：《"一带一路"沿线国家民心相通情况发布会》，2017-5-12，见 http://www.scio.gov.cn/xwfbh/xwbfbh/wqfbh-/35861/36653/index.htm.

② 陈丽、伊莉曼·艾孜买提：《"一带一路"沿线国家来华留学教育近 10 年发展变化与策略研究》，《比较教育研究》2016 年第 10 期。

③ 李立国、胡莉芳、周平：《来华留学教育发展趋势与战略选择》，《复旦教育论坛》2010 年第 1 期。

对于发展来华留学生教育来说，其重要影响因素就是我们能否创建友善的国际形象和温性的制度设计，其中至为关键的就是留学生签证制度。① 受制于传统外交和政治思维的束缚，我国教育领域签证工作存在着僵化死板的问题，这既有我们自身理念和管理上的原因，也与其他国家对待中国公民的措施密切相连。实际上，教育问题既是国际关系问题的延伸，同样可以在一定程度上超越国家间固有关系的束缚，以教育为国际关系突破口的案例比比皆是。阿特巴赫（Philip G. Altbach）认为：“有关学费、办理签证和其他文件费用的政策以及东道主国家政策的调整，通常会从不同的方面影响到高等教育国际化的步伐。”② 为了发展来华留学生教育，我国应积极谋求与留学生来源国签证制度改革，简化来华留学生的签证程序，为留学生来华学习创造更优越的外部环境。除了国家政策与制度层面的改革外，我们可以在现实服务方面进行完善。例如，为了方便留学生办理签证事务，我们可以利用网络平台使用当地语言详尽地列出签证所需的材料、办理地点及所需时间，并开通公共服务咨询电话解决学生疑问，同时简化后台审核程序，加快办事效率，使学生能在较短的时间内迅速拿到留学签证，高校可以有组织地分批带领留学生到当地有关窗口办理手续，为留学生入学前的生活体验提供周到的服务。③ 除简化签证程序外，我国还应积极探索与其他国家的学分互认方案，“目前，我国加入了亚洲和太平洋地区承认高等教育学历、文凭和学位的地区公约，与亚太地区的 20 个国家互认学历、学位和文凭，同时与 39 个国家和地区正式签署

---

① 根据《外国人出入境管理法》规定：“因申请者的身份和入境目的的不同，签发的签证种类也各不相同，常见的签证种类主要有 L（旅游）、F（访问）、X（学习）、Z（工作）等。来华留学生通常签发 X（学习签证）与 F（访问签证），学习签证签发给来中国留学、进修、实习 6 个月以上的人员，使用该签证入境的人员在华身份定义为‘学生’，包括学历生和非学历生；访问签证通常签发给来华进行科技文化交流、短期进修或实习不超过 6 个月的人员，其身份定义为‘短期交流人员’。”

② ［美］阿特巴赫：《高等教育的国际趋势》，蒋凯主译，北京大学出版社 2009 年版，第 109 页。

③ 龚小娟：《来华留学研究生生源质量问题分析》，硕士学位论文，华东师范大学，2015 年，第 60 页。

了《关于相互承认高等教育学历和学位的协议》，极大减少了来华留学贸易壁垒，但仍有许多国家和地区（如美国）不承认我国高等教育的学历和学位，这严重限制了来华留学的招生范围。"① 总之，我国与来华留学生生源国应在双方互信互利的基础上达成政府间制度化的签证审批机制，同时加强与各国在学分转换和学位双向认可领域中的合作，为来华留学生的发展创造更优越的国际环境与教育文化。

除了做好教育对外关系网络建设外，我们还要注意做好国际留学信息网络平台搭建工作。"我国高校应该加强对国际学生市场的调研，整合资源，以教育营销的市场视界设计出具有灵活标准的教育产品，提供给不同需要的国际学生。"② 在信息网络化的时代，想要参与国际市场就必须在国家层面做好信息的搜集与整理工作。长期以来，我国对世界留学生教育的发展状况并不熟悉，既不了解国际留学生教育市场的基本动向，也不清楚社会各界对留学生群体提出的具体要求。面向未来，我国应在国家层面成立国际留学生教育市场调查机构，全面、准确、及时地发布全世界各国留学生教育的发展状况和未来走向，以国家层面的国际留学生教育市场调查机构为依托，我们应尽早建立一套成熟的来华留学信息反馈机制，以便及时、准确地对来华留学生教育事务进行安排。高效的留学生教育市场信息反馈机制能够帮助我国及时掌握国际和国内留学生教育的发展状况、呈现特征与演变趋势，从而帮助我们准备调整留学生教育策略，避免浪费珍贵的教育资源。高效成熟的信息调查与反馈渠道既能够帮助我们准确掌握世界留学生教育市场的最新动态，也能够促进我国出台差异化的留学生教育政策，提升本国在留学生教育市场上的竞争力。

就现有留学生教育市场发展特色来说，通过对全世界学生流动性进行分析后，我们可以发现国际留学生教育发展呈现出以下三个特点：一是

---

① 杨既福：《我国来华留学教育制度溯源、反思与进路》，《中国成人教育》2016 年第 24 期。

② 张磊、陈静、谢超：《新形势下来华留学教育政策研究》，《职业教育研究》2012 年第 9 期。

原殖民地国家的留学生选择去原来的宗主国留学；二是选择少数科技实力较为发达的欧美国家留学；三是选择去文化地理差异较小的周边国家留学。① 掌握上述特点后，我国可以将来华留学生教育的着力点放到亚洲周边国家之上，继续保持中国对周边国家留学生招生的优势，保持亚洲最大的留学目的地国地位，在此基础上积极开发发达国家自费留学生生源，提升我国来华留学生教育的层次和水平。事实上，我国发展来华留学生教育有着自身独特优势，"在世界各国留学教育市场中，由于我国的学费和生活费用等方面成本比较低廉、高等教育质量稳定而具有一定的竞争优势，受到外国学生的青睐。"② 目前来华留学生教育工作已经体现出很强的独特性，"中国高等教育国际化战略推行采用的是全国统一政策，在具体招生过程中又采用了多种渠道，提供了不同类型的奖学金，而南亚和中亚地区是政策实施的主要受益者，特别是像'亚洲校园'计划、'中国—东盟奖学金'项目和'留学亚洲'项目都具有很强的地区针对性。"③ 我国应将来华留学生教育的发展特色与世界留学生教育的发展趋势进行比较分析，以期探索出我国在未来能够采用的来华留学生教育发展模式。

五、整合国内优质教育资源，推进社会力量参与来华留学生教育

"随着我国教育整体水平跃居世界中上行列，中国的教育合作伙伴已遍布全球，同与教育相关的重要国际组织开展了密切合作，中国在全球范围的国际学生流动中占据了举足轻重的地位，是世界最大的国际学生生源国和亚洲最大的留学目的地国。"④ 在取得成绩的同时，我们也要认识到，

---

① 刘慧：《当前来华留学生教育规模扩大问题研究》，硕士学位论文，南京师范大学，2007年，第53页。

② 董泽宇：《来华留学教育研究》，国家行政学院出版社2012年版，第148页。

③ 王洪才、戴娜、刘红光：《全球化背景下的国际学生流动与中国政策选择》，《厦门大学学报》（哲学社会科学版）2014年第2期。

④ 中华人民共和国教育部：《加快和扩大教育对外开放，大力提升我国教育的国际影响力》，2020-6-22，见 http://www.moe.gov.cn/jyb_xwfb/s271/202006/t20200617_466545.html。

我国教育对外开放工作特别是来华留学生教育存在着质量效益有待进一步改进、治理能力和水平有待进一步提升等问题。

从整体发展水平来看，留学生和我国社会的融入程度不高，换言之，我们还没有形成一种常态化的留学文化，没有将留学生看成是真正参与国内经济发展的一股有生力量。这也就不难理解——除了在中央政府部门竭力推动下高校层面有所应对外，包括社会组织、企业单位和地方政府等多股力量参与留学活动的积极性不高的现象。想要打破这种困局，我们必须在政策设计和制度安排上为留学生真正融入中国社会开辟道路，如在留学生就业最为关键的语言问题上，我国可以采取如下措施予以克服："一是建立广泛承认的汉语考核标准；二是不断改革汉语培训，提高汉语培训效果；三是要求来华的学历留学生必须在国内学习一定时间的汉语。"① 在留学生的就业问题上，我们可以在国家层面上制定留学生职业资格认证体系，规定留学生就业时应达到的具体要求，如汉语水平、技能水平以及其他职业要求等，只有让留学生真正参与到社会发展中，中国社会才能真正对这一群体产生认同感，来华留学生教育事业也才能获得长期稳定的发展动力。

来华留学生教育事业的顺利开展离不开全社会对这一工作的重要性和意义的认可和理解，来华留学事业绝不只是关涉政府与高校的封闭性活动，它与整个中国社会与经济活动密切相关，没有整个社会力量的支持与参与，来华留学生教育的发展动力必将很快枯竭。长期以来，受制于传统观念和管理体制，我国的社会力量很难真正参与到来华留学生教育工作中来，隔阂的存在使得来华留学生教育事业很难真正获得整个社会特别是普通民众的理解和信任。对于他们来说，来华留学生不仅享受着远高于国内学生的福利和待遇，更是对于自身无法产生任何实际利益，这种误解必将影响到我国来华留学生教育工作的持续性和效益。有鉴于此，我国必须适

---

① 于富增：《改革开放 30 年的来华留学生教育》，北京语言大学出版社 2009 年版，第 280 页。

度激发社会各界对来华留学生教育工作特别是留学生的好感与容纳度，适当引导包括普通群众在内的各方力量参与到来华留学生教育之中，打破留学生与国内社会存在的众多观念、制度和实践上的藩篱，使得来华留学生教育与中国真正实现有序衔接，从而为来华留学生教育的未来发展创造更好的发展环境，为来华留学生提供更多的就业与生活机会，这也会直接或间接地推动我国来华留学生教育的社会声望与发展水平。

　　来华留学生教育工作既涉及教育领域，同时也关涉到经济、社会与政治等各项领域，影响来华留学事业能否顺利实施的重要因素就是来华留学生的未来发展问题，"留学与就业紧密相关，一方面由于打工为留学生带来的经济效益、就业经验和语言提高，留学生在选择留学目的国时通常会考虑就读时能否打工的因素。另一方面，对于来自发展中国家的留学生而言，毕业后留下工作生活既能解决教育输入国人才急需的问题，又有利于留学者职业发展和生活水平提升。"[1] 对于许多留学发达国家来说，它们基于各种利益考虑普遍出台了留学支撑性政策来帮助留学生切实融入本国社会之中。长期以来，受制于传统思维与现实国情的限制，我国政府在对待来华留学生教育工作的态度上采取的是鼓励但不支持的态度，我国的政策倾向是希望更多优秀的留学生来华留学，但在留学生求学期间的经济活动与未来就业等具体事务的安排上缺少关注与协调，使得来华留学生没有与我国经济社会事业的发展很好地融合。"我国现行制度对来华留学生在华期间打工与就业进行了诸多限制，既不利于他们依靠自己能力减轻学费压力，也使部分外国学生因对未来工作前景不乐观而放弃了来华留学的机会。"[2] 换言之，我国在来华留学生教育工作的配套措施以及吸收社会力量参与来华留学生教育事业上仍有极大的提升空间。

　　基于新时期不断变化的国际留学生教育发展趋势判断，未来很长时期内制约我国来华留学生教育发展的关键性因素已经不再是留学生教育经

---

[1]　旷群、戚业国：《赴澳"留学热"探源——基于推拉因素理论的分析》，《高教探索》2016 年第 1 期。

[2]　董泽宇：《来华留学教育研究》，国家行政学院出版社 2012 年版，第 168 页。

费特别是奖学金的设置问题，而是能否为来华留学生的现实生活和未来就业提供优越的发展环境。有鉴于此，我国应尽快从国家层面出台外国优秀人才来华留学与工作实施方案，将教育发展、产业发展和职业发展紧密结合，发挥市场在人才资源配置上的决定性作用，在尽量不影响国内就业情况的前提下，尽快制定和完善来华留学生的就业规定，对于国内亟须的专业人才放宽就业门槛，加大外籍人才引进和培育力度。正如有学者指出的，"对于已取得外籍的华裔留学人员和外籍的非华裔留学人才，应按照外国留学人才进行统一管理，享有签证、居留等方面的政府服务，根据外国人在华工作相关制度，按照普惠待遇原则，合理确定获得工作签证、永久居留权的外国留学人才的待遇，并在子女教育、科研项目、社会保障、职称评审、股权期权、知识产权、财政支持、税收减免、居住旅游等领域中落实。"[1] 值得注意的是，我国在来华留学生就业方面已经有所行动，2017 年 1 月，中国人力资源社会保障部、外交部和教育部联合发布《关于允许优秀外籍高校毕业生在华就业有关事项的通知》，该通知允许部分无工作经历的优秀外籍高校毕业生（包括在中国境内高校取得硕士及以上学位且毕业一年以内的外国留学生，以及在境外知名高校取得硕士及以上学位且毕业一年以内的外籍毕业生）在华就业。[2] 未来我国应完善来华留学生毕业后创新创业的相关政策，拓宽来华留学生在华创业的渠道。除了政府层面的改革之外，我们还应积极调动其他社会力量参与到来华留学生教育之中，争取为来华留学生的未来发展拓展更大的空间。社会力量是资助来华留学生教育事业的潜在资源，为了激发社会力量的资助兴趣，"政府要制定相关政策，鼓励企业、社会组织通过各种形式对留学生进行资助，要使各种社会力量在资助留学中具有平等的主体地位，不仅要畅通各种资助途径，而且要有平等的财政和税收政策，破除资助留学的歧视性障

---

[1]　柳学智：《中美留学制度比较》，党建读物出版社 2016 年版，第 318 页。

[2]　中国人社部就业促进司：《人力资源社会保障部外交部教育部关于允许优秀外籍高校毕业生在华就业有关事项的通知》，2017-3-7，见 http：//www.mohrss.gov.cn/gkml/xxgk/201701/t20170111_264214.html.

碍，完善适合各种社会力量自助留学的公平环境，激发社会力量资助留学生的活力，共同促进留学教育的发展。"① 面向未来，我们应不断改善现有的留学生教育制度与配套措施，推进国外优秀学生的留华就业支撑保障工作。

六、加强教育国际化网络建设，全力打造来华留学生教育品牌

留学生教育活动在当今世界上已经成为一个竞争极为激烈的国际性市场，各国都努力在这一市场中争取获得最大份额，赢得最大的国家利益。可以说，所有想要在留学生教育市场上有所作为的国家都已经全力加入到留学生资源的争夺战中，这已经是世界各国发展留学生教育的共识。对于我国这样一个高等教育特别是留学生教育的后发国家来说，想要在国际留学生教育市场上有所斩获，就必须更加积极地参与国际留学生教育市场的竞争，一方面依靠本国既有教育和文化优势，建立来华留学生教育的品牌；另一方面，要加强对来华留学生教育的支持性体系建设，切实做好留学生来华期间各项服务性工作的设计、实施与改进，打造具有中国特色的留学生教育文化。面对纷繁复杂的全球留学生教育竞争局势，我们必须提早布局、谨慎施策，充分利用留学后发优势来提升本国在全球留学生教育市场上的竞争力。

留学生教育品牌的建立对于一个国家发展留学生教育具有举足轻重的作用，"许多发达国家在推动研究生教育国际化发展时，非常重视对外宣传，从官方到民间、从政府到高校，通力合作、协调一致，努力扩大国际知名度和影响力。我国应借鉴他们的成功经验，通过政府交流、校际互访、师生交换、民间联谊和国际教育展等多种渠道，宣传我国教育所取得的成绩，扩大国际影响力和吸引力，将留学教育推向国际市场。"② 由于存在着目标定位不清、发展经验不足、管理机制失调等问题，我国的来华留

① 柳学智：《中美留学制度比较》，党建读物出版社 2016 年版，第 323 页。
② 郑刚：《新世纪来华留学研究生教育发展现状及其改善》，《学位与研究生教育》2013年第 1 期。

学生教育长期以来都没有形成自身特色，这与中国这样一个文化与政治大国的国家地位极不相符。目前来说，由于美英等国在发展留学生教育时所具有的先天优势极大，我国想要在短时间内扩大自身在全球留学生教育市场上的份额存在很大困难，然而随着国家经济实力的增强与国际地位的提升，我国对外国留学生的吸引力正在逐渐提升，想要提升我国的竞争力就必须全面评估我国参与这场争夺战时所具备的优势与不足，放大局部优势的吸引力，实现"弯道超车"。作为后发留学生教育国家之一，我国必须在留学生教育品牌打造上予以重点关注，充分利用国家发展所带来的吸引力以及现有教育资源优势，以"品牌"促进"规模"、提升"水平"，这是我国发展来华留学生教育的现实途径之一。

相对于西方发达留学国家的既有优势而言，我国在许多领域和专业中的世界影响力并不太高，这是我们不得不正视的现实问题。同时，受传统思维和僵化思想的限制，我国高校在开始设计面向留学生专业和课程时，往往愿意用所谓国际化模式来予以应对，从而使得自身传统的优势学科被冷落。因此，很长时间以来，我国并没有打造出自身"留学中国"的教育品牌，也没有发挥出自己的比较优势，这无疑是极为遗憾的。面对来华留学生教育的新形势，我们应对自身留学生教育的发展理念和模式予以检视，真正认清阻碍我国来华留学生教育的内在性因素，并在此基础上予以改革。相较于自然科学学科来说，我国在社会科学学科和人文学科建设方面存在着一定的比较优势和历史传统积淀，它们属于我国真正的"优势专业"和"强势学科"，"人文学科与以中医、古建筑、武术和书法为代表的传统学科是中华文化的瑰宝，尤其是这些学科在国内属于相对冷门专业，其需求处于饱和状态，但是对于其他国家来说具有巨大的实用价值，因此受到外国留学生的欢迎与追捧。"① 想要打造来华留学的品牌效应，就必须采取以下三方面措施：首先，充分利用与中国相关的特色学科和优势学科。中国因其神秘的文化和独特的魅力吸引了越来越多的留学生

① 董泽宇：《来华留学教育研究》，国家行政学院出版社 2012 年版，第 167 页。

来华学习汉语言、中国文学、历史、哲学、中医等学科。在全球留学生教育市场上，我国高校开设这些专业具有绝对优势，同时也能够向世界推广中国文化，提升中国软实力。因此，高校应该进一步做好这些特色学科的品牌建设，随着中国社会、经济等方面的快速发展以及世界经济一体化的推进，与中国经济、社会相关的学科获得了新的发展契机，越来越多的国际学生留学中国希望探究中国经济、社会发展的模式和崛起之道。我国应把握时机，继续推进这些学科的国际化建设，并趁势推进与中国教育、法律等相关学科的对外发展。其次，我们应扶持理工科等弱势学科的对外开放建设，由于理工类学科发源地在西方，并且我国历史上长期存在"重文轻理"的现象，使得我国理工科发展长久落后于西方发达国家。然而自然学科的发展水平是整个社会、国家前进的动力，很大程度上决定了一个国家的综合实力，因此我们不能忽视自然学科的建设。与大多数发展中国家相比，我国在这些学科的建设上还是具备一定比较优势的，特别是对于那些正在进行工业现代化建设的国家，后者既需要大量理工科专业人才，又需要向中国学习现代化建设的经验，因此我国理工科类专业具有潜在广阔的市场，我们应加大对这些学科进行国际化建设的力度，与发达国家抢夺来自其他发展中国家理工科留学生生源；另外，来华留学生教育品牌的打造应尽可能地调动各地区和各高校的积极性，充分发挥我国高校所具备的地方性色彩的优势，政府机构则应做好资金和政策支持，为各地建设具有自身特色的"留学品牌"做好保障工作，同时我们应做好留学生教育的宣传工作，让更多的国外学子了解我国教育的成绩和特色。

为了争夺宝贵的留学生资源，许多国家都出台相应的激励政策或优惠措施来吸引全世界的留学生资源。在竞争越来越激烈的当今社会，一个国家要想脱颖而出，赢得足够的留学生教育市场份额，就必须着力打造内涵深厚的留学生教育品牌，从而吸引国际学生的眼光。我国高校传统上很少注意扩大在海外的影响，这一工作长期以来都是自身发展的短板。为了改善这一状况，中国高校可以采用以下策略：首先，高等院校本身直接在海外通过印发宣传材料、召开咨询会等形式进行宣传；其次，高校通过国家或其他组织的管理部门统筹在海外开展宣传活动；再次，通过互联网进行宣传；最后，通过与国外大学进行合作交流。[①] 总之，留学生教育品牌的打造是一项系统性工程，它不但要求我国的人才培养对标我国社会经济发展的新要求，在人才培养目标、专业与课程设置、教学模式与方法、质量监控与评价等方面进行全面的改革，提升教育服务社会经济发展的能力，而且要求我国的人才培养对标世界一流水平，制定世界一流的质量标准，打造世界一流的教育体系，探索世界一流的人才培养模式。[②] 我们既要苦练内功——建立自身来华留学生教育品牌，又要对外发力——通过宣传让更多的国家了解中国教育，从而形成发展的合力。

从总体上看，面对竞争日趋激烈的全球留学生教育市场，我们必须树立品牌意识，提升"留学中国"品牌的核心竞争力和全球塑造力。[③] 高校应加快探索来华留学生教育的范式转换，以"提质增效"为核心重构新时期来华留学生教育工作体系，充分挖掘各高校所积累的丰富优质的国际教育资源，有效借力外部资源，建设一流的课程体系，打造一流的学科品牌，增强学术活力；建设一流国际化师资队伍、国际化管理服务队伍，提供规范化、精细化的管理与全链条、全过程的服务，对一些发展水平处于世界领先位置的专业或是特有研究领域和学科，我们必须予以优先关注，要努力打造来华留学生教育高水平学科群，建立特色学科和精品课程，努力将我国建成具有重要国际影响力的全球留学生教育高地；同时还要在国际社会广泛宣传我国来华留学生教育的政策和措施，充分发挥教育品牌对留学生的吸引作用。

---

① 谢海均：《高等教育国际化与学校德育——兼论学习型社会的理论与实践》，上海三联书店 2007 年版，第 79 页。

② 唐琪：《如何加快和扩大新时代教育对外开放》，《中国教育报》2020 年 6 月 23 日。

③ 郑刚：《新世纪来华留学研究生教育发展现状及其改善》，《学位与研究生教育》2013年第 1 期。

七、构建来华留学支持系统，提升来华留学服务水平

对于每一个致力于留学生教育发展的国家来说，留学计划的出台应该既考虑其可行性和完整性，也保证其延续性与适切性，良性发展的留学生教育是多部门与多领域相互配合的产物，对于中国这样一个留学后发国家来说，"随着来华留学规模不断扩大，无论是教育、教学、生活还是在更深层次的跨文化方面，如何加强和改进来华留学生管理是重大课题。"[①]除了要提升本国教育水准与保障留学生教育质量外，还要积极做好来华留学生的服务工作，帮助留学生解决留学期间遇到的各种难题。来华留学作为一种综合性活动，只有通过跨部门、多领域的合作互动而形成完善高效的留学服务系统，在此基础上突出政府、学校、企业、民间团体协同，不断整合来自社会各界的支援，让企业和民间团体等社会力量也积极参与到留学生教育当中来，最终构建"政府主导、社会参与、主体多元、形式多样"的留学生资源支持体系，才能为留学生创造能使其安心学习的良好的生活环境，才能形成吸引和接收更多海外优秀人才来华留学的合力，实现来华留学生教育事业的预期发展目标。

戴晓霞等人认为，留学所涉及的因素多种多样，其包括（但不限于）"从宣传及招募海外潜在国际学生开始，到国际学生申请学校、入境、生活、打工、住宿、毕业后发展等事项，不只与教育体制有关，更涉及其出入境法规、经济建设、劳动力结构、工作规范等。"[②]留学生作为一个特殊群体，既存在一般国内学生所会遇到的各种问题，也会由于语言、生活习惯和宗教情感等方面的差异而遭遇一些特殊困难，因此，针对留学生群体建立一套成熟高效的服务系统就显得尤为重要，后者能够帮助留学生群体尽早跨越社会、职业与文化上的障碍，充分发挥留学生群体在学术和教育方面的潜力。"与留学生人数快速增长形成对比的是，中国国内高校似乎对提高国际学生教育质量和改进管理服务不够重视，要管理和教育数量庞

① 俎媛媛：《高等教育国际化与国际学生流动》，《世界教育信息》2016 年第 2 期。

② 杨岱颖、戴晓霞：《国际行销与国际学生招收策略：德国经验之探究》，《教育政策论坛》2011 年第 1 期。

大的国际学生，无论对管理人员观念还是对他们的管理业务水平都是一个巨大的挑战，国际学生教育和管理问题已经被提升到中国国家战略的高度。"[①] 来华留学生服务系统应是一套衔接紧密的配套工程，主要包括"学前""学中"与"学后"三部分，每一部分的侧重点不同。[②] 在"学前"部分，政府和高校应做好留学信息的发布与回应工作，各相关机构要通过各种媒体为有意来华的留学生提供可靠招生信息，同时还应及时发布来自权威部门的留学相关信息，如留学生的就业结果和学生的满意度调查，留学课程与学位授予情况等，从而帮助国际学生及其家庭尽可能方便快捷地获取所需要的信息。"提升流动信息服务。有限的信息来源是阻碍流动学生流顺利流动的一个重要因素，我国有必要建立一个完善的信息服务框架。在国家层面，建立国家性的针对留学生的信息交流平台，并与其他国家和区域性组织的相关网站相连，便于学生更好地获取相关签证移民等政策层面的信息；在学校层面，建立关于学生国际流动的专门版块，并与其他高校的网站相连，提供学生学分、申请条件、住宿、毕业要求等相关具体信息。""学中"部分的主要关注点在于解决留学生来华期间遭遇的现实问题，如经济问题、交流问题和社会融入问题等。在"学后"部分，主要关注来华留学生的未来发展，建立来华留学生校友网络。为所有校友在国内外发展提供支持留学文化中的重要方面就是校友文化，相对于其他群体而言，来华留学生是一个极为特殊的群体。"经过在华期间较长时间的学习与生活之后，留学生是本国对中国社会了解较为深入的人群，其中的许多人回国后担任较为重要的职务，并且大多数来华留学生对中国亲切友好，这是发展其母国与中国友好关系的重要力量。"[③] 我国应积极开展并加强留学生校友网的建设工作，建立一套完善、严密而先进的来华留学生校友数

---

① 王洪才、戴娜、刘红光：《全球化背景下的国际学生流动与中国政策选择》，《厦门大学学报》（哲学社会科学版）2014 年第 2 期。

② 王宇：《一体化背景下欧洲高校学生国际流动研究》，硕士学位论文，浙江师范大学，2016 年，第 69 页。

③ 董泽宇：《来华留学教育研究》，国家行政学院出版社 2012 年版，第 169 页。

据库，保持留学生与中国母校的长期关系。

　　由于留学是一项高投入的活动，留学生在进行跨国流动时，首先不得不面对的就是日益沉重的经济负担，这也是影响学生留学选择的最主要障碍之一，因此，在众多支持性政策措施中，其中最重要的就是奖学金制度。汉斯·沃森太（HansVossensteyn）曾指出，对于学生流动的障碍问题，或许不同国家之间的差别会很大，但几乎所有国家都会在经济方面存在困难，这是所有留学人员都面临的主要障碍。[①] 由于经费问题在流动中的重要性，不同国家、组织和学校都采取了各种措施，试图通过扩展资金渠道来保障学生的顺利流动，其中的最主要手段就是设置留学奖学金。"当今世界的经济竞争远比过去激烈得多，而经济竞争的焦点是人才竞争，因而各国都采取了优惠措施来吸引和留住高素质人才，从而为发展国家经济和提升国家竞争力服务，许多国家都把招收国际学生作为一种国家发展战略对待，并通过提供优厚奖学金来吸引国际学生，这种以提供奖学金来吸引国际学生的传统做法已经被世界上许多国家普遍采用。"[②] 合理健全的留学奖学金制度的建立将会直接提升我国来华留学生教育的国际吸引力。

　　我国未来面向留学生群体的奖学金设置应采取以下措施：首先，中央政府应进一步加大中国政府奖学金的资助额度，并且在名额分配上适度倾斜于高学历来华留学生群体，发挥政府奖学金在吸引优秀留学生上的作用；其次，中央政府和地方政府部门应当加强协作，动员全社会力量包括企业、民间团体参与，推进地方、高校设立形式丰富、渠道多元、层次多样的留学生奖学金体系的建立；再次，制定吸引优秀留学生在中国就业的相关政策，给予一定优惠奖励。具体来说：第一，我国来华留学生奖学金制度的内容和目的亟待一次观念上的重新审视。我国高等教育国际化进程还处于起步阶段，无论在国际化办学理念还是教学质量等方面都不及发达

[①]　Vossensteyn. "Improving the Participation in the Erasmus Programmer". Brussels：European Parliament-Committee on Culture and Education，2010：45.

[②]　王洪才、戴娜、刘红光：《全球化背景下的国际学生流动与中国政策选择》，《厦门大学学报》（哲学社会科学版）2014 年第 2 期。

国家及其世界一流大学，我国来华留学生教育的目标仍聚焦于内生性增长，未来则应通过宽松的政策和优厚的待遇来促进来华留学生教育外生性增长。这是由于："给"是支持鼓励的表达方式，更是为了有所"取"；"取"的是招生规模的扩大、经济上的收益，更是人才的吸引、学术力量的汇聚、密切往来的交流、资源的共享、自身价值的提升；"取"离不开"给"，甚至要借助"给"来实现，"给"不是单向的付出，而是构成了一个双向互动的过程。所有的奖学金应成为吸引优秀人才、服务于两国师生和学术的有效途径，否则会流于形式或成为象征性的行为。① 第二，我们应适当增加来华留学生政府奖学金生名额，扩大中国政府奖学金受益面，并在分配名额时有针对性地对某些国家进行倾斜。中国政府奖学金是来华留学奖学金中资助额度最高的一项，但是对于资助的留学生学历层次没有特殊要求，涵盖了本科生、硕士研究生、博士研究生、汉语进修生、普通进修生和高级进修生，未来我国在增加政府奖学金名额的同时应该将名额分配倾斜于高学历留学生，发挥政府奖学金的作用；另一方面，中央政府要适度提高中国政府奖学金的资助标准，缩小高校接收自费留学生和政府奖学金生的收入差距，提高高校接收政府奖学金生的积极性，并逐步对中国政府奖学金进行货币化改革，即将留学生的学杂费、住宿费、生活费等全部按标准发给留学生，由其按照有关规定上缴学校相关费用和自主选择住宿等。第三，中央政府应出台相关政策和激励措施鼓励地方政府和其他社会力量设立来华留学生奖学金。随着我国各省地方经济飞速发展，对地方政府来说，接收来华留学生工作不仅仅是一项对于中央政府工作的支持和来华留学生工作管理的义务而已。做好来华留学生工作，培养一批熟悉我国地方经济特点的国际人才，有利于地方经济发展。② 地方政府应树立高等教育国际化和产业化意识，借鉴他国发展经验，引导构建全社会参与的多元化奖学金体系。目前我国社会力量包括企业、民间团体和个人在

---

① 吕蔷蔷：《来华留学生奖学金制度探析》，《科技经济市场》2006 年第 11 期。

② 俞水根：《设立地方外国来华留学生奖学金初探》，《中国高教研究》1996 年第 6 期。

支持来华留学生教育事业上所做贡献十分微小，新时期以来，我国企业进入了快速发展时期，社会上已经有了一定程度上的闲散资本，中国企业以及个人已经有能力为促进我国高等教育国际化与培养世界优秀人才作出贡献，未来我国政府应为这些社会力量资助来华留学生教育创造条件，通过减免税收等激励措施为其参与留学生教育奖学金项目创造有利环境。

除做好奖学金工作外，值得指出的是，经过多年实践经验的总结，我国应有计划地提升针对留学生的服务水平，目前通行的措施包括：一是明确管理机构，要求高校应当设有承担留学生管理职能的机构，统筹负责留学生相关工作；二是要求学校对留学生开展相关教育，帮助其尽快熟悉和适应学习、生活环境；三是更新社会管理要求，在出入境和在华停留居留管理、未成年人监护、短期团组、卫生检疫等方面与现行法律法规相衔接；四是新增勤工助学规定，允许接受高等教育的国际学生在校学习期间参加勤工助学活动；五是明确学校实行留学生全员保险制度，留学生必须按照国家有关规定和学校要求投保，以抵御可能发生的身体健康和安全风险。① 这些措施已经在实践中逐步推广，并且可以预期将在未来对来华留学生的现实经历产生积极作用。

当前中国正进入一个社会转型与经济转轨的新时期，机遇与挑战共生，无论是想把握机遇，还是要应付挑战，国家都需要人才特别是高素质的国际化人才的参与。为此，我们必须积极参与全球人才竞争，吸引、保持和利用更多的国内外高层次人才，只有做好人才工作，我们才会有足够的信心去参与国际竞争。经济全球化所助推的教育国际化正深刻改变着我们的教育现实，"教育国际化的最主要的内容和表现形式之一就是留学。留学，对留学者来说，是人力资本增值的最有效途径；对流入国来说，是积累高级人才，建立高级人才储备库，有效实施人才国际配置和优化的最有效手段和途径。"② 长期以来，我们在一定程度上轻视甚至忽视了来华留

---

① 中华人民共和国教育部：《学校招收和培养国际学生管理办法》，2017-7-3，见 http：// www.moe.gov.cn/jyb_xwfb/s271/201706/t20170602_306387.html.

② 曲恒昌：《WTO 与我国的留学低龄化》，《比较教育研究》2002 年第 12 期。

学生教育工作的重要意义，将主要精力长期投放到国内人才队伍建设方面，应当说，这种取向对于我国这样一个长期处于发展中国家阶段的后发国家曾经是必要甚至是唯一的选择。然而当我国的经济发展已经取得明显进步，国际竞争力和国际地位得到明显提升的时候，这样的一种发展趋向就显得格局不足，我们应当有信心参与全球人才资源的争夺，搜寻更多能够满足我国未来发展需要的国际化人才。值得指出的是，国际人才的招揽和聘用绝非一朝一夕之事，这是一项系统工程，需要各方面各部门、各行业与各领域的相互配合。从某种方面来说，来华留学生教育事业就是这项工程的一项"子项目"，也是我们在可预计的时间范围的能够通过努力所能实现的项目。想要进一步完成成为国际留学中心的战略构想，让来华留学生教育事业真正服务于国家的宏观目标和国家利益，就必须在理论层面达成社会共识，在实践层面实现突破，在整合各方力量基础上充分利用教育对外开放的历史机遇。